新世纪广播电视新闻学系列教程

新闻评论与电子媒介

王振业　李　舒　著

中国广播电视出版社

图书在版编目（CIP）数据

新闻评论与电子媒介 / 王振业，李舒著 .—北京：中国广播电视出版社，2004.10（2013.6 重印）
（新世纪广播电视新闻学系列教程）
ISBN 978-7-5043-4327-7

Ⅰ. 新 ... Ⅱ. ①王 ... ②李 ... Ⅲ. ①评论性新闻-高等学校-教材②广播电视-评论性新闻-高等学校-教材 Ⅳ. G210

中国版本图书馆 CIP 数据核字（2004）第 097633 号

新闻评论与电子媒介

作　　者：	王振业　李　舒
责任编辑：	贺　明
封面设计：	张　宁
责任校对：	张　哲
监　　印：	刘立东
出版发行：	中国广播电视出版社
电　　话：	86093580　86093583
社　　址：	北京市西城区真武庙二条 9 号（邮政编码　100045）
经　　销：	全国各地新华书店
印　　刷：	涿州市京南印刷厂
开　　本：	787 毫米 × 1092 毫米　1／16
字　　数：	390（千）字
印　　张：	20.75
版　　次：	2004 年 11 月第 1 版　2013 年 6 月第 2 次印刷
印　　数：	5001-7000 册
书　　号：	ISBN 978-7-5043-4327-7
定　　价：	37.00 元

总　序

经过一年多的筹划，这套为适应新世纪广播电视新闻教育的需要而编写的系列教材，将陆续同大家见面。

改革开放以来，伴随着我国广播电视事业的蓬勃发展，广播电视新闻教育进入了前所未有的发展时期。为适应事业发展对于专业人才的需求，作为培养广播电视专业人才的专业院校——北京广播学院新闻传播学院（前身为新闻系），我们从上个世纪 80 年代中期开始将教材建设列为办学的重中之重的课题，先后组织编纂了四套系列教材。在今后两年内将陆续出版的这一代教材，是在总结前四代教材经验的基础上编纂的，这套以中青年作者为主体的教材，既是前四代教材的继续和完善，又吸取了广播电视领域新的实践经验和国内外新的研究成果，增加了一些新的选题。这意味着这代教材，除部分为此前出版的教材之修订或重写本外，多数是新开设的课程的新编教材。例如第一本同大家见面的《广播电视新闻性节目规范研究》，就是国内第一本新闻广播节目学教材；其他如《现代广播理念与广播新闻节目》、《网络广播教程》、《舆论学基础教程》等，也都是广播电视新闻学专业为适应新时代而开设的一系列新课程的基础教材。这套教材名为《新世纪广播电视新闻学系列教程》，但新世纪还将有一套套新的系列教材出现。这是新闻教育和新闻媒介风水相激、同步发展的必然，也是新闻专业教育坚持理论与实践相结合的必由之路。

20 世纪上半叶，广播、电视的相继问世，标志着新闻传播进入了一个崭新的时代。这两种把信息传播和电子技术结合起来的新型媒介的崛起，不仅意味着新闻传播增加了渠道，而且代表着一种新的传播方式；不仅进一步满足了高速度、远距离、大范围传播信息的社会需求，而且导致了新闻传播领域的一系列变革，增强了新闻传播对于社会发展和人们日常生活的影响。如果说广播、电视的出现和急剧发展，是20世纪新闻传播领域的一场意义深远的革命，那么世纪末互联网络异军突起则是另一场传播革命，它能给新闻传播带来多么广泛而深刻的影响还难以预测，但有一点是肯定的，这就是新闻传播仍将以加速度的步伐向前发展。有人曾经这样描述人类传播事业此前的加速度的发展过程：

从语言到文字，几万年；从文字到印刷，几千年；从印刷到电影和广播，四百年；从第一次试验电视到从月球播回实况电视，五十年。

那么包括计算机、互联网络、数字化在内的信息技术的高速度发展，将为新世纪传播开辟什么样新前景，又将给新闻学教育提出什么新课题、新要求呢？作为时代、社会最敏锐的感应神经，新闻传播媒介在新世纪的发展变化，必将呈现日新月异的态势；与之相应的理论、知识也将不断更新。从这个意义上说，这套系列教材不过是新世纪的第一套教材而已，往后还将有一代代新的教材应时出现。显而易见，新闻学教育包括广播电视新闻教育，同样只有遵循与时俱进的规律，不断调整自己培养方向、课程结构，更新教学内容，才能源源不断地为新闻媒介输送适应时代需求的合格人才。

这是时代赋予我们的使命，我们将不懈地朝着这一方向努力。当这套教材陆续呈现在大家面前的时候，我们恳切地期待着新闻教育界、广播电视界和社会各界的批评。相信在社会各界的鞭策下，这套教材将不断完善，我们的教学质量和教学效果将日益提高，新的教材和研究专著也将不断问世。

北京广播学院新闻传播学院

《新世纪广播电视新闻学系列教程》编委会

2002年4月

目　　录

卷首絮语

《新闻评论与电子媒介》是1996年由原国家教委批准立项的一个科研课题。当时提出这个课题，主要基于广播、电视新闻评论实践和新闻学专业教学这两方面的需要。

20世纪90年代中期，广播、电视新闻评论进入一个新的发展阶段。随着中央人民广播电台《新闻纵横》、中央电视台《东方时空·焦点时刻》和《焦点访谈》等评论节目、栏目陆续开播，省、市一级的电台、电视台也纷纷创办类似的节目，呈现了一派繁荣的景象。在此之前，广播、电视在新闻评论领域经历了两度偏离——先是沿袭报刊评论模式而忽视广播、电视独特的传播方式，继而注意了适应自身的传播方式却多少弱化新闻评论的体裁特征，尤其是政论性特征——之后，正处于重新寻求体裁特征与传播方式结合规律和途径的十字路口。如果说两度偏离呼唤着将既往的经验和教训升华为规律性的理论认识，那么新阶段的实践和探索则为这种理论升华提供了新的养料，创造了必要的条件。实践中的这种需要和可能，激励我们提出这个课题，也为我们的探讨提供了取之不尽、用之不竭的宝贵材料。

在新闻学专业教学方面，作为侧重于为广播、电视培养专业人才的北京广播学院（现中国传媒大学）新闻传播学院前身的新闻系，这时正围绕学科建设的方向，编纂更适用于培养高素质广播、电视专业人才的第四代教材。此前，我们于1982年开设了新闻评论课程，并率先尝试把原来被认为是“报刊体裁”的新闻评论引入广播、电视领域，开始探寻新闻评论体裁特征与广播、电视传播方式结合的途径；在多年教学实践的基础上，先后编纂出版了《新闻评论写作》、《新闻评论写作教程》、《广播电视新闻评论》等教材。在这些教材中，虽然力图在理论与实践结合上探讨体裁特征与媒介传播方式有机结合的规律和途径，但由于理论修养和实践经验不足的限制，实际上都不同程度存在着“两张皮”的欠缺。有鉴于此，我们在这个课题的研究过程中，始终把弥补这一缺陷放在重要位置。至于是否弥补了这一缺陷，却就不敢自许，更不敢自诩了。

自从课题立项后，即着手按兼顾上述这两个需要构筑研究框架。不想课题研究刚刚启动，互联网络这一新媒体开始在中国崛起，而且呈现了一往无前的发展态势。面对这一崭新的媒体，作为课题的牵头人，本人的的确确是以一个完全空白的脑袋迎接它的，迄今为止也还没能填补得了这一空白。只是意识到根据立项时的设想，课题没有任何理由置这一方兴未艾的新媒体于不顾，当然也意识到它对我们原有的知识结构、经验积累的严峻挑战。于是开始重新学习，重新积累，重新调整研究框架。顺便交代一下，这也是课题迁延日久的原因之一。

下面大致说说这份书稿的框架——

新闻评论是当代新闻媒介共用的基本体裁或话语形式① 之一。相对于传播内容而言，新闻媒介和新闻体裁都属于形式范畴。二者的区别在于：新闻媒介是依托一定物质、技术条件，用以传送各种形态信息的传播形式（硬载体）；新闻体裁则是以各媒介拥有的表意符号，展现具体内容的表现形式（软载体）。它们之间围绕传播和展现内容的需要，形成了支配和适应的互动关系，即媒介依据自身的需要和条件创造、运用体裁，体裁通过调整、改善自己的表现功能适应、服务于媒介的关系。这是一种普遍关系，任何媒介、任何体裁概不例外。即使像新闻评论这种在近代报刊发展过程中孕育、完善且相当成熟的体裁，在同后起的电子媒介结合的过程中，也时时处处面临如何处理这一关系、实现良性互动的问题。那么，包括广播、电视、互联网络在内的电子媒介究竟怎样能动地运用和驾驭新闻评论这一共用体裁呢？新闻评论究竟怎样能动地适应广播、电视、网络等电子媒介的传播方式呢？这乍看像是两个立足点、两种视角，实际上是二而一的问题，因此两面审视比一面观，也许更有利于寻求体裁与媒介结合、实现良性互动的规律和途径。

基于这一理论构想，同时考虑到这份书稿主要为在校硕士研究生和在广播、电视、互联网络从事评论工作的专业人士提供一份基础教材或读物，所以形成了现在呈献在大家面前的具体结构框架。这里仅就其中的若干考虑，作点必要的说明：

① “体裁”通常用来指形诸文字的文章样式和风格。在新闻传播领域里，随着媒介日益多样化，如果继续运用“体裁”这个概念，就需要扩大它的外延，即不仅涵盖形诸文字的“样式”，而且涵盖形诸声音以及声音和画面的其他“样式”。所以，这里称新闻评论为“新闻体裁或话语形式”。

（一）全书采用大章节结构，共分六章和一个“余论”。之所以这样处理，主要出于保持各章节的相对完整性、防止内容割裂的考虑。

（二）第一、二章概述新闻评论体裁的基础知识，基本上是以前教材的浓缩，差别只在于本书侧重于理论阐述，力图引出具有普遍适应性的规律性认识。至于某些操作性原则，鉴于它们的具体体现往往因媒介传播方式而异，分别放在第三、四、五章结合具体媒介阐述。这就带来一个问题，同一原则可能分别出现在各章之中而又有不同的阐述，不免给人以既重复又“各说各的”、甚或不无相互扞格的感觉。这是原则的普遍性和具体体现的特殊性对立统一的表现，表面上的“各说各的”或“相互扞格”，其实恰恰是因不同媒介的传播方式而异，或者说是“殊途同归”所使然。

（三）第三章属于从体裁过渡到媒介的过渡章，试图通过对电子媒介传播、接受机制的分析，阐述电子媒介新闻评论个性化发展的必然性，以及体裁基本特征和媒介传播方式互动的基本规律。在我们看来，这是承上启下的关键性一章。遗憾的是限于我们的理论修养和材料积累，未必能够实现这一设想。

（四）第四、五、六章，分别阐述广播、电视、互联网络新闻评论的有关问题，力求本着理论与实践结合的原则，比较具体、系统地阐述它们形成和不断完善自身个性特点的基本原理和操作要求。其中第六章“网络新闻评论”，是这三章中最具开创性的一章。由于无论网络媒体还是网络评论都是崭新的事物，而且正处于蓬勃发展的状态，新媒体与传统新闻体裁的有机结合仍处于尝试和探索的阶段，有关立法和管理条例仍在完善之中，本章在研究和撰写过程中时时面临着多方面的挑战和考验。如在研究中，既需要随时考察网络评论的新尝试、新变化，也需要毫不懈怠地关注媒体技术的新发展以及管理方面的新举措；在撰写中既需要引入传播学、社会学和社会心理学等基础理论，以阐释实践中的尝试和探索成果，将实践经验升华为理论认识，也需要适当介绍网络领域的新知识、新技术、新动向和新立法、新条例。与其余两章相比较，本章具有接触面宽、知识新鲜、理论基础厚实的特点。本人诚恳地向大家推荐这一章，同时郑重向大家说明：本章的研究和撰写，均由北京广播学院（现中国传媒大学）新闻传播学院青年教师李舒担纲，正是她积六年孜孜不倦的努力，赋予这章以上述特点和开创性的品格。

（五）“余论”着重探讨科学评论观的问题。说是“探讨”，其实主要是提出问题，间或讲点一己之见，目的在于引起思考，共同为充实和完善科学评论观而努力。这一部分的主要内容，曾列为2000级硕士研究生课堂讨论的主题，进行过两次有充分准备的讨论；现在的文稿中，吸纳了不少同学意见和见解。从这个意义上说，所谓“一己之见”其实融会了不少同学的见解，其中言之成理的部分自是集思广益的结果，而如果含有谬误则当归咎于作者消化不良。韩愈曾说："弟子不必不如师，师不必贤于弟子。"[①] 人们也常说："教学相长。"这确实是"良有以也"的不易之说。在"余论"的构思和撰写过程中，作者得益于来自同学的启发，不止这两次课堂讨论，还包括与同学日常交往中的海阔天空的"闲聊"。

这里还需要着重说明：这部书稿虽然由李舒老师和本人执笔，实际上是集许多老师、同学智慧和努力的结果。就本人记忆所及，《新闻评论写作教程》的作者之一胡平同志，曾作为课题组成员之一参与课题研究框架的构建；当时在读研究生李煜、冯冉、王宇、董晓等同学，也曾参与某些问题的讨论。邓瑜同学更给本人发来对新闻评论定义质疑的论文，提出了相当有见地的见解。他们实际上都是这一课题的参与者，趁这份书稿出版的机会，谨向他们表示深切的感谢。

这份书稿引用了许多学者的研究成果和许多评论作者的评论作品，除一一注明出处外，特此表示深切的谢意。如有不当的引用或曲解之处，恳切盼望批评指正。

这个课题从立项到现在历时八年，其中固然有客观原因，但主要是本人抓得不紧、工作顾此失彼。如果不是学院科研处屡屡督促，新闻传播学院提供相应的研究条件，这个课题可能还会拖延下去。趁书稿脱稿之际，特向科研处出于高度责任感的督促，新闻传播学院的大力支持表示深切谢意。

当撰写工作刚提到日程上时，中国广播电视出版社就把它纳入新闻传播学院第五代教材的出版计划，并经常关心稿子撰写进程。兹对出版社的关心、支持和责任编辑的敬业精神，表示衷心的敬意和谢意。

最后，寄语所有读过这份稿子的朋友们，我们真诚地期望着你们不留情面的批评。

王振业

2004 年 7 月

① 韩愈《师说》。

第一章

新闻评论的内涵和外延

——新闻评论概说（上）

媒介创造、支配体裁，体裁适应、服务于媒介，这是二者之间的普遍关系。不过，当代各种新闻媒介的产生有先后，体裁或话语形式也有“共用”与“特用”之别。对于特定媒介和特定体裁来说，这种支配和适应的关系，通常表现为后起媒介移植、改造、丰富和发展既有的体裁。电子媒介与新闻评论体裁的关系就是这样。于是新闻评论由报刊体裁转变为诸媒介的共用体裁，而广播、电视、互联网的新闻评论则成为这一“体裁家族”的成员，并从各自的传播方式和传播特点出发体现新闻评论的基本特征，从而形成不同于其他“成员”的个性。从这一意义上说，科学认识新闻评论及其基本属性，掌握有关基本原理、基本知识，无疑是电子媒介进一步完善评论观念和活动机制，更加自觉地运用新闻评论这一话语形式，更为有效地履行自己舆论使命重要前提。基于这一认识，本章和下章拟就能动驾驭这一体裁非弄清楚不可的若干基本问题作些概括性阐述，故称之为“概说”。①

第一节　新闻评论及其体裁特征

如何看待新闻评论这种体裁？虽说新闻评论是当代世界各种媒介的共用体裁，可是在这个问题上，形成共识却是不容易，甚至是不可能的事。这是因为人们对于新闻评论的认识，如同对于新闻领域里的其他共用体裁的认识一样，

① 本章相当一部分内容，是王振业、胡平：《新闻评论写作教程》的浓缩，如有必要可参考中国广播电视出版社于2001年出版的此书修订本。

总是随着新闻事业和新闻实践的发展而变化的。许多曾经反映当时评论实践的成说，已经变成历史陈迹，不能说明当代的评论现象。况且，新闻评论毕竟是一种具有强烈意识形态色彩的体裁，人们对于它的认识也不免打上这样那样的烙印，如社会制度、价值准则、民族文化传统，乃至媒介所隶属的阶级、党派、社会集团及与之相应的立场、观点之类的烙印。所以，为了不使我们的探讨沦为无用“功”，显然需要缩小问题的空间范围、缩短时间跨度，立足于中国当代和可见的将来来探讨这种体裁，而把国外的、历史上的实践经验和有关见解作为参照系。这样，我们面对的问题就成为“如何看待中国当代的新闻评论”了。即使如此，也未必就能够形成共识，更不可能成为“不易之说”，因为体裁本身仍在发展，对于体裁的认识自然也是一个实践—认识—再实践—再认识……过程。这不是说体裁不可知，而是说体裁变动不居，对于它的认识当然也不可能一成不变。这是任何一种富于生命力的体裁本身蕴含的辩证法。

一、新闻评论的界说

新闻评论是什么？几乎每出现一本新的有关著作，就增加一种新的说法。这些不同的见解之间，可能有是非之分，甚至有新闻评论观的分歧，但从既有的界说看，多数是定义的角度不同所使然。如有的把新闻评论作为评论的一类，有的则把它纳入文章的范畴；相对于不同的上位概念（即属概念），“新闻评论”这个被定义的概念（即种概念）的内涵，或者说体裁的本质属性，也就有这样那样的差异。所以前者突出新闻评论的新闻性、政治性、群众性的特点，借以划清同其他专业评论，如文艺、图书、体育评论等的界限[①]；后者则试图通过强调“发表意见，阐明观点”，把新闻评论同记叙、抒情文章区别开来[②]。这类界说虽然有所不同，但并不相互排斥、相互对立，而是可以并存或相互补充的。即使有原则性分歧的定义，也未必没有可供吸取的合理内核。比如台湾有的学者把新闻评论界定为“藉新闻传播工具而作的新闻性、权威性、公益性的意见论述”[③]。其中的“权威性”、“公益性”，在我们看来显然带有超意识形态、价值观念的色彩，也不切合当今世界包括台湾地区新闻媒介评论活动的实际。但“藉新闻传播工具而作”、“意见论述”之类的措辞，也许旨在强调新闻评论的共用性质、暗示其表意符号的多样性；如果这样揣摩不无道理，则未尝不可以说包含着合理的内核。总之，面对众说纷纭的局面，与其奉一说

---

① 范荣康：《新闻评论学》，人民日报出版社 1988 年版，第 5 页。

② 徐占焜：《新闻写作基础与创新》，新华出版社 1984 年版，第 8 章。

③ ［台湾］林大椿：《新闻评论学》第一章。

为圭臬，不如以实事求是的分析态度对待众说，在辨识的基础上博采众长，这样也许更有利于深化和完善对于新闻评论的认识，更有利于这一体裁的发展和繁荣。

我们探讨新闻评论的界说，目的在于明确这种体裁区别于它的左邻右舍——其他新闻体裁和论说文体的界限，概括地说明它存在和发展的客观必然性。服从于这个目的，在定义过程中主要把握以下原则：(1) 始终把新闻评论视为新闻体裁；(2) 着重揭示体裁的基本特征；(3) 客观地考察它与当代新闻媒介和受众的关系。据此，我们将新闻评论的界说概括为：

新闻评论是当代各种新闻媒介普遍运用的、面向广大受众的政论性新闻体裁。

我国当代的新闻评论既非“天外来客”，也非“舶来品”，而是在社会需要的土壤中孕育、伴随新闻传播事业的发展而日趋完善和成熟的，而且深深植根于民族的源远流长的论说文、政论文的传统之中。它虽然曾经是报刊体裁，但随着通讯社、广播、电视、互联网的出现，已经发展成为当代各种新闻媒介的共用体裁，或者多符号的话语形式。这种发展变化迄今仍在继续着，不仅电子媒介的评论在继续充实和完善自己的个性特征，而且报刊评论也在探索自己的新的表现形式和方法。至于这个“家族”的未来将呈现怎样的格局，虽然难以确切描绘，但适应受众和媒介的需求、朝内容和形式多样化的方向发展，将是不可抑止的必然趋势。

正是考虑到历史的、实践的因素以及未来发展的可能性，所以在上述概括中，同时强调体裁存在和发展的客观条件——媒介和受众的需要，以及体裁的基本特点——新闻性和政论性。

二、新闻评论的新闻性

作为新闻体裁，新闻评论具有某些如同消息、通讯等体裁的基本属性，这些属性人们统称之为新闻性。但是，不同体裁的新闻性，又有各自不同的具体内涵。例如消息、通讯等新闻报道体裁的新闻性，除了都注重事实的新闻价值以外，消息视时效为生命，通讯则更讲究寓时效于新闻根据之中。至于新闻评论的新闻性的具体内涵，则大致可以概括为强烈的时效性、评论对象的特定性和直接针对性三者的统一。

1. 强烈的时效性

新闻评论同消息、通讯一样重视时效性，但着眼点有所不同。时效性有两个既有联系又有区别的侧面：一为时间，讲究尽可能缩短新闻作品与所反映的新闻事实之间的时间差，以最快的速度反映客观实际的发展变化；一为时机，即强调因时应势，增强对宏观实际的影响，而不单纯争一时之快慢。时效性的这两个侧面，一则注重绝对时间，一则讲究相对时间，二者之间存在着对立统一的辩证关系。

新闻评论，对时间的要求有时几乎与新闻报道一样强烈。特别是那些针对特定新闻事件的评论，赢得时间往往意味着赢得主动权，赢得先声夺人的优势。而忽视时间这一因素，则可能使评论成为“马后炮”，削弱以至于完全丧失存在价值。所以有些因特定新闻事件而发布的新闻评论，尤其是新闻述评、新闻分析[①] 对于时间因素的重视，丝毫不亚于提供具体事实的新闻报道。例如，以美国为首的北约于1999年5月7日午夜轰炸我国驻南斯拉夫大使馆，《人民日报》于第二天发表了题为《强烈谴责美国为首的北约的血腥罪行》的评论员文章[②]，义正词严地谴责美国政府的罪恶行径，在世界面前揭露其所谓“误炸”的谎言，并在此后的一周内天天就这一事件发表评论员文章和其他评论。西方媒介对于新闻事件的评论也大都紧随新闻报道，而且较多运用新闻分析这种以快捷见长的评论形式。[③]

不过，与时间相比较，时机却是影响评论社会效果的更为经常也更为重要的因素。在这里，时机作为与绝对时间相对应的概念，主要指事物发展、变化的转折阶段，社会脉搏跳动变速的时候，人们注意力重心转移的时刻……总之，是社会公众最需要评论为其释疑解惑的时候。在这种时候及时发表评论，正确而中肯地阐述对于有关事物的看法，往往可以收到入耳入脑，以至直接影响人们的思想和言行，转化为促使事物向预期方向发展的物质力量的效果。反之，如果忽视时机，评论发早了，人们还没有意识到它的重要性，再正确的见解也可能被当成“耳旁风”；发晚了，时过境迁，则难免沦为“事后诸葛”。在既往的实践中，关于把握时机的正反两类事例比比皆是。就说《人民日报》的社论《保护耕地，刻不容缓》吧，这篇继《保护耕地》[④]的评论员文章之后、旨在阐述国务院有关通知精神的社论尖锐指出：

> 但是，我们必须清醒地看到，我国耕地保护的形势依然十分严峻。过

---

① 新闻述评、新闻分析是新闻评论的具体样式，参见下节。

② 这篇评论员文章发表于1999年5月9日，扣除时差实际上是第二天。此后又发表了《中国人民不可侮》(5月10)、《制造人道灾难的罪魁祸首》(5月11日）等一系列评论员文章。

③ 如2003年6月22日印度总理瓦杰帕伊开始对我国进行为期6天的访问，美国合众国际社抢先于20日播发了驻北京记者所写的新闻分析，散布所谓“美国和印度都担心，中国要成为南亚和东南亚地区的霸权”的论调；韩国总统卢武铉7月7日访问我国，路透社也提前于6日播发新闻分析。

④ 1995年2月8日《人民日报》，这是《论全面提高我国农业综合生产能力》的6篇系列评论之一。

> 去我们常说中国地大物博，但从现实看，由于人口众多，按人均计算，我国“地”不能算“大”，“物”也不能称“博”。我国耕地人均数量不及世界人均耕地的一半；耕地质量总体水平低，大部分耕地分布在山地、丘陵、高原地区、干旱与半干旱地区，相当一部分耕地退化严重。由于农业结构调整和灾害损毁，每年都要减少相当数量的耕地。经济发展中有些建设项目还不可避免地要占用耕地，为了水土保持和改善环境，一部分耕地还要逐步还林还牧。从另一方面讲，今后我国人口还要增加，如不采取正确有力的措施，就会造成人增地减失衡趋势的发展。中国只能依靠自己的耕地来满足全国人民对粮食的需求，保护耕地就是保护我们的生命线。解决不好保护耕地和占用耕地的矛盾，就会给中国现代化事业和中华民族的未来发展，造成严重的威胁。①

在经历了“开发区热”的困扰之后、面对着关于耕地的种种奇谈怪论的人们，读了这篇社论恐怕都会感受到其中振聋发聩的力量。中央人民广播电台关于反对拜金主义的两篇新闻述评② 之所以为舆论界瞩目，也在很大程度上得益于准确把握了时机。

注重时机，强调审时度势、“言当其时”，这是中国传统政论一脉相承的优良传统。早在战国初期，墨子就指出：“多言何益？唯其言之时也。”③ 司马迁曾经比较晁错和主父偃关于削弱诸侯的类似建议的成败，指出：

> 汉兴，孝文施大德，天下怀安。至孝景，不复忧异姓，而晁错刻削诸侯，遂使七国俱起，合从而西向，以诸侯太盛，而错为之不以渐也。及主父偃言之，而诸侯以弱，卒以安。安危之机，岂不以谋哉？④

在司马迁看来，他们一成一败，关键不在于建议本身，而在于时机。北宋哲学家杨时，更加直截了当地强调“言当其时”的原则，他以鸡鸣设譬说：

---

① 1997 年 5 月 19 日《人民日报》。

② 指分别于 1993 年 4 月 8 日和 4 月 23 日播出的《拜金主义要不得》和《再谈拜金主义要不得》，《1993 年度中国广播奖获奖新闻作品选评》，中国广播电视出版社 1994 年版，第 71～73 页。

③ ［清］孙诒让：《墨子闲诂·墨子后语上》，全文为：“禽子问曰：‘多言有益乎？’墨子曰：‘暇蟆蛙黽，日夜而鸣，舌干檘，然而人不听之。今鹤鸡时夜而鸣，天下振动。多言何益？唯其言之时也。’”也见附录《墨子佚文》，其中“然而人不听之”为“然而不听”。

④ 《史记·孝景本纪》。晁错，西汉政论家，景帝时任御史大夫，建议逐步削夺诸侯王封地，以吴王濞为首的吴、楚七国以诛晁错为名（即历史上所说的“清君侧”）举兵叛乱，晁错因此为袁盎等谮杀。主父偃，汉武帝时为大中大夫，提议由政府下“推恩令”，使诸侯王多分封子弟为侯，以此进一步削弱诸侯王势力，为武帝接受。

邻之人有鸡夜鸣，恶其不祥，烹之。越数日，一鸡旦而不鸣，又烹之。……或夜鸣，鸣之非其时也；旦而不鸣，不鸣非其时也，则自为不祥而取烹也，人何与焉？若夫时然后鸣，则人将赖汝以时夜，孰从而烹之乎？……人之言默，何以异此。未可言而言，与可言而不言，皆足取祸也。[①]

新闻评论重视时机甚于重视时间，可以说是对于传统政论这一优良传统的自觉继承和发扬，从而在时效性方面形成了不同于新闻报道的侧重点。

2. 评论对象的特定性

任何一篇新闻评论都有自己的评论对象。虽然它们的评论对象千差万别，各有各的表现形态，但都毫无例外地存在于当前的客观现实之中，而且都与一定的时间、地点、条件联系在一起。换句话说，作为评论对象的事物，不论是新闻事件还是社会现象、社会问题，是一人一事的典型事例还是诸如思想行为倾向一类的概括性事实，都是在现在这一时间、地点、条件下存在的“这一个”客观事物，即此时、此地、此条件下的此人、此事、此现象、此问题。这就是所谓评论对象的特定性。

如果说客观事物的现象与本质是统一的，那么这种统一是以具体的时间、地点、条件为转移的。当时间、地点和条件有所不同或发生变化时，同类现象就可能意味着不同的本质，同一本质也可能表现为不同的现象。因此，观察分析任何事物，都只有把它与时间、地点和条件紧密联系起来，才能真正把握事物的现象和本质之间的必然联系，也才能准确、中肯地揭示事物的本质。如果无视时间、地点和条件的差别，那就如同把千变万化的活生生事物放在一成不变的模子里“模压”，其结果不是为表面现象所迷惑，就是不着边际地泛泛而论，总之都难以作切合实际的具体分析，当然也难以洞察事物的本质。请看下面这个例子：

1986年12月，有家报纸发表了一篇题为《真假王蒙》的文章，说有人冒充王蒙，写信给《钟山》杂志，推荐一篇署名“不一”的小说。文章断言：“这是行骗，这是侮辱，这是耍弄，这是犯罪，王蒙要是起诉，谁也无权阻拦。”一周后，林放[②] 也在《新民晚报》“未晚谈”专栏上发表了同样题目的短论，摘录其中三段于下：

---

① 杨时：《龟山集·言默戒》。

② 林放，赵超构（1910－1992）笔名，逝世前为《新民晚报》终身社长，专栏作家。“未晚谈”是他在《新民晚报》上开辟的评论专栏。

王蒙同志是知名作家，如今又是主管文化的部长。冒名者的动机是很清楚的，骂他一声“实在可恶”，当然没有骂错。

不过，假如我是王蒙部长，我以为对于这类不择手段，渴望脱颖而出的冒名者，也可以用另一种比较潇洒一点的态度来“处理”之。

…………

那么，对于这个假王蒙应当怎样对待呢？我以为不妨把那篇小说拿来读一读，如果确实写得好，就写一封真正的推荐信帮他发表。如果是不够水平的，也可以指点他，劝他以后不必冒名。我相信，王蒙部长的幽默感足以用这种洒脱的方式对待假王蒙，总不至于真的闹到法庭去的。[①]

一件事实，两种见解，略加比较，当不难发现其中的究竟。前者虽然不能说没有道理，但不切实际，无补于事，也难以让读者（不是当事人）心悦诚服；后者并不一味斥责冒名者，但对他却有不容置若罔闻的震撼力，而对于读者则不无启发思考和联想的作用。这种境界的差别，其根源不正在于前者孤立地就事论事，而后者则把事情置于当前的社会背景下分析吗？林放虽然以历史事例作类比[②]，但如果设想他在琢磨这个问题时，脑海里不时闪现着出版界存在的诸如“认人不认文”、“认钱不认文”的不正之风，也许不至于武断吧。

就是阐述社会问题、社会现象的评论，它的评论对象虽然多为具有普遍性的事实，也只有同特定时间、地点、条件联系起来，才能作剀切的分析、中肯的议论。例如，在鞭挞官僚主义这种社会现象的许多评论中，为什么《瞭望》和《人民日报》的两篇呼吁严惩官僚主义的评论员文章[③] 给人留下特别深刻的印象？究其原因，恐怕就在于它们把这一社会痼疾同具体的事实结合起来，置于特定的时间、地点和条件下分析，从而作出振聋发聩的论断：官僚主义者的渎职行为对于国家和人民利益的损害，有时有甚于特大贪污犯、盗窃犯；他

---

① 《赵超构文集》第6卷第209页。

② 在“那么”之前，林放讲了一个韩侂胄荐假水心（水心，南宋哲学家叶适字）的历史故事。事见清代梁章钜笔记《归田琐记·陈说》：“韩侂胄为相时，常招致水心叶适。已在座，忽门外有漫剌求谒者，题曰水心叶适候见，坐中恍然。胄以礼接之，历举水心进卷中语。其客皆曰：‘某少作也，后皆改之。’每诵改本，精好逾之。遂延入书院饭焉。出一杨妃图，令跋其后，索笔即书：‘开元、天宝间有如此姝，当时丹青不及麒麟、凌烟而及此。吁，世道判矣！’又出米南宫帖，即跋云：‘米南宫笔迹尽归天，犹有此纸，散落人间。吁，欲野无遗贤，难矣！’如此数卷，词简意足，一坐骇然。胄大喜，密语之曰：‘自有水心在此，天下岂有两子张乎？’其人笑曰：‘文人才士，如水心一等，不可车载斗量也。今日某不假水心之名，未必蒙与进至此耳。’胄然之，为造就焉。其人姓陈，名说，建宁人。后举进士。”

③ 《惩办官僚主义》，《瞭望》1986年第9期；《反对官僚主义要坚决》，1987年8月8日《人民日报》。

们绝非情有可原，而是罪不可恕。而另外有些评论虽然也在抨击官僚主义，却由于不加分析地一律视为思想作风问题，结果不仅搔不到痒处，有的甚至成为姑息犯罪行为的口实。可见，即使评论对象本身具有普遍性，一旦脱离具体的时间、地点和条件，也难以作切合实际的分析，更不说引出具有普遍意义的规律性结论了。

正因为这样，明确并自觉体现评论对象的特定性，对于新闻评论来说，无疑是坚持具体问题具体分析这一辩证法灵魂的基本前提，也是深入事物内里、中肯揭示事物本质的保证。

3．直接的针对性

所有有价值的文章，都以这样那样的方式服务于客观社会现实，都不无针对性。新闻评论不同于其他文章之处，在于：（1）它肩负着引导社会舆论、指导社会实践的使命，以随时分析社会普遍关注的事物、提供切合实际的见解为己任；（2）它的注意重点总是集中在当前的社会现实，尤其是那些关系全局、亟待解决或亟须唤起人们注意的问题上；（3）它无论采取哪种论述方式，都以便于受众理解和接受、有利于促进事物向预期的目标转化或发展为目的，力求收到“举一反三”的社会效果。所以，作为新闻评论新闻性内涵之一的直接针对性，主要强调的是“直接”，直接针对宏观实际、针对社会关注焦点、针对受众的疑难，而不像一般论说文、政论文的针对性那么宽泛。

直接针对性与评论对象特定性，既有联系、也有区别。它们的联系在于都是新闻性的内涵，都是新闻评论的“的”，都以客观实际为基础；而区别则表现在评论对象特定性的“这一个”是分析和论述的出发点，而直接针对性则是针对“这一类”，属于分析、论述的落脚点或预期目标。二者之间的关系，实际上是“这一个”和“这一类”，即具体事物与宏观实际之间的辩证关系在评论领域的反映。明确这种关系，有利于加深对直接针对性理解，正确认识和处理评论实践中经常面临的评论什么、如何评论之类的问题。

一篇评论究竟评论什么，并不是作者拍拍脑袋就能确定的。现实社会生活千变万化，每日每时都有新事物、新情况、新问题出现，新闻评论不可能、也没有必要都予以评论。究竟评论什么，固然要掂量具体事物本身的蕴含及其社会意义，也要同时考虑宏观实际需要；这一掂量、考虑的过程，实际上就是把具体事物放在宏观实际中权衡的过程，也是新闻性这两个内涵互为作用的过程。至于二者孰先孰后、孰主孰从，则因具体情况而异。有的评论从特定的评论对象引出具有普遍针对性的结论，无疑以评论对象的自身价值为主要依据；有的评论则主要考虑宏观实际的需要，针对性居于主导地位。且看两篇论题类似的评论，其一的开头着眼于宏观实际：

> 7月以来，广西、陕西、上海、江苏等地频频发生重特大事故，消息随着电视、报纸、网络迅速传开。特别是南丹特大事故，通过新闻记者的努力，被某些人极力掩盖的铁幕才撕开了一角，引起党中央和国务院的高度重视，使事故的调查处理步入正常轨道。[①]

然后通过对于某些“行政首长”或嫉视、或操纵媒介现象的分析，呼吁强化舆论监督功能；后者的开头，则从典型事例出发：

> 昨夜上网，无意中进入了一个名为“广西南丹矿井事故遇难者纪念馆”的网站：哀乐低回，烛光闪烁，清香缭绕，美酒扑鼻，鲜花绽放……无数网民用各自的方式寄托对死难矿工的哀思。该网站创建于2001年7月31日，访问人数已近上万。我浏览着各种各样的祭文，突然，一篇祭文吸引了我的目光，标题是《假如媒体缺席……》。我不禁为之一愣。[②]

而后加以引申，最后落脚于“呼唤不该缺席者永不缺席”。可见二者孰先孰后、孰主孰从是可以转换的，只要处理得当，完全可以收到殊途同归的效果。

具体事物多为多面体。尤其是作为评论对象的具体事物，往往有各种各样的蕴含。因此，面对某一特定评论对象，究竟如何评论，重点突出什么、强调什么，往往需要与宏观实际联系起来，才能作出恰当的抉择。一般地说，新闻评论在分析、论述特定事物时，总是根据宏观实际的需要选择突破口，确定分析、论述的重点，力求切中要害、触动绷得最紧的那根社会神经。如果只注意评论对象本身而忽视所针对的宏观实际，就可能因就事论事、面面俱到而削弱评论的舆论作用；反之，则可能导致生拉硬扯、牵强附会之类的偏向，同样会影响评论的社会效果。

4. 新闻性的意义

如果用一句话来概括新闻评论新闻性这一基本特征的内涵，那么大致可以说：新闻性就是及时分析、论述具有普遍意义的特定事物。这一体裁特征的意义，主要表现在两方面：

（1）新闻性是新闻评论选择、处理内容的基本依据，这主要是经由评论对象特定性和直接针对性体现的，前面已有所阐述，就不再累赘了。

---

① 裴志勇：《假如媒体缺席……》，2001年8月27日《人民日报》“人民论坛”。

② 贾亦凡：《为何将评论作祭文》，《新民周刊》2002年8月5～11日。

（2）新闻性是新闻评论与一般政论文的分水岭。从文体的角度说，新闻评论隶属于政论文、论说文范畴，它们之间的区别，就在于是否具有新闻性。一般政论文虽然也讲究“合为时而著”，但时效要求不像新闻评论那么强烈；虽然也要求联系实际、为现实服务，但不一定非有特定评论对象不可，也不一般地要求直接针对某一亟待解决的问题，有时甚至有意识地与当前社会现实保持某种距离。而新闻评论则非坚持“言当其时”不可，非坚持从当前宏观实际出发、具体分析具体事物不可。

由于新闻性这一基本特征，新闻评论同时也成为文章中的“易碎品”。它的存在价值和社会作用，取决于它与现实社会生活联系的紧密程度。一旦时过境迁，新闻评论也就成为“明日黄花”了。当然，说新闻评论是“易碎品”，绝非贬低它的现实意义和长期影响，而是强调不可错过评论时机，不可脱离当前实际。新闻评论的生命力，恰恰寓于“易碎”或“速朽”之中。正如恩格斯所说的：“我写作不是为了永世长存，相反的，我所关心的是直接的当前现实。”①

三、新闻评论的政论性

上面从新闻体裁的角度分析了新闻评论的基本特征——新闻性，换个角度，即把它当作论说——政论文体中的一种体裁看，又可以发现它还具有另外一些重要特点。这些特点是其他新闻体裁，如消息、通讯没有或未必有的，却为一切政论文所共有和必有的，所以统称之为政论性。这是新闻评论的又一基本体裁特征，是与新闻性并存而且并重的特征。

1. 政论性的基础

新闻评论隶属于论说文、政论文，它的政论性特征概括了二者的基本特点。概括地说，主要有三项：（1）明确阐述对于特定事物——评论对象的看法；（2）以说理为主要手段；（3）着重从思想、政治或伦理的角度分析论述有关问题。前两项是包括政论文在内的所有论说文共有、必有的特点，后一项则是一切政论文包括新闻评论的基本属性之一。综合起来，新闻评论的政论性，就是从思想、政治或伦理的角度阐明对于所论述的事物的看法。

现代论说文，融合了古代的“论”和“说”，是一个很宽泛的文体概念。刘勰在《文心雕龙·论说》中指出：

> 原夫论之为体，所以辨正然否。穷于有数，追于无形；迹坚求通，钩

① 《马克思恩格斯全集》（第28卷），人民出版社1972年版，第532页。

深取极。乃百虑之筌蹄，万事之权衡也。[①]

这里所说的“辨正然否”，可以理解为阐明事物的本质或问题的实质，揭示其发生、发展规律，以及明辨其中的是非、正误、真伪、善恶、美丑等等。也就是说，阐述对于事物看法，是“论”这种文体的基本表现功能，也是它区别于其他文体的基本属性。那么，怎样阐明、揭示、明辨呢？刘勰在这里提供两种互为补充的基本方法：首先是“穷于有数，追于无形”。“有数”指具体事物，“无形”指抽象的观念形态，合起来说就是通过对具体事物的透彻分析，引出规律性认识或抽象的道理。然而，对具体事物的分析毕竟不能眉毛胡子一把抓，当然也不能盯着鸡毛蒜皮之类的表象，所以要“迹坚求通，钩深取极”，即紧紧围绕重点或难点进行分析，力求深入、中肯地揭示事物的本质。从认识的角度说，这是分析事物的基本方法；从表达的角度说，则是说理的基本要求，是“辨正然否”的不可或缺的手段。在讲到“说”时，刘勰又说：“夫说贵抚会，弛张相随，不专缓颊，亦在刀笔。”[②] 其中所强调的其实也是如何说服他人的方法，包括把握时机，讲究亦张亦弛的策略，善于调动各种语言文字表现手法等等。论、说的方法虽有所不同，但都是以说理为主要手段这一原则的体现。可见，以说理为主要手段、明确阐述对于事物的看法，这是论说文在长期的发展过程中形成的基本特点。

论说文的这两个特点，如影随形地结合在一起，构成了新闻评论政论性的基础。任何新闻评论作品，不论论述什么问题，都要求旗帜鲜明、观点明确，即使讲究含蓄、委婉，也不能含糊其辞、模棱两可；不论对事物持什么看法，都要求言之成理、持之有故，不仅“辨正然否”，而且说明所以然、所以否，而不能武断、不能强加于人；不论怎样表达，即使夹叙夹议、大量引用事实、多方设喻取譬，也要求一切服从于说理的需要，而不能以叙代论、以喻代论、以引代论。如果忽视这些要求、背离论说的基本特点，那就必然动摇政论性这一体裁特征的基础，新闻评论也就不成其为“评论”，而是其他别的什么文章了。近年来在广播、电视中出现了一些访谈式评论节目或栏目，其中有些作品政论性色彩淡薄、形同新闻报道，这固然有多方面的原因，但大多同不善于体现以说理为主要手段、明确阐述自己对于事物的看法不无关系。

---

① “追于无形”一作“究于无形”，“迹坚求通”一作“钻坚求通”，引文从陆侃如、牟世金：《文心雕龙释注》，齐鲁书社 1981 年版，第 235 页。

② 这句话《文心雕龙释注》的现代语释为：“‘说’贵在合于时机，或缓或急，灵活运用，不仅仅是婉言陈说，也要书写成文。”虽然不尽贴切，但可以参考。

2. 政论性的核心

政论性的另一项内涵——着重从思想、政治或伦理的角度分析论述问题，是政论文区别于其他论说文（如学术论文、专业性文章等等）的特点，也是新闻评论政论性的核心。

在报刊、广播、电视等新闻媒介中，除新闻评论以外，还经常发表其他论说性文章和专业性评论，如体育评论、文艺评论、图书评论等等。有时这类文章的题材和主题，同新闻评论几乎如出一辙，也同样以说理为主要手段阐述鲜明的看法；它们之所以不被认为是新闻评论，主要由于它们侧重从专业的角度分析问题。如体育评论分析某一体育比赛的胜负，遵循的是该体育项目自身的规律，着眼点主要放在诸如战略、战术、运动员竞技状态、教练员的指挥调度上头；文艺评论、图书评论在内容分析方面虽然也强调政治标准，但毕竟是与文艺、图书自身的表现特点、内在规律紧密联系在一起。这类评论如果着重从思想、政治或伦理的角度分析论述，那就是新闻评论而非专业评论了。例如，《体育报》论述运动员精神风貌的社论《我们的时代需要“最佳”精神》[①]；《中国青年报》就许海峰为我国夺得奥运会第一枚金牌而发表的社论，它以《别了，0!》为题强调这枚金牌标志着我国体育事业的历史性飞跃[②]。

新闻评论为什么非从思想、政治或伦理的角度分析论述问题不可呢?

首先，新闻评论是新闻传播中的政论体裁，只有坚持政论体裁观察、分析事物的这个共同视角，才能形成完善的体裁特征，也才能与其他论说体裁相区别。

其次，新闻评论是新闻媒介的政治旗帜，体裁的这一性质决定它必须善于从政治、思想、社会伦理出发辨别事物，在论述中体现鲜明的倾向性。所以非但无产阶级新闻评论自觉地坚持这一特点，就是资产阶级新闻评论也不例外，只不过它们有时伪装“非政治”、“非党派”、“非意识形态”罢了。

再次，新闻评论面向广大受众，它所分析的事物、所论述的问题，都是受众关心或需要引起受众关心的事物或问题。至于能否真正吸引多数受众，则在很大程度上取决于是否善于寻求适合多数受众的视角，寻求互相之间的共同语言，建立沟通思想与情感的桥梁。与专业角度相比较，从思想、政治或伦理角度分析事物、阐述问题，无疑更有利于唤起多数受众的接受兴趣，更容易为多数人所理解。这么说，当然没有贬低专业性文章的意思，只是为了说明新闻评论要赢得更多受众，就非着重从思想、政治或伦理这个公众“共同视角”分析

---

① 1981 年 1 月 21 日《体育报》，《1981 年好新闻》，人民日报出版社 1982 年版，第 218～220 页。
② 1984 年 7 月 30 日《中国青年报》社论。

论述问题不可。

总之，无论从体裁的性质还是社会效果的意义上说，从思想、政治或伦理的角度分析论述问题，都是新闻评论政论性的核心内涵。对于这一内涵的任何忽视，不是抹杀新闻评论与其他论说文的界限，便是冲淡它作为新闻媒介的政治旗帜的性质、削弱其引导舆论和指导实践的作用。

3. 政论性特征的意义

把政论性诸内涵区分为“基础”和“核心”，既反映了政论文与论说文的固有关系，也反映了诸内涵之间关系的实质。无论“基础”也好，“核心”也好，它们都是新闻评论的政论性特征的有机组成部分，而不存在什么轻重、主从之别，更不可以把它们割裂开来、片面强调某一方面。任何厚此薄彼，都势必削弱政论性特征，甚至使新闻评论沦于名不副实的境地。

政论性这一体裁特征，对于新闻评论实践具有多方面的意义。这里，仅就它与新闻性相对应的方面，作些必要的说明。

首先，如果说新闻性是新闻评论选择、处理内容的主要依据，那么，政论性则影响甚至决定着它的内容表达，包括一篇评论的整体布局以至于表达方式和方法。比如，为了从思想、政治或伦理上阐述对于事物的看法，就需要有传播主体——媒介和评论作者鲜明的论断，即使有些论断表达得比较含蓄、委婉，也决不模棱两可。又如，为了雄辩地说理，即使是主要运用事实性论据的评论，也必须坚持以理驭事、事为理设的原则，也离不开概念、判断、推理一类的逻辑手段。韬奋先生的“小言论”《潘老太太和中医》①，以将近三分之二的篇幅叙述潘公弼祖母的就医过程，不仅是基于说理的需要，而且自始至终贯穿着准确、严密的逻辑推理脉络：

> 我国往往有人看了几本不求甚解的医书，就胆敢开方医病，在他们腕下冤死的人真是不可胜数，这便是所谓“庸医杀人”。但是我们不能因为痛恨“庸医”而遽断中医绝对没有好的，更不能因此遽断中国医术绝对无存在价值。中医确应有积极改良的地方，却不应不分皂白的“禁止”。即如“旧医学校”，加以考查，绳以标准，然后分别决定存废则可，一概抹杀的“禁止”，则于理似有未当。

评论正是依靠严密的逻辑推理，给予了国民党当局关于禁止“旧医学校”和取缔中医宣传品的决议案以有力的批驳。假如也像现在有的评论那样只是在大段

① 《韬奋文集》(第一卷)，生活·读书·新知三联书店1962年版，第23～24页。

叙事之后，写上一句“这是值得深思的”，能够令人昭昭地明白其所以然吗？可见，政论性特征对于新闻评论内容的表达，具有不容忽视的作用。

其次，政论性是新闻评论区别于其他新闻体裁的基本界限。为了说明问题，兹将新闻评论与新闻报道的主要区别，列表于下：

新闻评论	新闻报道
（1）阐述对于事物的看法，本质上属于主观认识； （2）主要诉诸说理，要求论点正确，论据充分，论证合乎逻辑； （3）强调说服力，要求正确、中肯地分析事物，揭示事物本质； （4）注重通过由表及里、由浅而深的分析，引出具有指导意义的规律性认识，启发人们作“举一反三”的思考和联想。	（1）尊重事物本来的面目，本质上属于客观的反映； （2）主要运用叙述、描写手段，要求诸“要素”完备、明白、确切； （3）重视可信性，要求事实真实、准确，符合事物的实际； （4）着眼于利用具体事实再现事物的状态及其来龙去脉，引导人们透过事实认识整个事物。

以上区别事实上都根源于新闻评论必须坚持政论性这一基本特征。

当然，新闻评论也引用事实，包括情节和细节；也运用叙述、描写手段，有时甚至绘声绘色地再现事物。但是，这一切都服务于说理的需要，如何选择、剪裁事实，如何叙述、描写，完全以是否有利于证明和说明论点为转移。新闻报道也有自己的政治倾向，有鲜明的立场和观点。只是它不像评论那样直接表述出来，而是寓于事实之中，即通过事实的取舍、材料的选择和剪裁、背景的衬托、叙述的语气和口吻等表现出来。即使偶尔有直接的议论或抒情，也是画龙点睛式的，在作品中并不起主导作用。正因为这样，人们常把新闻报道比作如同《春秋》那种“微言大义”的“史笔”，而把新闻评论比作诸如“太史公曰”一类的“史评”。

在结束本节的时候，有必要着重强调新闻评论的新闻性和政论性是不可分离的。虽然在具体作品中，有的新闻性强一些，有的政论色彩浓一些，但这种强弱浓淡只是量的差别，而不是质的不同。如果失去其中的某一特征，那么新闻评论就将名不副实；即使它是好文章，也绝非新闻评论。从这个意义上说，只有融新闻性与政论性于一体，才是新闻评论的本质特征，才是新闻评论之所以成为各种新闻媒介不可缺少的战斗体裁的根据。

第二节　新闻评论的具体形式

如果说新闻性和政论性是新闻评论的基本内涵，那么与之相应的外延究竟涵盖哪些具体评论形式呢？新闻评论在适应社会需求的过程中，视野日渐扩大，内容日益丰富多彩，具体形式也日趋多样化。这些隶属于体裁的具体形式名目繁多，称谓不一，分类也不尽相同。了解评论的具体形式及其分类，明确某些常用形式的特点和适用范围，既是完善体裁内部系统构建的必要条件，也是媒介和评论工作者提高驾驭体裁能力的基础。

一、新闻评论的分类

对于评论的分类，目前仍然众说不一。在众说之中，虽然有的的确不尽科学、合理，但多数却是分类目的和分类标准不同的反映。就后一种情况说，不同的分类并不一定相互对立、相互排斥，其中相当一部分是可以并存、可以相互补充的。所以，面对着不同的分类，重要的是弄清情况，客观分析它们的成因，吸取其科学、合理的内核，舍弃不科学、不合理的成分。这样也许更有利于建立科学的分类体系，更有利于新闻评论具体形式的多样化。

1. 新闻评论的分类状况

限于资料，这里不可能全面描述国内外的分类状况，只能就接触到的某些分类作些大致的介绍和分析。

（1）国内对于新闻评论的分类：在全国解放以后很长一个时期内，新闻评论主要作为报纸体裁运用和发展，其分类体系也是在报纸，尤其是党报评论实践的基础上形成的。这个分类体系包括两层：第一层分为署名评论和不署名评论，而以后者为主；第二层主要是对不署名评论的再分类，一般包含社论、评论员文章（前期称评论）、短评、编者按和编后。

20世纪70年代后期，广播电台开始比较经常地播发自己的新闻评论，随后电视评论也逐渐增多。广播、电视评论的兴起，标志着新闻评论从报纸体裁转变为各种新闻媒介的共用体裁。不过，广播评论迄今仍然主要沿用报纸的分类，只是把社论更名为“本台评论”，其他评论类型在播出时也冠以“本台”罢了。

然而，随着社会需求的变化和新闻改革的深入，无论报纸还是广播、电视，在评论领域里都不断有所创新、有所开拓。比如，报纸上的署名短论开始突破“轻量级”格局，出现了像“人民论坛”这类“次重量级”评论；新闻述评多数转化为由个人署名的记者述评，而本报评论员也出现了个人署名的迹象。广播、电视评论开始突破体裁的界限，除作为节目的组成部分在新闻节目或相关节目中播出的评论以外，评论节目或栏目日渐增多，同时开始出现通过节目串连词、将评论与节目融为一体的尝试。诸如此类的发展变化，势将对既有的分类体系提出挑战。现将既有的分类列表于下：

类别	报纸新闻评论	广播新闻评论
不署名评论	社论 （编辑部文章） 本报评论员 （评论） （特约评论员） 短评 编者按 编后	本台评论 本台评论员 本台短评 编后话
署名评论	记者述评 专栏评论	记者述评 署名短论

当然，由于媒介的性质、地位、接受对象不同，并不是所有报纸、广播电台都经常运用这些评论名目。比如晚报主要在专栏中发表署名评论，如，《新民晚报》的“今日论语”、《羊城晚报》的“街谈巷议”等等；它们除编者按、编后之外，一般不发不署名的评论，因此很少运用社论、本报评论员一类的评论名目。广播评论的这些名目，主要根据中央人民广播电台的分类；有些地方台的评论名目并没有这么完备，运用范围也不很明确，如有的电台一律称之为本台评论。近年来，随着广播、电视改革的深入，电台、电视台都致力于加强评论环节，评论的表现形式正在急剧变化之中。上表所列的广播评论名目，实际上只能大致反映 20 世纪 80 年代中期的情况；20 世纪 80 年代后期以来，广播、电视评论开始出现摆脱单篇独论、日渐与节目融为一体的迹象，这就难以单纯从体裁的角度予以分类了。

台湾新闻界、新闻学术界对新闻评论的分类也不一致。有人甚至认为分类无成规可循，没有公认的分类法。其中有两种分类比较极端，一种按内容涉及的领域，把新闻评论分为政治评论、军事评论、外交评论、经济评论、文教评论等等。这样划分，社会生活有多少领域就有多少评论类型，不仅不胜其“繁”，而且容易与专业论文混同；对于研究新闻评论体裁的有关问题，掌握写作和运用新闻评论的规律也没有多少实际意义。另外一种把评论分为解说型、辩论型、启发型、研判型、劝导型、褒贬型、纪念型、建议型，分类标准本身就很不明确：它们究竟指论说手段还是论说功能，还是兼而有之？标准不明确，自然难以准确界定不同类型，分类也就失去意义。

（2）美国的两种分类：国外对于新闻评论的分类，目前介绍到国内来的，主要有美国的两种分类说。其中一种把新闻评论分为五类，每类又包括若干种，即：①社论：社论、统一社论、舆论结、代论；②专论：专论、来论、星期论文；③释论：大事分析、时事述评、评述；④短评（专业版评论）；⑤杂志评论。另一种按狭义和广义划分，狭义的新闻评论指社论、短评、专栏评论，广义的则包括政治漫画、民意调查、读者投书等等。

这两种分类都有其合理的内核，但又不尽符合科学的分类原则。前一种分类的双层构想颇为可取，但在同一层次里并立多项标准，却难免因交叉重叠而模糊了具体形式间的界限。如第一层次的五类，实际上是按三个不同的标准划分的，即按媒介分出“杂志评论”，按评论规格分出社论和短评，按内容性质区分专论和释论。标准不同，各种类型之间就可能你中有我、我中有你；这样把相互包容的类型并列起来，人们怎能不产生诸如此类的疑问：杂志评论中，究竟有没有社论、短评之别？有没有专论、释论之分？专论、释论与社论、短评，难道就那么泾渭分明吗？后一种分类，狭义的解释反映了美国报纸评论的状况；广义的解释显然以是否表达主观见解为依据，但这样一来，岂不是所有表达主观见解的表现形式都可以称为新闻评论吗？所以，有人指出：“如果这些（政治漫画、民意调查和读者投书）都能归入新闻评论的话，那么报纸上发表的任何东西，包括新闻，包括标题，包括图片，包括版面安排，都可以称为新闻评论了，因为新闻本身、标题制作、版面安排，都有一定的政治考虑。”①

2．关于完善评论分类的设想

国内将新闻评论首先分为署名评论和不署名评论两大类。署名评论是以个人的名义发表意见的评论类型。其中的记者述评多数直接取材于现实社会生活，论题贴近客观实际，而且较多采用夹叙夹议的论述方式，近年来日益受到各种媒介的重视，经常被用来论述人们普遍关心的社会现象和问题。署名短论多数属于专栏评论，如，《人民日报》的“今日谈”、“人民论坛”等，这类评论作者面宽，一般都具有短小精悍、平易近人的特点，在论坛上占有越来越重要的地位，已经成为新闻评论的重要方面军，而不只是不署名评论的“补充”了。

不署名的评论，其实就是以编辑部的名义发表意见和看法；机关报和各级

① 范荣康：《新闻评论学》第 186 页。

电台的有些社论（本台评论）和评论员文章，甚至是代表一级党组织或政府部门的看法。正因为这样，各新闻媒介历来把不署名评论列为评论工作的重点。毛泽东同志强调党委要抓评论工作，主要指抓这类评论，尤其是其中的社论和评论员文章。

不署名评论的各种类型，是按所论述的论题的重要程度划分的。它们的不同名称，首先意味着不同的评论规格。对于新闻媒介来说，准确掌握评论规格是一件不可掉以轻心的事情，因为这不仅反映对于论题重要性的判断，而且关系评论工作的组织原则或管理机制。新闻媒介之间，既有性质（如党的、政府的、群众团体和专业性的报纸，综合性和专业性广播频率、电视频道）和传播方式（如报纸、广播、电视）的区别，也有所处地位（如中央、省市、地市、县市）和分工（如分别面向工人、农民、青年、妇女等）的不同。因此，面对同一新闻事件或问题，不同媒介完全可以从自己的性质、地位和服务对象出发，选择、运用不同规格的评论。例如，中国女排在洛杉矶奥运会上夺得冠军，《人民日报》、《光明日报》和《体育报》分别发表短评、评论员文章和社论表示祝贺。[①] 三家报纸用三种规格的评论论述同一件事，完全符合它们各自的性质和所处的地位。如果它们采用同一规格的评论，那就不恰当了。

不过，从写作（包括广播、电视评论的制作，下同）的角度说，既有分类的意义却是有限的。因为署名与不署名，以及不同的评论规格，与表现方式和方法之间并没有必然的联系。在评论实践中，常有因某种原因而一字不改地把社论降格为评论员文章、把评论员文章升格为社论、降格为短评，或将署名评论改为不署名评论（当然需要征得原作者同意）、将不署名评论改为署名评论（通常用集体笔名）的情况，这就是有力的证明。

研究评论具体形式，归根到底是为了寻求与内容相适应的表现方式和方法。这当然不能背离内容决定形式的根本原则，问题在于究竟是内容的哪个方面决定形式。就新闻评论说，内容的重要程度对形式有重要影响，但主要表现在规格的掌握上，报纸的版面处理上（如版面位置、标题字型字号等），或广播、电视的节目安排（如时间位置、声音和图像处理）上，与评论本身的表现方式和方法并没有直接、必然的联系，否则怎么可能一字不易地升格或降格呢？内容所涉及的领域对评论形式也不无影响，但主要影响题材的选择、具体材料的剪裁和论说态度，如政治领域的评论更加注意把握时机、掂量轻重缓急和保持说理的严肃性，外交评论注重掌握分寸和策略等等。比较地说，对于评

---

① 《人民日报》短评《胜利属于勇敢的进击者》，《光明日报》评论员文章《女排精神是中华民族的精神》，《体育报》社论《辉煌的胜利，艰苦的历程》，见 1984 年 3 月 10 日三报。

论表现方式和方法影响最大、最为直接的，其实是内容的性质；正面的事物需要堂堂正正地倡导，反面的东西必须理直气壮地反驳，有待研究解决的问题需要启发思路、引导思考。不同性质的内容要求采取不同的论说手段和处理方法，这又必然导致结构、语言发生相应的变化。所以，为便于研究写作方面的问题，我们根据内容与形式统一的原则，按内容的性质，将新闻评论分为五种，即立论性评论、驳论性评论、阐述性评论、解释性评论和提示性评论。

这样，如果再加上按媒介划分的类型，实际上就有四种虽然不同、却可以相互包容分类。兹列表于下：

分类标准	类别					
媒介	报纸评论	杂志评论	广播评论	电视评论	通讯社评论	网络评论
署名与否	不署名评论				署名评论	
评论规格	社论	评论员文章	短评	编者按、编后	记者述评	专栏评论
内容性质	立论性评论	驳论性评论	阐述性评论	解释性评论	提示性评论	
备注：记者述评、专栏评论，系按文体划分。						

表中所列的分类标准，在一定意义上可以理解为分类层次。换句话说，各种媒介的评论都包括不署名和署名两类；不署名评论和署名评论又各包含若干不同评论名目；只要需要，这些评论名目都可以用来阐述各种性质的内容。因此，如果把这四种分类结合起来，那将不仅可以完善评论分类体系，而且有利于进一步研究和解决评论写作和运用中的一系列问题。

二、不署名评论及其适用范围

不署名评论代表媒介阐述对于有关事物的态度和看法，体现媒介观察事物、分析问题的基本立场和观点。它的各种名目，意味着不同的评论规格；用哪种名目的评论阐述某一事物或问题，则直接反映媒介对于此一事物或问题的认识和判断。所谓评论是新闻媒介的政治旗帜，也主要通过这类评论体现于公众面前。正因为这样，新闻媒介向来高度重视这类评论，这类评论也一向为社会公众所瞩目。如果说改善这类评论是当代媒介在激烈的市场竞争中确立自身舆论地位的当务之急，那么，明确不同评论名目的舆论功能和适用范围，就是改善这类评论的入手处了。

1. 社论－本台评论——这是报纸、电台最高规格的评论，通常用来论述全局性的重大新闻事件或社会现象、社会问题当然，所谓重大，所谓全局性，都是相对的，是综合考虑各种因素的判断。这些因素包括事件、现象或问题本身的分量，它们蕴含的意义和客观影响，受众的关心程度，以及媒介的性质、所处的地位和肩负的任务等等。例如，山西昔阳县停建“西水东调”工程，就事件本身说，不过是一个县的决定；但同当年兴师动众修建这项工程的背景联系起来，停建的决定却具有非同寻常的意义：一个工程的“上马”、“下马”，体现了两种截然不同的发展农业的指导思想。正是基于这一判断，《人民日报》配合工程停建的报道，发表了《再也不要干“西水东调”式的蠢事了》① 的社论。再如，哈尔滨双城堡车站野蛮装卸的事件，就事论事，摔坏几台洗衣机的事，充其量是个服务态度问题。但就是这么一件事，却需要中央领导同志多次过问，才能排除诸如主管部门护短、调查组互相推诿等等障碍，得到比较合理的处理。从处理过程看，这件小事却反映了领导作风中的严重问题。因此，中央人民广播电台在作了一系列连续报道之后，就这一事件播发了本台评论《整顿路风才能得人心》②，《人民日报》也发表了题为《勇于负责，敢于斗争》的社论③。全局性问题也可以作如是观，但与媒介所处的地位、覆盖范围联系更为紧密一些。

20 世纪 80 年代中期以来，报纸包括中央和省市级党报的社论明显减少了。有的同志因此撰文，惊呼“社论危机”。其实，慎用社论这种最高规格的评论，说明媒介重视社论的特殊舆论功能，也是媒介成熟的一种表现。当然，慎用不是不用，也不等于说越少用越能显现其重要性，而是用于所当用、用于不能不用，坚持以论题蕴含的舆论价值和社会意义为标准。在慎用的基础上，讲究精用，精心构思，精心写作、制作，这样才能更充分发挥社论的舆论功能。

2. 评论员文章——规格仅次于社论或本台评论的评论类型

它所论述的问题虽然也是重要的、人们普遍关心的，但问题本身一般带有局部的性质，如地区性、部门性的问题。各个领域的重大成就和经验，领导作风、工作方法方面的经验和问题，某些需要引起人们重视的社会风尚、社会思潮或行为倾向，关系人们切身利害的社会现象，也常运用评论员文章来分析论述。

近年来，评论员文章的应用范围呈现扩大的趋势，有的媒介甚至有意识地控制社论而多用评论员文章。有的同志认为，评论员文章的兴起，“具有 80 年

---

① 1980 年 6 月 15 日《人民日报》。
② 《全国优秀广播节目稿选（1983）》，中国广播电视出版社 1985 年版，第 32 页。
③ 1983 年 5 月 13 日《人民日报》。

代的时代色彩”；因为“进入 80 年代，生活的节奏快了，评论的新闻性增强了，各种报纸如雨后春笋，彼此竞争……在这种新的形势下，如果固守于社论这一形式，就可能贻误时机；评论员文章这种‘轻骑兵’形式，就迎来了大繁荣的年代。”① 由于具有“轻骑兵”的特点，评论员文章不仅数量日渐增多，而且越来越多地用来对某一重大社会问题或社会现象作系列论述。如《人民日报》2003 年 8 月，就围绕总结抗击“非典”和“把农民增收摆到更加突出位置”，以系列的方式发表了两组评论员文章，后一组还标明“再论”、“三论”……。

目前，评论员文章多为不署名评论，但有些报纸如《经济日报》、《中国青年报》、《福建日报》已开始尝试运用署名的评论员文章，这也是一个值得注意的迹象。

与评论员文章同一规格的，还有一度颇为盛行的特约评论员文章。这类评论冠以“特约”，意在强调评论具有特殊的思想、理论深度，有时也借以暗示作者身份非同寻常。由于文章一般较长，往往对所论述的问题作多侧面或多层次的分析，曾被称为“超重型评论员文章”。20 世纪 80 年代中期以后，这种不署名的文章已不多见，也许将同编辑部文章一样成为历史的陈迹，或者逐渐为署名的专论所取代。

3. 短评——这是一种轻型评论

短评的论述对象一般不是整个事件或问题，而是事件或问题的某一具有启发意义的侧面、层次，甚至是某一点；有时也被用来解剖某种具体观点，或者工作、思想、行为中的某种倾向。这类评论近年来日渐式微，这与专业评论工作者有所轻视不无关系，但主要还是为署名短论所取代。

4. 编者按和编后——在不署名的评论中，这是最简短、最轻便，也是最低规格的类型

它们都依附于某一新闻报道或其他文章，通常用来提醒受众注意报道或文章所涉及的有关事实、观点，有时也用来表明对报道或文章本身的态度和评价。

编者按有两种：一种是介绍性的，通常用于介绍作者或提供其他背景材料；一种是议论性的，常以画龙点睛的方法表明对有关事物或问题的看法。这里所说的是后一种编者按，一般置于它所“按”的报道或其他文章的前头。有时也在文章中间加按语，类似古代图书中的“夹批”、“夹注”。后一种按语通常是对所“按”文章的某一片断或个别提法的扼要评论，运用起来特别灵活。

---

① 范荣康：《新闻评论学》，第 194 页。

编后也是一种按语，因放在新闻报道或其他文章后面而得名。不过，这种文末按语有时还有所发挥，因而也可以写得更为具体、生动一些。

编者按和编后，都依附于其他新闻报道或文章。广播、电视以线性的方式传播内容，只有先播出有关报道或文章，然后播发这类评论，所以一般不用文前按语，而用“编后话”这一评论名目。

以上四种不署名评论，主要是在报纸评论实践中逐步形成的。广播、电视新闻节目虽然也沿用不署名评论，但多少忽视具体评论名目与评论规格的关系。如在播出这类评论时，往往不问事大事小，广播统统称之为“本台评论”，电视则通称为之“编后话”。这其实是把代表评论规格的特称当作指代所有评论的泛称，不免影响广播、电视新闻节目中不署名评论的健康发展。

三、署名评论的发展前景

署名评论以个人的名义发表意见。目前主要有两类：一是记者述评，多为活跃于第一线的专业新闻工作者的作品，以贴近实际、贴近生活、贴近群众和高度时效性见长；一是专栏评论，即纳入固定评论专栏发表的评论。评论专栏一般又分为群众论坛和个人专栏。群众论坛广泛发表社会各界人士的来稿，规格多数相当于短评；也有相当于评论员文章的专栏，如《人民日报》“人民论坛”，但为数不多。个人专栏，指专为某一作者开辟的专栏。前一种专栏的作者众多，风格多样，素有“群言堂”之称；后一种专栏的作者多为专业评论工作者，作品一般保持一定的深度和个人的风格特点，但现在为数不多，可以说仍然处于待开发状态。

署名评论的舆论优势，主要源于它拥有日益壮大的作者队伍。这类评论的作者，除专业新闻工作者外，多数是来自社会各个领域的人士。这些社会人士各有自己的工作领域、生活环境、社会实践经验、阅历和知识积累、理论修养，其中不乏对某一领域造诣精深的专家、学者或部门的主管人士。他们处于社会实践的第一线，而且各有自己的关注重点，通常能够更敏锐、更准确地把握某一领域的发展变化，及时发现事情、现象或问题的症结；他们的议论往往有感而发、言已之所欲言，多有真知灼见，能够不时给论坛增添清新的气息；他们议论时胸有成竹而文无阡陌，行文或言语常能“行于所当行，止于不可不止”①，这也具有活跃论坛、促进评论风格多样化的积极作用。社会人士日益广泛参与到评论活动中来，大大扩大了评论的视野，丰富了评论的内容和形式，既为署名评论开辟了广阔的前景，也为繁荣新闻评论注入了取之不竭的

① 苏轼：《答谢民师书》。

活水。

改革开放以来，署名评论随着社会主义民主的发展进程，日趋兴旺繁荣。不仅专栏增多，反映面扩大，内容日渐繁富，形式日益多样，而且改变着新闻界和社会公众对于这类评论的认识。新闻界已开始将这类评论视为新闻评论的重要组成部分，把评论专栏作为媒介的品牌来经营；在中宣部组织的前两届“中央新闻单位名专栏评选”活动中入选的署名评论专栏（不包括广播、电视评论节目）多达8个[①]，占17个入选专栏几近一半。而它在公众心目中的位置，则甚至超过了媒介重点经营的不署名评论。从发展趋势看，除记者述评、群众论坛仍将保持旺盛的生命活力以外，以下两种署名评论类型的潜在优势和功能，将日益充分地发挥出来。

1. 个人专栏评论方兴未艾

个人专栏评论在西方新闻评论中，几乎与社论平起平坐。普利策新闻奖的两个新闻评论奖项之一“评论奖”（另一个为“社论奖”），多数获奖者是享誉全国的专栏评论作者，或称“政治专栏作家”。李普曼[②]曾以他的大量有关国内国际的富有穿透力和高度责任感的评论，被认为是政治专栏作家的先驱；在他之后，陆续出现了一批受人尊重的专栏作家，如马奎斯·蔡尔兹、詹姆斯·赖斯顿、约瑟夫·艾尔索普。这些专栏作家的作品通过报业辛迪加提供给数以百计的报纸，其舆论影响逐渐为国内外所重视，因此被称为“公共事务中的舆论领袖”，甚至被认为是“19世纪个人新闻事业的某种复活”[③]。

我国虽然先后出现过某些个人专栏，如林放的“未晚谈”、微音的“街谈巷议”短论专栏和邓拓的融知识和评论为一体的小品专栏——“燕山夜话”[④]，而且产生过广泛的社会影响，但真正受到重视、得到提倡，却是改革开放以后的事情。改革开放以来新出现的个人评论专栏，按其内容的接触面，大致可分为综合性和专题性两类：前者选题涵盖国内国际政治和社会生活的方方面面，后者则有专门的论述领域，如经济、法制、文化等。其中有些专栏已经在社会

---

① 这8个专栏为《人民日报》的“人民论坛”、“今日谈”，《光明日报》的“今日话题”，《经济日报》的“每周经济观察”、“星期话题”，《中国青年报》的“求实篇”，《解放军报》的“集思广益”，《法制日报》的“法制论坛”。

② 沃尔特·李普曼（1889～1974），美国最负盛名的专栏作家。一生写了总数达1000万字的上万篇时政文章。他发表在纽约《先驱论坛报》及后来的《新闻周刊》上的“今日与明日”专栏持续了36年（1931～1967），是20世纪美国报刊史上历时最久、内容最广、影响最大的专栏。这些专栏文章通过报业辛迪加转发，刊载在美国和世界的200多家报纸上，受到美国政府和各国首脑、外交机构的高度重视。据《李普曼传》，新华出版社1982年版，“译者的话”。

③ 参见展江：《新闻与正义——普利策新闻奖获奖作品集》（第2卷），海南出版社1998年版，第840～842页。

④ 这三个个人专栏分别为《新民晚报》、《羊城晚报》、《北京晚报》所开辟。

上产生比较广泛的影响，在一定程度上发挥着“舆论领袖”的作用。如《经济日报》由阎卡林主笔的“每周经济观察”经过多年经营，已“形成了独特的风格和一定的权威性，受到了中央领导同志的赞赏、各级经济管理部门和广大读者的欢迎，已成为《经济日报》的一个‘拳头产品’和‘名牌’”[①]。用主笔自己的话说，这个专栏主要坚持两条：“一要有可读性，二要有实用性”，因此逐渐扩大影响，既为一般读者所喜爱，也赢得经济领域的专家、学者认可和赞赏。

不过，目前个人专栏的数量尚不能满足社会的需求，真正享有社会知名度的专栏寥寥无几。进一步开发这类专栏评论，固然需要一批有志者不懈的努力，更有待于媒介和有关主管部门多方倡导和支持。“江山代有才人出”，我们的时代、我们的社会其实不乏堪当政治专栏作家的“才人”，他们能否脱颖而出除了个人努力之外，关键还在于形成积极倡导、扶植和支持的管理观念和机制。“每周经济观察”主笔在回顾自己经营过程时曾说：“让我感动的还在于，‘常在江边站，哪有不湿鞋’，我的文章写多了，题目又大，有些受到中央领导同志的重视和赞扬，但也有不少是挨批评的。可……（总编辑）对我们的批评都非常艺术，差不多是报喜不报忧，有事自己兜着。这种为人，这种领导，怎么能不令人为之动情呢？”[②] 如果这种个人胸怀，转化为普遍的聚才、用才的观念和机制，该可以造就多少名专栏作家和名记者、名编辑呢？

2. *专论焕发新的活力*

专论这一评论形式，1934 年发端于天津《大公报》[③]。这里仅就其现状作些介绍和阐述。

严格地说，专论应称为新闻专论。作为新闻评论的一种具体形式，它具备新闻评论的基本特征，即新闻性和政论性。它同其他评论形式的区别，的确就是一个“专”字，不过这个“专”除了“专门”之外，还有思想理论深度的含义。新时期的专论，不仅恢复了这种一度消失的评论形式，而且赋予一些当年《大公报》的专论所没有的特点。

一是作者多元化和表现形式多样化。就作者队伍而言，既有专家、学者，也有有关领域的管理干部、专业新闻工作者。有人曾经概括这三类作者的长短：专家学者的稿子有深度，但时效性、通俗性可能差些；政府官员的稿子比较实，也有高度，可有的太实了，有的官话太多，可读性差些；新闻工作者的

① 《每周经济观察精粹》，中国人民大学出版社 1998 年版，第 11 页。
② 阎卡林：《一点探索和思考》，《每周经济观察精粹》第 30 页。
③ 参见第二章第三节。

稿子比较快、比较新、比较白，但常常缺乏深度、高度，内行看了觉得浅薄。[①] 这三类作者共同经营专论，即使具体作品还可能有这样那样的缺陷，但在整体上却可以收到某种优势互补的效果。而在表现形式、发布方式方面，则或者单独发表（如《人民日报》），或是纳入专栏，或是以访谈的形式出现（如《光明日报》的“今日话题”）；文章也有长短之别，长的达数千字，短的则只有千来字。这样，专论就显得多姿多彩，具有一定引人的魅力了。

二是注重抓现实课题，尤其是热点、焦点问题。《人民日报》发表的专论虽然不多，但相当“精”，几乎都是对于重大现实问题的理论分析。如《加快中部地区发展，全面建设小康社会》，以翔实、充分的材料论述加快中部地区发展的必要性，强调中部8省具有承东启西、纵贯南北的区位优势和综合资源优势，具备加快发展的条件，同时提出了相应的战略设想。[②] 即使像《从历史盛世看中华民族的伟大复兴》[③] 这样的论题，也紧紧同当前的社会现实联系起来。而“每周经济观察”这一个人专栏，更是直接从国内、国际的现实经济活动、经济现象出发，其中许多篇章的由头本身就是鲜活的新闻素材，有的甚至是一则富于信息价值的新闻。[④]

三是深入浅出。如果说专论与一般理论文章的区别，在于以最快的速度分析社会现实中的热点、焦点问题，那么注重思想理论深度，就是它同其他新闻评论的分水岭了。没有一定的思想理论深度，专论也就失去存在的价值；如果体现这一要求不恰当，也可能削弱乃至丧失对受众的吸引力。所以是否善于深入浅出作思想、理论分析，就成了关系专论成败得失的关键。正因为这样，许多专论作者、专栏编辑都自觉地在这方面下工夫，作了不少有效的尝试和探索。如“每周经济观察”的主笔分析记者、专家、官员文风方面的长短，有意

---

① 阎卡林：《一点探索和思考》，《每周经济观察精粹》，第17页。

② 作者中共河南省委宣传部课题组，2003年4月20日《人民日报》。

③ 作者项斯言，2002年5月11日《人民日报》。

④ 参见《每周经济观察精粹》。又如2003年1月16日的《抓住新一轮国际产业转移的重大机遇》开头的这几段：

据沿海省市新近提供的情况，全球500强和世界三大经济体以及东南亚的许多企业，近来都纷纷将生产基地迁往（到）我国，来华投资办厂的步伐不断加快。

在江苏，刚刚过去的一年里新批外商投资企业骤然增加60%，受此带动，该省利用外资创下了近十多年来最高的增幅。

在广东、福建、浙江、山东和上海，外商加快投资办厂的势头也很强劲，新批外商投资企业一般都比上年增加40%左右。比较突出的是，受“广本汽车”示范引导，本田、丰田、尼桑最近都陆续将日本的不少生产厂搬到广州，由此广州可能很快形成一个上千亿元产值的汽车产业。

更加引人注目的是，一些跨国公司已开始把集成电路、计算机和通信等高科技产品的生产基地逐步向我国转移。如非利浦已投资15亿美元建立了芯片生产厂；由几家大公司联合投资62亿美元设立的芯片生产基地——中芯国际，首批芯片已于近期下线。另外，新惠普、东芝、夏普、三星等国外主要计算机生产商也先后在我国建立了大规模的整机生产基地。

识地把其中的长处"'捏'在一块";如"今日话题"以主持人(记者)同专家对话的方式面向读者,主持人的话大多反映公众的关注重点或疑难,起着沟通专家与读者的桥梁作用……不过从整体上说,不善于深入浅出,仍然是专论的薄弱点,仍然需要各方面的专论作者长期的努力。

新时期需要专论,尤其需要"短、平、快"式的专论,也为这类专论提供了肥沃的土壤。专论重新引起新闻界的重视,焕发出新的活力,绝非偶然现象。现在的问题,看来集中在如何继续充实和完善专论的特点,使它真正成为兼具鲜明新闻性、政论性体裁特征"新闻专论"。

当然,窥测署名评论发展前景还有其他标志,如集体笔名的评论重新出现①,但个人专栏和专论日益增多,舆论影响日渐增大,是这类评论前景看好的主要标志。

四、按内容性质划分的评论形式撮要

服从于教学的需要,我们根据内容与形式统一的原则,按内容的性质,将新闻评论分为五种,即立论性评论、驳论性评论、提示性评论、阐述性评论和解释性评论。从性质上说,立论性、驳论性评论是基本类型,其他三种是它们的派生类型;但从表现方式和方法方面看,它们实际上属于并列形式。它们之间的关系,大致如下:

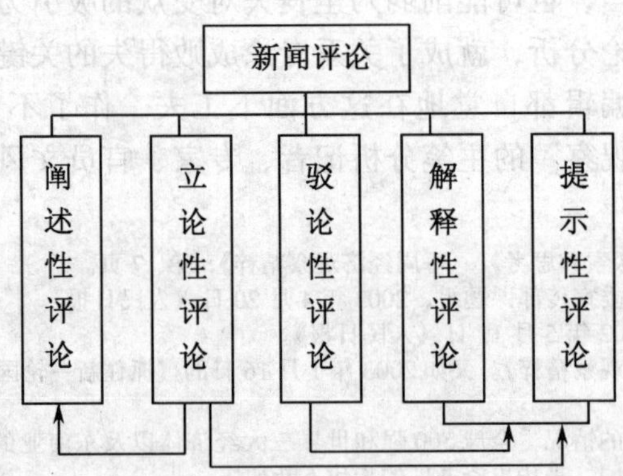

阐述性评论其实是立论性评论的特殊类型,专门用来论述党和政府的重大决策、部署和方针政策、法律政令的精神。解释性评论和提示性评论,如果是论

① 在现代评论史上,曾经出现一些颇有影响的集体笔名,如"龚同文"、"马铁丁"等。"文革"期间,被"梁效"之类的集体笔名糟蹋了,因而一度被废弃。其实,集体笔名代表着一个评论写作的小群体,既有利于集中群体智慧,也有利于形成某种权威性舆论。

述肯定的命题，可以视为立论性评论的派生类型；反之，则可以纳入驳论性评论的范围。这里所以把它们视为并列类型，主要是因为在表现形式和方法方面各有某些不可忽视的特点，以及体现这些特点的特殊要求。下面分别作些扼要说明，故曰“撮要”①。

1. 立论性评论

这是主要运用正面论述的方式方法，倡导符合时代、社会需要和历史发展必然趋势的新事物、新经验、新观念、新风尚的评论类型。

这里的“立论”，是与“驳论”相对应的概念。在我国传统文论中，论说文或分“论”和“说”，或分“论”与“辩”。后者的“论”，指正面阐明自己的见解和主张，其主要作用在于“立”；“辩”的表现功能，即刘勰所说的“驳议偏辨，各执己见”②，也就是反驳别人的意见和主张，其主旨在于“破”。所以，凡是以倡导为宗旨、以正面说理为主要手段的评论，不论它属于哪种媒介、哪个规格或者署名与否，都可以称为立论性评论。而以倡导为宗旨，以正面说理为主要手段，则是这类评论区别于其他性质评论的基本特点。不过，不破不立，不立也破不彻底，立论与驳论之间的界限只是相对而言，而非不可逾越的鸿沟。

立论性评论的论述对象十分广泛。正确而新颖的思想、理论，各个领域的重要成就和经验，优良的工作作风和工作方法，先进人物的业绩和精神风貌，良好的社会风尚和思想行为倾向……一切符合社会发展趋向、与时代精神相一致的事物，都可以成为这类评论的论述对象。但驾驭这类评论并非容易的事情。且不说有多少富于生命力的新事物为评论视线所不及，没有得到健康社会舆论的支持和扶植；就是进入评论视野的新事物，论述起来也并不都是理直气壮、丰满有力、生动活泼、具有引人魅力的，结果往往“倡”而寡和、推而不广，并没能收到预期的舆论效果。

实践证明，能动地驾驭这类评论，关键在于坚持因事倡导、因时倡导的原则。因事倡导，指从作为评论对象的具体事物出发，以恰当的方式倡导事物本身蕴含的积极因素，这是立论性评论说服力和感染力的基础；如果不善于因事倡导，即使它所倡导的思想或行为倾向符合时代、社会的迫切需要，也可能沦于坐而论道、高谈阔论式的说教，不仅达不到倡导的目的，甚至还可能导致副作用或反效果。因时倡导，就是倡导与时代、社会的主旋律合拍的事物，在号准社会脉搏和人民群众注意重心的基础上，有的放矢地阐述所倡导的事物，这

① 《新闻评论写作教程》第五章有较详尽的论述，可参考。

② 《文心雕龙·议对》。

则直接关系着评论的思想境界和社会效果。如果无视时代和社会需求，或不善于从公众共同关心的角度去分析揭示事物的本质，也容易流于就事论事，从而削弱以至于丧失感召力。高谈阔论和就事论事，是立论性评论常见的两种偏向。单独发表的评论，有必要着重防止前一种偏向；配合典型报道的评论，则要在避免后一种偏向的同时，防止任意拔高。拔高的后果，有时甚至可能毁掉一个好典型。

在写作方面，则要围绕体现上述原则，着重注意以下几个问题：

首先，在提炼新颖论点上下工夫。论点新颖与否，对于立论性评论具有举足轻重的意义。一切正面事物，都不同程度蕴含着同当代社会思想、行为准则吻合的因素；如果满足于一般阐述事物的社会价值或意义，就可能给人以“不过如此”的感觉，未必能够唤起人们的重视。因此只有尽可能讲出一点新意来，才能激发人们的向往和追求，达到倡导的目的。

论点新颖，一般理解为“言人所未言”。其实并不尽然。新颖排斥陈旧，排斥老生常谈，同时也排斥耸人听闻、哗众取宠的奇谈怪论。新鲜，出人意料又在情理之中，是新颖；切中肯綮，从具体事物与社会实际的主要接合点揭示事物的实质，是新颖；在恰当的时候、恰到好处地言人之所欲言，即使是老论点，也不失为新颖。如，在城市经济改革中，为什么要像农村经济改革那样坚持试验、坚持示范？回答这个问题，尽可以列举出十条八条理由，但《人民日报》在一篇评论员文章中却集中阐述一个论点——“认识有先后”，并拿它作题目①。这个论点乍看平淡无奇，但与另一个论断——恢复示范的工作方法“表明我们党认真吸取历史的教训，领导水平更高了，政治上更成熟了”——联系起来，在当时却具有正本清源的作用，不仅令人耳目为之一新，而且可以激发善于思考的读者作举一反三的联想。

可见，提炼新颖的论点，并不是高不可攀的目标。只要坚持实事求是的思想原则，肯于并善于由表及里、由此及彼地深入分析事物，而不是浮光掠影、浅尝辄止地满足于一知半解，是可以获致概括真知灼见的新颖论点的。反之，不是人云亦云、了无新意，便是走上趋“新”猎“奇”、耸人听闻的歧途。后者危害尤甚，更加值得警惕。

其次，突出说理重点。这一要求包含两层意思：一是在围绕一个论题的几

① 1984年8月8日《人民日报》。其中一段说：“……改革是一种试验，是一种探索，我们鼓励和支持大胆创新，允许在改革中犯错误而不去泼冷水；也允许人家看一看，允许人家怀疑，允许人家有不同意见。对思想暂时跟不上形势的同志，要作具体分析，不要轻易地指责为反对改革。要相信党内绝大多数同志是赞成改革的。认识有先后，而实践是最好的课堂。只要我们把改革工作搞好，人们看到成效，是会跟着学的。采取这种方法，改革的步子看起来慢些，实际上是快。”

层或几方面道理中，突出最重要的层次或方面；二是在讲一层或一方面道理时，尽可能删枝刈蔓，把笔墨集中用于核心部分的论述。这其实是所有评论的共同要求。立论性评论之所以特别强调这一点，主要是因为这类评论倡导的新事物、新经验、新观念、新风尚，与社会实践、与处于现实社会生活中的人们，往往存在着多侧面、多层次的联系。在这种情况下，如果稍不自觉，很容易面面俱到、四平八稳，当然也难以准确把握和恰当突出重点。

至于在具体作品之中，究竟突出什么重点，虽然没有一定之规，却一定不能感情用事，不能"想当然"，而必须依据因事、因时倡导的原则，着重从两个方面把握说理重点：一是从所倡导的事物的实际出发，致力于揭示事物的本质；二是从事物与社会现实（包括人民群众）的客观联系出发，紧紧抓住它们之间的"接合点"。

当然，强调突出说理重点，并不意味着排斥必要的铺垫和烘托；要求删枝刈蔓，也绝非不要生意盎然的"绿叶"。恰恰相反，适当铺垫和烘托，不仅不影响突出重点，而且还是改善说理、充实和丰富评论内容的需要。现在有些立论性评论不那么吸引人，有时甚至惹人厌烦，说理少了点色香味、多了点干巴巴，就是重要原因之一。

再次，适当运用驳论。立论性评论以正面说理为主；强调这一表现特点，不等于否认驳论手段的作用。在这类评论中适当运用驳论，首先是基于为正面事物的成长和普及开辟道路，或者说排除阻力和障碍的需要。同时也往往可以强化正面说理，增强文章波澜起伏、富于变化的表现效果；在某些情况下，驳论甚至是支持正面论点的必要手段。请看下面这一片断：

> 但是，现状和习惯往往容易把人们的头脑束缚得紧紧的，即使革命者有时也不能免。庞大的机构是由自己亲手创造出来的，想不到又要由自己的手将它缩小，实行缩小时就感到很勉强，很困难。敌人以庞大的机构向我们压迫，难道我们还可以缩小吗？……（略"季节交替要换衣服"的比喻）目前根据地的情况已经要求我们褪去冬衣，穿起夏服，以便轻轻快快同敌人作斗争，我们却还一身臃肿，头重脚轻，很不适于作战。……①

这段驳论式的论述，深入浅出，的确可以收到为贯彻精兵简政方针排除思想阻力，增强评论说服力、感染力的效果。所以，问题不在于是否可以运用驳论，

---

① 毛泽东：《一个极其重要的政策》，1942年9月7日《解放日报》社论，《毛泽东选集》（第3卷），1965年版，第883页。

而在于如何适当运用驳论。所谓“适当”，就是要坚持驳论为立论服务的原则，发挥二者相辅相成、共同强化正面说理的作用，防止错位、防止游离、防止喧宾夺主。

当然，立论性评论的这些写作要求，只是大体而言。与其他评论之间的差别，多数也只有相对的意义。切勿作机械理解，与其他评论的要求对立起来。

2. 驳论性评论

这是新闻评论的另一种基本类型。它同立论性评论，就像一把利剑的两刃，经常以各自的方式，共同为社会的健康发展开辟道路。在社会变革时期，这两类评论相辅相成、相互为用的舆论导向功能尤为显著。人们欢迎切中时弊的驳论性评论，丝毫不亚于欢迎深刻中肯的立论性评论。

驳论有广义和狭义之分。狭义的驳论，相当于古代文论中的“辩”。孟子说“何谓知言？诐词知其所蔽，淫词知其所陷，邪词知其所离，遁词知其所穷。”① 即通过论辩，识别片面、夸张、错误、闪烁其词之类言论的谬误。王充认为，驳论就是“论世间事，辩照然否，虚妄之言，伪饰之词，莫不证定”②。广义的驳论，不限于批驳具体论敌和敌论，而包括一切旨在否定某种事物或现象、行为、思想的议论。这里所说的驳论性评论，主要取驳论的广义，即以一切违背当代社会发展主流、阻碍社会进步的旧事物和错误观念为评论对象，以批评、反驳、揭露、抨击为基本论说手段，旨在帮助人民群众划清是非界限、增强识别和抵制错误倾向的能力的评论类型。

就论说宗旨和论说手段的特殊性说，驳论性评论与立论性评论是两相对应、判然有别的评论类型。但是，相对应并不等于相对立、相排斥。在现实社会生活中，新旧并存，诸象杂陈，是一种普遍的现象。新事物、新观念也总是在旧事物、旧观念的基地上萌发，在与之斗争的过程中曲折成长的。这样，新闻评论在倡导新事物、新观念的时候，就不能不同时荡涤旧事物、旧观念。因此，驳论性评论与立论性评论尽管论说宗旨、论说手段不同，却经常并驾齐驱、相互为用，从不同角度为共同舆论目标服务。它们的运用范围，它们的舆论触角，几乎同样遍及社会生活的各个领域。如果说立论性评论的主要使命，是为新事物、新观念催生助长，促使它们迅速普及于全社会，那么驳论性评论则既是旧事物、旧观念的“掘墓人”，也是为新事物、新观念开辟道路的“清道夫”。明确驳论性评论扮演着双重角色、肩负着双重使命，并自觉地付诸实践，这是能动驾驭这类评论的关键。

① 《孟子·公孙丑》。
② 《论衡·超奇》。

与其他评论类型相比较，驳论性评论具有更为鲜明的倾向性。能否得心应手地掌握和运用这类评论，在很大程度上取决于是否坚持从马克思主义的立场、观点出发，正确划清下列几个基本界限：(1) 与揭丑文章、“大批判”文章之间的界限。“嬉皮士”式的揭丑文章，是“西风东渐”的产物；“大批判”文章虽是历史的秽物，但那种颠倒是非、混淆黑白，极尽人身攻击、无限上纲之能事的恶劣影响，并没有完全消除。划清与它们之间的界限，对于发挥这类评论的破旧立新、袪邪扶正的积极作用，具有重要的意义。(2) 正确区分和处理不同性质的矛盾。这类评论的论题，都是现实社会矛盾的反映，客观上存在着性质的不同。不仅论敌有敌、我、友之分，就是敌论也有对抗性和非对抗性的区别。陈旧的、落后的、不健康的、错误的事物，显然不能与丑恶的、腐败的、反动的东西同等对待。因此，正确区分矛盾的性质，就成了恰当运用驳论性评论的另一个重要前提。如果掉以轻心，不分青红皂白地“一锅煮”，小则难以准确把握说理的分寸、态度和方法，大则可能因混淆矛盾性质而迷失方向。尤为重要的是：(3) 明确和摆正立论手段，即正面说理的位置。在这类评论中，立论具有两方面的功能：一是作为反驳敌论的理由，起论据的作用，旨在揭露敌论的谬误及其根源、危害；一是确立相对于谬误的正确观念和社会准则，帮助人们划清是非、正误、善恶、美丑以至于敌我界限，正确地认识和处理各种客观矛盾。从后一意义上说，立论在论辩中居于主导地位。立论手段无论起哪种作用，其实都是“立言论准”[①] 原则在驳论性评论中的体现。明确划清上述三个界限，不仅是得心应手驾驭驳论性评论的前提条件，也是这类评论保持正确的方向、增强说服力和论辩力的基本保证。

驳论性评论肩负着破旧立新、袪邪扶正的双重使命。围绕这个目标，写作这类评论要着重体现以下要求：

第一，选准“靶子”，瞄准“靶心”。这里所说的“靶子”和“靶心”，分别比喻驳论对象和及其要害之所在，即“有的放矢”中“的”的两个层次。

驳论性评论的触角，可以遍及一切背离时代潮流、社会准则的社会弊端、陈腐现象和错误的思想行为倾向。但是，面对现实社会生活中存在的形形色色陈腐事物、错误观念，任何新闻媒介都不可能，实际上也没有必要一一“曝光”，而只能把锋芒对准具有普遍性的现象和倾向性问题。这就需要本着对党的事业和人民根本利益高度负责的精神，在认真调查研究的基础上，下一番审慎选择的工夫。这种选择，包括根据社会发展趋势分清主次，把注意重点首先

① 所谓“立言论准”，是荀子在《正论》中提出的一个说理原则：“凡议，必将立隆正然后可也，无隆正则是非不分，而辩讼不决。”

集中于那些背离党的基本路线、基本原则，干扰四化建设目标，阻碍党和政府方针政策贯彻执行，损害国家统一和民族团结，败坏社会道德风尚，以及与人民群众休戚相关的现象和问题上；从全局出发权衡利害得失，按“投鼠忌器”的原则处理问题，防止“泼脏水连孩子也泼掉”，或因感情用事、图一时痛快而损害国家、人民的根本利益；与舆论导向的整体目标保持一致，形成一定的舆论重心，切忌“眉毛胡子一把抓”，分散人们的注意力。在选择驳论对象这个问题上宁可审慎、审慎、更审慎些，千万不能感情用事、草率从事！

所谓“靶心”，指驳论对象的要害，包括问题的实质、矛盾的症结及其危害等等。如果说“靶子”属于“的”的范围层次，那么“靶心”就是“的”的核心层次了。因此，在确定了驳论对象之后，是否善于瞄准“靶心”，鞭辟入里地剖析其要害，自然就成为决定作品成败的主要因素。就说《反对官僚主义要坚决》① 吧。这篇评论员文章之所以引人注目，固然同驳论对象本身的特殊性有关，但它的巨大震撼力其实主要来自触及了这种社会痼疾的实质和愈演愈烈的真正原因——温情脉脉、姑息养奸。正是由于比较剀切地接触到问题的实质，所以不仅能够引起共鸣，而且还可以启发人们作进一步的思考。

第二，实事求是，讲求分寸。驳论要切中要害，就要把驳论对象放在一定的范围内或事物的联系之中，提到一定的思想、理论高度来分析。就事论事，孤立地看问题，当然谈不上深刻中肯；任意联系，层层推论，无限上纲，则过犹不及，岂止不能令人信服！那么，放在什么范围内、提到怎样的高度上，才能合情合理、恰到好处地触及问题的实质、矛盾的症结呢？除了坚持实事求是思想原则，别无其他可靠途径。

对于驳论性评论来说，实事求是的基础是从实际出发。这里所说的实际，包括驳论对象的实际，与之有关的周围事物的实际，以及二者之间的客观的、必然的联系。如上述官僚主义的个例，过去对官僚主义的温情脉脉态度，贯穿于其间的姑息养奸的实质。而实事求是的核心则是“是”，即合乎事物发展的必然规律，合乎社会主义原则；后者是前者在社会主义条件下的科学概括，是衡量是非、正误、善恶、美丑的基本准绳。一个从实际出发，一个以社会主义原则为准绳，忽视其中任何一方面，不是拿着一顶“标准帽子”到处扣，便是抹杀事物界限，弄得不好甚至可能陷于颠倒是非、混淆黑白的泥坑。只有把这两方面结合起来，才能真正坚持具体问题具体分析这一辩证法的精髓，也才能深刻中肯、恰如其分地分析、解决问题。比如，官僚主义固然有各种各样表

① 1987年8月8日《人民日报》。这篇评论员文章，是配合林业部部长杨钟因在大兴安岭特大森林火灾中的官僚主义错误被撤职的报道发表的。

现，但毕竟有一定的涵盖范围，既不能任意扩大、也不能一概而论。所以上述评论员文章在反驳“犯了严重官僚主义的错误就撤职，是不是太严厉了?”时，首先把官僚主义分为两类，然后分别指出：

> ……一个严重的官僚主义错误所造成的危害，有时比十个贪污分子造成的危害的总和更大，难道不应当给予必要的惩处吗？对于犯了渎职罪的干部，只是撤职还不够，还应当追究他们的法律责任。
>
> ……非事故性的官僚主义则是大量的，不明显的，容易被忽略，但是它对党对人民事业的危害绝不亚于事故性的官僚主义。乱拍板而造成大量人力、物力、财力浪费的官僚主义，对违法乱纪案件迟迟不予查处的官僚主义，对人民群众的疾苦和呼声漠然置之的官僚主义，不是每日每时都在危害我们的社会主义事业吗？何况，在一定条件下，非事故性的官僚主义也会变成事故性的官僚主义。

这样具体分析，官僚主义的界限就清楚了，那种企图为官僚主义开脱的议论，企图用官僚主义“帽子”掩盖其他违法犯罪行为的伎俩也就难以得逞了。

第三，有理有据，以理服人。驳论性评论主要面向广大受众分析驳论对象，最终目的在于帮助人们划清界限、增强识别和抵制假丑恶的能力，促使事物向健康的方向转化，而不单纯着眼于否定驳论对象本身。所以，一定要坚持以理服人，坚持有理有据有节的说理原则。

鲁迅先生在30年代曾经告诫左翼作家:“战斗的作者应该注重于‘论争’。”①这同样是驳论性评论须臾不可背离的原则。因为，舍此就不能破除敌论、折服论敌，也难以赢得广大受众的信服。

所谓“注重论争”，就是坚持摆事实、讲道理，依靠有理有据、合情合理的论辩服人，而不能靠简单地扣“帽子”，靠说话尖酸刻薄或“火药味”，当然更不能靠鲁迅所斥责的“一味鼓噪”的“三国演义”式的战法，“骂一句爹娘，扬长而去”的“阿Q”式战法。即使对于政治上的敌对分子或对抗性敌论，也不能任意扣“帽子”，或施以人身攻击；这自然不是主张与敌对势力“和平共处”，姑息或纵容腐朽、反动的东西，而是为了争取群众的理解，最大限度地孤立敌对的事物。总之，无论对于什么人、什么事，都要坚持摆事实、讲道理，讲究张弛有度地论辩艺术，既把道理讲得“弥缝莫见其隙，敌人不知所

① 《辱骂和恐吓决不是战斗》，《鲁迅全集》（第4卷），人民文学出版社1963年版，第346页。

乘”[①]，又给对立面转化留有适当的余地。

粉碎“四人帮”以后，一味扣“帽子”的评论少见了，但还时常可以见到不善于讲道理的作品。如有的“针尖对麦芒”，失之狭隘，甚至一味追究个人责任、动辄“严厉制裁”，混淆了舆论与纪检、司法部门的界限；有的絮絮叨叨而不及要害，结果不是隔靴搔痒，就是是非不清；有的盲目追求痛快、“俏皮”，甚至以不文明的方式对待不文明的行为，等等。驳论性评论的力量在于严肃、严正、严谨，正如鲁迅所说的，即使“因为情不可遏而愤怒，而笑骂”，也“必须止于嘲笑，止于热骂，而且要‘喜笑怒骂，皆成文章’，使敌人因此受伤或致死，而自己并无卑劣的行为，观者也不以为污秽，这才是战斗的作者的本领”[②]。

第四，讲究方法，力争主动。怎样进行驳论？运用什么方法？这既要从驳论对象的实际出发，又要牢牢把握主动权，防止被敌论或论敌牵着鼻子走。具体驳论方法虽然多种多样，但究竟采用那一种，却要以“我”为主，把选择的主动权掌握在自己的手里，以有利于实现驳论目标——彻底地否定驳论对象和帮助受众分清是非——为转移。这里需要注意的，是千万不要把从驳论对象出发与把握主动权割裂开来、对立起来。事实上，如果离开对于驳论对象的深知深解，不了解其要害和薄弱点，那就谈不上什么掌握主动权，这同军事上的“知彼知己，百战不殆”的道理是一样的。林放在《有感于李准改名》中，以自己对待同名同姓的态度，含蓄地批评知名人士改名的现象，就是讲究方法、掌握主动权的相当成功的一例。假如不是以自身经历和感受启发人们思考，而是直接针对那位作家改名一事发议论，恐怕未必能够收到这种效果，甚至还可能导致众说纷纭、莫衷一是争论。不过，这里值得重视的不是方法本身，而是作者讲究方法的自觉努力。

3. 阐述性评论

这是一种有自己的特定内容取向和论述范围的立论性评论。它专门阐述党的纲领、路线，党和政府的决策、部署，以及方针、政策、法律、政令等等；一般把论述重点放于解释、阐发有关精神，借以帮助广大干部和群众正确理解、领会其实质，提高贯彻执行的自觉性，并转化为具体的社会实践。这既是阐述性评论的论述目标，也是它区别于其他立论性评论的根本特点。

围绕这一根本特点，这类评论逐渐形成了同其他立论性评论相区别的某些具体特点，如：①论题力求既体现“上面的精神”又反映“下面的情况”，具

① 刘勰：《文心雕龙·论说》。
② 《辱骂和恐吓决不是战斗》。

有二者高度结合的普遍社会意义；②主要着眼于全面、准确阐述方针政策的精神实质、客观依据以及贯彻落实的措施和步骤；③虽然同样以正面说理为主要手段，但侧重于阐明、解释有关精神，而不是证明和说明自己的见解；④为增强阐述的权威性，一般用高规格的不署名评论，如社论、评论员文章。当然，这些区别都是相对而言，因此有些具体作品既可以称之为阐述性评论，也可以纳入立论性评论范围。

（1）阐述性评论的种类。方针政策本身有层次的区别，制定和贯彻执行方针政策有这样那样的过程，阐述方针政策的评论也有各自不同的具体目标。依据这些因素，大致可以把阐述性评论分为：

①专题性的阐述性评论。即一则评论专门阐述某一项或某一领域的具体方针政策。

②后续性的阐述性评论。这其实也是专题性的，不过多数是针对方针政策贯彻执行过程中的实际情况而发的，目的在于引导人们注意某些重点，防止片面理解，排除可能出现的误解和干扰，加强和完善贯彻执行的措施、步骤和方法。因此一般比较重视回顾和分析贯彻执行情况，明确政策界限，突出阐述当前急需解决的问题，在论说过程中也较注意调动驳论手段。

③全局性的阐述性评论。一般用于论述党的纲领、路线，党和政府的重大决策、部署以及重要会议的精神和决议。这类评论通常面向全党和全国人民，其精神普遍适用于各个领域、各个部门。这种评论虽然为数不多，但影响遍及各个领域，深受各级党政机关和干部、群众的重视，也是新闻单位全力以赴、悉心经营的评论。

④系列性的阐述性评论。这是就某一重大的方针、政策作连续论述的一组评论的总称。如，《光明日报》在阐述党的“十五大”精神时，就发表了“十个一”系列评论①。用这种方式论述重大方针、政策，既可以有计划地作全面、深入的论述，又能够使文章短小精悍，避免长篇大论。但需要周密计划、合理安排，以保持整个系列的统一性和基本精神的一致性。

在上述这些类型中，专题性和后续性的阐述性评论属于常用类型，尤其值得重视。

（2）阐述性评论的写作要领。与其他评论相比较，阐述性评论要透彻阐明有关方针政策的精神实质，把它变成广大干部、群众的自觉实践，转化为巨大

① 《光明日报》“十个一”系列评论发表于1997年10月5日～11月3日。其题目分别为：《一个鲜明主题》、《一面伟大旗帜》、《一个重大理论》、《一次思想解放》、《一个基本纲领》、《一项重要任务》、《一个热切期盼》、《一个光明未来》、《一项伟大工程》、《一种精神状态》。

的物质力量，除吃透方针政策精神实质以外，在写作中尤其需要着重处理好以下几个问题：

首先，恰当表现方针政策与客观实际、历史背景的联系。凡是正确的方针政策，都是具体地、历史地、辩证地分析研究客观实际的产物，它客观上存在着与社会现实和历史背景的种种联系。在评论作品中，如果不表现这种联系，自然难以揭示方针政策的客观依据和现实意义；但在一则篇幅有限的评论中，把所有现实的和历史的依据统统搬出来，事实上既不可能也没有必要。因此，究竟表现哪些联系，怎样表现这些联系，只能以有利于说明决策的必然性、揭示其现实意义，有助于人们确切理解方针政策的基本精神为标准。

其次，善于处理全面论述和突出重点的关系。方针政策来自实际、高于实际，它的原则规定一旦与具体实际结合起来，往往呈现多种多样的格局。因此，阐述性评论只有既全面阐述方针政策的精神，又准确把握和适当突出重点，才能更好地发挥指导社会实践的作用。忽视全面阐述，可能陷于表面性、片面性，以至于引起误解或曲解；把握不住重点，则会因面面俱到而使人感到不得要领或无所适从。这就有个如何处理全面论述和突出重点关系的问题。至于突出什么、如何突出，也只能从政策精神和实际情况出发，而不能“一刀切”或“想当然”。明确这一点，对于地方媒介的阐述性评论尤为重要，否则生搬硬套中央媒介的论述模式，就可能或者不切当地实际，或者“歪嘴和尚念错经”。

再次，加强论述的针对性。突出重点是针对性的一种表现；针对性的另一方面，就是摸清人们可能的疑虑、误解，或社会上可能出现的干扰、阻力，预先予以疏导或排除。加强后一方面的针对性论述，是阐述性评论提高思想性，增强说服力和号召力的重要一环。如，阐述打击经济犯罪活动的政策时，提醒人们划清正当的劳动收入与投机倒把等非法所得的界限，合法的对外经济往来与走私贩私的界限等等；阐述因地制宜调整农业种植结构，发展特色农业、高效农业时，提醒人们防止因此而轻视粮食生产……诸如此类的论述笔墨一般不多，但作用不小，有助于人们正确领会方针政策的精神，保证方针政策顺利贯彻执行。这种有针对性的论述，其社会效果是面面俱到的说理和一般号召难以比拟的。

第四，适当照顾方针政策之间的联系。党和政府的任何方针政策都不是孤立的，而是相互联系的，包括现行方针政策之间的横向联系，以及现行的与过去的方针政策之间的纵向联系。阐述性评论如非特殊需要，一般不要求正面论述这种联系，但要适当顾及这种联系，防止与现行其他方针政策相龃龉，或割断与过去方针政策的历史联系。

这里有必要再次指出，阐述性评论是一种特殊的立论性评论。把这两种评论加以比较，弄清它们之间的联系和区别，将有助于更好认识和掌握它们，增强它们在当代论坛的主导地位。

4. 解释性评论

这是一种以新事物、新问题或重大新闻事件为论述对象，以客观地分析、解释、说明为主要论说手段，以帮助人们解惑释疑、正确认识和对待有关事物为论说目标的评论。我国新闻媒介其实早就运用这类评论论述某些国际问题，如，《卡特反通货膨胀计划和经济学界的争论》①，《美国决定退出教科文组织说明了什么》②；以后又用于论述国内社会生活领域的某些新事物、新问题，如《人民日报》关于财税改革的一组述评③。种种迹象表明，在我国新闻评论论坛上，解释性评论正日益增多，运用范围也日渐扩大到国内社会生活领域。

既然如此，为什么“解释性评论”仍然是既陌生又模糊的概念呢？这除了概念本身的滞后性以外，主要是由于分类标准不一致和名称不尽确定。因此，要准确界定解释性评论，就得首先明确以下几个界限：（1）这类评论与立论性、驳论性评论之间的区别，主要在于它以客观分析、解释、说明为主要手段，而不在于它表达的究竟是对于事物肯定的还是否定的见解；（2）它与阐述性评论和提示性评论的区别，除论说手段有所不同外，还在于后面两种有自己的特定内容取向或运用范围；（3）在西方的分类中，“释论”涵盖大事分析、时事述评和评述等。在我国，解释性评论目前多以新闻分析、新闻述评等名目出现。但新闻述评的适用范围比新闻分析广泛得多，不能统统纳入解释性评论的范围。当然，解释性评论除新闻分析和部分新闻述评以外，也可以以其他名目出现，如广播、电视中的某些访谈节目或栏目、报纸上的某些不署名评论。（4）由于诉诸客观分析、解释和说明，解释性评论与某些新闻报道，如述评性消息、调查性报道之间也不存在绝对的界限，因此有些具体作品实际上可以两属。明确这几个界限，也许有助于消除“解释性评论”的模糊性，确切地认识和能动掌握、运用这一评论类型。

解释性评论的特点。从论说手段和论说目标统一的观点出发，解释性评论区别于其他类型的评论特点，大致可以概括为：

（1）注重时效性的时间侧面。新闻评论讲究时效，一般侧重于把握时机，

---

① 1980 年 3 月 17 日《人民日报》。

② 1983 年 12 月 30 日中国国际广播电台播出。

③ 1993 年 8 月 20 日～8 月 25 日《人民日报》。这组评述共四篇，题目分别为《财政困难解析》、《税收流失透视》、《个人所得税改革走到前台》和《分税制是必然选择》。

但解释性评论却更强调时间这一侧面。对于以新闻事件为评论对象的新闻分析来说，争取时间等于把握了先声夺人的舆论主动权，所以这类评论一向视时间为影响社会效果的重要因素。就是对于新事物、新问题的述评，在它们处于萌芽状态的时候，及时地针对人们的疑难作必要的解释，也往往可以收到事半功倍的舆论效果。

(2) 寓鲜明倾向于客观叙述。在这类评论中，客观叙述是重要的，有时甚至是主要的表现手段。通过叙述提供有关事物或事件的主体事实、必要的背景材料以及社会上既有的见解，这是它不同于其他评论、而接近于新闻报道的一面；但这种叙述经常伴随着分析，其着眼点在于揭示事物或事件的内蕴，不着痕迹而又毫不含糊地表达自己的见解，这是它之所以成为评论而不同于一般新闻报道的另一面。寓倾向性和主观见解于客观叙述之中，这是西方的新闻分析常用的表现方法。不过，客观叙述能否为表达主观见解服务，从根本上说取决于主观见解是否正确地反映了客观实际。如果离开认识正确反映客观实际这个基本前提，所谓客观叙述就不过是兜售偏见和谬误的伎俩。这是在借鉴西方的表现方法时应当警惕的。

(3) 运用既有知识解释事物。知识是人类认识事物的科学结晶，也是认识新事物的钥匙。适当运用既有知识解释有关的事物，不仅可以增强这类评论的说服力，而且还可以促使知识普及，改善和提高人们的思维能力。例如，在上述关于财税改革的那组述评中，知识性材料占有相当的比重，发挥了一般事实取代不了的作用。如述评之三在说明个人所得税时，首先介绍了国外的税制：

> 个人所得税制的模式，遍观世界各国，大体有两种：一是分项所得税制；二是综合所得税制。
>
> 分项所得税制，即对薪金、生产经营所得等所得项目，分别制定税率，分别征收，多为初建立个人所得税制的国家采用。
>
> 综合所得税制，即综合纳税人的全部所得（一般以年为单位计算），汇总计算征收，多为建立个人所得税制时间较长的国家所采用。目前，多数市场经济发达的国家和地区实行的是源泉扣缴、年终汇总申报纳税的综合所得税制。

这样介绍虽然有点枯燥，但的确有助于理解问题、明确改革的方向和步骤。现在有的解释性评论所以缺乏说服力，重要的原因之一，就是满足于一般释义或就概念抠概念，而不善于融入必要的知识。

(4) 借分析事物存在条件引导思考。这类评论的评论对象，多为仍在发展变化中的事物。它分析事物的现状，目的在于引导人们认识事物的发展趋势，恰当对待事物、处理问题。然而，事物的发展变化因具体条件而异，本身存在着多种可能性。所以，这类评论往往通过具体分析事物所处的条件及可能的变化，审慎地指点可能的发展趋势，引导人们通过自己的思考作出进一步的判断，而不是代替人们思考，或者把某种看法简单地塞给人们。例如，《分税制是必然的选择》[①]，在介绍分税制的主要内容之后，紧接着指出：

> 目前各地区实行的各种形式的财政包干体制，是在我国改革和发展的某种特定条件下形成的，对前些年的经济发展起过重大作用。但是，随着改革的不断深入和社会主义市场经济的发展，现行财政包干体制的弊端也越来越明显……

这些弊端包括按企业隶属关系划分财政收入，既不利于政府职能的转变，也不利于资源配置和合理调整产业结构；带有收入向地方倾斜的特征，国家尤其是中央财政收入缺乏严格的保障监督机制，造成严重流失；沿用传统的基数法核定收支基数，扩大了地区间的经济和社会发展差距。这虽然不是对分税制的直接分析，却为人们认识实行和完善分税制的必然性和必要性，提供了客观的参照系。

总之，注重时效性的时间侧面，寓鲜明倾向于客观叙述，运用既有知识解释事物，藉分析事物存在条件引导思考，这是解释性评论区别于其他评论类型的基本特点。它们互为作用，赋予这类评论以传播知识、解惑释疑、澄清认识、引导思考，以至于改善和提高人们认识能力的社会功能。正因为这样，解释性评论在各种新闻媒介运用频率日渐增多，越来越受到社会各个方面的重视。

5. 提示性评论

这是一种着眼于提出问题，点明问题实质和意义，指明可能的发展趋向，借以提醒人们注意、引起重视，进而考虑如何正确对待的评论。这类评论多数配合新闻报道或其他作品发表，并以它们所反映的事物或问题为评论对象。

这类评论通常在下列某一种情况下运用：(1) 有关事物或问题本身具有一定的重要性，但其实质和意义一点就明，无需多加阐述的；(2) 事物尚处于萌芽状态或只是个别现象，但已显现出某种发展趋向和潜在影响，需要提醒人们注意和正确对待的；(3) 事物或问题具有多种发展可能性，暂时只能提出问

① 1993 年 8 月 25 日《人民日报》，《财税改革评述》之四。

题，提醒和引导人们认真观察、研究，而难以作出准确判断的；（4）某些带有普遍意义的事物或社会现象、社会问题，需要引导人们自己去思考，或者准备组织公众讨论的。在上述某一情况下发表的评论，多数属于提示性评论。因为在这些情况下，都只需要或只能提出问题、指出可能的发展趋向，或指明其实质、意义和影响，而不必或暂时不便作具体的分析论述和确切的论断。

提示性评论通常以编者按、编后的名目出现，但编者按、编后等评论名目，却未必都是提示性评论。从另一方面看，提示性评论除编者按、编后外，只要有必要也完全可以运用其他规格的评论。如，《有些案件为什么长期处理不下去》①、《一个警号》②，就其内容性质看，都属于提示性评论，但由于所提出的问题特别重要，所以分别以社论、“本报评论员”的名目发表。可见，提示性评论究竟以什么名目发表，主要是根据它所提出的问题的重要性程度确定的。

提示性评论区别于其他评论类型的显著特点，可以概括为“评而少论”和“述而不详”。

“评而少论”的“评”，就是对于事物的论断。这类评论要达到提醒注意、引起关注的目的，就需要评，即以相应的论断点明事物的实质和意义，或指出其可能的发展趋向。明确表示赞成、支持什么，否定、反对什么，提出正确对待和处理的办法，这固然是评；鲜明地提出问题也是评，是一种特殊形式的评。因为提出问题本身就表明某种倾向，有时还包含某种解决问题的意向，甚至结论就蕴含在问题之中。但这种“评”多数是直截了当、简明扼要的画龙点睛式的论断，一般不对问题作具体的分析论述；即使像《一个警号》那样有较为具体、详尽的论述，也只是作为提出问题的根据，而不是对于问题本身的分析。只有在论断本身不完全具备“一点就明”的明白性的情况下，为避免误解，才对问题作些必要的阐述。所以，“评而少论”这个特点，包括两个不可分割的侧面。没有“评”等于没有明确的态度、看法，那就不是评论，而是提要或别的其他文字形式；但论述要有所节制，要着眼于启发、引导，否则就形同其他评论类型，那也会削弱以至于失去提示性评论的特殊社会功能和存在价值。

“述而不详”，主要指引用事实的特殊要求。这类评论都依附于其他稿件，它的“由头”和论据多包含在它所依附的稿件之中，一般只要提一提，人们就会把它的论断与有关事实联系起来，而用不着详细叙述。一点不提，人们可能

① 1982年2月7日《福建日报》。
② 1983年7月11日《人民日报》。

忽略论点与事实的联系，当然不行；叙述过细，则可能给人以重复、累赘的感觉。所以，恰当的分寸是“述而不详”。

明确这两个特点，写作要求也就在其中了。如果说有什么需要特别强调的，无非就是：（1）议论力求警辟、一语中的；（2）语言简练准确、力求生动。也就是说，要在提炼观点、锤炼语言上下工夫，切勿因这类评论一般较短而且规格较低而草率从事。

第二章

新闻评论的生成过程及源流

——新闻评论概说（下）

单纯就文本而言，一则新闻评论的生成过程，包括构思和表达两个相互联系的阶段。构思是表达前的整体谋划，属于思维的范畴，重点是解决评论什么的问题，主要包括选题和立论这两个环节，同时也渗透于提炼、安排论点和选择、组织论据之中；表达属于写作、制作范畴，主要是围绕构思所形成的预期论述目标，调动媒介拥有的各种符号及相应的手段、方法，借以具体表现论点和论据，使之成为言之有物、言之有据、言之有序的文本。二者之间，客观上存在着以支配和体现为主的互动关系。

然而，新闻评论如同其他新闻体裁一样，毕竟是为传播而写作、制作的。而新闻传播作为自觉的、有组织的传播，无不蕴含着一定的传播意图、追求一定的传播效果。从这个意义上说，新闻评论究竟如何构思和表达，实际上以传播——反映、解释和影响客观实际发展变化的需要为转移，以实现一定的传播意图、传播效果为出发点和落脚点；它的生成过程实际上是在传播规律制约和某些传播因素直接参与下，构思与表达互为作用的过程。如果忽视传播阶段，构思或表达就可能陷于某种“想当然”的盲目状态，落得个“事与愿违”乃至“弄巧成拙”的结果。这样，新闻评论生成的全过程和诸阶段、诸环节的关系，大致可以归纳如下图：

图中的双向箭头表示诸阶段、诸因素（或环节）间的互动关系，单向箭头表示各阶段包含的主要因素或环节。这意味着一则新闻评论的生成，实际上包含着三个阶段，每个阶段包含若干主要环节或因素。只是传播这一阶段不像构思、表达那样直接关系文本操作，而是作为“无形的手”无时无刻起着影响构思、表达乃至评论作品质量和社会效果的作用。所以，本章在探讨一则评论的构思和表达时，将随时同这只“无形的手”联系起来。

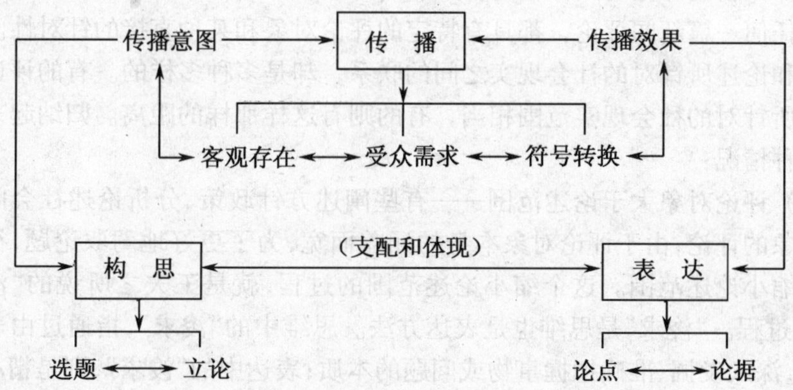

第一节　新闻评论的构思

本节主要围绕选题和立论，阐述新闻评论构思过程中的有关问题。

一、选题、立论及其关系

韬奋先生在回顾主编《生活》周刊的经历时说："每期的'小言论'虽然仅仅数百字，却是我每周最费心血的一篇，每次必尽心力就一般读者所认为最该说几句话的事情，发表我的意见。"① 韬奋以高度的社会责任感写作"小言论"，把心血倾注于捕捉"一般读者"最关心的问题、为读者提供正确而有益的意见，也就是倾注于选题和立论。可见，选题和立论在新闻评论生成过程中处于何等重要的地位。

1. 选题

在新闻评论活动中，选题有广、狭两种含义。广义的选题，指某一新闻媒介在一个时期内重点评论什么，一般以计划的形式出现，叫选题计划。选题计划是特定时期评论指导思想的集中体现，对于具体选题的取舍具有统率、支配作用。狭义的选题又称为论题，它规定一篇评论的评论对象和论述范围。狭义的选题固然受选题计划的支配，但也常有随时因应实际需要的抉择。这种随机性论题，不管是怎样确定的，不管作者是谁，也不管是否包括在既定的选题计划之中，只要评论一经发表，就自动成为本媒介选题计划的组成部分。所以，这里虽然主要阐述狭义的选题，但不能忽视它与广义选题的联系。

① 《韬奋文集》（第3卷），生活·读书·新知三联书店1962年版，第73页。

为什么新闻评论的具体选题，必须同时兼顾评论对象和论述范围这两个侧面呢？任何一篇新闻评论，都具有特定的评论对象和某种直接的针对性。但评论对象和论述所针对的社会现实之间的联系，却是多种多样的。有的评论对象与论述所针对的社会现实范围相当，有的则有这样那样的距离。归纳起来，大致有三种情况：

(1) 评论对象大于论述范围——有些阐述方针政策、分析论述社会问题或社会现象的评论,由于评论对象本身的涵盖面宽,为了更好地驾驭论题,往往需要适当缩小论述范围。这个缩小论述范围的过程,就是王夫之所说的“浚而求之”[①]的过程。“浚求”是思维也是表达方法。思维中的“浚求”,指通过由表及里的分析,深入发掘、准确把握事物或问题的本质;表达中的“浚求”,则是精心组织论述内容,调动各种论述手段,力求准确、深入、中肯地揭示事物的实质或问题的症结。经由“浚求”缩小论述范围,这是能动驾驭论题的一种自觉努力。如果没有这种努力,面对涵盖范围比较宽的评论对象,就可能陷于“老虎吃天——无从下嘴”的被动境地,充其量讲些四平八稳、不着边际的空泛道理。

(2) 评论对象小于论述范围——这是以典型事例为评论对象的评论选题常见的格局。如《评朱毓芬之死》[②]，它的评论对象是一个具体的事件，可是它的论述范围却远远超出朱毓芬个人的遭遇。评论一开头就与蒋筑英、罗健夫英年早逝联系起来，把朱毓芬个人的遭遇放在广阔的社会背景下分析，然后在这个基础上广泛抨击压制、刁难、排挤知识分子的嫉贤妒能的社会恶习，中肯地提出和论述了进一步落实知识分子政策的方向性问题。这样扩大论述范围，赋予典型事例以普遍的社会意义，其实就是“引而伸之”，即从事物的联系中把握事物的结果。假如没有必要的引伸，不是把朱毓芬个人的遭遇与一代知识分子的命运联系起来，而是就事论事地剖析、抨击一番，怎么可能像现在的评论这样收到令人为之震撼的舆论效果？弄得不好，甚至还可能落入单纯追究个人责任的窠臼。这个例子说明，对于以典型事例为评论对象的评论来说，通过由此及彼、由点到面、由个别到到一般的种种引伸，适当扩大论述范围，无疑是增强论题社会意义的有效途径，甚至是必由之路。

(3) 评论对象与论述范围相当——论述实际工作中的具体问题的评论选题，多数属于这一类。因为这类评论的着眼点就是解决实际问题，只要对问题

---

① [清] 王夫之：《读通鉴论·叙论四》：“引而伸之，是以有论；浚而求之，是以有论；博而证之，是以有论；协而一之，是以有论；心得而可以资人之通，是以有论。”（中华书局 1975 年版第三卷第 1114 页）这段话从思维过程和思维方法的角度，概括地说明了他在《读通鉴论》所论述的数百个论题是怎样形成的，指出形成论题的五种途径。

② 1983 年 4 月 13 日《人民日报》评论员文章。

和解决问题的方向、途径、措施等等的论述是切合实际的，评论也就达到了预期的目的。

这样，在选题的两个侧面之间，就形成了评论对象或者大于、或者小于、或者相当于论述范围的关系。明确这两个侧面的关系，从评论对象的实际出发适当调整论述范围，是能动驾驭论题的基本前提。评论对象无不是客观存在的事物，它只为人们提供要么评论、要么不评论两种选择的可能性。而评论对象与社会现实的联系却是多种多样的，这就为人们提供了调整论述范围的广阔余地。因此，越是善于根据客观实际适当调整论述范围，就越能掌握处理论题的主动权。

为避免混淆，有必要划清选题与题目的界限。选题规定一则评论的评论对象和论述范围；题目对于评论，就像人的名字有不同的寄托一样，可以承担不同的任务。题目可以反映选题，如《评朱毓芬之死》、《当前落实知识分子政策的关键》，前者点明评论对象，后者同时明确规定论述范围；也可以概括立论思想，如《面对农民，我们应该忏悔》①，其实是"我们的一切政策和工作应该考虑向农业、农村、农民倾斜了"这一中心思想的另一种表达，或者说与之相互呼应。题目也可以同时体现选题和立论，如《回答一个问题——翻两番为什么是能够实现的?》，主题体现选题意向，副题蕴含肯定的回答，体现立论思想。又如《眼前可以选择两条路——解读陈水扁"一边一国论"》②，两条路即评论所说的"台湾其实是有路可走的，怕的是不走堂堂大路，但却选择孔夫子卑琐的小路"，可见其主题概括了立论，而副题则点明评论对象。总之，选题是选题，题目是题目，把二者简单地相等同，势必影响对选题的确切理解，也影响更好地发挥题目多方面的表现功能。

2. 立论

新闻评论的立论，指一篇评论的中心思想和基调。其中的中心思想，相当于一般文章的主题，它贯穿于评论的始终，起着统帅全文所有观点和材料，包括论点、论据以及其他诠释、交代和衔接文字的作用；基调除要求切合事物实际之外，主要着眼于适应受众的接受能力。讲究基调是新闻评论的立论区别于一般论说文，尤其专业论文的重要标志。

立论的两个侧面，承担着不同的任务：中心思想揭示事物的本质，基调规定论述的思想、理论深度和高度；它们从不同角度为实现评论的目标服务。新闻评论面向实际、面向群众，它论述某件事、某个问题，既要从评论对象的实

---

① 2002年12月22日《中国经济时报》署名评论，作者张鲜堂。

② 2002年8月9日香港《明报》，作者［台湾］南方朔。

际出发，也要考虑它对周围事物的影响，照顾多数受众的接受能力。它要揭示事物的本质，并作适当的升华，但不是越深越好、越高越好，因此有个如何控制基调的问题。比如，利用职务或工作之便谋取个人私利，实质虽然都是以权谋私，但有程度差别，有政策界限，有的违反党纪，有的违背职业道德，有的则是触犯刑律，究竟把基调定在哪里，就需要具体分析，不能唱同一个“调头”。又如，精简机构，强调它具有巩固社会主义公有制的意义固然不无道理，但却有曲高和寡之虞；如果把基调定在提高办事效率、服务质量和方便群众办事上头，也许更能引起公众的关注。所以，在立论中把中心思想和基调适当区别开来，给予基调以必要的注意，有利于防止评论“调头”倚高倚低、强加于人或流于浅陋鄙俗的偏向。

3. 选题、立论的关系

选题与立论，是构思阶段的两个基本环节。一般选题在先，立论在后；选题为立论提供基础，立论赋予选题以灵魂。不过，它们又是相互渗透，不能截然分割开来的。人们在确定选题时往往同时考虑立论，在提炼立论思想的过程中也时常回过头来修订选题。尤其是论述重大问题的评论，选题和立论大多几经反复，凝聚着集体的智慧；在这种情况下，它们更是紧密联系在一起，简直分不清孰先孰后。

在选题和立论的关系中，有一种特别值得注意的现象——选题趋同、立论互异。面对着一项中心工作，面对着某一重大的新闻事件或社会问题、社会现象，各个新闻媒介都感觉到它的重要性，认为有必要引导受众正确认识和对待它，因此一时间出现许多选题类似的评论，这就是选题趋同现象。所谓立论互异，指虽然论述类似的论题，但中心思想和基调却不尽相同，甚至完全不同。在选题趋同的条件下，立论互异通常有两种表现：

一是目标一致、各有千秋的互异。这种立论互异，多数出现在论述中心工作、先进典型和人们普遍关心的社会问题、社会现象的评论之中。例如，论述孙志刚案及《城市生活无着的流浪乞讨人员救助管理办法》诸多评论的立论，着眼点或在追究责任，或在强调公民权利，或是探究立法宗旨、管理体制，或是呼唤人本精神、公权意识，就是“目标一致，各有千秋”互异的典型一例[①]。

① 孙志刚，2001年毕业于武汉科技学院，2003年初受聘于广州某公司。3月17日晚外出，因未带身份证，被民警作为：“三无人员”带回派出所，后又送往收容遣送站。3月19日，孙因惨遭殴打，“身体不适”被转往收容人员救护站，同日在救护站死亡。后经法医鉴定，孙系因背部遭受钝器反复打击，造成全身大面积软组织挫伤致创伤性休克死亡。事件发生后，引起中央高度重视，依法惩办了有关罪犯。温家宝总理主持国务院常务会议讨论通过《城市生活无着的流浪乞讨人员救助管理办法》，同时废除原来的收容遣返办法。全国主要新闻媒介，纷纷就此案和《办法》发表评论。

这种互异其实是新闻媒介从各自的性质、肩负的任务和服务对象出发观察、分析问题的必然结果。实践证明,在选题趋同的情况下,只有在立论方面力求“各有千秋”,才能为自己的服务对象提供更加切合实际的见解,指明正确认识和对待有关问题的途径,同时也才能有效防止人云亦云、千篇一律的雷同现象。

二是反映不同见解或意见分歧的互异。这种现象在署名评论中较为常见。例如,1982 年有家出版社在报纸上刊登广告,征求读者对它所出版的图书的意见,许诺给提意见的读者以一定的“酬金或赠新书”。北京和上海多家报纸就此事发表署名评论,有的给予肯定,认为这是“花钱买批评”,表现了渴望批评和改进工作的诚意;有的则不以为然,认为这是“把批评商品化”。[①] 这种不同的见解或意见分歧,有的固然有是非、正误之争,有的则是从不同的角度看问题的结果,不管哪一种都是正常的现象,既有利于活跃论坛,也有助于明辨是非、澄清认识,改正和完善看法。正如《人民日报》在《致读者》的社论中所说:“这种情形不但不妨碍而且有助于问题的解决,无论问题是由于一种观点战胜了其他观点而解决,或者由于不同观点在争论中相互接近而解决。”[②] 当然也有基于立场、世界观对立的立论互异,不过这主要表现各国媒介对于同一国际问题的评论之中。

选题趋同、立论互异这一现象说明,选题和立论虽然都是客观实际的这样那样的反映,但相对地说,选题的客观性强些、稳定些,而立论则更为活跃,更具主观倾向性。换句话说,新闻媒介和评论作者,在立论方面可以比选题拥有更充分的主动权和能动性。不妨设想一下,一家新闻媒介如果对人们普遍关心的问题置若罔闻或避而不论,将会怎样?那不仅是失职——对社会、对自己的服务对象失职;而且也将引起这样那样误解,模糊自己的政治面目,因为在其他新闻单位都有所评论的情况下,不予置评本身就是一种“评论”,而且会被公众理解为同舆论主流相反的“评论”。但如果只是等因奉此或人云亦云地议论一番,毫无真知灼见,也无异于搪塞受众、搪塞社会。因此,在选题不能不趋同的条件下,在立论方面自觉求异,这于媒介和作者是成熟和为社会高度负责的标志,于整个论坛则是焕发和保持旺盛活力的保证。

立论互异,具有重要的认识意义和美学价值。事物本身就是多面体,受众与事物的联系也多种多样。在立论上自觉求“异”,或提供新的见解,或开辟新的认识途径,既可以完善受众对事物的认识,更好满足受众多方面的需求,

---

① 见 1982 年 7 月 2 日上海《解放日报》《花钱买批评》和同天《文汇报》《批评岂能商品化》,7 月 30 日《光明日报》《赞成出版社奖励批评者》。

② 1956 年 7 月 1 日人民日报社论,《中国共产党新闻工作文件汇编》(下卷),新华出版社 1980 年版,第 110 页。

也可以增强评论的引人魅力，丰富和活跃论坛。苏轼有段话："文字之衰未有如今日者也，其源实出于王氏。王氏之文未必不善也，而患在好使人同。自孔子不能使人同，颜渊之仁，子路之勇，不能以相移；而王氏欲以其文同天下！地之美者同于生物，不同于所生；唯荒脊斥卤之地，弥望皆黄茅白苇，此则王氏之同也。……"[①] 苏轼对王安石的批评未必然，但"地之美者同于生物，不同于所生"，却颇富启迪意义。无论内容、形式乃至认识的多样性，也许都可以作如是观。

二、选题、立论的目标和根据

作为构思阶段的两个主要环节，选题和立论恰当与否，在很大程度上决定着一则评论的成败得失。在这里，"恰当"是一个多种因素互为作用的相对标准，除了明确各自的目标和根据外，尤为重要的是自觉服从于新闻评论的整体目标。

1. 新闻评论的整体目标

新闻评论的选题和立论千姿百态，即使分析论述同一新闻事件、社会现象或社会问题，不同的媒介也常有各自的选题和立论。这乍看像是随心所欲，其实无不受某种既定的评论宗旨或预期的评论目标的支配、约束，差别只在于宗旨或目标是否经得起检验，是否自觉地付诸实践。正如韬奋先生所说："以时事为评论的材料，原有枝枝节节的毛病，但评论所根据之观察点则不得不有其中心思想以为权衡，故于纷歧错杂的个别问题中，未尝没有一贯的中心思想为背景，所谓'仁者见仁，智者见智'，殆亦此意。"[②] 韬奋所说的这种"以为权衡"的"中心思想"，就是媒介既定的基本评论宗旨或整体目标。

所谓整体目标，主要指从一定的评论观出发赋予这种体裁的整体任务和社会功能。在当代，评论的整体目标大致可以分为三个层次：时代、社会，阶级、政党、社会集团，以及媒介的预期目标；每一层次又可分为长期、中期和近期评论目标。其中，媒介的评论宗旨和近期目标，直接支配着具体评论的选题和立论。但由于媒介本身实际上都隶属于某一阶级、政党或社会集团，都奉行一定的意识形态或价值准则，而且都处于一定的时代和社会环境，因此也不能置其他两个层次的评论目标于不顾。所以，列宁强调政论家的经常性任务是"写现代历史"；强调政论作品"必须力求赶上事件的发展，作出总结，作出结论，从今天的历史经验中吸取教训以便应用于明天，应用于今天'人民还在沉

① 《东坡集》卷30《答张文潜书》。

② 韬奋：《小言论》序《本书付印时的几句话》，《韬奋文集》（第1卷）卷首"韬奋墨迹"页。

默'而不久将来革命的火焰必将以这样或那样的形式燃烧起来的地方"，应该"给运动的直接参加者和活动在现场上的无产者英雄们带来更多的帮助，能够促进运动的开展，有助于自觉地选择耗费力量少而能够提供最大的最持久的结果的斗争手段、方式和方法"。[①] 列宁讲的是他所处的那个时代无产阶级政党的政论目标。这席话虽然是1905年讲的，其基本精神对于我们理解新历史条件下的政论，包括新闻评论的整体目标，仍然具有重要的启发意义。

当然，新闻评论不同于一般政论。新闻评论不仅评说已经发生的事件，对事件进行总结和作出结论，而且紧紧跟随历史前进的步伐，以与客观实际变化、发展同步的姿态，迅速及时地分析现实社会生活中正在涌现的新事物、新情况、新问题，借以指导现实斗争，指导人民群众创造历史的活动，促进和推动社会和社会生活健康发展。在新的历史时期，也就是紧紧围绕建设中国特色社会主义这个时代的总课题，围绕坚持改革开放和四项基本原则这两个基本点，通过对具体的新闻事件或社会问题、社会现象的分析论述，激发人民群众的主动精神和创造性，把他们的精力和智慧集中到这一伟大事业上来，共同为实现社会主义现代化建设的理想目标——在现阶段也就是全面建设小康社会，增进社会主义物质文明、政治文明、精神文明——而奋斗。如果忽视这个整体目标，单纯凭具体的感受来确定选题和立论，那就可能沦于"东一榔头、西一棒子"的境地，不仅难以形成舆论主流，还可能分散人们的注意力；即使偶尔捕捉到重大论题和中肯的立论，也不过是可一不可再的偶然现象，不见得能够引起人们的注意、产生多大的社会影响。

2．选题、立论的具体目标

服从于这个整体目标，新闻评论选题和立论的具体目标，大致可以分别概括为：

选题——号准社会脉搏，充分反映现实，及时提出攸关社会健康发展、人们共同关心的问题，力求增强论题的社会现实意义。

立论——以马克思主义和党的路线、方针、政策为指南，在理论和实践结合的基础上，揭示事物的本质，概括规律性认识，赋予评论以既深刻又易于为多数人所理解的思想内容，即致力于提高立论的思想性。

实现选题和立论的具体目标，其实都是"求真"和"求新"的过程，不过"真"、"新"的内涵和侧重点有所不同。

选题的"真"，要求在确定论题的过程中，坚持两个原则：一是从实际出发，恰当其时提出现实社会生活中确实存在、亟待解决的问题，排除任何主观

① 《列宁全集》(第8卷)，人民出版社1960年版，第82页。

臆断或耸人听闻的论题；二是优先关注主要矛盾和矛盾的主要方面，与中心工作和社会注意重心保持一致，集中精力捕捉人们普遍关心、有利于形成健康社会舆论的论题。“新”主要指把握社会脉搏和事物发展态势，不失时机地分析论述关系社会发展的新事物、新现象、新问题，同时赋予那些仍然引人关注的老论题以新的意义、新的活力。现实社会生活中的确存在着一些“老大难”问题，如，腐败现象、官僚主义痼疾、社会公平、“三农”问题等等。这些问题只要依然存在，新闻评论如果置若罔闻，就意味着放弃社会责任；如果不开辟新的角度，则无异于“例文”，难免削弱舆论功能。比较地说，“老论题”翻新比开辟新的论述领域难度大得多，更需要下一番求新的工夫。

如果说选题的“真”，含义近于真实性，那么立论的“真”则可以说是真理性的同义词。立论求真，就是力求立论切合实际，包括（1）符合事物之实，防止节节拔高、无限上纲之类的“增实、溢真”[①]；（2）符合今天之实，防止观念滞后或超前，如以旧观念套新现实或把理想当政策之类的现象；（3）符合受众之实，即针对他们的思想实际、适应他们的思想认识水平和接受能力。而“新”则是“真”的升华；离开“真”，“新”就失去基础。正如前人所说：“若不‘异’之‘是’，则庸而已；不‘是’之‘异’，则妄而已”[②]。而且新闻评论立论求新，着眼于为受众提供正确认识新事物、辨别新现象、解决新问题的真知灼见、可靠办法和有效途径。近些年来，人们较多强调立论求新，这对于开辟评论新生面、活跃新闻论坛，防止“炒冷饭”、杜绝“八股”式的陈词滥调，自有其不可低估的积极作用。但如果因此而忽视求真，一味标新立异，兜售连自己也莫名所以的奇谈怪论，那么立论就可能堕入“无实事求是之意，有哗众取宠之心”[③]的泥坑，哪里还谈得上什么思想性。

选题、立论的具体目标与新闻评论的整体目标——主要是媒介的近期目标的关系大致如下：

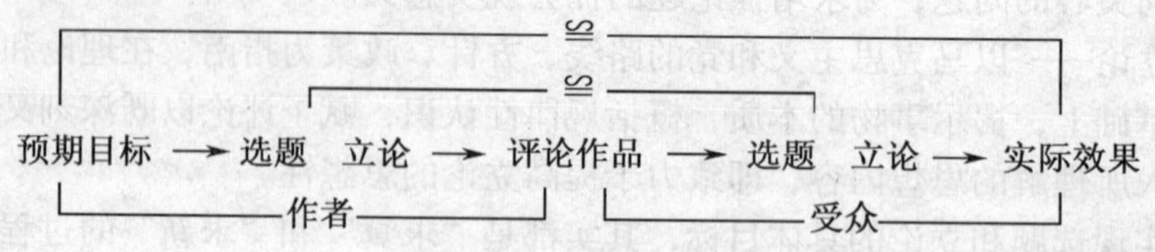

① ［东汉］王充：《论衡·艺增》：“世俗所患，患言事增其实；著文垂辞，辞出溢其真，称美过其善，进恶没其罪。”

② ［清］刘熙载：《文概》。

③ 毛泽东语，见《毛泽东选集》（第3卷），《改造我们的学习》。

这个示意图包含以下几层意思：(1) 媒介在新闻评论方面的预期目标支配着作者的选题和立论过程；(2) 作者在酝酿中形成的选题意图和立论思想具体表现于评论作品之中；(3) 受众经由具体作品理解的选题意图和立论思想，与作者原先的构想客观上存在着一定距离；(4) 因此，评论的实际社会效果与预期目标也必然有这样那样的距离。评论的预期目标与实际效果、作者酝酿中的选题意图和立论思想与受众所理解的意图和思想，是不可能完全吻合的。这不仅由于表达方面的原因，同时也由于受众总是以自己既有的切身感受、社会经验、知识结构、认识能力去理解作品所表达的内容的。从这个意义上说，评论作品也如同其他作品一样，是由受众最后完成的，其社会效果也是经由受众最后实现的。

3. 选题和立论的根据

那么，具有普遍现实意义的选题和深刻思想内容的立论究竟从哪里来呢？

邓拓在讲到报纸社论选题时曾说："从最满意的情况来说，它可以找到五个方面的根据"。这就是：一、党中央和国务院的决定和指示；二、地方各级党委和政府提供的情况和意见；三、党和政府主管部门提供的情况和意见；四、记者提出的新闻报道题目和线索；五、读者来信反映的情况和问题。[①] 邓拓所说选题，实际上包括立论。他所说的这五方面的根据，可以也应当理解为选题和立论的共同根据。

邓拓强调的"五个方面的根据"，概括了党报社论选题和立论的经验，体现了辩证唯物主义的认识路线。不管这个概括是否完善，重要的是它为回答有价值的"选题和立论从哪里来"的问题指出了正确方向。新闻评论的实践已经证明并将继续证明，凡是严肃的、有价值的选题和立论，都不是从天上掉下来的，也不是评论作者心血来潮、灵机一动的产物，而是来自对于"上面的精神"的准确、深刻的理解，对于"下面的情况"全面了解和透辟分析，也就是"吃透两头"的结晶。

所谓"上面的精神"，包括党和政府的决策、部署、方针、政策，现行的法律、条例，以及党和国家领导人的讲话等等，这是新闻评论选题和立论的重要根据。掌握这方面的根据，不仅是选题和立论的重要泉源，而且是评论保持正确政治方向，赢得人们的信赖和重视的基本保证。如果离开"上面的精神"，评论的选题就难免局限于一时一地一事，立论也不可能高瞻远瞩、高屋建瓴；这样的评论，即使方向不错，影响和作用也是有限的。

"下面的情况"范围十分广泛，包括现实社会生活中出现的新事物、新情

---

① 《关于报纸的社论》，《邓拓文集》(第1卷)，北京出版社1986年版，第317页。

况、新问题，人民群众的意见、愿望和各种各样看法，等等。这些来自基层、来自群众、来自生活的情况比较复杂，那些准确的、完整的、具有普遍性的情况，固然是选题和立论的不可轻视的根据；就是个别的、零散的、真伪莫辨的情况，实际上也是社会舆情的曲折反映，只要善于分析、辨别，何尝不可以成为有价值的根据？新闻评论面向社会、面向群众，它的选题和立论如果离开"下面的情况"，所谓"面向"岂不成了说说而已的空话，怎么可能作用于社会实际、真正赢得群众呢？所以，《人民日报》在1956年改版时，明确提出扩大评论选题范围的问题，指出"本报社论的选题有两个严重的缺点必须加以改变，一是只谈工作和生产问题，不论述群众生活问题……"①。这也就是要求正视和重视来自实际、来自群众、来自生活的各种情况，把它作为选题和立论的根据之一来对待。况且"下面的情况"本身就是"上面的精神"的本源；假如漠视下面的情况，耽于"唯上"或"唯本本"，又怎么可能确切领会和能动地体现上面的精神呢？

作为选题和立论的根据，"上面的精神"和"下面的情况"是一个问题的两面，任何时候都是不可分割的。"上面的精神"（当然是指正确的）之所以具有普遍的意义，是因为它反映了客观实际，是"下面的情况"的集中和科学概括；"下面的情况"（当然是指实际存在而非臆造的）凡是涉及实际工作和社会生活的，也几乎都与"上面的精神"有着这样那样的联系。大量事实从正面和反面证明，只有紧密结合来自下面的情况，才能更准确、更深刻地理解上面的精神，也才能创造性地、生动活泼地体现在评论的选题、立论以及论述之中；也只有正确掌握了上面的精神，才能更好地洞察客观实际，透过现象看本质，正确反映人民群众的呼声，维护人民群众的根本利益，防止被某些表面现象所迷惑。新华社评论员文章《农民劳动致富同经济犯罪的界限不容混淆》的选题和立论过程，为我们理解这两种根据的有机联系提供了颇有启发意义的例证。这篇评论是针对在打击经济犯罪活动中出现的一些问题而写的。当时，有些地方把劳动致富和经济犯罪活动混为一谈，甚至出现了错误打击勤劳致富的农民的事情，当这些情况反映到编辑部时，他们是这样对待的：

> 农村组同志和评论作者议论到这些问题，认为打击经济领域中严重犯罪活动，是指打击那些走私贩私、贪污受贿、投机诈骗、盗窃国家和集体财产等严重违法分子，这和靠正当手段致富的农民根本不同。②

---

① 转引自范荣康：《新闻评论学》第210页。

② 新华社《新闻业务》1982年第7期。

正是基于对情况的分析，他们感到分清政策界限，是关系着农村到底是沿着十一届三中全会以来的正确方向前进还是倒退的严重问题，从而确定了现在这篇评论的选题和立论。这篇评论之所以能够“写到农民的心坎上”，正是“上面的精神”和“下面的情况”紧密结合、相互验证的结果。

不过，无论“上面的精神”还是“下面的情况”，都是客观存在于评论作者这一认识主体之外的认识客体。它们能否真正成为选题和立论的可靠根据，与其说取决于它们自身，不如说取决于评论作者对它们的认识和理解。这就是为什么面对着同样的“上面的精神”和“下面的情况”，会有各自不同的——包括异彩纷呈、品位相差悬殊的选题和立论的缘故。苏轼有一首诗：

若言琴上有琴声，放在匣中何不鸣？
若言声在指头上，何不于君指上听？①

如果说“上面的精神”和“下面的情况”像琴一样，那么评论作者就是操琴的指头；只有既有琴又有善于操琴的指头，两相配合，才能奏出美妙的乐曲——形成富于吸引力的评论选题和立论。人们常把这个过程称为“吃透两头”；而能否“吃透”，则依赖于评论作者的理论修养、知识积累、社会阅历等等，以及作为这一切总和的认识能力。从这个意义上说，强调选题和立论的客观根据，不仅丝毫不抹煞评论作者的主观认识能力，而且恰恰是充分发挥主观能动性的基本前提。

三、新闻评论的思维系统

作为构思的两个主要环节，选题、立论属于思维范畴。掌握它们各自的思维过程和思维特点，增强主体驾驭客体的能力，不仅对于实现选题和立论目标具有决定意义，而且对于改善表达、争取更好的社会效果也有不可低估的影响。然而，如同选题、立论服从于评论的整体目标一样，其思维活动毕竟是贯穿评论生成全过程的思维活动的一部分。因此，在探讨它们的思维过程和特点之前，这里先就评论的思维系统作些认识所及的阐述。

1. 思维系统构成因素的分析

新闻评论的思维系统，是在唯物主义认识论与评论实践相结合的基础上形成的。新闻评论作为新闻体裁或话语形式，它的社会功能是通过传播尤其是受

① 苏轼：《琴诗》，转引自四川大学中文系选注《宋文选·前言》，人民文学出版社1980年版，第12页。

众接受实现的；受众在传播中占有非同寻常的特殊地位。所以，新闻评论思维系统的基本构成因素，除认识主体、认识客体以外，还应该把受众包括进去。为保持概念的一致性，这里姑且把受众称为“受体”。

（1）认识主体及其特殊性。新闻评论的认识主体包括新闻媒介和和作者，与哲学认识主体有同有异。其中的“异”即特殊性，主要表现在两个方面：其一，他们主要为传播而认识，是认识主体和传播主体的统一；其二，作为认识主体，他们又是群体和个体的统一。

前一个特殊性提醒我们，在分析、认识事物的时候，无论媒介还是评论作者，都要高度自觉地树立传播观念、受众观念。这直接影响着分析、认识事物的视角、注意重点，也影响着传播效果，即预期目标的实现。能动地适应这一特殊性，关键在于自觉遵循传播规律，把立足点真正转移到面向广大群众上来，坚持从受众关心的角度审视事物，把握受众与事物之间的主要联系，寻求受众的关心重点。即使是阐述党和政府决策、部署、方针、政策的评论，是否善于从媒介服务对象的关注重点出发确定选题角度、立论思想，也直接关系着评论的社会效果。

后一个特殊性长期困扰着评论工作者。一方面，个体的认识是群体认识的基础，思想先驱者的认识是社会认识的先导；另一方面，个体处于特定的时代和社会环境，既不能无视社会舆论的主流，也不能不受媒介的性质、任务、指导思想和基本立场、世界观的制约。这两方面客观上存在着这样那样的矛盾，如果处理不当，那就可能既抑制个体的积极性和创造性，也不利于发挥集思广益的群体思维优势。

如何处理这一矛盾？看来，需要明确以下几点：

①评论作者从来不是绝对的“自由人”。之所以如此，除个人认识可能有这样那样的局限性以外，还由于评论具有“为他”的属性，评论活动本质上是隶属于媒介的群体活动。评论作者个人任何时候都不能无视法律、政策规定的行为准则、社会道德规范和社会舆论主流，不能背离媒介既定的性质、任务和指导思想。如果说自由是对于必然的认识和运用，那么，无视必然、不受必然的约束也就不可能享有自由。当然媒介、群体也应尊重个人的认识，因为真理有时掌握在少数人手里（从群体是由个体组成的意义上说，其实是个人尊重个人或“我”尊重他人）。明确这一点是重要的，因为只有这样，个人才能拥有处理与群体关系的主动权，也才能充分地发挥每一个人的主观能动性，形成集思广益、优势互补的群体合力。

②确立“唯实”或“唯真”的观念，摆脱“唯上”、“唯书”的思想束缚。

③建立和健全具有“自组织”机制的评论工作体制。所谓“自组织”机

制，指能够因时应势随时调整，既机动灵活又保持一贯宗旨，有利发挥个人积极性和凝聚群体智慧的工作秩序。新记《大公报》的评论长期保持广泛的社会影响，在很大程度上得益于张季鸾、胡政之、吴鼎昌接办时所形成明确的约定："由三人共组社评委员会，研究时事问题，商榷意见，决定主张，文字虽分任撰述，而张先生则负整理修改之责，意见不同时，以多数决定之，三人各各不同时从张先生。"① 这个被称为"约法三章"——全体一致、少数服从多数、各有不同时从张季鸾，的确为及时就重大问题发表评论并保持一定质量提供了基本保证。《纽约时报》的新闻和评论长期并称"权威"，也同坚持老奥茨提出的关于社论政策的指导原则有着直接的关系。奥茨在 1923 年的一封信中说："社论委员会并不决定报社的政策，一如总统的内阁部会首长，并不决定总统的政策。""社论委员会在开会的时候，可以自由发言，表达自己的意见，时报发行人的决策，也常常受社论委员表达意见的影响。可是，最重要而不会改变的原则，是从不勉强任何社论委员撰写与自己意见不同的社论。"② 当然，《大公报》、《纽约时报》的评论活动机制服从于它们的办报宗旨，可资借鉴的只是其中蕴含的"自组织"功能，切不可生搬硬套。

④充实和完善主体，包括个体和群体的认识中介。这一点下面还将有所阐述。

总之，无论作为认识主体还是传播主体，个体和群体都是互为作用的，重要的是形成相辅相成而不是相互抑制的工作环境和活动机制。

（2）认识客体及客体的特设性。认识客体就是认识对象。如何看待新闻评论的认识客体，也不能简单地与哲学认识客体等同起来，而需要更多的考虑新闻评论的传播使命和历史发展过程。

新闻评论的任务，主要不是发现真理，而是运用真理的武器解释、说明和解决现实问题。它面向社会，面向处于社会实践中的人们，具体分析、阐述各种新闻事件、社会现象和社会问题。作为自觉的、有组织的舆论，旨在启发、引导人们正确思考、认识、对待各种现实社会课题，并经由长期累积性影响，促进人们认识和改造社会、自然界包括自身主观世界的历史进程。因此，它的认识客体具有不同于哲学认识客体的特设性，其主要标志大致可以概括为：

①关注当前的社会现实，而不是一般的客观存在；

②重点分析、研究处于发展变化之中的事物，在全面考察事物发生发展的基础上，着重注意把握事物的动态和异态，而把事物的静态和常态作为背景或

① 转引自《我与大公报》，复旦大学出版社 2002 年版，第 337 页。

② 转引自李子坚：《纽约时报的风格》，长春出版社 1999 年版，第 114 页。

参照系来对待。

③既见物犹见人，即不仅注意事物，而且特别重视与事物有这样那样关系、处于认识和实践中的人，以及他们的感受、认识和反应等等；

④注视时代和社会的宏观势态，这是随时随地影响以至于左右事物和人的活动的“场”，或者“看不见的手”。

总之，新闻评论的认识客体是存在于主体之外的人、物互动的统一体，具有特定时代、社会特点和强烈的动态性。明确评论客体的特设性，把主要精力集中于分析此时、此地、此条件下发生的，而且仍处于发展变化之中的事实或事物，是及时确定具有普遍现实意义的选题和蕴含真知灼见的立论思想的基础和保证。

（3）受体的特殊地位。在传播过程中，受众处于受体的地位。但是他们作为与事物尤其特定评论对象有这样那样关系的人，又是评论认识客体的至关重要的组成因素；而作为处于实践和认识中的个人，他们同时也是认识主体。换句话说，受体兼具三重身份，扮演着三种角色，而且他们作为认识主体和认识客体的角色在很大程度上决定着受体的角色。

与评论主体即作者做点比较，有助于更好地认识受众的特殊地位。评论主体在传播也在认识，他们为传播而认识，在认识中传播。受众在接受也在认识，他们通过接受而认识，在认识过程中接受。此外，受众还有先于接受的认识，因为作为信息本源的事物，是先于传播而存在的；就对于同一事物的认识而言，受众的认识可能先于评论主体的认识（当然未必是相同的认识）。这种“先认识”更是直接影响着受众对评论的态度或受、拒程度。

不过，受体无论以什么角色出现，在思维系统中都是主体的认识对象。受体角色的多重性，要求主体在思维活动中随时转换视角，调整注意重点。在一般情况下，主体研究受众，主要关心他们对评论内容的需求，以及接受能力和接受习惯。而当受体同时也是新闻事件、社会现象或社会问题的亲历者时，认识主体就有必要把注意力，适当转移到弄清他们与相关事物的关系上来了。如果他们对所评论的事情已有某种“先认识”，主体就不能不着重分析这些“先认识”的实质，并寻求相应的评论对策。韩非早就接触到如何因应说服对象后两种角色的问题，他说：“凡说之难，在知所说之心，可以吾说当之。”[①] 他认为了解“所说之心”，即说服对象处于什么境况、追求什么，而寻求有针对性的道理回应他，是说服的难点所在。韩非的“以吾说当之”，带有“迎合”之类的实用主义色彩，不足为训；但他强调难点“在知所说之心”却的确是抓住

① 《韩非子集释·说难第十二》，上海人民出版社 1974 年版，第 221 页。

了能否收到预期说服效果的关键，值得认真琢磨。

主体、客体、受体，这是构成新闻评论思维系统的三个基本因素。它们乍看像是三足鼎立，其实却是两两相对——主、客相对和传、受相对——地处于同一统一体之中。在这个基础上，它们之间形成相互联系、相互依存的三极或三维互动关系。不过，在这种互动中，主体始终处于主导地位，主体的思维能力和思维活动直接决定着互动的结果。

2. 认识中介和“场”

那么，主体、客体和受体是在什么条件下互动的呢？主体在互动中又怎样发挥主导作用呢？这就涉及评论思维系统中的另外两个重要却时常被忽略的因素，也就是认识中介和“场”。

（1）主体认识中介。所谓中介，指处于不同事物或同一事物内部不同要素之间起居间联系作用的环节①。据此类推，认识中介就是在思维系统中主体与客体相互联系的中间环节或桥梁，是主体能动地把握客体的必要因素。

海德格尔曾说：“我们对任何东西的理解，都不是用空白的头脑去被动地接受事物，而是以头脑里预先准备好的思想内容为基础，用活动的意识去积极参与。”② 他把这种“积极参与”到认识过程中的预先贮存称为“先结构”，包括“先有”（Vorhabe）、“先见”（Vorscht）、“先把握”（Vorgriff）③。不过，对这种“先结构”必须作唯物论的理解。辩证唯物论认为，“人的各种认识形式之间以及同一认识过程的不同阶段之间的中介，在本质上是客观存在着的中介的反映”④。

贯穿于新闻评论生成过程中的思维活动，同样离不开一定的认识中介。评论实践中常有这类现象：面对同一事物或新闻事实，有的予以评论，有的却置若罔闻；即使都有所评论，也往往有不同的乃至对立的见解；就是见解基本一致，也不免有思想深度、表现工拙、说服力强弱等差别。之所以如此，具体原因虽然各种各样，但推根究底，其实都源于认识中介的差别。可见，认识中介既是主体与客体联系的桥梁、主体把握客体的凭借，也是主体认识能力的基础。不过，这样说只是强调评论主体尽最大努力充实丰富自己的中介系统的重要性，决非主张形成“同一”的认识中介。恰恰相反，按照辩证唯物论中介观建立的、在厚实基础上形成认识中介系统，必然是多姿多彩的；而且正是这种差异性，赋予主体以各自的思维个性，赋予评论多样化、论坛气象万千以永不

① 参见《中国大百科全书·哲学卷》“中介”条。
② 转引自《文学艺术新术语词典》，百花文艺出版社1987年版，第319页。
③ 括号中的原文系德语。
④ 《中国大百科全书·哲学卷》“中介”条。

枯竭的内在动力。

评论认识中介涵盖范围十分广泛，大致可以归纳为以下四大类：

①价值尺度——立场、世界观以及思想、理论、政策水平。

②对比尺度——即有助于更好认识和理解事物的参照系，包括经验、阅历、先例、类似事物，以及“他山之石”等等。

③科学文化知识——包括文、史、哲的基础知识，以及评论所论述的领域与相关领域的知识。这些知识是前人认识自然、认识社会的结晶，只要善于调动和运用，就可以在思维活动中发挥知识互补或“触类旁通”的认知作用。

④科学思维方法——首先是掌握并自觉地运用唯物辩证法，包括以联系的观点、发展变化观点、矛盾对立统一观点观察事物、分析问题等方法；实践是主观和客观对立统一的基础、客观事物是多样性的统一、共性存在于个性之中等观点，以及由此产生归纳法和演绎法、分析法和综合法、由感性具体到思维抽象和由思维抽象到思维具体的方法等等[①]。以外，还有必要掌握某些新兴学科的思维方法，如系统论、控制论、协同论、耗散结构论等科学思维方法。

认识中介不仅是主体认识能力的基础，从思维与表达统一的意义上说，它同时也是表达能力的重要组成部分。在具体评论作品中，时常可以发现将认识中介转化为论据或论证方法的事例。前者如林放《真假王蒙》的主要论据“真假叶水心”，显然是来自过去阅读积累的历史轶事，在接触到这一具体事件时被调动出来作为分析问题的中介，从而形成了不同于另一篇《真假王蒙》的立论思想或中心论点；而在表达过程中则转化为支持中心论点的得力论据。韬奋先生在《国府迁回南京》的小言论中，则把构思过程中的类比方法直接用于表达。所以文章一开头就讲庚子事件中，慈禧太后挟光绪皇帝逃往西安的历史事实，指出这是“中国历史上一件很可痛心的故事”，然后将笔触转向现实，以客观的口吻说：

> 淞沪抗日战争发生，日舰威迫首都，政府于仓促间“乃徙洛阳”，并宣言长期抵抗，在洛阳“长期抵抗”了足足十个月，最近“以适应环境，东返首都”，已于十二月一日迁回南京，宣言“持续长期抵抗之策略”，并举行异常隆重的“回京典礼”，由全体官员迎主席入城，至国府礼堂受贺，极一时之盛。[②]

① 参见《中国大百科全书·哲学卷》“方法论”条。

② 《韬奋文集》(第一卷)，第68页。

在类比事例的烘托下，客观的叙述蕴含着虽不“言传”却可“意会”尖锐抨击。这是思维方法转化为论证方法的典型一例。韬奋先生采用这种类比论证，看来主要基于评论策略方面的考虑。诸如此类的事例表明，丰富、充实认识中介，对于评论主体能动把握客体、完善评论表达具有决定性的意义。

(2) 关于“场”。“场”，指主体、客体和受体存在、活动和互为作用的客观环境和背景，主要包括时代、社会环境和媒介的性质、地位及服务范围。

无论主体、客体还是受体，都不是抽象的存在，而是处于特定时间、空间和条件下的具体存在。主体、受体都是社会的人，就像安泰① 离不开地球一样，离不开自己生活和活动的时代和社会，他们的立场、观点、思想、行为自不免受到时代和社会的这样那样的制约，打上这样那样的烙印。客体除自然现象之外，多数客观事物的性质及重要性程度也往往因时代、社会而异，因此也只有放在其所处的时代、社会环境中分析，才能真正把握其实质、准确掂量其轻重和权衡其价值。就说“品牌效应”吧。这种效应其实早就存在，否则怎么有“老字号”之说，“同仁堂中成药”、“全聚德烤鸭”之称？可是，直到市场经济时代“品牌效应”才引起重视，才得到倡导，甚至出现走向另一个极端的苗头，“名牌”不仅是假冒的对象，而且成为有些媒介的“炒作”对象。而在计划经济时期，“名牌”多数只存在于消费者的“口碑”中；在自然经济时代，“名牌”拥有者甚至以“酒香不怕巷子深”自诩。

认识主体的思维活动自然受媒介定位的制约，这不用多说。问题是外在于媒介的客观事物和受众，是否也如此。事实上，客观存在的事物在不同媒介面前，并不是“等价”的。反过来说，媒介面对着种种事物究竟评论什么，都从自己既定的性质、所处的地位和服务对象的需求出发有所选择，只不过选择的自觉程度不同而已。比如，对于地方媒介有重要评论价值的事物，全国性媒介未必予以评论；宜于专业媒介评论的事物，也未必宜于综合性媒介，等等。当代受众固然是媒体的“上帝”，拥有广泛的选择权，但当他选择某一媒介，其实也就在一定程度上认同了这个媒介，积以时日甚至还可能以某一媒介的是非标准为自己的是非标准。正因为如此，所以在评论思维系统中，媒介对于主体、客体和受体的互动，也起着某种“场”的作用。

总之，评论的主体、客体和受体，是存在于特定时代、社会环境之中，并同特定媒介紧紧联系在一起的。所以时代、社会环境和媒介的既有定位，虽然不是评论思维系统的基本构成因素，却像一双“看不见的手”，无时无刻不在

① 安泰（Antaeus），希腊神话中的巨人。格斗时，只要身不离地，就能从大地母亲身上不断吸取力量，所向无敌。

悄悄地影响主体、客体和受众的互动关系，影响着贯穿于评论生成全过程的整个思维活动。

3. 新闻评论认识系统的建构

把上述诸因素置于一个统一体中，新闻评论的认识系统的互动关系大致如下：

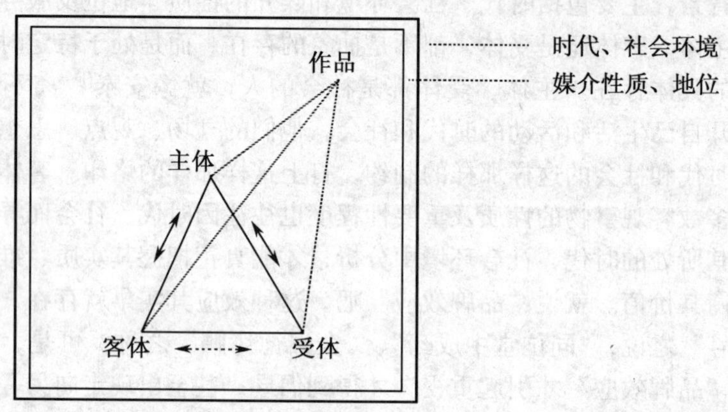

在这一示意图中，主体与客体、受体的互动是全面的、直接的，而受体与客体的互动是部分的（只存在于受体同时也是客体的一部分，并形成某种先于主体的认识）、间接的（指经由作品认识客体，并将所获得的认识转化为思想、行为而反作用于客体）。它们在特定的“场”中互动状况，决定着评论作品的思想内涵、表达效果，即建立在内容与形式统一基础上的质量或品位。

四、选题、立论的思维过程和思维特征

上面的阐述表明，选题、立论的根据是同一的，而各自又有不同的具体目标。从同一思维根据到达不同的思维目标，必然经历不同的思维过程，呈现不同的思维特征，就如同从同一出发点到达不同目的地有不同的路径一样。

1. 选题的思维过程和思维特征

选题首先面对的是客观存在的形形色色事物。它的任务，就是从这一切事物中选择、确定恰当的评论对象和论述范围，形成具有普遍意义，又宜于论述的论题。所以，选题的思维过程，实际上是把面前的各种事物、现象、问题，放在广阔的现实社会环境下进行比较、筛选的过程。这一过程大致如下右图：

下图中的Ⅰ、Ⅱ、Ⅲ，表示选题思维过程的三个阶段，也就是经过三重筛选，即：

(1) 重要性筛选——在这个阶段，主体即作者的主要任务是从各种事物

(图中称“事物群”)中，经过比较从中筛选出他认为重要的、值得加以评论的若干事物。这重筛选是其他两重筛选的基础，集中地体现了选题意图和思维特征。

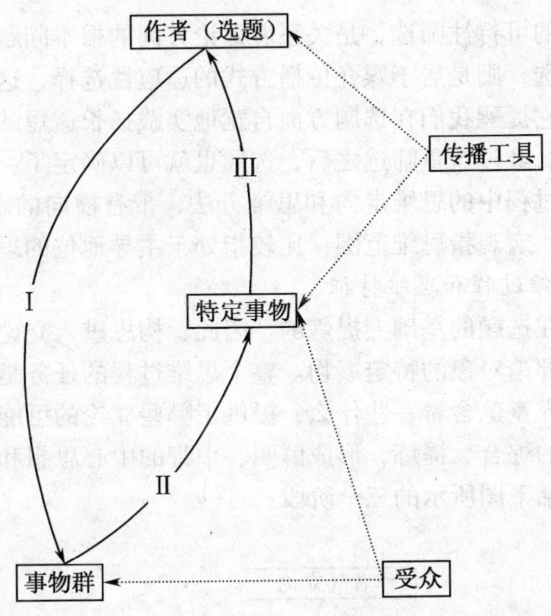

(2) 必要性筛选——受众作为社会实践的参加者，也同评论作者一样面对着各种事物；他们同这些事物有着或直接或间接的关系，并且也在观察和认识这些事物，甚至已经形成了自己的某种看法。由于所处地位、环境不同等因素，评论作者认为重要的事物未必都是受众关心的，因此也就未必能够成为评论的对象——特定事物。这就需要在重要性筛选的基础上，与受众究竟关心什么、为什么关心这些因素联系起来作第二重筛选，即必要性筛选。

(3) 可行性和可能性筛选——重要的、必要的，是不是就是宜于论述并能够得心应手论述的论题呢？这也是未必的。所以，还必须与媒介本身的性质、地位、服务对象，以及社会环境等因素联系起来，做第三重筛选，即可行性和可能性筛选。可行性包含两方面：一是从媒介的性质、地位出发权衡宜不宜，一是从全局出发、着重从政治和社会效果方面权衡利弊得失，以十分负责的态度慎重地对待所谓“投鼠忌器”问题。茅盾曾说：

> 鼠可以指人，也可以指事，而且鼠有大小，而小鼠之后有大鼠撑腰。故投鼠，亦非简单。器可以指社会主义制度，也可以指党。投鼠不中而伤

器，这是极不应该的（意在投器的别有用心者，不与同例）。如何能击中老鼠而不伤器，且使器之光辉更加发扬，这就有赖于作者的思想水平，政策水平，分析综合能力，以至于写作技巧了。①

这个意义上的可行性筛选，是关系着评论方向的根本问题，自然不能掉以轻心。可能性筛选，则是居于媒介传播方式的适应性选择，这对于广播、电视评论尤为重要；它提醒我们在选题方面自觉地实践扬长避短的方针，防止与报纸评论简单攀比。经过这重筛选之后，选题也就可以确定了。

体现在这一过程中的思维走向和思维方法，带有横向的宏观比较的特点。横向指思维方式，宏观指思维范围，比较指处于主导地位的思维方法。

2. 立论的思维过程和思维特征

立论一般是在选题的基础上提炼的。因此，构思进入立论阶段时，作者首先面对的是作为评论对象的特定事物。整个思维过程的任务是：透彻地分析特定事物，弄清它究竟蕴含着一些什么，提供了哪些立论的可能性，然后在这个基础上经过必要的综合、提炼，形成鲜明、中肯的中心思想和适当的基调。这个过程也大致包括下图所示的三个阶段：

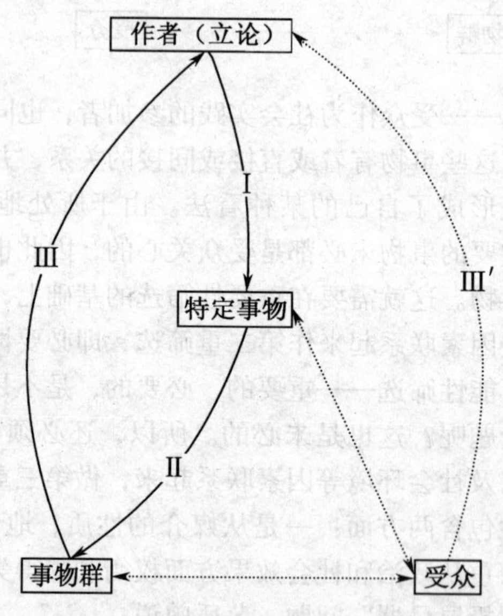

① 转引自林放：《未晚谈》，上海人民出版社1986年版，第128页。

（1）形成认识深度——即通过对特定事物的解剖、分析，洞察其内里，具体了解它的方方面面。对特定事物认识越深越细，就越能把握评论对象蕴含的各种立论可能性。经过这个阶段，出现在作者脑海里的就不再是事物的外在表现，而是内在的种种蕴含，以及可能成为立论基础的种种初步想法，包括具体的观点和见解。

（2）确定立论角度——分析特定事物之后所掌握的各种立论可能性，其实就是一个个供选择的立论角度。从哪个角度立论可以产生更为积极的影响，或者说可以获得举一反三的舆论效果呢？这不能光凭主观判断，而需要再回到事物群中去，弄清楚不同的立论角度与周围事物的关系；同时与受众联系起来，具体掂量哪个角度更贴近受众，更能够引起广泛的共鸣。经过这两方面检验之后确定的立论角度，通常就可以为评论实现预期的舆论效果奠定较好的基础。

（3）控制立论高度——这一阶段主要是从受众的实际，包括他们对特定事物的既有认识（正确的、错误的、有疑虑或误解的等等）以及认识能力出发，确定立论基调，掌握适当的思想高度、理论深度。也就是把基调控制在既有利于揭示事物本质，也有利于消除受众疑虑、误解和纠正错误认识，同时又是多数受众易于接受的范围之内。这样才能有效地防止曲高和寡或庸俗浅薄的现象，防止重蹈任意拔高、无限上纲之类的覆辙。

具体评论的立论过程可能几经反复，但都需要认真解决认识深度、立论角度和思想理论高度这三个问题，才能保证评论的思想质量和社会效果。贯穿在这个过程中的思维特征，是与选题相对应的纵向的微观分析。这里的纵向指由表及里、由浅而深的思维方式，微观指注重解剖、透视事物的内里，分析指思维方法。

选题和立论是一个思维过程，而且经常是一个群体思维过程。能否形成具有一定现实意义的选题和思想价值的立论，从根本上说，取决于是否坚持实事求是、从实际出发的思想路线，认真研究客观实际和作为评论对象的特定事物。问题是怎样理解客观实际和特定事物。对于面向群众的新闻评论来说，有必要特别强调把处于实践第一线的广大群众作为重要、不可忽视的认识对象，把“从实际中来，到实际中去”与“从群众中来，到群众中去”统一起来。这样，只有这样，才能有效地防止见事、见物不见人的倾向，才能真正赢得广大受众、收到预期的社会效果。所以，在选题和立论的思维过程中，受众是一个举足轻重的因素，是同事物具有同等意义的认识对象。鉴于迄今仍然存在着一些并不那么受欢迎的评论，强调这一点也许不是多余的吧？

第二节　新闻评论的表达

新闻评论表达阶段的任务，集中到一点，就是调动一切手段，把构思阶段形成的选题意图和立论思想，准确、鲜明、生动地表现为具体的评论作品。这是构思的继续，是实现构思设想的过程。没有构思，就不知道表达什么，更谈不上如何表达；没有表达，构思设想不过是存在于作者脑海里的观念，既不可能周密、完善，也不可能为受众所理解。这也就是人们所说的："不想就不能写，不写也就很难想得明确周全"①；"只有写出来的作品，没有酝酿腹稿中的作品"②。

新闻评论的表达本来就因人（作者、受众）、因事（评论对象）而异，加上不同媒介符号系统的差异，就更是一个错综复杂的过程。这里不可能，事实上也没有必要接触表达的方方面面。前人说："法，譬诸规矩，规之形圆，矩之形方，而规矩所造，为椭，为挈，为眼，为倨句（音"勾"）磬折，一切无可名之形，纷然各出。"③ 把握了规矩之后，就可以更有效地调动各种手段和方法，写出各具风格特点的作品；反之，背离规矩，生搬硬套，再好的手段和方法也派不上用场，甚至可能出现"照猫画虎反类犬"之类的尴尬。所以，这里主要结合评论实践，就表达的"规矩"，也就是基本原则和基本要求做些概括性阐述。

一、坚持说理的基本原则

新闻评论以说理为主要手段，面向公众阐述对于事物的看法，借以实现反映、影响和引导社会舆论的目标。如何说理，能否收到预期的舆论效果，当然需要讲究方式、方法，掌握一定的技能、技巧，但关键在于坚持围绕立论说理和看对象说理的这两个基本原则。如果忽视这两个原则，方式、方法和技能、技巧的讲究就可能劳而无功，甚至还可能适得其反。

1. 围绕立论说理

评论的说理是用论据证明和说明论点的过程，而体现立论思想则是这个过程的出发点和落脚点。所以，围绕立论说理，实际上包含两个环节：围绕立论组织论点和围绕论点组织论据。

---

① 朱光潜：《漫谈说理文》，《怎样写学术论文》，北京大学出版社 1981 年版，第 39 页。

② 聂甘弩：《我爱金圣叹》，引自 1982 年 11 月 2 日《光明日报》。

③ ［清］魏禧：《魏叔子文集·八》，转引之郭绍虞《中国文学批评史》，上海古籍出版社 1979 年版，第 485 页。

(1) 围绕立论组织论点。一则评论，究竟设置多少论点、如何安排和表述论点，服从于体现立论思想的需要，这是任何时候都不能漠视的基本要求。分开来说就是：

——论点设置力求精当。论点设置当然有量的要求，少了不能充分体现立论思想，多了则不仅使评论臃肿不堪，还可能冲淡、干扰立论，分散受众的注意力。但关键在于精当，把工夫用在提炼切中肯綮的论点上头；防止片面求全，节外生枝，以及陡设赘论之类的偏向。韬奋的《做阴寿式的国耻纪念》①(以下简称《国耻纪念》)，旨在揭露国民党政府投降主义、激发群众抗日救国热情，如果铺展开来写，设置三五个论点、用一二千字来阐述也不为多。可是，这篇为纪念"九一八"事件一周年而写的小言论，却只用不足八百字的篇幅、以一个包括三个说理层次的论点贯穿始终，就把这一立论思想表现得淋漓尽致。这三个说理层次就是："国耻可痛"→"作阴寿式的国耻纪念尤可痛"→"'国耻'不断而甚至'纪念'亦有所不敢，其为可悲更何如？"如此层层递进，于理步步深入，于情渐趋激越，不由人不为之深思、不因之动情。可见，论点贵精不贵多。

——论点安排力求严谨。如果有两个以上的论点或说理层次，则要根据论点或说理层次间的逻辑关系，恰当确定主从和先后顺序。尤其是那些具有因果关系或递进关系的论点和说理层次，更需要恰当安排，否则主从颠倒、先后失序，就可能给人以"剪不断，理还乱"的感觉。如《国耻纪念》的三个说理层次，以层层递进的方式，引导人们随着作者的笔触，由浅而深、由感性至理性地领会其中的思想、感受其中的情感；迄今读来，仍然可以感受到一种令人血脉喷张、拍案而起的召唤力量，何况对于当时身处民族危机的人民群众！如果将作为立论依据的《大公报》的那则《市府奉令制止爱国运动》的报道，按通常的表达顺序放在前头，并引出现在作为第三说理层次的论断，是否能够收到这种效果呢？又如有一则批评对"皇马"接待不当的评论，发表时加了一个概括论点的内容提要，摘要如下：

> ①皇马中国行从概念成为现实，其性质，在他们降落昆明的一刹起，已经发生了转变。……②皇马中国行这种事，除了媒体和球迷可以跟着尽情掺和，政府的言行则要慎而又慎。③在任何阵势面前维护尊严、原则和风范，对于开放的中国而言，这不是一个小话题。②

---

① 发表于1932年9月17日《生活》周刊"小言论"专栏，《韬奋文集》(第1卷)，生活·读书·新知三联书店1962年版，第64页。

② 滕云：《皇马，是球星不是国宾》，《新民周刊》2003年第31期"言论"。"皇马"系西班牙"皇家马德里"足球俱乐部的简称，2003年8月到昆明作商业性比赛，受到有如国宾规格的接待。引文中的序号系引者所加。

这三个论点，①是对于超规格接待的否定性论断；②提供关于如何恰当接待的见解，与前一论断构成一反一正、相互呼应的关系；③则是以前两个论点为基础的引申，属于结论式的论断。不管是否赞同这些看法，看来都难以否认诸论点之间的逻辑关系的严密性，这种有序安排无疑增强了评论的说服力。其实，就是并列的论点和说理层次的安排，也需要讲究逻辑关系，才能表达得自然顺畅、波澜起伏，发挥诸论点或说理层次的互补效应。

——论点表述力求明快。“明快”这个词，《汉语大词典》解释为“明白通畅；不晦涩不呆板”。这里借用来概括论点表达的基本要求，主要指准确、鲜明，干脆利落，而又发人深思、耐人寻味。《国耻纪念》的三个说理层次虽然表达方式各有不同，但都堪称明快：前两个层次以准确、鲜明、干脆利落见长，一个“做阴寿”的比喻就透彻揭示了“国耻纪念”的实质；后一层次则犹如绵里藏针、含蓄之中见锋芒。试想：明明是“不许纪念”，为什么评论却说“不敢纪念”；明明更可痛可悲，为什么评论却以发问的方式表述？韬奋这样表达，可能也有基于策略的考虑，但主要恐怕还在于启发读者思考和联想。可见，明快不仅不排除而且包含含蓄、委婉、机智、风趣等引人入胜、耐人琢磨的表达。明快的对立面，主要是拖泥带水、含糊其辞一类的论断，以及枯燥无味、佶屈聱牙的遣词用语。且看下面这一片断：

> 讲速度，必须坚持实事求是。如果速度过高，留下很大缺口，不仅难以实现，还可能给国民经济造成新的不协调，到头来可能更慢。如果没有一定的速度，又会使经济发展和人民生活发生困难，更无法为今后的发展积蓄力量。……①

这一段长达三四百字的文字，都是既讲这一面、又讲另一面，结果使人莫名所以，无所适从。这与其说是全面，不如说是模棱两可，几乎把这则评论的富于现实意义的论题、相当中肯的立论思想毁掉了。

不过，论点或说理层次能否有效地体现立论，有赖于论据的支持。这就需要进而了解围绕立论说理的另一个环节——

(2) 围绕论点组织论据。立论—论点、论点—论据，这是关系相似的两个环节。就一则评论说，所有的论点都必须根据立论的需要来组织、安排；就一个论点或说理层次说，所有的论据都服务于论点，因此也应按论点的需要选择、剪裁和表述。后者是前者的基础，因为只有经过充分证明和说明、有充分

① 这篇评论员文章的题目《要实实在在的速度》概括了立论思想和中心论点。

事实和理论支持的论点，才能有效地为体现立论思想服务。

——明确一个前提。围绕论点组织论据，以论点正确、准确、明确为前提。如果论点本身谬误，任何论据都无能为力；如果表述含糊其辞、模棱两可，就是精彩的论据也未必能够奏效。比如“共产主义理想是中华民族的精神支柱”这个论断，由于“共产主义理想”与“中华民族”之间并没有必然联系，无论调动多少论据都难以自圆其说。所以评论在论述过程中，只能使出偷换概念的伎俩，悄悄用“革命理想”替换“共产主义理想”。可是这样一来，评论就彻底“走题”了，哪里还谈得上为体现立论思想服务呢？

——澄清两个概念。人们常说论据“要充分”，这一说法本身虽然不错，却容易导致误解。问题的症结在于：“充分”究竟是“量”还是“质”的概念？如果作“量”的理解，就可能走上堆积论据的歧途，陷于“以引代论”、“以叙代论”的泥沼。所以，只有把“充分”作为“质”的概念来理解，力求论据具有“一以当十”的品质，才能充分发挥为证明和说明论点服务的作用。

那么，从哪里撷取具有“一以当十”品质的论据呢？也许是为了回答这个问题，有人提出了“找论据”[①] 的命题。如果“找”字不是用词不当，这其实是一个唯心论的命题，带有不容忽视的误导性。带着论点找论据，再荒谬的论点也可以找到“论据”，因为正如列宁所说，“在具体的历史情况下，一切事情都有它个别的情况”[②]。比如，为否定干部知识化、专业化的选拔标准，有人不是“找”到了他所需要的论据了吗？他一则说，张思德、雷锋文化程度不高，却是共产主义先锋战士；再则说，王、江、张、姚“四人帮”文化水平不低，但他们却是反党集团的罪魁祸首。不过，这样“找”来的论据，只能蒙人于一时，终究是要被揭穿的。唯物论认识论认为，材料先于观点，论据先于论点；表达中的论据来自于思维中的材料，或者说是材料的精炼化。它们之间的关系，大致如下图：

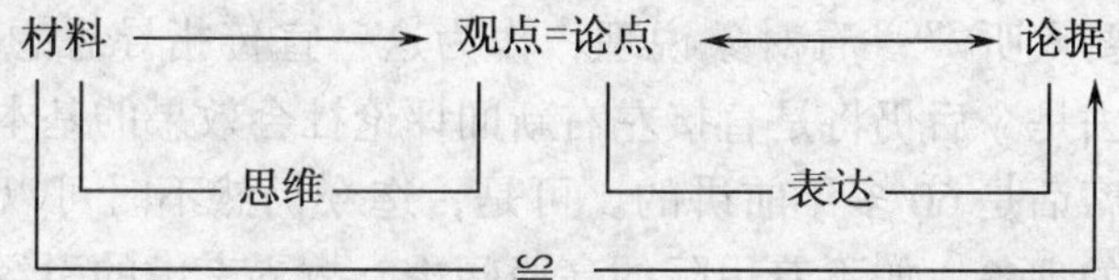

也就是说，表达中的论据是从据以形成观点的诸多材料中精选而来的，而不是挖空心思“找”来的；思维过程中拥有的材料越多，据以形成的观点就越经得起检验，同时也为表达过程中选择精当的论据提供更可靠的来源。从这个意义

① 参见［台湾］林大椿：《新闻评论学》。

② 《列宁全集》（第23卷）第278页。

上说，思维中的材料转化为表达中的论据，实际上是一个由“十以当一”到“一以当十”的精练、优化过程。

——精心剪裁和表述论据。论据的剪裁和叙述，尤其是事实性论据的剪裁和叙述，对于论据能否充分证明和说明论点的影响，丝毫不亚于论据的选择。如何剪裁和叙述，保存事实的全貌、全过程还是撷取其中的一部分，详述还是简述，一切服从于论点的需要。像韬奋的《潘老太太和中医》[①] 那样细致地叙述求医全过程，是在当时的条件下论证中医药既有保存的价值、也有改良的必要唯一的办法，所以不厌其烦。要是不交代西医“无法治疗”的诊断，详述中医的治疗方法和效果，能够说明中医有保留的价值吗？要是省略了潘公弼看到中医的小扦刀不干净，于是自己动手用酒精拭擦一番这一细节，恐怕也难以说明中医有改良的必要。而毛泽东同志为论证“中国人是有骨气的”这一重要论点，却只用两句话叙述两个论据：

> 闻一多拍案而起，横眉冷对国民党的手枪，宁可倒下去，不愿屈服。朱自清一身重病，宁可饿死，不领美国的“救济粮”。[②]

虽然简约，却字字千钧，雄辩地证明了论点。这两个事件，当时的人们尤其是评论所要说服的对象——“民主个人主义者”记忆犹新，如果不加剪裁、不作概括而是详述，恐怕未必能够收到这种言约意丰的论证和说服效果。至于剪裁和叙述的具体方法，那就不胜枚举了；常说大巧若拙，不管什么方法，即使看来笨拙的方法，只要能够雄辩地证明和说明论点，都不失为好方法。

2．看对象说理

毛泽东曾说：“共产党员如果真想做宣传，就要看对象，就要想一想自己的文章、演说、谈话、写字是给什么人看，给什么人听的，否则就等于下决心不要人看，不要人听。”[③] 看对象说理，作为这一宣传指导思想在新闻评论领域的体现，过去是今后仍将是直接左右新闻评论社会效果的基本原则。

毛泽东这席话是60多年前讲的。可是，迄今仍然不时可以从评论中发现背离这一原则的现象，如不着边际的高谈阔论，故弄玄虚的引经据典，华而不实的文风，乃至在评论中“炒”奇闻轶事等等。这些现象的成因不一，但都与受众观念薄弱，与误解、曲解原则的精神实质有关，其结果也都是“不要人

---

① 《生活》周刊“小议论”1929年3月31日，《韬奋文集》（第1卷），第23页。
② 《别了，司徒雷登》，《毛泽东选集》（第4卷），人民出版社1966年版第1499页。
③ 《反对党八股》，《毛泽东选集》（第3卷），人民出版社1991年版，第836页。

看，不要人听”（“炒”奇闻轶事则是污染舆论空气）。可见，切实实践看对象说理原则，必须从确切理解这一原则的基本内涵、增强受众观念着眼。

新闻评论面向社会公众。但是，人以群分，社会公众并非铁板一块。他们各有自己的经济、政治、文化背景，职业、年龄、志趣和信息需求，同评论所论述的事件、现象、问题的利害关系和关心程度、关注重点自然也有所不同。换句话说，具体评论事实上都有其主要受众群或说理对象。面向社会公众与面向主要受众，对象面宽窄判然有别，这乍看像是相互矛盾，其实恰恰是整体与局部对立统一关系的反映。所以，看对象说理的这个“对象”，是同有关事物关系密切、关心程度较高的某些受众群体，而不是所有的社会公众。如果把社会公众与说理对象等同起来，那就可能导致“泛对象”的偏向；在这种情况下，即使评论所讲的道理句句是真理，在接受者、至少部分接受者看来也是无补于事的高谈阔论。“泛对象”实际上是无对象，形同作者自说自话，其效果可想而知。比如说，精简机构有利于维护和巩固社会主义公有制，所有制包括所有权、占有权、使用权、支配权这席道理，虽然不能说毫无价值，但究竟能为关心这个问题的受众提供什么切实见解呢？而如果面向主要对象，用它们所喜见乐闻的方式方法阐述他们所关心的内容，则不仅可以吸引这部分受众，还可能引起相关受众的兴趣。比如《面对农民，我们应该忏悔》，这个“我们”显然指各级党政机关、职能部门和公职人员，但如果说它也可以吸引农民的“眼球”，恐怕不会是无稽之谈吧。

明确了“对象”主要指同论题关系最密切的受众之后，就可以进而弄清“看对象的什么”了。看什么呢？

（1）看对象的需要即主要受众面对当前客观实际，关心什么？为什么关心？有些什么想法或疑难？为什么产生这些想法和疑难？怎样为他们解难释疑？等等。这些都是评论选题、立论以及确定说什么理、怎样说理的重要依据。当然，强调受众的现实需要，并不意味可以置受众的潜在需要——受众暂时还没有意识到其重要性的问题于不顾。不过，对这类问题的论述，也必须同主要受众切身利害联系起来，才能唤起他们的关心，才能收到预期的效果。例如，条块分割的危害，如果单纯从工作的角度去论述，恐怕就难以引起普通观众的关心；而像《“三国四方”何时拆除篱笆墙》[①] 那样，利用若干群众体会得到的具体事例（如楼上楼下打电话需要通过长途、千里迢迢购入的农机配件竟是本镇产品等）来论述，则不仅可以引起观众的兴趣，而且还可能因感同身

① 文稿见《中国电视奖获奖新闻作品选评》，中国广播电视出版社 1995 年版，第 48～53 页，黑龙江电视台 1994 年播出。

受而引发更多的联想和思考。在新事物、新现象、新问题层出不穷的改革开放年代，除了满足受众的现实需要以外，及时捕捉、想方设法满足受众的潜在需要不仅是必要的，而且对于增强评论的舆论导向功能具有特殊的意义。

(2) 看对象的接受能力。所谓接受能力，是思想水平、认识能力、文化基础等多种因素的总和，也就是韬奋所说的“容受可能性”[①]。从主要受众的接受能力出发，用他们熟悉的材料、能够理解的理论观点以及通俗易懂的言语，阐述他们所关心的问题，这是受众观念的重要内涵之一，也是评论赢得受众的前提条件。可是，有的评论作者却偏偏要故弄玄虚，像是要考验受众似的，引用一些偏僻的材料、讲些让人捉摸不透的道理。如下面这一片断：

> 庄周曾报道过孔子和老子的一次有趣的会面。……（孔、老对话略）庄周最后概括说：圣人不死，大盗不止。
>
> 在我们有限的历史知识中，一般末世易出思想家、道学家，而盛世只出饮者或时髦的叫法“啤酒主义者”。古来圣贤皆寂寞，唯有饮者留其名。在盛世出的道学家多为异数；或者是巫婆神汉，惑人心智，摄人钱财；或者是假道学，披着道学启蒙的外衣作秀。而无耻一旦披上道德的外衣就升级为极端无耻。

作者也许“有所云”，但读者却未必能够“知其所云”，也许够得上毛泽东所说的“下决心不要人看，不要人听”的标准。

(3) 看听众的接受习惯听众的接受习惯有共同性，也有特殊性。共同性是由思维、认知的一般规律决定的，主要表现为喜爱短小精悍、生动活泼、深入浅出、平易近人的作品；这是构成受众接受习惯的主要因素。当然也不能无视听众的特殊接受习惯，但这要与论题的性质和节目类型联系起来考虑。

概括地说，看对象说理就是适应主要受众的需要、接受能力和接受习惯。这一原则与围绕立论说理的原则互为表里，它们合则相成、离则两伤，都直接关系着评论的质量和社会效果，是评论写作、制作过程中必须始终坚持的基本原则。

二、掌握分析与综合的方法

分析与综合，既是思维方法，也是表达方法。二者紧密联系，贯穿于任何一则评论生成的全过程；而结果如何，则取决于运用是否自觉，是否得当。所以，掌握分析与综合这一思维、表达方法，向来被列为评论工作者的基本功之一。

---

① 《前进思想与救国阵线》，《韬奋文集》（第 1 卷），第 142 页。

1. 两种分析与综合的区别

分析与综合是两个相对应的概念。单纯从思维的角度说，分析指把事物分解为各个部分加以考察的方法，综合则是将各个部分联结成整体进行考察的方法；二者形成相互依存、互相渗透和转化的辩证关系。不过，作为新闻评论思维、表达的共用方法，分析、综合却有不可忽视的区别。

思维中的分析，分析对象是外在于主体的客观事物，而且旨在通过具体解剖，客观地审视事物的内里，获得对于有关事物和事物各个局部的真确认知，因此必须遵循事物的客观逻辑，严格按事物的本来面目分解、观察事物。综合是在分析的基础上，通过将各种局部认识联系起来思考，形成对于事物的整体的理性判断。这其实是主体洞察事物、深化自身认识的“自为”过程，即感性→知性→理性认识的转化或飞跃过程，其结果往往成为确定选题意图、立论思想的依据。

而在表达中，分析对象主要是作为评论对象存在的特定事物（包括具体或抽象的事物和现象、问题等），而且运用语言、文字或其他符号，按一定的逻辑方式和方法，面向受众展现事物有关局部的状态、本质及它们之间的联系。综合的主要任务，则是通过演绎或归纳将各个局部整合为整体认识，为受众提供能够揭示事物本质的论断。也就是说，表达中的分析与综合带有明显的“为他”性，其最终形态是以让受众既“知其然”又“知其所以然”为目标的“文本”或“话语”。

明确上述区别，在探讨表达中的分析与综合时，才能有效地防止同思维中的分析与综合相互混淆或相互割裂开来的偏向。

2. 分析的类型

表达中的分析，无论对具体事物还是观念的分析，大致可以分为两类：纵分析和横分析。

纵分析指对论述对象作纵向解剖，由表及里，由浅而深，一层层地剥下去，直到触及事物的内在本质。毛泽东在《整顿党的作风》① 一文中对知识的分析就是一例。文章首先把知识分解为生产斗争知识和阶级斗争知识，然后根据辩证唯物论的观点，针对当时的实际，进一步分为完全的知识和不完全的知识；继而就不完全的知识再作分析，指出“有两种不完全知识，一种是现成书本知识，一种是偏向于感性和局部的知识，这二者都有片面性”。在这个基础上，经过综合，得出“只有使二者互相结合，才会产生好的比较完全的知识”的结论。这样层层解剖，一层比一层深入，十分雄辩地论证了理论与实践结合

① 《毛泽东选集》（第3卷）。

的原理。在文本中，纵向分析通常表现为说理层次，形成类似“糖葫芦串”的结构，这也可以概括为“纵分析横表现”。

横分析是对一类事物的各种表现，或一个整体的各个局部的分析，目的在于寻求它们之间的共同本质。韬奋的小言论《无所不专的专家》① 的三个主要段落，都运用这种分析。其中一段分析历史上的此类“专家”，以举例的方式，解剖了任何职务都敢担任的“无所不专的官僚专家”，出可为“将”、入可为“相”甚至还可“由旁路一钻而做‘医’”的古代知识分子。其他两段也以类似的方式，分别分析当代“专家”，以及以这种“眼光”看待外来专家。然后综合起来，尖锐地指出：

> 无所不能的人实在是一无所能，无所不专的专家实在是一无所专，即有一知半解，决难有深入的研究心得，更说不到对社会有真正实际的贡献，不过把浮薄的虚声，大家骗来骗去罢了。

横分析在文章中，主要表现为论述的条缕，呈现有如“晾衣绳”的结构，这可以相应地概括为“横分析纵表现”。

这两种分析本身并没有高低优劣之分，到底运用哪一种，只能视评论对象的具体情况而定。一般地说，以典型事件或事例为对象的评论，多用纵向分析，借以由表及里地揭示其本质；而以社会现象、社会问题为对象的评论，通常用横向分析，以便为归纳其不同表现的共同属性奠定基础。当然，这两种分析也可以结合运用，如《无所不专的专家》的三个主要段落各自运用横分析，而从整体上说其实又属于由历史到现实辨别“真”“假”专家的纵向分析。

分析与综合，是新闻评论表达或论述过程的两个不可分割的方面。分析为综合提供依据，没有恰当的分析，就没有可靠的综合；而综合则是分析的深化和升华，没有集中、中肯的综合，分析就形同散兵游勇，无所归依。至于分析与综合孰先孰后，则以文章的整体结构为转移，未必都要与思维过程相一致。马克思说：“当然，在形式上，叙述方法必须与研究方法不同。”② 在思维中，结论是未知的，所以只能先分析后综合，否则就会沦于先验主义；表达时，结论已经形成，则完全可以按怎样有利于表达来安排先后顺序。既可以“立片言而居要”③，开门见山端出经过综合形成的论断，然后围绕证明或说明这一论

① 《生活》周刊“小言论”1929 年 7 月 7 日，《韬奋文集》（第 1 卷），第 31～33 页。

② 《资本论·第二版跋》，《马克思恩格斯全集》（第 23 卷），第 23 页。

③ ［晋］陆机《文赋》。

断作必要的具体分析；这样安排往往可以收到简洁明快的表达效果。当然也可以还原思维过程，先分析后综合，这样文路顺乎思路则有利于争取水到渠成的特殊表现效果，但需要精心处理，否则就可能因分析的主次、繁简失当而导致文章或话语冗长、涣散。

3. 分析与综合的要领

那么，新闻评论在表达中如何分析、如何综合呢？看来需要坚持从客观事物的实际和受众的认识能力、认知习惯出发，着重把握以下基本要求：

(1) 分析要“顺理析薪”，综合要切合实际。无论分析还是综合，都有具体分析对象。分析要从对象的实际出发，根据事物或问题各个局部的内在联系进行，不能想怎样分析就怎样分析。在纪念反法西斯战争胜利50周年之际，《人民日报》发表了抨击日本政治右倾化的评论员文章。文章依次分析了日本有些政客力图歪曲历史、美化侵略的论调——“战争有理”、“侵略有功”、“反省有害”。这些论调公然出现在日本政坛上、媒体中，评论对种种具体说法加以归纳，然后作逻辑分析。这就叫“顺理析薪”，像顺着木柴的纹理劈柴一样。如果违背评论对象内在的“纹理”，那就是“越理横断”了，像横着劈柴一样，费力且不说，结论就难免给人牵强、扞格的感觉；如果不适当归纳，而就具体说法一一分析，也难以让人一目了然洞悉其实质。评论在上述分析的基础上，恰如其分、顺理成章地指出：

> 上述奇谈怪论绝不是偶然的孤立的现象，而是近来日本政治右倾化的产物。联系到日本某些人在对台关系上不时搞些见不得人的动作、让一直搞分裂国家活动的达赖访日等事实，人们有理由认为，干扰中日友好关系正常发展的势力正在抬头。这是一个值得警惕的动向。[①]

这一综合既有充分的事实依据，又注意把握分寸，显现出理直气壮的雄辩说服力。顺理析薪分析问题，恰如其分综合出结论，这是实事求是精神的体现，是无产阶级新闻评论应有的品格。

(2) 分析要条分缕析，综合要准确鲜明。评论的分析，目的在于讲清道理，帮助人们弄清楚所以然，因此要讲究条分缕析、层次分明。一般地说，纵分析要注意层次，由浅而深，由表及里，像剥竹笋似的一层一层剥下去，直至接触问题的核心，所以称为“剥笋法”；横分析则需讲究条缕，像劈柴那样剖

① 《值得警惕的动向》，1995年4月5日人民日报评论员文章；《1995年人民日报好新闻集锦》，人民日报出版社1997年版，第106页。

开来，一条一条理清楚，直到同类事物的个别现象的共同点或差异性显示出来，所以称为“析薪法”。当然，不论层次还是条缕，都是指主要的、重要的，而不是不分主次、轻重地罗列一切。上举《国耻纪念》的三层分析：“国耻可痛”→“作阴寿式的国耻纪念尤可痛”→“‘国耻’不断而甚至‘纪念’”也不允许更可悲，层层递进毫无间隙，可以说是层次分明的典型一例；而在《有感于李准改名》中，作者对自己面对三个同名同姓者的不同感受的分析，也堪称条缕简洁清晰。如下面这两个片断：

> 还有一位“林放”，说起来真巧，也是办报的，是《河北日报》的总编辑林放同志。同姓同名同吃这口饭，可说是很难得的缘分。这是一种有趣的巧合，彼此都会感到亲切的吧。
>
> 还有一位是在本市工作的青年“林放”，也在摇笔杆子。眼见“林放”之名后继有人，乐何如之！

条分缕析地分析，是综合出鲜明准确的结论的前提。如果说韬奋的最后综合言简意赅、鞭辟入里，主要依赖于严密的递进分析；那么，林放的既鲜明又话外有话的综合，也得益于对不同感受的明快分析。请品味下面这两段：

> 尽管有这么几位同名者，但是我已经活过了古稀之年，并没有因同名而受累。有时想，地球上的几十亿人，好比银河中的几十亿颗星星，各有自己的经历、生活的轨道。那轨道即使有些交叉，相碰撞的机会是微乎其微的。就我来说，只不过是在弄堂口摆小粥摊的“堂倌”，并不是老正兴的大老板，所以也不必去费心于那块“真正老正兴”的招牌。
>
> 所以我还是行不改名，坐不改姓。并且借此之便谨向其他几位林放同志致以同名的敬礼和祝福，表示我得“附骥尾而名益显”的愉快心情。①

反之，如果离开条缕清晰、层次分明的分析，综合不是含含糊糊、模棱两可，便是给人以主观武断的感觉。

(3) 分析以说明论点为目的，综合要与论点相吻合。分析是不是越细越好，越深越好呢？在思维过程中是这样，在表述过程中却不应该这样要求。在表述过程中，分析得多细多深，以充分说明论点为限度；超过论点需要的分析，不仅是多余的，而且可能分散人们的注意力。评论篇幅有限，面对广大受

① 林放：《有感于李准改名》，《赵超构文集》（第5卷），第501页。

众，一般不能也没有必要作细致入微、穷极底蕴的分析，只要抓住主要层次、主要条缕作简明扼要的剖析，能够有理有据地说明论点就可以了。只要分析能够充分说明论点，也就为综合与论点相吻合准备了条件。所谓吻合，常见的有两种表现：一是综合所形成的判断就是论点，如上引林放的那两段话；另一种是综合的结果与论点相呼应，如这是"一个经过努力可以完成的计划"，其实是"计划是积极的，也是稳妥的"① 这个论点的另一种说法。综合与论点如果不吻合，或不尽吻合，那就不能自圆其说，必然会影响或削弱评论的说服力。

三、善于夹叙夹议

夹叙夹议，是一种可以把观点和材料有机结合起来的论述方式和方法，向来受评论作者重视，也为公众所青睐。对于广播、电视评论来说，更是适应广播、电视传受方式，深入浅出说理，让听众、观众经由具体事实理解抽象的政论性内容的有效手段。

1. 夹叙夹议的前提

夹叙夹议，"叙"指叙事，"议"指议论；"夹"则是按二者固有的联系，把它们连结成密不可分的有机整体。这种表达方式和方法广泛用于记叙、论说文体，差别只在于记叙文以"叙"为主，"议"一般用于点题，而论说文中的"议"则处于统率"叙"的主导地位。

在新闻评论中恰当运用夹叙夹议，同样需要坚持以"议"驭"叙"的原则。然而，要在实践中正确体现这一原则，还需要在认识上明确若干问题，尤其是以下问题：

(1) 谁之"议"？评论中常有两种议论，一是评论主体（媒介、作者、主持人等）的议论，一是引用他人的议论。二者表现形态相似，表现功能却截然不同；一旦相互混淆，就可能导致"以引代论"。其实，他人的议论在评论中大多是作为理论性论据引用的，主要用来支持论点，有时也用作演绎论证的大前提借以推导出新的论断②；而错误的议论，则是作为驳论对象存在的③。新

① 《一个伟大的号召》，1982 年 12 月 13 日《人民日报》社论。

② 如"毛泽东同志常说：'我们应该老老实实地办事；在世界上要办成几件事，没有老实态度是根本不行的。'老老实实地办事，就是从实际出发，实事求是。搞农业，也靠实事求是。……"（1980 年 6 月 15 日《人民日报》社论《再也不要干"西水东调"的蠢事了》）。其中毛泽东的话就是据以推出"搞农业，也靠实事求是"这一论断的大前提。

③ 如"有人说什么'作为白人殖民地的亚洲各国纷纷独立'，就是受了大东亚战争的影响。"这是作为敌论出现在评论中的，引用是为了批驳。所以评论针锋相对地指出："这是明目张胆地篡改历史。战后亚洲许多国家赢得独立，恰恰是它们抗击'大东亚战争'、战胜日本侵略者、结束日本殖民统治的结果"。(《值得警惕的动向》)

闻评论旨在阐述评论主体的看法、见解，借以影响和引导社会舆论。它的议论，包括夹叙夹议中的“议”，应当而且只能是主体之“议”。明确这一界限是重要的，否则即使既有叙述又有议论，也未必就是名副其实的夹叙夹议。

（2）“叙”什么？评论中的叙事，也有两种：一是叙述具体事实，一是转述他人的见闻或见解。也就是说，引用他人的说法或议论，是“叙”而不是“议”；因为这些说法或议论，也是外在于评论主体的客观存在。这两种“叙”，目的都在于提供论据，不过有的是事实性论据，有的是理论性论据。这不是人为扩大“叙”的范围，而是恢复了“叙”本来的表现功能。“叙”本来就是多种多样的①，明确“叙”的对象包括具体事实和观念事实，不仅有利于彻底划清“叙”、“议”界限，而且是恰当调动各种叙事方法的必要条件。

（3）如何“叙”和“议”？新闻媒介各有各的符号系统，叙、议的方式也多种多样。报刊评论的叙、议都形诸文字，议的基本要求其实就是“辞达”，即准确、鲜明表达自己的见解，防止“辞不逮意”或“言不及义”；与议相比，叙要复杂得多。严格地说，形诸文字的叙，都经过作者的理解、剪裁、重组，即经过这样那样的过滤，同事实的原生形态都有程度不同的距离；就是引语，也都经过作者筛选，而且脱离其本来的语境。因此，如何“叙”才能更好地表现事物的本来面目，更符合引语的本意，就必须精心剪裁、组织，十分讲究遣词用语；稍有疏忽，不仅可能导致叙述“失真”，而且还可能影响议论的真理性和说服力。广播、电视评论的“议”主要通过解说词，一般首先形诸文字然后转换为声音；它同报刊评论议论的差别，主要在于文字表达要顾及声音转化的需要，符合琅琅上口、悦耳动听的要求。叙事则既可以由作者转述，也可以通过音响或同期声由当事人、目击者或有关人士叙述，还可以运用画面直接再现人、事、物及现场情景。这样一来，如何“叙”就不是作者个人可以完全主宰的，而在很大程度上依赖受访人的配合。同时，叙述方式的多样性，也要求恰当处理不同符号和表现手段的关系，否则就可能出现相互重复或相互脱节之类的问题。

（4）何谓“夹”？夹叙夹议，当然需要同时具备事实和议论。但是，具备了这两个条件，却未必就一定能够形成夹叙夹议。胡乔木曾说夹叙夹议不仅要有观点、有材料，而且要把“事实和观点安排好”：

> 一个建筑要有材料，有结构，整个建筑还要有设计。写文章和盖房子一样，要看如何布局、设计，是否经济、合理、适用。观点和材料隔绝

① ［元］陈绎：《文筌》将叙事方式分为11项：正叙、总叙、铺叙、略叙、直叙、婉叙、平叙、引叙、间叙、别叙、意叙。转引自杨义：《中国叙事学》，人民出版社1997年版，第18页。

> 了，就像工厂的车间和原料离得很远，甚至中间隔了一道墙一样。如果说有些文章材料、观点互不联系，也是冤枉，他自己可能以为材料和观点联系了，但是离得太远了，太噜苏了，或者不清楚，材料就不能说明观点。①

也就是说，除了有叙有议、有材料有观点以外，还要按它们的固有联系，把二者组织成为不可分割的说理层次或有机整体。这就是所谓“夹”的主要含义；掌握这种被称为“夹”的艺术，是恰当运用夹叙夹议的关键。

可能还有其他有待澄清的认识，但明确以上四个问题，却是恰当运用夹叙夹议的基本前提。

2. 夹叙夹议的基本类型

就结构形式说，夹叙夹议有两种基本类型：一种以说理为主干，另一种以叙事为主干。

以说理为主干的夹叙夹议，按道理的逻辑层次组织材料。目前评论中的夹叙夹议，多数属于这一类。如果还原作者的构思和表达过程，大致可以概括为：(1) 在比较充分地占有材料的基础上，形成一定的立论思想；(2) 按表现立论的需要，设置若干论点或说理层次；(3) 随着论述的展开引用必要的材料，组成若干叙议结合、事理交融的说理段落。

以事实为主干的夹叙夹议，则是按照事实的客观逻辑划分和组织说理层次。这里且引韬奋的《糊涂虫假认真》中的一个片断，以资借鉴（引文中的下划线，系原作中的着重号；①②③为引者所加，①表示客观叙述，②表示带倾向性叙述，③表示主观的议论）：

> ②这位省视学原是一个糊涂虫，但他不幸做了什么省视学，每年总要视察几个学校，而且于视察之后，还要做几篇报告，视察和报告都要有些话来敷衍一下，③便苦了他的“特长”！①有一次他到一个很有名的中学校里去视察，②他虽然到各教室里去“视”了一番，原未“察”出了什么，连各教员的姓名都不知道，③这本是他糊涂的好处！②但他一心想着要做报告去呈给教育厅长瞧瞧，不得不认真一些，①所以于视察之后，在该校应接室里，便就悬在壁上的玻璃框内的教员姓名表，把姓名和职务照抄在袖珍日记簿里，②像宝贝似的藏好带了回去，③这总算是他的深谋远虑了。①不料他所照抄的那个教员姓名表是隔年的，其中有一个教员是已经

① 《在写文件方法座谈会上的讲话》，《新闻工作文集》（解放军报社编，内部发行），第523页。

去职的，还有一个是已经死掉的，②这个糊涂虫做报告的时候，却闭着眼睛一个一个加了几句评语，连去职的和死掉的教员所有的教授法都被他“视”了一下，“察”了出来，③这样的认真，说他糊涂似乎难免罪过！

②高高在上的教育厅当然根据他的报告公布，①被那个中学校长和教员看见之后，为之大哗。①他对于教员势难个个说好话，总要有些不大好的批评，②糊涂的批评当然要引起一部分的不平，①该校校长本想告他一状，后来想到他对全校的总评总算说了好话，才置之不论。③危哉糊涂虫，间不容发！[①]

仔细地读一读、琢磨一番，就可以发现：（一）韬奋把这位省视学（也称“督学”，旧中国的教育督察人员）的“视察”全过程，划分为四段；（二）叙述过程的文字，多带有鲜明的倾向性，而且主要运用讥刺性语言；（三）议论虽然都是片言只语，却起着既为前面的叙述“点睛”、又衔接下面叙述的双重作用；在这些议论中，除“危哉糊涂虫，间不容发”这一句正面表达自己对这件事的看法以外，都以反话正说的口吻揭露这位省视学的昏庸，语言的强烈讽刺色彩与评论的主旨非常谐调。由于交替运用客观叙述、带倾向性叙述和主观议论，这样形成的夹叙夹议让人简直感觉不到叙述和议论的界限，可以说已经臻于叙、议浑然一体的境界。

从这一例子中，可以把握以事实为主干的夹叙夹议的主要特点。这种夹叙夹议的基础，是按事实的客观逻辑，把事实分割为若干相对完整的部分。然后依次叙述，并在适当的地方作画龙点睛式的议论。这种议论直接从事实中引申出来，既概括了对上一层事实的看法，又带出下一层事实，兼具表达见解和承上启下的作用。

这两种夹叙夹议，只要运用得当，都可以收到预期的效果。一般地说，以事实为主干的夹叙夹议，主要用于分析典型事例；而以说理为主干的，则可以用于各种论述对象，也可以广泛引用各种相关的事实。不过，以事实为主干的夹叙夹议，由于事实典型，边叙边议，确有易于引人入胜、便于视听的优点，是一种富于表现力而有待进一步开发的类型。

3. 夹叙夹议的写作要求

除了讲究内容构成和结构类型以外，恰当运用夹叙夹议，在写作上的基本要求是：

（1）叙、议穿插恰当穿插恰当，说理才能显现清晰的层次，也才能形成

---

① 《生活》周刊“小言论”1929年5月12日，《韬奋文集》（第1卷），第25页。

“夹”的格局。

以议论为主干的夹叙夹议，议论是经，事实是纬，事实穿插在议论之中。事实如何剪裁，如何叙述，如何穿插，以说理的需要为转移，为展开论述、深化论点服务。如邓拓的《废弃“庸人政治”》，全文讲了三层道理：第一层用以议带叙的方式，阐释何谓“庸人政治”，其中的“叙”既有具体事实也有现象的概括，然后指出“假若一定要把这些都说成是‘政治’的话，那么，这只能说是庸人政治”；第二层阐述庸人政治的危害；第三层通过反驳对立的观点，强调废弃庸人政治就要相信群众，“大胆地放手、放手、再放手”。第二层的文字如下：

> 陆放翁在一首诗里写道：“庸医司性命，俗子议文章。”这是切中要害的警句。想想看，病人碰到了庸医，乱开药方，乱治一阵，小病变成大病，大病则呜呼哀哉，这条性命不是丧在庸医之手吗？一篇好文章落在俗子手里，他自以为无所不通，吹毛求疵，滥加斧削，岂不可惜？但是，当着庸医负责治你的病的时候，你的性命就掌握在他的手里，当着俗子做了编辑的时候，你的文章也不得不由他随便议论和取舍了。
>
> ……但愿我们的同志遇事深思熟虑，千万不要乱拟方案，像庸医那样乱开药方，以免害死人；对于自己没有把握的一切问题，还是不滥作主张的好。①

这里的叙事紧扣庸人政治的危害，不过不是直叙，所叙的也不是实事，而是在引用陆游的诗句之后，以假想的庸医、俗子作类比。这三层都围绕议论叙事，而对事的选择和叙事的具体方法则变化多端。

可见，事实的穿插恰当与否，取决于两个条件：一是动笔前理顺思路，形成明确的说理层次；二是叙事准确、明快，繁简适当，富于变化。特别是叙述典型事例，更需要严格按议论的需要剪裁，如果一味求全求细，那不仅可能破坏夹叙夹议，而且还可能冲淡议论，削弱评论的说服力。

以事实为主干的夹叙夹议，议论穿插于叙事过程之中，必须力求精练，避免长篇大论。上引《糊涂虫假认真》的议论，有的甚至只有半句话，所以能够那么严谨地保持叙事的完整性。不过，这个要求只适用于夹叙夹议部分，在文章的其他部分如何议论，还得以表现立论的需要为准绳。韬奋在这篇“小言论”中，事实上也有相当精详且辛辣的议论，如下面这段，在引用吕端“大事

---

① 《邓拓文集》(第3卷)，第526页。

不糊涂”的典故之后指出：

> ……这位省视学先生在总评里闭着眼睛说了几句“好话”，也许还可以把“大事不糊涂”自慰，深叹生不逢时，不然也许还有宰相的资格！但是他比吕端更胜一筹的是假认真，天下迟早终必拆穿的是假的事情，糊涂也罢了，糊涂而假认真，便更危险。

有些评论虽然有议论、有事实，却没有形成夹叙夹议，重要的原因就是叙、议穿插不尽恰当。常见的有两种情况：一是没有穿插，叙事归叙事，议论归议论，这样或者能够明理，但不能形成夹叙夹议；一是穿插太多，结果议论和叙事都有点支离破碎，也收不到夹叙夹议的说理效果。

(2) 叙、议结合紧密。紧密结合，首先要求事实、议论在形式上贴近，但更为重要的，却是事实和议论要有必然的联系，即事实是议论的可靠依据，议论是基于事实的确切判断。这样，事实成为议论的“表”，议论揭示事实的“里”，表里相应，叙、议自然就浑然一体了。

在《一则启事的更改引起的联想》中，有一段叙、议结合相当紧密的论述，虽然文字长了些，但可以提供多方面的启发，值得作一番推敲：

> 那么，究竟是什么原因要使他们更改启事的呢？据我了解，台湾的舆论和传播媒介，他们所发表的文字，必须合乎台湾当局的心态和要求，否则就会遭到很大的麻烦和困境，这一点朋友们比我更清楚。比如，1984年《联合报》因为刊登了中英两国政府关于香港问题的联合声明全文，该报的总编辑就被撤了职。中共关于“一国两制”的主张，是台湾当局最敏感和感到最棘手的问题，几年来一直不敢把它的真实内容和含义，全部真实地告诉台湾民众，而且一直对台湾民众进行歪曲事实的宣传，说它是中共“煽动分裂人心的阴谋”，是中共的“统战陷阱”等等。就是在台湾当局宣布解严之后，这样的宣传也没有停止。在这种情况下，《中央日报》等三个单位，要让在校的大专青年和社会青年，自定题材，自由发挥对“一国两制”的意见，显然不符合台湾当局的心态，自然也就不会被台湾当局所应允。这恐怕是这次征文启事变更内容的真正原因吧。这一点，读一读9月1日台湾《中央日报》第二版上登载的楚崧秋先生的专文《为本报今后办报三方向进一解》，就能够看得出来。楚崧秋先生在专文中说，今后《中央日报》的办报方向，一是要“有党性”，二是“守原则”。不言而喻，原来第一天的征文比赛启事，不符合台湾当局所坚持的“反共拒

和”的原则。这篇专文，也算是一份不显露的公开检讨吧。[①]

在这段中，评论围绕揭穿“更改启事”的实质，引用了两件事实，并针对事实作了相应的分析，实际上包含着两层夹叙夹议：一层借引述《联合报》总编辑因刊登中、英关于香港回归的联合声明被撤职一事，揭露台湾当局一直敌视、歪曲宣传“一国两制”；一层引楚崧秋（当时的《中央日报》董事长）的变相检讨，指出“更改启事”的真正原因是原来的启事不符合台湾当局“反共拒和”的原则。这两层夹叙夹议，每层的叙、议都表里一致、榫卯相应，两层之间的主、客观逻辑联系也相当紧密。如果说这段论述既有助于台湾青年明白“更改启事”的真相，又能激发他们进而思考和领会“一国两制”的精神，那么叙、议的紧密结合恐怕就是获得这种表现效果的一个重要因素。

（3）议论精辟、中肯。评论所有的议论都要求精辟、中肯，尽量不讲可讲可不讲的道理。这里所以特别强调这一点，是因为夹叙夹议之中的议论直接与事实联系在一起，不精辟就可能干扰其他层次，不中肯则必然与事实貌合神离。精辟、中肯，首先要求用准确、明快的论断，为事实“点睛”，三言两语，句句中的；同时也要求议论与事实的基调和谐，庄重、平易、幽默、讽刺虽然无所不可，但都应同事实的性质相吻合。上举韬奋的文章，除已引的文字之外，还有一处总结全文的“点睛”之笔：

> 在做“假”的人都以为是“深谋远虑”、“万无一失”，不知天下只有真的事情是可以颠扑不破的，假的事情无论如何周密，总是必有一天要拆穿的。

言近旨远，耐人寻味，可谓既精辟而又精彩。糊涂“视学”却要假装认真，怪不得韬奋于议论时极尽其挖苦讥讽之能事！这样议论与事实相配合，理、事、情也就水乳交融了。

以上是关于夹叙夹议的若干要点。有的同志主张：“任何评论文章，都应该尽可能地夹叙夹议。”[②] 是的，朝着这个方向努力，新闻评论将可以成为更多受众喜闻乐见的体裁或话语形式，与其他信息形态并驾齐驱，共同繁荣。

任何优秀的评论作品，都是认识能力和表达能力的结晶。从这个意义上

---

① 《海峡之声》电台 1987 年播出，引文据《第 6 届全国优秀广播稿选》，中国广播电视出版社 1988 年版，第 155 页。

② 《关于评论写作的几个问题》，《新闻战线》1958 年第 13 期。

说，表达固然需要讲究技能、技巧，但更为根本的是掌握思维与表达的辩证统一规律，坚持在科学思维的基础上优化表达、在表达中深化思维。离开科学思维追求完美的表达，离开表达原理单纯讲究技能、技巧，到头来都可能陷于舍本逐末、缘木求鱼的歧途。有鉴于此，建议大家在阅读中把本节同上一节联系起来。

第三节 新闻评论的源流

从世界范围说，新闻评论是近代报纸发展到一定阶段的产物①，而中国近代报纸却一开始就有报刊论说。这一历史现象，很容易使人误以为中国的报刊论说——新闻评论，如同办报体例一样属于“舶来品”。因此立足于当代，琢磨琢磨这个问题，无论对于树立合乎时代潮流的新闻评论观、繁荣这一肩负重大舆论使命的体裁，还是探寻完善电子媒介新闻评论个性特点及其途径，都是重要的认识意义。

一、从报刊政论到新闻评论

的确，早期的中文报刊是西方传教士按西方办报体例创办的②，所以一开始就有报刊论说。但是，办报体例来自西方，是否就意味着中国的报刊论说—新闻评论也是直接从西方移植过来的呢？二者之间是否存在着必然的联系呢？还是让历史事实来说话吧。

1. 报刊论说演变的历史轨迹

早在1927年，戈公振先生就在他的开创性著作《中国报学史》中，概括地叙述了我国报刊评论的发展状况：

> 同（治）光（绪）间之报纸，因受八股盛行之影响，仅视社论为例文。

---

① 一般认为，世界第一份近代报纸是1609年在德国北部沃尔芬比特出版的《通告报》（Aviso）。而报刊论说始于18世纪初英国作家、《鲁滨逊漂流记》的作者丹尼尔·笛福创办《评论》杂志，嗣后又于1717～1720年编辑出版了《雾都日报》，经常在报纸上“以极其动人和极有说服力的文笔探讨各类问题”，笛福因此被权威人士称为“社论之父”。不过，英国直到18世纪末，才正式形成社论体制，并称社论为Leader，即首席文字。美国报纸有社论一类的评论文字，大约是进入19世纪以后的事情，称为Editorial，意思是编辑的文章，含义比Leader宽，兼指社论和评论性文章。法国报纸长期只登新闻，不登评论，它的新闻评论出现得更晚一些。

② 第一份近代中文报刊《察世俗每月统纪传》，于1815年在马六甲出版。它把英国的办报模式搬过来，用来为传教布道服务。在所刊登的论说中，伦理道德方面的说教占有很大的比例，如所谓《论仁》、《仁义之心人皆有之》、《自所不欲不施于人》、《论人之知足》等等。此后相继出版的中文报刊，也都有社说或论说一类的文章。

> 经甲午（1894年）、庚子（1900年）诸变后，康（有为）梁（启超）辈之“新民”“自强”诸说出，始为社会所重视。革命派之报纸，则以社论为主要材料，执笔者亦一时知名人士；唯其有明确之主张，与牺牲之精神，故辛亥革命乃易于成功耳。当光绪末，宣布预备立宪时，各报均延学律之士主笔政。《时报》创始后，曾于社论外别立时评一栏，分版论断，扼其机枢，与今之模棱两可，不着边际者，截然不同，故能风靡一时。民国初元，报纸之论调，虽以事杂言庞为病，然朝气甚盛，上足以监督政府，下足以指导人民。乃洪宪以后，钳口结舌，相率标榜不谈时政，唯以迎合社会心理为事。故其或以营业为宗旨，不欲开罪于人；或以党派与金钱之关系，不敢自作主张。于是人民无所适从，军阀政客无所顾忌；造成今日之时局，报纸不能不分负其责也。①

在这段文字中，作者述评式地勾画了自同治（1862～1874）至北洋军阀统治时期报刊评论的发展脉络，实际上把西方传教士办的早期中文报刊排除在外，然后将整个过程划分为四个阶段，即：（1）同治至甲午（1862～1894），报刊论说处于形同虚设的“例文”状态；（2）甲午至《时报》创刊（1894～1904），改良派政论活动处于主导地位，报刊论说“始为社会所重视”；（3）辛亥革命前后（1905～1913），革命派报刊政论蓬勃发展，前期为辛亥革命作了舆论准备，后期虽“事杂言庞”但“朝气甚盛”；（4）北洋军阀时期，报刊“钳口结舌”，以“迎合为事”。这一概括着眼于政论内容及其社会影响的评价，虽然有的地方多少存在着简单化、绝对化的缺陷，但基本上反映了这一时期报刊评论的发展态势，对于认识我国报刊政论—新闻评论的发展过程仍有重要参考价值。

台湾有的学者在探讨新闻评论发生、发展过程时，以辛亥革命为分界线，把1919年以前我国报刊发展的历史划分为两个时期——政论本位和新闻本位时期。与此相应，前一时期的报刊论说主要是政论，即使偶尔有类似新闻评论的作品也为政论所淹没；后期的论说与新闻报道联系日益紧密，新闻评论终于从政论中分化出来，成为独立的新闻体裁。② 从体裁演变的角度说，这样划分基本上符合历史的实际。但是，新闻评论从政论中分化出来，并不等于新闻评论已经结束了自己的发展历程，因此“两期”说也存在着明显的缺陷，至少是没有回答1919年以后新闻评论体裁发展趋向的问题。

---

① 戈公振：《中国报学史》，中国新闻出版社1985年版，第284页。
② ［台湾］林大椿：《新闻评论学》。

如果从《循环日报》创刊算起，中国的报刊论说体裁已走过130年的历程。在这130年中，社会和社会对新闻的需求、新闻媒介和新闻文体都处于急剧的发展变化之中，新闻领域里的论说体裁当然也不例外。既有的分期即使是合理的，也已经不能反映迄今为止的发展状况，因此我们在充分考虑既有见解的基础上，按体裁特征的变化把整个过程划分为下述四个时期：

（1）政论主导时期：以1904年《时报》创刊为大致分界线。在此以前，报刊论说基本上是政论的一统天下，在此之后新闻评论逐渐崭露头角。

（2）新闻评论形成时期：新闻评论从报刊政论中分化出来，成为独立体裁。这是一个渐进的过程，几乎没有严格的起点和终点。但大致可以说，辛亥革命以后，它已成为报刊论说的主流。

（3）新闻评论语体化时期：评论语体化实际上是白话文运动在新闻领域的反映，它的发展与整个新文化运动是一致的。从1919年五四运动开始到30年代，语体化已成为不可逆转的趋势。

（4）新闻评论个性化时期：个性化是广播、电视先后问世以后提出的新问题，但影响遍及所有新闻媒介的评论。由于认识的滞后性，人们并没有适时提出个性化问题，当然也不可能自觉进入这一时期。从这个意义上说，新闻评论目前仍然处于这一发展阶段。

下面仅围绕中国的报刊论说的发育，以及新闻评论怎样从中分化出来而成为独立体裁的问题，作些简单的回顾。

2．“草野为之歆动”的报刊政论

早期的中文报刊，虽有社论、社说之类的“报首论说”，但的确如同戈公振所说的只是“例文”而已。这些论说不论述时政，不触及当时社会关注的敏感问题，不仅死气沉沉，而且琐屑无聊。即使比较重视论说的《申报》，虽然在“条例”中规定刊登“实有系乎国计民生”、“上关皇朝经济之需，下知小民稼穑之苦”的“名言谠论”[①]，实际上却奉行言不及时政的言论宗旨，甚至公然鼓吹：“吾愿世人之为新闻纸者，填勿品评时事，臧否人物，以撄当世之怒，以取禁止之羞，岂不彼此有益，各行其事哉？”[②] 这固然有清政府钳制言论的因素，但也可见其论说内容的一般取向。真正把“报首论说”当作政论经营，使政论成为报刊战斗体裁的，是试图通过办报推动社会变革的中国先进的知识分子，包括资产阶级改良主义和革命民主主义宣传家。其中王韬、梁启超、严复、章太炎等，对报刊政论的发展贡献尤多，影响尤为深远。

---

① 《申报馆条例》，转引自戈公振：《中国报学史》，中国新闻出版社1985年版，第67页。

② 转引自李良荣：《中国报纸文体发展概要》，福建人民出版社1981年版，第20页。

王韬——中国报刊政论的奠基者：王韬（1828～1897），初名利宾，学名瀚，字兰卿。后因上书太平军被清政府通缉，改名韬，字仲弢、紫铨等。著作结集多冠名“弢园”，如，《弢园文录外编》、《弢园尺牍》等。早年受雇于英国人麦都思，在上海墨海印书局从事编译工作。1862 年为逃避通缉流亡香港，受英华书院院长理雅各之聘，合作翻译《中国经典》，相继将《尚书》、《诗经》、《左传》、《礼记》、《竹书纪年》译成英文。“从西经中译到中经西译”，加上与西方神学家朝夕相处，有机会游历英、法、意等国，终于“实现了角色转换”，成为当时“由域外看域内”的“独具此只眼者”。①

1874 年，王韬在香港创办《循环日报》，开始用政论体裁，比较系统地宣传“强中以攘外，诹远以师长”的改良主义思想。在他亲自担任主笔的十年间，这家报纸共发表政论 800 篇左右，几乎全部与当时的内政、外交密切相关，其中不少出自他本人之手②。虽然他的政论并没有摆脱“中体西用”、“变法不变道”的思想藩篱，但毕竟接触了时弊，不仅大声疾呼宣传社会改革，给封建顽固派以严厉的批判，而且开始注意揭露洋务运动中的混乱和弊端。因此《循环日报》被誉为我国政论报刊的先驱，王韬也因而成为我国第一位杰出的报刊政论家。

王韬长期受儒家思想、文化熏陶，又广泛接触西方文化，这两方面相互融合，赋予他阐述变法思想和具体主张的政论作品以独特品格。如他服膺儒家思想，但并不止于儒家的主张，甚至说“道不自孔子始，而孔子其明道者也”，“……孔子之处于今日，亦不得不一变。盖孔子固圣之时者也”。③ 他接受西方科技、文化乃至哲学思想，但反对“徒袭皮毛”，所以他批评“洋务”说“无如今日所谓末者，徒袭其皮毛，所谓本者，绝未见其有所整顿。故昔时患在不变，而今时又患在陡变”。④ 他的一系列政论作品之所以被誉为“独具只眼”，则在于他“每‘原’一理，都把西学当作参照尺度，从比较中判断中国传统价值体系的优劣短长”。⑤

为了寻求表现新思想的新形式，王韬突破统治当时文坛的桐城“义法”和八股程式的束缚，以自己的政论实践，为这一文体确立了影响深远的原则。这就是他在晚年写的《弢园文录外编·自序》中所强调的：

---

① 朱维铮：《弢园文新编·导言》，生活·读书·新知三联书店 1998 年版，第 3、4 页。
② 据《中国新闻事业通史》（第 1 卷），中国人民大学出版社 1992 年版，第 479 页注 1。
③ 分别见《原道》、《变法上》，《弢园文新编》第 1、13 页。
④ 《洋务下》，《弢园文新编》，第 31 页。
⑤ 朱维铮：《弢园文新编·导言》，第 16 页。

> 唯念仲尼有云"辞达而已"，知文章所贵在乎纪事述情，自抒胸臆，俾使人人知其命意之所在而一如我怀之所欲吐，斯即佳文。至其工拙，抑末也。鄙人作文窃秉斯旨，往往下笔不能自休；若于古文辞之门径则茫然未有所知，敢谢不敏。

正因为坚持这一原则，所以他的政论文章多数洋溢着一股不拘一格、明白朗畅的清新气息。当代的文学史研究者曾经高度评价他的政论作品，说"他肯定了社会化的报章日用散文，使文章通俗化，在散文史上是有划时代的意义的"。①

梁启超和"时务文体"：梁启超（1873～1929）字卓如，号任公，广东新会人。他自幼熟读经史，青年时期师从康有为，后一起参加资产阶级政治改良运动，成为改良派的主要报刊活动家。他从1895年创办《中外纪闻》开始，到1920年"正式脱离报馆生活"，在长达25年的报刊生涯中，先后主编的报刊达十种以上。在主编《时务报》期间，以犀利的笔锋、慷慨淋漓的议论而名重一时，因此而与康有为并称为改良派政治领袖。

《时务报》创刊于1896年8月，1898年8月8日停刊，共刊行69期。从创刊到1897年11月以前，当时只有二十三四岁的梁启超，怀着对国家民族命运的关注，对国内外时局的敏感，倾注全副精力和深厚的中西学识于《时务报》的笔政，撰写了一系列风靡全国的政论。据统计，《时务报》前后共发表政论133篇，其中60篇出自梁启超之手。在创刊号上，他发表了两篇政论——《论报馆有益于国事》和《变法通议·序》。前者开篇第一段就直截了当地指出：

> 觇国之强弱，则于其通塞而已。……上下不通，故无宣德达情之效，而舞文之吏因缘为奸；内外不通，故无知己知彼之能，而守旧之儒反鼓其舌。中国受侮数十年，坐此焉耳。②

他认为"去塞求通"应以办报为"导端"，因为报纸"有助耳目喉舌之用而起天下之废疾者"。如果说这是资产阶级改良派的办报纲领，那么，《变法通议》就是诠释维新派政治主张的纲领性文章了。这篇长约7万字的文章，在《时务报》上连载21期；全文以80%的篇幅论学校，因为在他看来，"亡而存之，

---

① 游国恩：《中国文学史》。
② 据《中国新闻史文集》，上海人民出版社1987年版，第24页。

废而举之，愚而智之，弱而强之，条理万端，皆归本于学校”。在这篇文章中，他以激烈的言辞，发出震撼民族心灵的呼号：

> ……法者天下之公器也，变者天下之公理也。大地既通，万国蒸蒸，日趋于上，大势相迫，非可阏制，变亦变，不变亦变。变而变者，变之权操诸已，可以保国，可以保种，可以保教。不变而变者，变之权让诸人，束缚之，驰骤之。呜呼，则非吾之所敢言矣！①

如此愤激的语言，如此淋漓的情感，怎能不令刚经历民族巨创的国人“为之歆动”，“为之蹶然奋兴，横涕集慨而不能自禁”？② 梁启超因《时务报》而声名远播，“自通都大邑，下至僻壤穷陬，无不知有新会梁氏者”③；《时务报》也因梁启超的政论而风靡一时，发行量迅速增加，最高时一期发行17000份，成为当时全国发行量最高、影响最大的报刊。

在主编《时务报》及以后长达20来年的报刊活动中，梁启超以一系列慷慨激昂、气势磅礴的政论文章，打动了不少读者，被认为是启一代新文风的“时务文体”代表人物。这种文体的特点，用他自己后来的话说就是：“纵笔所至，略不检束”；“务为平易畅达，时杂以俚语、韵语和外国语法”；“条理明晰，笔端常带感情”。④ 如果说改良主义思想不过是昙花一现的历史过客，那么这种令人耳目一新的政论风格的影响却要深远得多。郭沫若在《少年时代》谈及对梁文的感受时也说：“在他那新兴气锐的言论之前，差不多所有旧思想、旧风习都好像狂风中的败叶，完全失掉了它的精彩……当时的有产阶级的子弟——无论是赞成或反对，可以说没有一个没有受过他的思想或文字洗礼的。”

严复与章太炎：严复与章太炎，一个是资产阶级改良主义者，一个是资产阶级革命派宣传家，但他们都长期从事政论写作，而且文章风格相当接近。将他们与梁启超略加比较，也许有助于加深对这时期报刊政论的理解。

严复（1854～1921）字几道，福建侯官（今闽侯县）人。早年赴英国留学，接触了西方的自然和社会科学。回国后先后在福州船政学堂、天津北洋水师学堂任教习、总教习、总办，同时翻译《天演论》等西方学术著作，撰写政论文章，参加改良派的报刊活动。他的政论，前期多发表于天津《直报》，以后主要发表在他自己创办的《国闻报》上。《国闻报》创刊于1897年，同《时

---

① 《变法通议·论不变法之害》。
② 罗振玉等语，转引自方汉奇：《中国近代报刊史》，山西人民出版社1981年版，第83页。
③ 胡思敬：《戊戌履霜录》，转引自《中国新闻事业通史》（第1卷），第558页。
④ 同②，第142页。

务报》一样以求通为宗旨："夫通之道有二：一曰通上下之情；一曰通中外之故。"[①] 这家报纸在百日维新期间共发表42篇本馆论说，其中23篇出于严复之手。他与梁启超政治主张、办报宗旨虽然一致，政论风格却迥然而异。他鄙薄一般"报馆之文章"，认为那种文章多"粗犷之词"、"鄙俗之气"，不足以传世，因此刻意雕琢，唯务典雅渊博。所以获得当时桐城派古文大师吴汝纶的赞誉，却遭到梁启超的批评："吾辈所犹憾者，其文章太务渊雅，刻意摹彷先秦文体。"[②]

章太炎（1869~1936）名炳麟，字枚叔，太炎是他的号，浙江余杭人。曾任《时务报》撰述，因不赞成康有为尊孔设教而辞职；1903年因"苏报案"入狱，1906年出狱后赴日本任《民报》主编，先后为《民报》撰写了58篇政论文章。不过，在此之前他就因发表《解辫发说》、《拒满蒙入会状》，强烈表明"不臣满洲之志"而引人注目；孙中山创办的《中国日报》在刊登这两篇文章时，曾加编者按大加赞誉，称之为"有清以来，士气之壮，文字之痛，当推此次为第一"[③]。嗣后又因在"苏报案"中以"志在流血"的决心，在法庭慷慨陈词轰动全国。在主编《民报》期间，前期政论仍然虎虎有生气，后期则陷于狭隘的排满主义和国粹主义之中。他的政论笔锋犀利、尖锐泼辣，能够调动自己的丰富文史知识，加上激烈的政治热情，的确有令人为之神往的魅力。但由于"文必法古"，好用典故和古字、奇字、僻字，往往使人难以通晓，甚至连一些学有素养的人也"艰于一读"。所以鲁迅先生说：

> ……回忆三十余年前，木版的《訄书》已经出版了，我读不断，当然也看不懂，恐怕那时的青年，这样的多得很。我的知道中国有太炎先生，并非因为他的经学和小学，是为了他驳斥康有为和作邹容的《革命军》序，竟被监禁于上海的西牢……
>
> ……我爱看这《民报》，但并非为了先生的文笔古奥，索解为难，或说佛法，谈"俱分进化"，是为了他和主张保皇的梁启超斗争，和"××"（献策）的×××（吴稚晖）斗争，和以《红楼梦》为成佛之要道的×××（蓝公武）斗争，真是所向披靡，令人神旺。前去听讲也在这时候（1908年），但又并非因为他是学者，却为了他是有学问的革命家……[④]

---

① 《〈国闻报〉缘起》，转引自《中国新闻史文集》，第35页。

② 转引自方汉奇：《中国近代报刊史》，山西人民出版社1981年版，第104页。

③ 同上，第162页。

④ 《关于太炎先生二三事》，《鲁迅全集》（第6卷），人民文学出版社1957年版，第442~443页，文中括号内的注明据第618~619页，原注11~13条。

严复和章太炎都是当时思想界的先进人物，他们的政论也都曾经发生了很大的影响，但由于崇尚古奥，不免削弱了文章的社会效果。

王韬、梁启超、严复、章太炎都是当时论坛的巨擘，我国报刊政论的奠基人。他们的政论活动说明，中国的报刊论说是应社会现实需求而产生的，是在民族文化传统、尤其是悠久的政论传统的哺育下发育成长的。在这个发育过程中，来自西方的办报体例，充其量不过起触媒或催化剂的影响罢了。不过，这些报刊政论家当时所关心的主要是系统阐述自己的或自己所从属的政治派别的主张，反驳对立派别的观点。他们的文章虽然也结合实际，但大多泛指普遍的社会现象，而不是对于具体新闻事件或社会问题分析。而且不少文章是鸿篇巨构，往往纵笔所至洋洋数千言，梁启超的《变法通议》甚至在旬刊上连载21期。这一切都说明，这一时期的报刊政论与新闻评论还有相当的距离。

3．新闻评论的孕育过程

当然，报刊政论与新闻评论之间并不存在不可逾越的鸿沟。事实上，在王韬的部分政论中，就已经蕴含着新闻评论的胚芽。比如在关于琉球群岛归属问题的一组四篇文章中①，既直接驳斥日本方面所谓“琉球向归日本”的谎言，也及时批驳西方偏袒日本的种种论调，就其时效性和针对性而言，与新闻评论已经颇为接近。甲午之后、维新变法时期，这种现象日渐增多。如1897年，德国借口一名德籍传教士在山东曹州被杀，派遣舰队强占胶州湾。《国闻报》在报道这一事件的过程中，就陆续发表了《论山东曹州教案事》、《驳太晤士报论德据胶澳事》等七八篇近似新闻评论的“本馆论说”。而在戊戌政变之后不久发表的《论中国禁报馆事》，则甚至可以视为新闻评论。②

不过，新闻评论从报刊政论分化出来，发展成为独立的新闻体裁，并不是上述这种现象的直接延长，而是经历了与报纸由政论本位向新闻本位转化相适应的渐进过程。这个过程包括一系自觉不自觉的努力，其中对新闻评论体裁的形成具有重要影响的有：

---

① 《琉事不足辨》等，见《弢园文录外编》。

② 1899年10月28日，署礼部右侍郎准良奏请严禁《国闻报》，清政府旋即向日本驻津领事提出查禁要求，《国闻报》于11月3、4日以“本馆论说”连载此文。文中以嘲讽的口吻责问道：“……其(外文报）讥讪中国不留余地殆十倍百倍于华文之报。在台谏政府诸公，目不识旁行之字，口不操重译之音，故虽熟视而若无睹，倾听而若未闻。然自海禁既开以后，五都之市、十室之邑，或士或商，其能读西文报纸者，以人数较之，当百千倍于台谏政府诸公，而欲为之塞聪窒明比于聋瞽，能乎不能？”“上海之《文汇报》曰：‘中国之所以不遽亡者，犹赖有杨锐、林旭、谭嗣同等血性男子，节概能死事之人。’夫在中国视之则号为‘乱贼’，在局外各国视之，则称血性节概男子，而并以中国之不亡归功于此等能死之人。此诚所谓一先生之说不足以定天下之是非。”参见《中国新闻事业通史》（第1卷），第614页。

(1)“编者按”运用范围日渐扩大。在报刊政论鼎盛时期，已经出现类似现在的“编者按”的文字形式。改良派前期的报刊译述和政论并重，它们在译载某些国外报刊文章时，往往加上简短的按语，或点明文章实质，或作必要说明。[①] 以后，按语的运用范围进一步扩大到国内的新闻报道，甚至加在政论文章之前。《中国日报》在发表章太炎的《解发辫说》时所加的按语，就是相当典型的一例：

> 章君炳麟余杭人也，蕴结孤愤，发为罪言，霹雳半天，壮者失色，长枪大戟，一往无前，有清以来，士气之壮，文字之痛，当推此次为第一。隶此野蛮政府之下，追而思及前明，耿耿寸心，当已屡碎矣。君以此稿封寄前来，求登诸报，世之深于世味者，读此文，当有短其过激否耶？本馆哀君之苦衷，用应其请，刊而揭之，俾此文之是非，得天下读者之公断，此则本馆之私意也。[②]

既介绍作者、评价文章，又说明发表意图、引导读者思考，颇得画龙点睛、言简意赅之妙。以后则进而发展为新闻报道中的文间按语，呈现日渐多样化的趋势。

(2)时事短评日趋繁荣。时事短评当时通称“时评”。戈公振认为，《时报》“首立时评一栏，分版论断，扼其机枢”。[③] 虽然这种论说形式早在《时报》创刊之前就出现于《新民丛报》、《浙江潮》等刊物上，但分版设置时评专栏，把它作为报纸的主要论说阵地之一，的确是《时报》的首创。

《时报》是狄楚青奉康、梁之命筹办的，1904年创刊于上海。他本着“吾之办此报非为革新舆论，乃欲革新代表舆论之报界耳”[④] 的想法，在论说方面除“论说”栏外，还在一、二、三版另设“时评”栏，每日刊登紧密配合新闻报道的短论。其中由陈景韩主持的《时评一》专门评论国内大事，发表了一系列颇能触及时弊的文章。例如下面这一篇：

> 计国用者不宜与货争价。今之计国用者，何与货争价之多也？请拨广西溢款以赈徐淮，不许；请拨镑余以赈徐淮，而乃许拨广西溢款，如价之争让然也。

---

① 方汉奇：《中国近代报刊史》山西人民出版社1981年版，第147页。

② 同上，第162页。

③ 戈公振：《中国报学史》，中国新闻出版社1985年版。第118页。

④ 同上，第118页。

奉天将军之截留赈溢，步军统领之电拨各省协费，各部纷纷向度支部请费，如货物之争先捷足类也。而度支部乃磋磨焉、又磋磨焉，何其治国如市道也？[①]

在短短一百多字的文章中，既具体地揭露清末财政管理的腐败、混乱状况，又剀切地指出其“治国如市道”的实质，颇见分析问题、驾驭文字的功力。《时报》着力经营时评，的确收到了“革新代表舆论之报界”的效果。胡适在《十七年的回顾》一文中曾说：“《时报》的短评，在当时是一种创体；做的人也聚精会神的大胆说话，故能引起许多人的注意，故能在读者的脑筋里发生有力的影响。……我们试看这种短评，在这十七年来，逐渐变成了中国报界的公用文体，这就可见他们的用处和他们的魔力了。”

时事短评短小精悍，能够及时配合新闻报道论述人们关心的问题。这种评论形式的出现和普及，是新闻评论从政论中分化出来成为独立的新闻体裁的另一重要标志。

(3) 社论（社说、社评）内容取向的转变。随着报纸从政论本位向新闻本位转变，社论的注意力也逐渐转移到重大的新闻事件上来。这种转变，在资产阶级革命派的报纸，尤其是辛亥革命前后的“竖三民”和“横三民”上表现得越来越明显。所谓“竖三民”指三家报头竖排的报纸——《民呼日报》、《民吁日报》和《民立报》，它们其实是于右任主办的一个报纸的三个时期[②]。于右任曾说：“我们的任务一面在揭发清政府之鸩毒，唤起民众；一面在研究实际问题，作建国的准备。”[③] 这个宗旨体现在论说中，就是比较密切地注视国内外事态、及时评论重大事件，给报纸论说尤其是社论注入新闻性特点。

《民吁日报》关于伊藤博文事件的报道和评论，堪称体现这一宗旨的典型一例。日本前首相、侵略中国和朝鲜的元凶伊藤，于1909年10月下旬到我国东北活动。在他抵达中国之前，《民吁日报》在《政治的旅行之疑问》的短评中，指出他此行不是“逍遥游”，而是一次“政治调查”。在他到达大连时，又发表社论《伊藤满州旅行之阴谋》，指出他此行的目的“不独为满州，为全中国也，为中国之必将瓜分而思有以固日本之地位而立进取之基也”，提醒人们

① 转引自郭步陶《编辑与评论》，1933年版。

② 有人这样概括三报的关系：“……《民呼报》殇而《民吁报》起而继之；《民吁报》封而《民立报》又接踵而兴，直到满清推翻，民国成立，而鼓吹革命的评论，未尝一天停止”。转引自《编辑与评论》，第157页。

③ 《于右任辛亥文集》，复旦大学出版社1986年版，第260页。

警荡其阴谋。当这个刽子手于10月26日在哈尔滨车站被朝鲜爱国志士安重根刺杀后，又连续发表了20多篇报道和评论，一方面赞扬安重根的英勇行为，认为伊藤罪有应得、死有余辜；一方面指出暗杀不能解决问题，不能改变日本既定的侵略政策："伊藤死而满州风云恐更急，因日本有无数伊藤盾其后也"（《伊藤流血后之满州》）；"其死亦且无缓和中国之亡，矧后起者其政策之激烈复有甚于伊藤，此我中国外交之前途所愈为危惧者也。"（《中国外交危机之愈迫》）[①] 总之，"竖三民"的社论，已经把政论性与新闻性结合起来，具有新闻评论的基本特征了。只是有的评论仍然因追求系统论述而偏长，如宋教仁为《民立报》写的一篇题为《论近日政府之倒行逆施》的社论，竟连载了14天。

经过一系列大大小小的演化，随着现代报纸进入新闻本位时期，新闻评论也作独立体裁登上新闻活动舞台。当然，这并不意味着新闻评论取代了报刊政论，也不等于新闻评论停止发展。事实上，这两种体裁在此后的岁月里都在继续发挥作用，也都有所发展、变化。

二、新闻评论的渊源

从上面的概述中可以看到，我国的早期报刊活动家虽然有政治立场、思想观点的分野，但都毫无例外地把报刊作为变革社会、拯救国家民族于危亡的武器。他们在适应时代、社会需要的过程中，一方面引进西方的某些思想观念和办报经验，一方面竭力从民族的丰富文化遗产和政论传统中吸取养料。如果说前者是报刊政论繁荣和新闻评论脱颖而出的催化剂，那么后者就是它们赖以发育的肥沃土壤或渊源之所在了。

1. 源远流长的政论传统

我国具有悠久的政论传统。从现存的文献资料看，早在殷商时期就已经出现了较为完整的论说—政论文章了，如《尚书》中的《盘庚》三篇——公元11世纪时商王盘庚说服臣民迁殷的训词。[②]

不过，论说—政论的大量出现却是春秋战国时期的事情。当时，社会处于大变革之中，华夏大地诸侯纷争，各种思想、政治主张纷然而出，形成了"百家争鸣"的局面。诸子百家为推行自己的主张，不仅致力于论说—政论创作，而且开始了探讨有关文章写作的理论。其中墨子提出的"三表法"，对于

---

① 参见方汉奇：《中国近代报刊史》，山西人民出版社1981年版，第484页。

② "《盘庚》三篇，是盘庚动员臣民迁殷的训词，语气坚定、果断，显示了盘庚的目光远大。其中用'若火之燎于原，不可向迩'比喻煽动群众的'浮言'，用'若乘舟，汝弗济，臭其载'比喻群臣坐观国家的衰败，都比较形象。"《中国大百科全书·中国文学》，中国大百科全书出版社1986年版，第695页。

以后的论说—政论体裁的发展，影响尤为深远。所谓“三表法”，即要求文章合乎有本、有原、有用三个标准。《墨子·非命上》说：

> 有本之者，有原之者，有用之者。于何本之？上本之于古者圣王之事。于何原之？下原察百姓耳目之实。于何用之？发以为刑政，观其中国家百姓人民之利。

墨子强调“言必立仪”，认为“言而毋仪，譬犹运钧之上而立朝夕者也，是非利害之辨，不可得而明知也”。“仪”就是标准；发表意见如果离开一定的标准，就像站在旋转的制陶轮子上观测方向一样，根本不可能正确判明是非利害。在认识论上，“三表法”的第一、第二“表”说的是间接经验和直接经验，第三“表”则强调实际社会效果，属于唯物主义经验论的范畴；而从文章学的角度说，它实际上开了“言之成理”、“持之有故”论说理论的先河。所以郭绍虞认为“这是墨家对科学的论辩文的一种贡献”[①]。

而后于墨子的荀况、韩非，则以他们的一系列作品，奠定了论说—政论体制的基础。荀子十分重视言论、论辩，强调“君子必辩”，对于自己“所善”应该“志好之，行安之，乐言之”[②]，不仅自己坚持、付诸实践，还要善于通过论辩维护、宣扬正确的主张。他的文章长于说理，尤其长于辩驳。正面论述时，往往先提出论点，然后从正面、反面反复论证，如《性恶》[③]。而进行辩驳时，则或是先列举谬论，然后以“是不然”作为转折，加以驳斥，如《正论》[④]；或是先阐述正面理由，令人先信服，然后点出反对者，达到不辩而胜

---

① 郭绍虞：《中国文学批评史》，上海古籍出版社1979年，第14页。

② 《荀子·非相》。

③ 《性恶》开头即指出：“人之性恶，其善者伪也。”“伪”，指“人为”。为证明这一论断，文章紧接着作了如下阐述：“今人之性，生而有好利焉，顺是，故争夺生而辞让亡焉；生而有疾恶焉，顺是，故残贼生而忠信亡焉；生而有耳目之欲，有好声色焉，顺是，故淫乱生而礼义文理亡焉。然则从人之性，顺人之情，必出于争夺，合于犯分乱理而归于暴。故必将有师法之化，礼义之道，然后出于辞让，合于文理，而归于治。”

④ 《正论》：“世俗之为说者曰：‘主道利周。’是不然。”那种认为人主治理之道宜于对下隐瞒实情的说法是错误的。然后从正反两面反驳这种错误的说法：“主者，民之唱（倡导）也；上者，下之仪（表率）也。彼将听唱而应，视仪而动。唱默则民无应也，仪隐则下无动也。不应不动，则上下无以相有（相亲爱）也。若是，则与无上同也，不祥莫大焉。故上者下之本也，上宣明则下治辨矣，上端诚则下愿悫（忠厚）矣，上公正则下易直矣。……上周密（严密隐瞒）则下疑玄（疑惑）矣，上幽险则下渐诈（欺诈）矣，上偏曲则下比周（结党营私）矣。疑玄则难一，渐诈则难使，比周则难知……”（括号内的文字，为引者所加）。

的目的，如《乐论》[①] 对墨子的批评。善于运用比喻也是荀子的文章的一大特色，如《劝学》全文一千多字，却连续用了60多个比喻，比喻套比喻，比喻证比喻，大大增强了文章的生动性。

韩非的说理散文，思想犀利，文字峭刻，逻辑严密，在先秦诸子中具有独特的风格。他在阐述一个问题时，常用归纳的方法，即先举论据，再作论证，最后得出合乎逻辑的结论。如《五蠹》关于“圣人不期修古，不法常可”及“世异则事异”、“事异则备变”、“尝莫如厚而信”、“罚莫如重而必”诸论点的论述，都运用这一论证方法。韩非的辩难不像荀子那样用“是不然”的断然语气否定论战的对方，而是从容、冷静地分析问题。对不同的意见，总是用“或曰”来提出异议，有时还连用几个“或曰”，客观地列举几种说法，引导读者共同进行分析，如《难一》至《难四》诸篇[②]。他还善于运用矛盾律的原理，“以子之矛，陷子之盾”使对方进退失据，如《难势》[③]；至于对寓言故事的运用则已臻于自如的境地，“郢书燕说”、“买椟还珠”、“守株待兔”、“秦伯嫁女”等，更成为后人常用的成语典故。

荀况、韩非的论说，堪称集先秦诸子之大成。先秦诸子的文章大多尚用，为当时的社会现实服务，但致用的途径有所不同，如儒家尚文、认为“言之无文，行而不远”，墨家尚质、注意防止“以文害用”。荀况、韩非则既讲究文采，也注重推理逻辑，善于调动各种手段为表达内容服务。先秦诸子开创的这个传统，一代代延续下来，不断发展，始终是我国论说—政论的主流，对于报

---

① 《乐论》先从正面依次阐述“人不能无乐”、“乐则不能无形”、“形而不为道，则不能无乱”，接着指出：“先王恶其乱，故制《雅》、《颂》之声以道（同“导”）之，使其声足以乐而不流（淫放），使其文足以辨而不諰（不邪），使其曲直、繁省、廉肉（声音的清浊）、节奏，足以感动人之善心，使夫邪污之气无由得接焉。是先王立乐之方也，而墨子非之，奈何！”然后一一指出墨子“所非”之非。（括号内的文字据章诗同《荀子简注》）。

② 如《难一》第一则讲晋文公将在敌众我寡的情况下同楚作战，召舅犯问计，舅犯回答说“战阵之间，不厌诈伪”；又召问雍季，雍季则认为“以诈遇民，偷取一时，后必无复”，即将以诈为俗、失去忠信。后用舅犯的意见取得战争胜利，却将首功授予雍季，孔子因此称赞说：“文公之霸也宜哉！既知一时之权，又知万世之利。”韩非以“或曰”的方式，一指出雍季答非所问——文公问怎样以少敌众而回答却是“后必无复”；二指出文公“既不知一时之权，又不知万世之利”，因为“待万世之利在今日之胜，今日之胜在诈于敌，诈敌万世之利而已”，即诈敌本身就是万世之利；三指出舅犯“有二功而后论，雍季无一焉而先赏”；四指出孔子称赞文公是“不知善赏也”。引文据陈奇猷：《韩非子集释》。

③ 慎到以“尧为匹夫不能治三人，而桀为天子能乱天下”为例而认为：“吾以此知势位之足恃，而贤智者之不足慕也。”《难势》一层层予以针锋相对地反驳：始而说“夫势者，非能必使贤者用已，而不肖者不用已也，贤者用之则天下治，不肖者用之则天下乱”；继而指出由于“贤者寡而不肖者众”，所以“势者，便治而利乱也”，即“势”本身就是双刃剑；因而“乘不肖人于势，是为虎傅翼也”，如“桀、纣为高台深池以尽民力，为炮烙以伤民性”，“南面之威为之翼也”；进而断言“势之于治乱，本未有位也，而语专言势之足以治天下者，则其智之所至者浅矣”，“今以国位为车，以势为马，以号令为辔，以刑罚为鞭筴，使尧、舜御之则天下治，桀、纣御之则天下乱，则贤不肖相去远矣。”引文据陈奇猷《韩非子集释》。

刊政论的勃兴和新闻评论的发育产生了直接而深刻的影响。严复、章太炎的政论固然直接取法先秦，就是"时务文体"代表人物梁启超所以能突破桐城"义法"的束缚，也得益于由荀、韩集大成的先秦论说传统。梁启超曾说荀子的文章"论理之剖析刻入处，读之能令思考缜密，遇事能断"；韩非文章的长处，在于"壁垒森严，能自立于不败之地以摧敌锋"，"今日尤宜学之"。[①] 如果说他的文章既"略无检束"又不失锋颖犀利，与取法于优秀政论传统有密切关系，那么他有的文章浮词赘语、纰漏百出，也许可以归因于背离"思考缜密"、"壁垒森严"的论辩经验。

2. "论赞"、"传注"与"评点"

除一脉相承的政论传统以外，对新闻评论体裁的发育影响最直接，莫过于司马迁开创的"论赞"传统、汉代开始兴盛的"传注"，以及明末清初的"评点"。

论赞：发端于司马迁《史记》中的"太史公曰"，《汉书》以后诸史沿用这一体例，称"赞曰"、"论曰"……，刘知几在《史通》中则概称之为"论赞"[②]。

《史记》运用"太史公曰"，大致有两种方式：一种附于本纪、世家、列传的末尾，是司马迁阐述自己对于有关历史事件或人物看法的文字。这一体例的优点，在于"事无重出，文省可知"[③]，即既避免重复纪传已载的史实而又能赋予议论以翔实的依据，文字既简约而所表达的见解又令人信服、易于理解。对于当代媒介及新闻体裁来说，尤其值得重视的是这一体例实际上开了把客观的记述和主观的议论区别开来的先河。另一种用于表、书，则或置于卷首，或置于卷末，或卷首、卷末并用，或穿插在卷中有关部分的，用法相当灵活。如《高祖功臣侯者年表》卷首的"太史公曰"，主要起导论作用；全文共三段，第一段概述古代封爵制度，第二段概述汉初分封情况，第三段指出：

> 居今之世，志古之道，所以自镜也，未必尽同。帝王者各殊礼而异务，要以成功为统纪，岂可绲乎？观所以得尊宠及所以废辱，亦当世得失之林也，何必旧闻？于是谨其终始，表其文，颇有所不尽本末；著其明，疑者阙之。后有君子，欲推而列之，得以览焉。[④]

---

① 梁启超：《要籍题解及其读法》，《饮冰室专集》（之72），第47、52页。

② 《史通·论赞第九》："既而班固曰赞，荀悦曰论，《东观》曰序，谢承曰诠，陈寿曰评，王隐曰议……其名万殊，其义一揆。必取便于时者，则总归论赞焉。"上海古籍出版社1978年版，第81页。

③ 刘知几：《史通》（卷四）《论赞》。

④ 《史记》（卷18），中华书局1972年版，第878页。

着重强调从诸侯由尊宠到废辱的变化中吸取鉴戒。《礼书》则卷首、卷末都有“太史公曰”，形成了相互呼应的格局。

“论赞”的这种处理记述和议论关系的方式，后来直接为新闻界所借鉴，演化成为“时评”和“编者按”、“编后”一类的评论形式。“时评”主要继承“论赞”因事立论的传统，“编者按”和“编后”则偏重承袭其形式。陈景韩的《不了之局》，也许可以说是力图把二者结合起来的尝试。这篇“时评”共四段，全部沿用“论赞”先叙后议的方式。下面是其中的一段：

> 粤汉路事，一不了之局也。股东斗气，互相争执。官吏无能，徒事反复。账目不清，群起口舌。争其一指，失其肩背。于粤然，于湘亦然，于汉亦然，虽有心人，如之何哉？
>
> 冷曰：祛其私见，存其公道，清其账目，慎其用人，速其工事，缓其口舌。常念自办之福，勿忘争回之难，了之不得已之下策也。

这一段包括两部分，前一部分概括叙述事实，列举粤汉铁路管理中的四项弊端；后一部分属于议论，用“退一步说”的口吻，指出解决问题的办法。虽然持论有点隔皮搔痒，但并非无病呻吟，形式也颇为新颖。

“论赞”后来发展为独立成篇的史论，王夫之的《读通鉴论》、《宋论》就是其代表作。前者对《资治通鉴》记载自战国到五代的重要史实分题加以评论，后者则评论宋代的重要史实。王夫之的这些史论从选题、立论到谋篇布局，都为报刊政论和新闻评论提供了可以师法的经验。所以，直到30年代，张季鸾还把《读通鉴论》和《宋论》作为案头书，而徐铸成在80年代的一篇文章中，甚至称“两位‘司马’先生——司马迁和司马光应是我们的祖师爷，而王船山是“新闻评论的杰出的代表”。①

传注：这种文章形式大约起于战国，汉代以后逐渐兴盛，主要用于解释经典。刘勰把传注纳入“论”的范畴，说“论”用于“释经”则与“传、注参体”；又说“传者转师，注者主解”，分别转述师说和解释经义②。其实传、注是同一性质的文体，虽然传偏重于作整体诠释，注则侧重于解释词语或概念，但目的都是为了帮助后学理解前人的著述。

传注有事传和义传两类。《春秋》三传中的《左传》，以事释经，属于事传。如《春秋》记载“夏五月，郑伯克段于鄢”，原是一条9个字的大事记；

---

① 徐铸成：《漫谈新闻和新闻评论》，《新闻丛谈》，浙江人民出版社1983年版，第145页。
② 刘勰：《文心雕龙·论说》。

《左传》则以五六百字的篇幅，详尽地叙述事件的发生、发展过程及其前因后果。《公羊传》、《穀梁传》侧重于阐发《春秋》的微言大义，以义传为主。《公羊》解释“郑伯克段”说：

> 克之者何？杀之也。杀之，则曷为谓之克？大郑伯之恶也。曷为大郑伯之恶？母欲立之，已杀之，如勿与而已矣。段者何？郑伯之弟也。何以不称弟？当国也。其地何？……①

而《穀梁》的解释则为：

> 克者何？能也。何能也？能杀也。何以不言杀？见段之有徒众也。段，郑伯弟也。何以知其为弟也？杀世子母弟目君，以其目君，知其弟也。段，弟也，而弗谓弟；公子也，而弗谓公子，贬之也。段失子弟之道矣，贱段而甚郑伯也。……②

它们解释同一历史事件，但方法、见解都有所不同。以后的传注，主要沿着释义的方向发展；刊行方式也由原先与正文分开、单独刊行，变为以夹注的形式附于正文相应的文字之下。

释义性传注对于报刊政论和新闻评论的影响，不像论赞那么直接、那么明显。不过，它注重概念，注意从解释概念入手推导其内在含义、表达自己的见解，致力于探微索隐、解惑释疑，这些日渐严密的阐释方法，常为早期报刊论说所吸取却是不争的事实。章太炎的《解辫发》几乎全文都运用阐释的方法，如文章的开头一段：

> 《后汉书·西南夷传》：哀牢夷种人，皆刻画其身，象龙文，衣箸尾。尾者，今满洲之辫发乎？《汉书·终军传》：解编发，削左衽。师古曰：编读曰辫。斯其来远矣。③

章太炎是小学家，用这种方法写政论，也许只能当特例看；但时常出现在王韬、梁启超等政论家的文章中，却不能不认为是传注影响所使然。

---

① 《十三经注疏》，中华书局1980年影印版，第2198页。
② 同上，第2365页。
③ 《章太炎选集》，中华书局1977年版，第148页。

评点：这是一种由传注演变而来的，对文章进行分析、批评的形式。按刊行方式，又分为眉批、旁批、夹批等。评点盛行于明末清初，李贽、金圣叹堪称评点的首倡者和杰出的代表。不过，李贽着眼于思想、政治批评，而金圣叹则主要作艺术批评。

李贽是明代的"离经叛道"的思想家。他用夹批的方式，评点了一系列重要的哲学、历史和文学作品，如《四书》、《墨子》、《水浒传》、《西厢记》等。他的评点文字，往往言简意赅、切中要害，而且通俗易懂、富于幽默感，颇得嬉笑怒骂皆成文章之妙。在《四书评》中有这么几段，列表于下[1]：

论语原文	李贽评语
曾子曰：慎终追远，民德归厚矣。	**归字妙，可见厚是故乡。今之刻薄"小人"，俱是流落他乡之人，可怜可痛！**（此为反语……借以嘲笑曾子之言无谓。）
子曰：吾未见好德如好色者也。	**原不望人不好色，只望人好德如好色耳。**（此为"正言若反"之正言，意思是说：孔子也好色。）
色厉而内荏，譬诸小人，其犹穿窬之盗也与？	**照妖镜。色厉内荏，便是小人，何必譬之小人？**（校改孔子用语不当。）

在评点《水浒传》时，则眉批、旁批、尾批并用。如第三十四回写秦明劝黄信说"你又无老小，何不听我言语，也去山寨入伙，免受那文官的气"；这里所说的文官，指清风寨知寨刘高。李贽除在眉批指出"文官无益有害如此"，又在尾批中写道：

李和尚曰：国有贼臣，家有贼妇，都祸不浅。只如青州府失了秦明、黄信、花荣三个良将，皆刘高一人误事，而刘高又妻子误之也。真有意为天下者，先从妻子处整顿一番何如？

又如在第三十八回的尾批中写道：

李生曰：凡言词修饰、礼数闲熟的，心肝倒是强盗。如李大哥（李逵）虽是鲁莽，不知礼数，却是情真意实、生死可托。所以孔夫子曰："巧言令色鲜矣仁"；"君子不可小知而可大受也"。上大人，丘乙巳，真是

① 表中引文据《中国思想通史》（第 4 卷），第 1079 页，括号中的文字为通史作者的按语。

个人精，真是个人极。[1]

像这类三言两语的议论，在李贽的评点著作中比比皆是，一般都写得尖锐泼辣、诙谐幽默，深受当时人的喜爱，也被统治者视为洪水猛兽。他的评点作品多数被明清统治者列为禁书，结果越禁流传得越快越广泛；而作为一种轻便的论述方式，则常为报刊所借鉴。如上引《不了之局》，就未尝不可以说取法于评点；至于夹叙夹议的论述方法，其中的“议”事实上也有似评点。

当然，从根本上说，我国报刊政论和新闻评论的主要渊源是一脉相承的优秀政论传统。迄今为止所有知名报刊政论家和新闻评论家，没有一个不是从这个传统中吸取养料、寻求借鉴，从而形成自己的独特风格的。上面所以较多地强调论赞、传注、评点等具体形式，主要着眼于体裁的演进，而不是如何能动地驾驭报刊政论或新闻评论。这是需要说明的，否则就难辞舍本逐末之咎了。

三、新闻评论的发展趋向

新闻评论成为独立体裁之后，继续围绕完善自身、增强体裁表现功能这一中心，朝着语体化、多样化、个性化的方向发展。这是体裁适应社会需要和媒介发展的必然，也是体裁保持旺盛生命力的保证。

1. 语体化的历程

新闻评论的语体化，包括报刊评论白话化和广播、电视评论口语化两个相互联系的部分或阶段。

早在19世纪末期，就有人意识到论说的语言问题。黄遵宪在一首诗中，抒发了“我手写我口，古岂能牵拘”的见解；梁启超也注意浅显通俗，常在自己的文章中杂入俚语、俗语。辛亥革命前，随着白话报的兴起，论说白话化趋势日渐显现，出现了一些用白话写作评论的作者。林獬（林白水）在《〈中国白话报〉发刊词》用白话阐述办报的宗旨时说：

> 如今这种月报、日报，全是给读书人看的，任你说得怎样痛哭流涕，总是“对牛弹琴”，一点益处没有的。读书人既然无用，我们这几位种田的、做手艺的、做买卖的以及那当兵的兄弟们，又因为着从小苦得很，没有本钱读书，一天到晚在外跑，干的各种实实在在正正当当的事业，所以见了那种之乎也者、诗云子曰，也不大喜欢去看他。到后来要想看时，却又为着那种奇离古怪的文章，奇离古怪的字眼，不要说各位兄弟们不懂，

[1] 《明容与堂刻水浒传》，上海人民出版社1973年影印本。

就是我们，却也觉得麻麻胡胡哩！[①]

并以“白话道人”为笔名，坚持用白话写作新闻评论和其他论说。秋瑾创办《中国女报》，为了向妇女灌输民主革命思想，也致力于白话文写作，且看这一片断：

……我的二万万女同胞，还依然黑暗沉沦在十八层地狱，一层也不想爬上来。足儿缠得小小的，头儿梳得光光的，花儿朵儿扎的镶的戴着，绸儿缎儿滚的盘的穿着，粉儿白白脂儿红红的搽抹着，一生只晓得依傍男子，穿的吃的全靠着男子，身儿是柔柔顺顺的媚着，气虐儿是闷闷的受着，泪珠儿是常常的滴着，生活儿是巴巴结结的做着，一世的囚徒，半生的牛马。试问诸姊妹，为人一世，可曾受着些自由自在的幸福未曾呢？[②]

文字浅白、道理朴实、感情真挚，在当时确实是气息清新、不易多得的好文章。

不过，从整体说，文言文仍然在当时的论坛上占据着主导地位。直到五四新文化运动兴起，白话文才形成蓬勃的发展势头，在报刊论坛上逐渐取代文言文，并涌现了一批卓有成就的评论家，陈独秀、李大钊的贡献犹为卓著。他们从传播新思想的需要出发，自觉地把白话文纳入新文化运动，积极加以倡导，并用白话撰写了许多短小精悍、锋颖犀利的评论。陈独秀在这一时期撰写了许多紧密结合政治事态、明白晓畅的评论，且举两则“随感录”于下：

呜呼特别国情　租界上的领事裁判权和警察权，海关的协定税法，世界上受外国这种不平等待遇的，现在只有我们中国一国。若问各国何以待我们这样特别，他们必定爽爽快快答道，就是你们常说的“中国有特别国情”的缘故。(1919.2.)

却没有了自己　我曾经遇见一位反对《新青年》和《新潮》杂志的人，问他反对的是哪篇文章哪一种议论。他说：“我并没看过《新青年》和《新潮》，只听见别人都这样说。”又有一班看过《新青年》和《新潮》的人，他反对的理由，是因为他说的议论和古人所说的不合。我看这两种

① 《辛亥命前十年间时论选集》(第1卷)，第604页。

② 秋瑾：《敬告姊妹们》，《辛亥命前十年间时论选集》(第2卷)，第844页。

人只晓得有别人，有古人，却没有了自己。(1919.4.)[①]

李大钊也用白话文，写作了一系列洋溢新思想的政论和新闻评论，如，《庶民的胜利》、《布尔什维克的胜利》、《战后之世界潮流》等。他的“随感录”也同样脍炙人口，如：

最危险的东西　我常和友人在北京市里步行。每过那颓废墙下，很觉可怕。怕它倒了，把行路的人活活压死。请问世间最危险的东西，到底是新的，还是旧的？(1919.7.6)

“中日亲善”　日本人的吗啡针和中国人的皮肉亲善，日本人的商品和中国人的金钱亲善，日本人的铁棍、手枪和中国人的头颅血肉亲善，日本的侵略主义和中国的土地亲善，日本的军舰和中国的福建亲善，这就叫“中日亲善”。(1919. 12. 7)[②]

虽然三言两语，却能发人深思，深刻的思想与通俗的语言相辅相成，新思想借新语言不胫而行，新语言也趁新思想而为人们所接受。

经过五四新文化运动的洗礼，经过一批政论家、评论家的自觉努力，白话论说终于成为不可逆转的潮流。

20年代广播问世以后，出现了论说口语化的客观需要。不过，国民党办的广播电台“每天除了放唱片，就是读报，使人听了腻得慌”[③]。真正把口语化作为重要课题提到日程上来的，是延安新华广播电台，它在自己的工作细则中明确规定“要用普通语的口语，句子要短，用字用词要力求念起来一听就懂，并要注意音韵优美与响亮”[④]，并按口语化的要求撰写或改编评论。且看《评蟠龙大捷》的这一片断：

……震动最大的还是胡宗南自己：他对记者吹过牛说，五月里要在绥德接见他们；他对邓宝珊吹过牛说，要跟他会师；他对蒋介石吹过牛说，自己是怎样的怎样的打胜仗。现在怎么办呢？三条计策：一条是做好汉做到底，继续北进打通从延安到榆林的公路；一条是留兵守住绥德，主力向南回头；再有一条，也是最没有面子的一条，最泄气的一条，就是不守绥

① 《独秀文存》，安徽人民出版社1987年版，第462、503页。
② 《李大钊文集》(下卷)，人民出版社1984年版，第21、161页。
③ 恽逸群语，转引自《中国人民广播回忆录》，广播出版社1983年版，第126页。
④ 《解放区广播历史资料选编》，中国广播电视出版社1985年版，第119页。

> 德，全部回窜……（胡宗南）采取了最泄气的一条……西北战局的发展完全证明了我们的论断，胡军的凶焰是在下降，胡宗南的指挥无能使这个下降来得更快，更剧烈，更富于戏剧性。……①

延安（陕北）新华广播电台在口语化方面的努力，标志着论说语体化进入了一个新的阶段。

不过，广播评论在以后的几十年中时断时续，体裁本身并没有得到充分发育；电视这种后起媒介的评论，虽然发展迅速，也仍处继续发育、完善的阶段。由于媒介和体裁发育状况的制约，论说口语化的问题并没有完全解决；近些年来在广播、电视中，甚至还时常出现“逆口语化”的现象，如不加解释地运用新名词、新术语和缩略词，叠床驾屋地堆砌形容词和修饰语，任意使用同音词、生僻词、古词语、音译词和方言俚语，以及长达数十字以至百多字的复合句子，等等。这类现象说明，对于电子媒介新闻评论来说，口语化仍然是一个需要经常引起重视、而且不可能一劳永逸解决的问题。

2. 样式的多样化

新闻评论在它从报刊政论中分化出来、成为独立体裁时，具体表现形式就开始朝着多样化的方向发展，并形成了社论、短评、编者按等基本表现形式。以后在适应社会需要的过程中，还不时有新的样式出现。这些评论样式，有的经受社会检验保存了下来，有的像“过客”一闪即逝，有的则可能适应新的社会需要而复苏。对于现在常用的基本样式，前面已作了阐述，这里仅就某些具有特殊表现功能、不无开发或借鉴价值的样式，作些认识所及的介绍和探讨。

（1）专论：这是一种相当于社论的专门性评论。1934 年 1 月 1 日，《大公报》发表“本报特别启事”称：“本报今年每星期日敦请社外名家撰写‘星期论文’，在社评栏地位刊布。”随后于 1 月 7 日发表了胡适的《报纸文字应该完全用白话》，这是该报的第一篇“星期论文”，也是我国报纸上的第一篇规格相当于社论的专论。由于这种专论都出于“社外名家”之手，所议论的又都是他们素有研究的问题，所以这种在社评位置发表个人署名文章，往往具有比社论更高的权威性。

解放后，专论转化为理论性文章，分别刊登在有关版面上，相当于社论的“专论”概念也随之消失了。有的同志在解释专论消失的原因时认为“问题就出在那个‘专’字。‘专’的色彩浓了，离新闻评论所必备的新闻性、政治性、

① 陕北新华广播电台在 1947 年 5 月 9 日播出，《延安（陕北）新华广播电台广播稿选》，中国广播电视出版社 1985 年版，第 80～81 页。

群众性的特征就远了，慢慢地也就被新闻评论除名，挪到专版、专刊上发表了"[①]。其实，专论的"专"与新闻评论的体裁特征并不是绝对不相容的。这里的关键在于如何处理专门性内容，只要同社会生活的实际紧密结合起来，善于从群众共同关心的角度、深入浅出地进行论述，专论完全可以具备新闻评论的基本特征。随着改革开放的进程，随着新事物、新观念、新现象、新问题不断涌现，人们越来越需要阐述某些专门领域的、更有深度、更具预见性的专论。也许正因为这样，专论出现了复苏的势头。80年代中期，《经济日报》开辟了"周末论文"专栏，在相当于社论的显著地位发表专家、学者论述社会普遍关心的问题的文章，如，童大林的《社会主义经济必须重商——兼论商业科学和市场风貌》、冯建伟的《信息传播——我国新闻事业的新趋势》等。专论作为新闻评论的一种重要样式重新走向繁荣，恐怕是势在必然的事情。

（2）代论和来论：这是历史上曾经存在的两种相当于社论的评论样式。代论是知名人士以个人名义、在社论的位置上发表的评论。如延安《新中华报》，就曾经发表过毛泽东、周恩来、张闻天、李富春个人署名的代论；重庆《新华日报》也曾以周恩来个人署名的文章代替社论。来论则是把社会人士撰写的评论放在社论位置上发表，借以强调其内容的重要性。

代论和来论，都是署名评论。它们之间的区别，在于代论的作者都是享有一定舆论权威和号召力的知名人士，而来论则主要取决于内容的重要性。它们由于个人署名，具有一定的灵活性和个人的风格特点，既便于处理某些不宜于以编辑部名义阐述的重大论题，也可以增强评论的可读性。从这个意义上说，代论和来论是拥有一定舆论优势的。

解放后，代论和来论也都消失了。就代论说，主要是由于中央领导同志的文章本身就具有权威性，用不着再冠以"代论"的名义；而来论只要论述重大问题，则一般在征得作者的同意的情况下，以本报社论或本台评论的名义发表。至于一般来论，为了与本报或本台评论相区别，都以署名短论或专栏评论的方式发表，其规格多数相当于短评。代论和来论是否有复苏的必要性和可能性，看来也是可以讨论的。

（3）编辑部文章和特约评论员文章：这是两种一度相当盛行、现在已经式微的评论样式。编辑部文章始于50年代的两篇《论无产阶级专政的历史经验》，发表时特别注明"经中央政治局讨论，由人民日报编辑部写成"。特约评论员文章试图通过"特约"，暗示论题的特殊重要性或作者的身份非同寻常，借以引起人们的重视。这种评论样式始于党的十一届三中全会前夕，是适应特

① 范荣康：《新闻新闻学》，第190页。

定历史时期需要的产物，曾经出现一些影响深远的作品。如《光明日报》于1978年5月11日发表的特约评论员文章《实践是检验真理的唯一标准》，在思想理论战绩引发了一场遍及全国的大讨论，为各个领域的拨乱反正奠定了思想理论基础。这两种文章力图在理论和实践的结合上深入地阐述重大论题，一般篇幅较长，有的甚至长达万字，故有"超重型"社论、评论员文章之称。"超长"也许是这种评论样式文章从论坛上逐渐消失主要原因。

（4）新闻述评和新闻分析：这两种兼具新闻报道和新闻评论的基本特点的评论样式。

新闻述评始于本世纪一二十年代。当时国内国际形势处于急剧变化之中，人们迫切希望新闻媒介在报道事实的同时，提供对于事实的见解，于是述评这种边缘样式便应运而生。在五四运动前后，许多报刊都开辟了述评专栏，评述国内国际重要新闻事件及其发展态势。如，《每周评论》的"国内大事述评"、"国外大事述评"专栏，《湘江评论》的"东方大事述评"、"西方大事述评"专栏等。这种样式融事实与议论于一体，具有明显的传播优势，一出现就赢得了受众的喜爱，成为新闻传播领域里的经久不衰的样式。

新闻分析是在述评的基础上形成的样式。它与述评的区别，主要在于它侧重单独的新闻事件，更注重提供背景材料，同时也更重视时效性。目前主要用于配合国际新闻报道。

从以上对于若干样式的回顾中可以看到，评论样式多样化是适应社会需要的必然趋势。就体裁的发展说，这是一个新陈代谢、永无止境的过程；而具体样式的兴衰更替，则取决于样式自身的适应性，包括适应社会需要和媒介传播方式。今后的评论样式仍将循着这个方向发展，其基本趋势大致可以概括为：

（1）各种新闻媒介共用的基本样式，如社论、评论员文章、短评、编者按和编后一类的不署名评论，将适应不同媒介的传播方式而日趋个性化。

（2）边缘样式，如新闻述评和新闻分析将日臻完善、日益繁荣，甚至可能发展成为与新闻报道、新闻评论并列的独立体裁。在广播、电视领域则可能转化为述评性、分析性或解释性"话题"，而成为日常新闻广播节目的重要组成部分，甚至跃居广播、电视论坛的主导地位。

（3）不同的新闻媒介将适应自身的传播方式，不断创造新的、独特的评论样式。这在广播、电视中已略见端倪，如主持人在主持节目过程中的三言两语议论；这种议论往往兼具点染主题、揭示事物实质和承上启下的双重作用。

新闻评论的个性化，是新闻媒介多样化提出的历史性课题，关系着整个体裁的命运和发展前景。本书以下各章，将主要围绕这一中心依次论述广播、电视、网络评论个性化的有关问题。

第三章

电子媒介评论个性发展的制约因素

如前面所述，新闻评论的体裁特征——新闻性和政论性，是在近代报刊政论的长期实践中逐步形成的。随着媒介的多样化的进程，后起的电子媒介在引进、移植新闻评论体裁的同时，也开始了按自己的传播方式和受众的接收方式逐步改造这种体裁。对于体裁来说，这是一个个性化的过程，新闻评论因此从报刊体裁演变成为当代各种媒介的共用体裁，成为个性各异的多成员“体裁家族”；而对于特定媒介的新闻评论，则是一个形成和完善自身个性特点的过程。这对于后起的电子媒介——广播、电视、互联网的评论，固然是一个普遍的，既没有终点、也不能一劳永逸解决的过程；就是报刊评论，面对着电子媒介评论的挑战，事实上也不可能驾轻就熟地适应体裁个性化的趋势，而同样面临着推陈出新、继续丰富个性特点的课题。也就是说，任何媒介、任何评论主体乃至任何一则评论，都毫无例外地需要正视并自觉地适应个性化这一必然的发展趋势。

就我国电子媒介而言，这个过程的起始，大致可以追溯到人民广播草创时期。但自觉的探索，却是改革开放初期重申广播、电视“自己走路”、“走自己的路”方针以后的事情。广播实际上开始于 70 年代末期；电视晚些，直到 80 年代中期才普遍提到日程上来。现在回过头来看看这 20 多年来的历程，大致可以分为两个阶段：前一阶段（90 年代以前），广播、电视开始把新闻评论列为新闻节目的重要组成部分，播出量日渐增多，但多数沿袭报刊评论的“模式”，并没有形成适应媒介自身传播方式和受众接收方式的鲜明特点；后一阶段，注意了适应广播、电视的传播、接收方式，但新闻评论的体裁特征，尤其是其中的政论性特征却多少有所淡化、有所削弱。换句话说，在处理媒介传播、接收方式和体裁基本特征的关系上，前后两个阶段都不同程度地存在着畸轻畸重的偏向，只不过轻重的方面相反罢了。互联网崛起之后，虽然开始尝试运用这一体裁，但与自觉探索还有相当的距离。这是体裁与媒介结合过程中常有的，甚至是必然的现象。即使报刊评论的发育也经历过从报刊政论到新闻评论、从文言到语体的曲折过程，何况后起的、传播和接收方式都含有许多新因素的电子媒介的新闻评论?!

新闻媒介和新闻体裁都是传播内容的“载体”，不过前者是依赖一定的物质条件的“硬载体”，后者主要是按一定方式方法处理、组合语言文字诸符号的“软载体”。它们之间形成了互为共性、互为个性的关系：即从媒介的角度看，体裁的基本特征是其共性，媒介的传播、接收方式则是个性，任何媒介的评论都必须按自身的传播、接收方式处理和体现体裁的基本特征；而如果立足于体裁，共性与个性则反过来，要求从保持体裁的基本特征出发，寻求适应媒介传播、接收方式的途径。面对媒介与体裁之间的这种微妙关系，稍有疏忽就可能出现如同上述的顾此失彼现象。这说明实现二者的结合不是一蹴而就的，而是一个在理论与实践结合的基础上逐步调整、逐步完善的过程。新闻报道体裁如此，新闻评论也不例外。

这意味着新闻评论个性化或不同媒介评论个性特点的形成，直接受媒介传播方式、受众接收方式和新闻评论体裁特征这三个因素的制约。因此，弄清各种电子媒介的传播、接收方式及其如何制约各自评论发展方向的基本规律，如同明确新闻评论体裁特征一样，是在实践中发展和完善电子媒介新闻评论的另外两个重要前提。

第一节　新闻媒介传受方式的构成

传播方式、接收方式（下面在两种方式并提时，简称“传受方式”），是传播过程的不可分割的“两头”。没有传播，就无所谓接收；没有接收，传播也就失去意义。当然，传播、接收方式不相适应，也收不到预期的效果。所谓传受方式，概括地说，就是在传播过程中用以运载信息的各种手段和表现形式(也可以统称之为编码、传送过程)，以及与之相应的接收、解码或解读条件和方法的总和；这是从最原始的传播到现代新闻媒介的传受方式的共同内涵。可是，从近代报刊开始而日益多样化的当代媒介，随着社会需求的扩大和科学技术的发展，不断赋予它新的形式、手段和条件、方法，形成具有不同特殊内涵的传受方式。从这个意义上说，当代新闻媒介的传受方式既是以往方式的承袭和超越，又是共同内涵与特殊内涵的辩证统一。

一、历史的回顾

传受方式与传播活动形影不离。最早的信息传受究竟以什么方式进行，学术界的看法还不尽一致。有些语言学家认为，在语言出现之前的至少100万年中，人类主要运用体态语，即脸部表情、身体姿势、手的动作等表情达意、沟通情况。[①] 除此之外，先于近代报刊和广播、电视出现而至今仍在一定条件下运用的，还有口语传受、信号传受、手写文字传受和印刷文字传受四类。

在这四类传受方式中，前两类属于直接传、受，大约是在人类脱离动物界以后逐渐形成的。它们或者运用以语言为主的声音，或者运用经过某种"约定"的象征性符号（如烽烟、号角、击鼓、鸣金、旗语等），分别直接诉诸听觉和视觉器官；这些传受方式简易便捷，但传、受的距离和范围受时间、空间、自然条件（如昼夜、阴晴、风向等）和人体器官（如口、眼、耳）传、受能力的直接限制。后两类属于间接传、受，分别出现于文字和印刷术发明以后。它们主要运用文字、借助某些中介（书写、印刷工具、材料和交通、驿递设施等）传递信息，从而在一定程度上突破时间和空间的限制，扩展了传、受距离和范围，向传远、传广、传久的目标前进了一步；但是要求传、受双方具有一定的文字表达和解读能力，否则就可能发生传、受障碍，导致这样那样的误解。其中印刷文字传播，尤其具有划时代的意义。这种以中国古代四大发明中的造纸术和印刷术为基础的印刷文字传受方式，开辟了大量复制信息的前景，为报纸和杂志这些新闻传播媒介的诞生和发展提供了不可缺少的物质、技术手段和条件。

上述这些发端于古代的传受方式，虽然各有自己的传、受优势和局限，但都仍然保持着一定生命力，常被处于不同传播条件下的人们用来传受同一信息。这一毋庸置疑的事实，雄辩地说明了两个问题：

（一）各种传受方式虽然自成系统，但具有某些共同的构成因素。这些基本因素，可以归纳为三个子系统：（1）传输系统，即用来传送符号化了的信息的物质载体，包括自然的（如空气、声波、光线等）和人工的（如烽火台[②]、锣鼓、驿站[③]、纸张、笔墨等），权称之为"硬载体"；（2）符号系统，即用以

---

① 据余也鲁：《门内门外》，香港海天书楼1980年版，第7页。

② 古代发边警信号、传递边境军事信息的设施。《汉书·贾谊传》："斥候望烽燧不得卧。"据文颖注，在边境建高望楼，贮存柴草，敌至"即火燃举之以相告，曰'烽'"，或"燃之以望其烟，曰'燧'"。颜师古注："昼则燔燧，夜则举烽。"

③ 中国古代传递文书和供官员往来住宿的设施，又称驿亭。春秋时已有邮驿；汉代各地有传舍，通路上每30里置驿一所。参见《辞海》"驿"字条。

表现信息内容的各种符号，它们按各自的“约定”组合成具体的信息表现形态，即讯息[①]，且称之为“软载体”；（3）接收系统，包括由传输系统决定的、接收者需要拥有的接收和解读信息的能力和设备、设施等条件。间接的文字传受固然如此，就是直接的口语传受、信号传受，也同样离不开这三个基本因素，只是在直接传、受的情况下，有些因素如自然的空气、声波、光线等传输、接收条件容易被忽略，或没有被充分认识而已。不妨设想，如果说、听双方不掌握同一语言，或周围充满噪音，或说者口齿不清、听者耳朵不灵，能够顺利地进行口语传受吗？如果传受双方没有共同约定的信号标志，或者能见度很差，能够有效地通过烽烟、旗语之类的信号传递信息吗？正是由于具有共同的构成因素，所以一种传受方式一旦形成，就能保持一定的传受功能，在相应的条件下有效地传受信息，也就具有其他传受方式不可替代的作用。

（二）不同传受方式的构成因素，又有各自的具体内涵和具体组合方式。就说符号系统吧，口语传受的具体符号是以语言为主的声音，并借助声音的高低、强弱、长短、断续表达意思；而文字传受的符号主要是文字，有时也用图画、图片，并按一般习惯书写或印刷。具体组合也各不相同，如手写文字传播，是文字与书写工具、材料的结合，组合、书写方式则因时、因地、因人而异；而文字与印刷工具、材料相结合，则成为印刷文字传播，其组合方式因为要适应大量复制的要求，一般较前者更具规范性。同样诉诸听觉的声音传受，击鼓传音属于信号传受，当面交谈、隔岸喊话属于语言传受，这种区别也是特定的声音与特定的传输手段具体结合所使然。正是由于构成因素的具体内涵和具体结合、组合方式的不同，所以各种传受方式不仅判然有别，而且各有各的传受优势和局限，各有各的适用范围和存在价值，从而形成长期并存的局面。

发端于古代的传受方式如此，那么当代新闻传播媒介传受方式的构成因素呢？

二、当代新闻媒介传受方式的构成因素

当代新闻传播媒介，有四、五、六三种分类。四分法是大众传播媒介的分类，涵盖报刊、广播、电视和互联网，故互联网被称为“第四媒体”；五分法则增加了通讯社；六分法其实是将报刊一分为二的结果。如果按传受方式划分，则可以分为面向社会公众的印刷媒介和电子媒介，以及为其他媒介提供讯息的中间媒介——通讯社。

---

① “讯息（message）原意为消息、音讯、文电、文告等等。传播学中的讯息，由一组信息符号组成，传达一个具体的内容。”陈亮等译：《传播学概论》的《传播学名词介绍》，新华出版社 1984 年版。

当代的这些新闻媒介，虽然是用现代科学技术武装起来的，但它们的传受方式的构成仍然包括上述三个子系统，也仍然伴随着相应的传受优势和劣势。它们同古代传受方式的区别，主要在于传输系统随着印刷技术、电子技术、交通条件的发展进程，经历了由人工到机械到电子的演变；接收系统也伴随着传输系统的现代化和文化科学知识的普及，由直接、近距离变为间接、远距离接收乃至远距离互动，符号系统及其组合方式也随之发生了相应的变化。如果说这一概括大致切合实际，那么就可以把迄今为止的各种传受方式的构成因素、特点归纳为这样一个“方程式”：

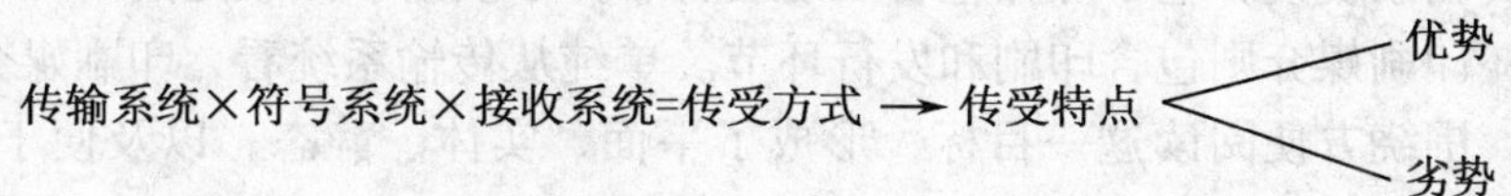

“方程式”中的“×”、“＝”表示三者相互结合构成了特定的传受方式，“→”表示特定传受方式派生相应的传受特点，而迄今为止的所有传受方式所蕴含的传受特点，都客观地存在着各自优势和劣势，也都是二者的对立统一。

这里还需要强调：（一）古代与当代各种媒介的传受方式之间存在着传承关系，当代媒介的三个子系统其实都是在古代系统的基础上，增添了现代科学技术的因素；（二）因此，无论古今或当代各种媒介传受方式的区别，都具有相对性；（三）三个子系统与传、受双方的关系有别，传输系统主要由传播主体掌握，接收系统同时受传输系统和受众接收状态的制约，而符号系统则需要传、受双方在符号的“语义”和“语法”方面形成明确、稳定的“约定”；（四）符号系统的最终形式是各种新闻体裁或话语形式，属于“软载体”的范畴；所谓体裁个性化，归根到底就是符号系统的运作与当代媒介传输、接收系统相互适应的过程。

当代各种媒介的新闻评论，就是凭借各自的既“同”又“异”的传受方式传播对于事物的看法的。在媒介竞争日益剧烈、竞争空间日益扩大的条件下，特定媒介的评论能否发挥自己的舆论功能、实现预期的舆论目标，在很大程度上取决于传播主体在评论活动中，是否自觉适应本媒介的传受方式。而这种自觉性除了来自对本媒介传受方式的真知真解以外，也有赖于对其他媒介传受方式的了解、比较、吸取和借鉴，这也就是前人所说“知彼知己，百战不殆”的意思。

第二节　电子媒介传播方式的分析

上述“方程式”是不可分割的。不过，由于传播和接收不仅主体有别（一为传播者，一为受众），而且具体构成也有所不同，为了阐述的方便，这里把传播和接收作为全过程的两个阶段暂时分开来，并相应地将上述“方程式”分解为：“传输系统×符号系统＝传播方式→传播特点……”和“符号系统×接收系统＝接收方式→接收特点……”本节主要以比较的方法，分析、阐述电子媒介与印刷媒介，以及各种电子媒介——广播、电视和互联网传播方式的异同；接收方式及其相关问题留待下一节阐述。

一、传输系统的异同

从传输系统说，电子媒介包含发射装置和介于发射、接收之间的无线或有线电波；印刷媒介则包含印刷和发行环节。单纯从传输系统看，印刷媒介的传播方式，围绕方便阅读这一目标，形成了平面、实体、静态，以及便于保存、检索、微观选择等特点，但发行受交通、邮递的制约；而电子媒介由于凭借电波传送，因此它的传播方式呈现线性、非实体、动态的基本属性，并伴有传播速度快、范围广、受众多以及不便保存、不能倒检索和微观选择的派生属性。两相比较，电子媒介具有传速、传广、传远的优势，但不利于传深（富于深度的尤其是观念形态的信息）、传久（长期保存信息）；印刷媒介恰恰相反，利于传深和传久，而在传速、传远、传广方面，即使在交通、邮递条件日益现代化的现代，也远远不及电子媒介。

同属电子媒介的广播、电视、互联网的传播方式虽说大同小异，但“小异”往往是媒介长短之所在，其对传播效果的影响却是不可轻视的。例如，广播、电视同属线性传播，但广播是声频一条线，而电视则是声频、视频相伴相随的两条线，这种区别直接关系着符号的运用和组合，岂可轻视？互联网虽然也是兼具声频、视频的线性传播，但它在一定条件下可以转换为平面传播，甚至可以同时运用线性、平面传播方式，为网民提供可听、可视、可读的讯息，网民也可以各取所需地选择接收、下载保存。正因为这样，互联网崛起之后，就显现出强劲的传播优势。如果说人类在传播领域的理想，就是实现传速、传远、传广、传深、传久这五大目标，那么，在当代媒介中恐怕只有互联网具有堪当此任的潜力了。当然，这不是说互联网可以取代其他媒介；其他媒介其实也完全可以利用互联网这个平台，扬己之长、补己之短，完善自己的传播功能。

不同媒介的传输系统与相应的物质条件联系在一起，是一个相当稳定的系统。科学技术的发展，尽管不断增强了传输系统的功能，但并没有改变既有媒介传输系统的本质属性，也没有改变不同传输系统对于新闻评论个性发展的基本制约格局。后面这一点，在下面对于符号系统的分析中将进一步显现出来。

二、符号系统及具体符号的表现功能

符号系统是媒介传播方式的另一组成部分。印刷媒介的符号系统，主要由文字、图片构成，同时辅以字体、字号和线条。电子媒介则各有各的符号系统：广播诉诸声音，电视诉诸声音、活动图像和屏幕文字，互联网目前主要运用文字、图片，但其发展趋势将是集诸符号之大成。符号系统作为体裁或话语形式的唯一基石，对于新闻评论个性化影响，较之传输系统更为直接，因此也更加值得注意。

所有的符号都以“能指”，即能够指代事物、表现内容为前提条件。但不同的符号与“所指”①，即它所指代的事物之间的联系，却不尽相同。文字和声音符号中的言语，遵循约定俗成的规律，它和“所指”没有必然的联系，因此可以脱离“所指”。而新闻图片和活动图像，声音符号中的实况音响，则是对“所指”的直接描摹或再现；一旦离开“所指”，它们也就丧失了“能指”的能力了。但不管哪种符号，它的表现能力，用海德格尔的话说，都决定于“此在（Dasein）同存在（Sein）融合”② 的程度。这里的“此在”，指符号所表现的存在（也可以理解为“符号化了的存在”），它与客观存在可能吻合，也可能不尽吻合或不吻合。也就是说，不论是语言、文字还是图片、图像，固然都有表现事物、表达意思的功能，但是否准确、恰当、得体却不决定于符号本身，而决定于符号的使用者是否善于按符号的“能指”与“所指”的客观联系，遵循符号自身的规律能动地驾驭和组合符号。明确这一点，对于理解电子媒介符号系统在表现新闻评论内容方面的优势和局限，从而更好地驾驭这一体裁、使之适应媒介传播方式，具有举足轻重的意义。

1. 声音符号

声音，包括言语和音响（这是大致划分，其实并不确切，如音响本来就包括录制的言语），是所有电子媒介共用的基本符号。这里先就言语与文字作些比较分析；音响在广播、电视、互联网有不同的具体表现，情况比较复杂，留待第四、五章结合广播、电视评论阐述。

（1）日常生活中的言语——刘勰在《文心雕龙·指瑕》中，曾无意间接触

---

① “能指”与“所指”是结构语言学的两个基本概念。[法] A·J·格雷马斯在《结构语义学》（天津百花出版社 2001 年版）中将“能指”定义为“能使意义出现在感知层面并同时被确认为是外在于人的（语言）成分或成分组”；将“所指”定义为“意义或能指所覆盖的、并因能指的存在而得以表现的各种意义”。他还说：“而所指成为‘所指’，只是因为它被表达，也就是说有一个能指在表示它。换言之，所指的存在必须以能指的存在为前提。”（第 8 页）不过，这里的“存在”指的是文本，而不是外在于文本的客观存在。

② 转引自陈原：《书和人和我》，生活·读书·新知三联书店 1994 年版，第 77 页。

到日常生活中声音——言语同文字在传播、表达功能方面的差别。他说：

> 管仲有言，无翼而飞者，声也；无根而固者，情也。然则声不假翼，其飞甚易；情不待根，其固匪难。以之垂文，可不慎欤！[①]

管仲和刘勰所说的“声”，主要指言语；而他们所说“飞”字，含义却是截然不同的。管仲说的“无翼而飞”，与“无根而固”对偶，也许意在互喻；但仅就“无翼而飞”而言，“飞”显然含有便捷的意思，即言语不必像文字那样借助笔墨和简帛、纸张等书写工具（中介），可以直接通过说和听表情达意、交流思想情感，具有既方便又迅速的长处或表意优势[②]。刘勰在“然则”之后说“其飞甚易”，这个“飞”则是消逝的意思。他的本意是说声音消逝得很快，所以说话可以随便些、而写文章则要十分慎重，否则就经不起读的人的挑剔，或者说读的人就可以挑出这样那样的瑕疵来。他的这一“然则”，无意中接触到了声音传播的最主要的一个弱点，即稍纵即逝、过耳不留。推而广之，在日常生活中运用言语表达意思、传递信息，与使用文字相比较，的确具有方便迅速、一次传播范围广、可能的听众多的传播优势，但同时也伴随着稍纵即逝、不易保存、不能微观选择的传播劣势。换句话说，在日常生活中运用声音表情达意的过程，本身就是一个长处和短处、优势和劣势对立统一的过程。

不过，如果作进一步考察，那就可以发现人们日常运用言语表情达意，由于说、听双方面对面交谈，说话人不光是利用语词，而且广泛调动声调和表情、动作等手段；听话人也是既“听言”又“察色”。语词＋声调＋表情、动作，赋予自然形态的声音以丰富多彩的表现方式，以及文字望尘莫及的表现能力。所以英国作家萧伯纳说：“（在英语里）有五十种说‘是’的方法，有五百种说‘不是’的方法，而只有一种写这个的方法。”[③] 而 R·L·Birdwhistell 则说，社会交际只有30%～35%使用语言（语词），其余都使用语言以外的其他手段；A·Mehrabian 也根据自己的统计指出，信息传递只有7%用语言（语词），38%用声调（高低、快慢、长短），其余55%靠表情。[④] 而且，由于说话

---

① 陆侃如、牟世金的现代语译文如下：“管仲曾说：‘没有翅膀而能四处飞扬的是声音，没有根柢而能深入牢固的是情感。’但声音不需要翅膀就很容易飞扬，情感不依靠根柢也不难牢固，根据这个道理来从事写作，就不能不十分慎重了。”《文心雕龙译注》（下册），齐鲁书社1982年版，第267页。这一语译不尽贴切，权供参考。

② 其实，用言语表情达意还是需要一定介质的，如声波、空气，只是这些自然介质当时还没有为人们所认识罢了。

③ 转引自朱增朴：《声像传播论》，中国广播电视出版社1993年版，第145页。

④ 转引自尘言：《在语词的密林里》，生活·读书·新知三联书店1991年版，第168页。

人与听话人面对面交谈，当面锣对当面鼓，即双方处于同一语言环境中，上面所说的短处或劣势一般也不难克服和消除。比如“票”这个孤零零的单音词，离开具体语境就不知所云；而在公交车刚进站时，乘客听到这一声不很礼貌的呼喊，却会纷纷拿出票据。语境在这里使这个不知所云的一个单音词，具有了确定的含义——“出示车票”。

(2) 电子媒介中的言语——可是，在电子媒介中，言语经由电信号传送，其优势和劣势都向两极发展。电波的速度相当于光速，比声波的速度高出90万倍以上；借助发射装置，它可以顷刻之间把用言语表达的内容送到电波到达的任何地方，供人接收。这使言语传播具有无远弗届的力量，其传播速度、覆盖范围和可能拥有的受众，是日常生活中的言语所不可比拟的。也就是说，言语一旦插上“电翅膀”，其固有的优势就变得更优，就可以发挥到极致。

但与此同时，它的稍纵即逝、不易保存、不能微观选择的劣势也变得更劣，更加不容易克服。这是因为在电波传送条件下，(一) 说话人与听话人存在着空间距离，言语脱离了具体语言环境，丧失（广播）或部分丧失（电视、互联网）了体势语（表情、动作等）这一重要表现手段；(二) 听话人不直接面对说话人，传、受双方不能或不易进行直接交流（即使在互动式传播普及的情况下，与日常生活中的直接交流也有距离），这意味着接收者容易因被动接收而陷于半接收状态，从而也更容易受到外界的干扰；而说话人失去了直接的反馈，也难以随时改进表达方式和方法。

由此可见，电子媒介中的言语，是日常生活中的言语内在优势和劣势的两极化发展，是更加巨大的传播优势和更加不易克服的劣势的对立统一。

2. 图像符号

这是电视不可或缺，互联网可以拥有的表意符号。与文字、声音相比较，图像具体、形象、直观，因而也更富于再现能力和感染力、感官冲击力。随着摄录、编辑、传输设备的现代化，它的表现能力不断得到强化，越来越充分地显现出使其他符号相形见绌的表现优势。不过，它的弱点也是不容忽视的。这些弱点，除了如同声音一样的稍纵即逝、不易保存、不能微观选择以外，还有：(1) 由于图像不能脱离“所指”，所以也就不能或不善于表现抽象的思想、观念，以及消逝了的事物或场景；(2) 由于图像本身具有多义性，单纯运用图像，往往含有某种“不确定性”，难以精确地表达意思。例如下面这一片断：

镜号	景别	画　面	解　说　词
1	近	特约主持人××（字幕） 特约主持人××（字幕） …… 我能拥有汽车吗？（字幕）	主持人：我有一个梦想，梦想着有朝一日我也能有一辆自己的小汽车，一辆漂亮的、舒适的、心爱的小汽车。如果真是那样的话，将来我再出门，就可以和我的家人朋友一起，亲亲热热地挤在一辆车里，就不会再怕风吹日晒，不再怕盛夏寒冬，因为我有我自己的车。
2	全	一辆行驶的小汽车（正面）	
3	全	一辆在海边公路行驶的车	
4	特	汽车前部（慢镜头）	
5	中	一个小男孩	
6	全	一个计价器	
7	全	一辆驶过小河的汽车	
8	全（摇）	一辆全新的小汽车	
9	中	一对过马路的中年夫妇	
10	近	（慢镜头） 一骑车的中年妇女	
11	特	一只伸手拿汽车钥匙的手	
12	全	围观一辆小汽车	
13	全	一辆小车与一年轻女郎	
14	全	一辆远去的小汽车	
15	特	正在摇下的汽车玻璃	
16	近	骑车的人（慢镜头）	
17	近	骑车的人（慢镜头）	
18	全	女郎与汽车	
19	特	车踏板	
20	特	推操作杆的手	
21	特	车灯	
22	特	油表	
23	中（跟）	疾驰在公路上的汽车	
24	中	车站人群	
25	远（移）	展览会全景	
26	中	被展示的汽车与车旁小姐	主持人：在北京'92国际汽车展上，我看到了各国漂亮的小汽车，我觉得自己前半辈子真是白活了。我们中国的普通老百姓难道要永远这么眼馋下去吗？

以上从2到24共23个镜头，作者力图通过这些镜头烘托一种气氛、表达一个意思，但观众单纯通过这些镜头是否能够明白它的寓意呢？恐怕未必。看来只有同它的带有解说词的前后镜头联系起来，才能勉强明白点什么。这里当然有如何恰当运用和组接画面的问题，但也在一定程度上反映了图像本身的局限。如果离开前后解说词，谁能从那些画面上看出主持人的“梦想”，看出主持人前“半辈子真是白活了”呢？至于渗透在这两段解说词中的思想、情感，与这里所说的问题无关，大家尽可以见仁见智，就不去说它了。

3. 文字符号

文字与图像同属视觉符号，在电视中运用越来越普遍，在互联网中迄今仍然占据主导地位。不过，电视中的文字是“动”的，具有交代、提示、解释、说明等多种表意功能，既可以同图像、声音相配合共同表达同一内容、传递同一信息，也可以与其他符号分离独立传递最新简明信息；印刷媒介中的文字则是“静”的，而且是主要的甚至是唯一的表意符号；即使同图片相配合，互相间的界限也相当明确。两相比较，屏幕文字因“动”而获得更为灵活、多样的表现功能，但同时也提出如何恰当处理同其他符号的关系问题。处理得当，可以收到多符号配合的互补效应；不当，则不是相互重复，便是相互脱节、掣肘、削弱。在电视评论中，有时出现整屏文字，更需要坚持“用于所当用”的原则，精心处理、协调同前后的图像、声音符号的关系，才能收到强调重点、强化印象的预期效果。

从上述的比较中可以看到，电子媒介的符号系统如同传输系统一样，具有自身的相对表现优势和劣势。

三、电子媒介的传播特点

由于电子媒介传播方式本身具有来自传输系统和符号系统的相对优势和劣势，因此在传播方式基础上形成的传播特点，也必然是同时蕴含着相应的传播优势和劣势。

1. 电子媒介的传播优势

与印刷媒介相比较，广播、电视、互联网的传播优势，大致可以概括为：(1) 传播速度快，时效性强；(2) 传播范围广，几乎可以不受空间限制；(3) 广播、电视主要诉诸声音和图像符号，不要求受众拥有多高的文化程度，因此听众、观众远比报刊读者广泛；(4) 图像和声音中的音响可以在一定程度上再现人、事、物及其活动情景，传真性强，富于形象感染力。

电视除与广播一起享有上述传播优势外，还拥有某些独特优势。如表现手段的综合性，即可以同时调动图像、声音、文字和画面的景别、角度、色彩等手段传播信息，以达到全面、真实、生动反映社会生活的目的；形象的直观性，它以运动的画面和声音再现客观事物的形象，可以让观众获得如见其人、如历其事、如临其境的具体感受。如此等等，这些优势只要调动得当，就能在传播中发挥激发观众接收兴趣和广泛联想的作用，收到超乎意想的传播效果。

2. 电子媒介的传播劣势

在拥有上述传播优势的同时，电子媒介中的广播、电视也存在着某些“与生俱来”的，而且只能正视而不能回避、只能随时克服而不能一劳永逸消除的传播劣势。主要有以下几个方面：

(1) 稍纵即逝，不留痕迹。广播、电视运用电波传送声音和活动图像表现内容，迄今仍然受这一劣势的困扰。声音稍纵即逝、过耳不留，只能当场、即时传受的特性，人们早就认识到了。继刘勰无意间指出声音的局限性之后，清代学者陈澧在《东塾读书记》中更明确地指出：“声不能传于异地，留于异时，于是乎书之为文字。文字者，所以为意与声之迹也。”在这里，他揭示了原生态声音的主要弱点，以及文字记录声音的功能。电波传送固然消除了“声不能传于异地”的弱点，但由于传、受双方处于异地，声音固有的不留痕迹的弱点却又有所加剧。电视的活动图像也存在着不留痕迹的弱点。因此，在广播、电视新闻实践中，经常面临着这种弱点带来的某些传播障碍。如受众对广播、电视的内容，不易留下深刻的印象；特别是有些抽象、复杂，以及理论性和技术性较强的内容，更不易在稍纵即逝的视听条件下获得透彻的理解，遇到疑难则往往只能望“难”兴叹。报纸、杂志则不同，它们可以反复阅读；遇到费解的词语或问题，也可以随时查阅词典或其他资料，或通过其他途径求得真知真解。另外，广播只闻其声，不见文字，有些同音异义词也容易使听众产生误解。

(2) 声光符号，不易保存。在保存信息方面，印刷媒介具有很大的优势，所以有人称它是“历史教科书”，最丰富翔实的“历史档案库”。许多历史学家研究过去重大的事件以及一些历史上的重大发现，都是借助过去的报刊完成的。而广播、电视的信息符号是几经声电、光电转换的声音和图像，即使在录音、录像设备日益普及的条件下，可保存性也不及报纸。它的保存不仅受到设备（录音机、录像机、磁带、光盘和能源）的限制，还要求相当高的保存条件（如温度、湿度等）。这对听众、观众个人来说尤其不方便。

(3) 线性传播，选择性差。报纸以“面”的、实体的形式呈现在读者面前。读者读报可以按自己的需要和兴趣选择内容，拥有较强的自主权和选择权。而广播、电视则按时间顺序安排播出内容，以接连不断的“线”的形式一一呈现出来，受众也只能依序收听收看，很难自主选择自己喜爱的节目和内容，也就难以主动把握重点；在特定时间里，听众、观众只能有效地收听或收看一套节目，而且只能按时间顺序一条一条地收听（看），不能提前，也不能推后，更不能错过接收时间。如果你只想听（看）一套节目中一条新闻或一则评论，就必须耐心等待前面的稿件播完以后才行。正是从这个意义上说，广播、电视的听众和观众往往处于被动或半被动的接受状态，他们的选择权是不完全的，即只能宏观地选择节目，而不能微观地选择节目的具体内容。

广播、电视作为电子媒介，在拥有源于传输、符号系统的传播优势的同时，也面临着有待克服的传播劣势。如何处理好这一对矛盾，是每一个广播、电视工作者在工作实践中经常遇到的问题。它们的传播劣势，对于新闻评论的消极影响，远远高于对其他体裁，也更加不易克服，亟须毫不懈怠地予以正视，千方百计地化解其消极影响。否则，广播、电视评论就难以摆脱前面所说的顾此失彼的尴尬。

第三节　电子媒介接收方式的特殊性

接收方式，当然是受众接收、理解新闻信息的方式。可是，确切界定这个概念需要考虑许多相关因素，不像理解字面意思这么简单。这些因素包括：（一）不同媒介有不同传输、符号系统，因此各自的接收系统也不尽相同；（二）受众固然是接收的主体，但当他选择某一种媒介，事实上也就选择了与其传播方式相应的接收方式；（三）受众无不带着某种“先结构”① 参与接收，而非用“空白的脑袋”面对“文本”；（四）接收作为传播全过程的终端，如何接收既受媒介传播方式的支配，又反作用于传播方式，并直接影响传、受效果。这里把这些因素，按前面所说的“符号系统×接收系统＝接收方式→接收特点……”这半截“方程式”综合起来，将“接收方式”界定为：受众借以接收信息的、与传播方式相适应的解码或解读条件和方法的总和。

在这一界定中，“条件”指接收系统的构成，主要包括接收主体（受众）的整体状况和必要的接收装置；“方法”主要指符号转化和解读的一般方法，则同媒介的符号系统和受众的整体接受能力、接收习惯紧密联系在一起。也就是说，受众既是接收主体，又是接收系统的重要组成部分。条件和方法的联系和区别，则意味着受众虽然是接收主体，但以什么方式接收，事实上又受某些外在因素，尤其是媒介传输系统及与之相应的接收系统的支配；因此，受众虽

① 海德格尔语，参见本书第二章。

能够能动地接收和理解，但能动程度除自身的接受能力以外，还受上述外在因素的限制。从这个意义上说，正确理解和适应接收方式，主要是传播主体而不是受众的课题，而且是直接关系传播效果、需要经常面对的课题。

电子媒介是用日新月异的现代电子技术武装起来的新型媒介，受众也随着广播频率、电视频道和互联网站迅速增多而日益细分化。其接收方式不仅与报刊有别，而且广播、电视、互联网之间也有不少差异。这种特殊情况，既增加了分析的复杂性，也必然带来认识的不确定性。有鉴于此，同时也限于我们自身的条件，这里不可能对电子媒介的接受方式作全方位的考察和分析，只能从传播主体的视角出发，就同新闻评论关系密切的两个问题——接收系统的构成和受众的整体状况，讲点认识所及而未必中肯的看法。

一、接收系统的特殊构成

接收系统包括接收者的整体状况和接收装置。但不同媒介的受众群体和接收装置的具体构成，存在着不容忽视的区别。因此具体认识和确切理解电子媒介接收系统构成的特殊性，需要进行两个层次的比较：

1. 相对于印刷媒介的特殊性

印刷媒介除传递途径外，一般不需要借助其他接收装置，但要求读者具有一定的文化水平和阅读能力。电子媒介则首先要求接收者拥有与传输系统相应的接收装置，而对文化程度和阅读能力的要求，除互联网外，广播、电视一般没有绝对的标准。这是人所共知的常识，无须多说。

电子媒介既然比印刷媒介更依赖接收装置，自然就得受接收装置的制约。随着电子技术的发展，接收装置越来越轻便、多样，操作越来越简易，信号转换和音像还原越来越清晰、精确。这一切既赋予传播主体争取预期社会效果的必要物质、技术条件，也为受众获取信息、增进知识、丰富文化生活提供了相当可靠的保证。但是，电子技术日益精进，只是方便接收，并没有改变接收原理和基本程序，上面所说的电子媒介的传播劣势，依然通过相应的接收装置转化为接收劣势，有时还可能导致某种接收障碍，从而影响、削弱接收效果。[①] 十多年前，我国东北地区曾经一度流传着一种“顺口溜”式的说法：“看报纸先看报屁股后看报头，读文章先读中间再读两头。”这本来是批评报纸版面安排与群众关注重点脱节，批评某些文章“穿鞋戴帽”——开头、结尾尽是言之无物的空话、套话之类的恶劣文风。可是从另一面看，这句话其实还隐含着一

① 参见［美］《海峡》杂志《电视新闻的三次革命》，《广播电视参考资料》1984 年第 5 期。这篇文章广泛地论述技术进步对电视新闻的正负面影响，它的主要论断也适用于广播及其他新闻体裁。

层意思：报纸毕竟给它的读者提供了先看什么、后看什么，或不看什么、反复琢磨什么的可能性和选择权。与电子媒介中的广播、电视相比较，报纸读者显然享有更充分的接收选择权。如果上述推导不无道理，这未尝不可以成为理解电子媒介接收方式局限的一个坐标或参照系数。

2. 不同电子媒介之间的差异

广播、电视与互联网接收系统的具体构成，存在着明显的差别。前面说过，随着广播频率、电视频道的增多，广播听众、电视观众日渐分流。不过，就新闻传播而言，听众和观众的文化程度大致相同；个体虽然有所变化，整体状况也是基本稳定的。网民的平均文化程度比听众、观众高，但随着互联网的普及，网民的整体状况正处于变化之中。不过，无论听众、观众还是网民，都是通过一定电子装置接收信息的，他们的接收方式的差异主要源于因传输、符号系统而异的接收装置，并相应地影响着特定媒介的接收率和接收效果。

先说广播。广播运用电波传送的声音传播信息，听众通过收音机接收。随着收音机的小型化和日益便于携带、运动收听，基本上已经成为个人接受工具，完全可以在既不干扰他人、也不受他人干扰的情况下接收；但也伴随着相应的接收劣势，如只能持续收听而不能掐头去尾专门收听某一片断，只能听声而不能既“听言”又“察色”，遇到同音词也容易产生误解，等等。如果说小型、便携、运动收听装置，是广播面对电视、互联网强劲挑战，仍然保持生命力的因素之一；那么，上述弱点则限制了广播的发展空间或市场占有份额。

再说电视。电视同时运用听觉和视觉符号传送信息，观众则利用电视机接收声音和画面。电视的传送、接收装置两相配合，让观众可以更加具体、形象甚至同步，有如置身现场地了解客观世界的发展变化，视听兼备也有利于增强接收印象，这是电视之所以成为强势媒介的决定性因素。但也伴随着相应的弱点，如迄今为止基本上还是家庭的、静置的接收工具等，这也许是电视虽强却不能“唯我独尊”、不能取代其他媒介包括广播的原因之一。

互联网作为新闻传播“平台”，集当代印刷、电子媒介的传播优势。网民通过计算机，可以以读、听、视等方式迅速接收和获取各种信息，而且可以直接参与传播。但“网络世界”毕竟是按“三无”[①] 设计的虚拟世界，迄今仍然存在着信息可信度、传受安全等方面的困扰；对网民文化程度、接收装置和操作技能要求较高，这对于普及率也有一定的影响。从接收的角度说，互联网拥

① 1969年，美国五角大楼出于军事需要建立了这种网络。为避免整个系统在战争爆发时遭到核攻击而陷于瘫痪，设计者把它建成一个连接各种国防电脑的“三无”网络：无人管理、无指挥中心、无主人。参见1995年7月2日《人民日报》“五洲茶亭”文章。

有的潜在优势仍有待进一步开发。

从上述简单的比较中，可以引出以下三点基本认识：

（1）接收装置只是工具，它对于电子媒介传受效果的正、负面影响，取决于受众的接收活动，尤其是传播主体的传播活动。

（2）传播主体的活动对于传受效果影响，集中表现在“文本”处理、符号组合的过程中，自觉适应既有接收装置以及因装置而异的接收方式的程度方面。

（3）对于新闻评论而言，如何适应因装置而异的接收方式，是一个远比其他体裁严峻得多的经常性课题。

二、电子媒介受众的整体状况

任何媒介都面向一定的受众，二者之间存在着相互依存、相互适应的关系。受众选择某种媒介，就形成与媒介的传播方式相适应的接收方式和接收心理；而媒介要现实预期的传播效果，则要时时顾及受众习惯了的接收方式和接收心理。读、听、视，其实都有其相应的接收方式和接收心理定势。

1. 广播、电视的受众状况

与印刷媒介的读者相比较，电子媒介中的广播听众和电视观众的基本状况，大致可以这样描述：（1）由于较少受文化程度的限制，听众和观众的绝对数量多；（2）按接受能力划分的层次多，在成年人中至少多了文盲、半文盲这么两个受众群体，此外还有尚不具有完全阅读能力的少年① 和学龄前儿童；（3）整体的平均接受能力，低于报纸的读者；（4）多数听众和观众处于半接收状态。如果说前两个因素意味着某种优势，那么后两个因素是否意味着某种劣势呢？当然，受众个人的状况是变化的，但作为整体却如同“长江后浪推前浪”将长期保持着动态的稳定性。如受众层次多，虽然成年人中的文盲、半文盲终将消失，但永远存在着暂时不掌握完全阅读能力的少年和学龄前儿童这两个群体，因此整体接受能力低于报纸读者也将保持下去。

在上述这些标志广播、电视受众状况的因素中，与文化水平直接联系在一起的接受能力，对于广播、电视评论个性的发展无疑具有决定性的影响。上海在1995年对市区广播听众的调查中，注意了听众文化程度与收听爱好的关系；其中的数据，为我们提供了一个间接的，但颇有说服力的证明。兹节录调查报告的附表于下：

① 西方有些国家将新闻广播定位于面向9岁以上的人群。参见［美］马克·霍尔：《广播新闻》。

文化程度	小学及以下	初　中	高　中	大专及以上
收听人次 比　例	807 15.6	1850 31.3	1645 33.7	925 16.8
节　目 收听比例	百灵鸟 30.4	990 清晨新闻 36.0	990 早新闻 37.4	990 早新闻 40.0
节　目 收听比例	快乐少年 25.8	990 早新闻 27.7	990 清晨新闻 36.1	990 清晨新闻 33.1
节　目 收听比例	990 清晨新闻 22.9	相声集锦 19.1	相声集锦 19.7	东广早新闻 22.2
节　目 收听比例	990 早新闻 22.7	说说唱唱 18.7	逍遥星期天 17.6	股市今晚谈 14.7

从上表可以看到，在广播听众中，具有初中和高中文化程度的占将近 2/3①，他们对于新闻广播的接收率明显高于小学以下而略低于大专以上的群体。在同一年山东城乡听众的调查中，各种文化程度的听众则分别为②：

文化程度	文盲半文盲	小　　学	初　　中	高　　中	大专以上
整体比:%	4	17	34	32	13
城市比:%		8.4	24.7	42.2	23.1
农村比:%	7.1	25.5	43.4	24	

其中，初、高中文化程度的听众也占 2/3 左右，城乡的差别主要表现在初、高中分别接近 1:2 和 2:1。上海的调查数据还表明，文化程度越高的听众，收听新闻节目的比率也越高。以同一文化程度的听众为 100，收听早新闻的听众由高到低依次为 40%、37.4%、27.7%、22.7%，收听清晨新闻的依次为 33.1%、36.1%、36%、22.9%；二者合计则依次为 95.3%（加东方广播电台早新闻 22.2%）、89.4%（加东广早新闻 15.9%）、77.7%（加东广早新闻 14.7%）、45.6%（缺东广数字）。当然，这是市区听众的情况，未必具有普遍的代表性，但由此也许可以推知广播评论的主要听众是拥有初中文化程度以上的人群。电视评论观众的文化程度，估计大致差不多。

① 据《中国广播电视年鉴（1996）》，北京广播学院出版社 1996 年版，第 437 页。表中的收听人次为调查样本的累计收听人次；这次调查的设计样本为 1000 人，实际调查 997，累计收听人次为 5163，累计收听率为 516.3%。

② 据《中国广播电视年鉴（1996）》，北京广播学院出版社 1996 年版，第 443、444 页。

如果这个推断大致符合实际，那么，以面向文化程度为初、高中的受众为主，也就可以认为是广播、电视评论个性发展的定位基点之一。不过，这只是大致的推断，权供参考吧。怎么具体、确切地把握听众和观众的接受能力，为广播、电视评论在内容和形式方面的取向提供一个比较可靠的基础，看来仍然是一个有待引起重视的问题。

2. 网民的基本情况

我国互联网起步较晚，但发展十分迅速。据中国互联网络信息中心（CNNIC）发表的数据：从 1998 年 7 月到 2002 年 7 月的四年中，全国互联网络用户由 117.5 万，依年递增为 400 万、1690 万、2650 万和 6800 万，呈加速度发展态势。网民的构成及变化情况，据 CNNIC 历年发表的《中国互联网络发展状况统计报告》节录于下表：

网民的性别、年龄和文化程度构成

时　间	男女比例	18 以下	18～30	31～40	41～50	51 以上
2000.1	79:21	2.4	75.6	15.9	4.5	1.6
2000.7	74.7:25.3	1.65	76	15.6	5.1	1.7
2001.7	61.3:38.7	15.1	52.9	20.1	8.0	3.9
2002.1	60:40	15.3	52.5	20.3	7.6	4.3
时　间	高中以下	高　中	大　专	本　科	硕　士	博士以上
2000.1	3	13	32	45	6	1
2000.7	2.54	12.79	32.81	45.93	4.97	0.99
2001.7	8.7	28.8	26.7	33.6	1.8	0.4
2002.1	10.2	30.0	26.9	30.4	2.1	0.4

这些数据相当清晰地显现了网民整体构成的基本走向：（1）性别比重差距日趋缩小；（2）青、壮年比重两年间从 92.5%缩减为 72.8%，18 岁以下和 50 岁以上的网民比重明显增大；（3）高中以上文化程度网民的比重虽有所降低，但比性别、年龄构成的变化少得多。如果说前两个数据是互联网日益普及、网民队伍迅速扩大的必然反映，那么后一个数据则说明面向较高文化程度的网民，仍将是包括网络评论在内的网络新闻传播的主要定位基准。

此外，社会科学院对 12 个大、中、小城市的调查报告① 提供的两组数

① 社会科学院调查的 12 个城市为：北京、上海、广州，成都、长沙、西安、沈阳，以及广东的南海、河南的义马、山东的即墨、湖北的广水和河北的丰南。

据，值得特别重视。其中一组显示在接受调查的网民中，阅读新闻的比例按年龄划分依次为：17～24岁约占50%，25～34岁超过60%，35～44岁近70%，45～60岁略多于60%，从不阅读新闻的仅占3.4%。另一组数据显示不同文化程度使用互联网的概率：与初中及以下的网民相比，受高中、大专、本科及以上教育的网民使用概率分别提高0.142、0.178和0.207。[①] 将这两组数据结合起来，也许可以引出这样的判断：网民对互联网的使用概率和新闻阅读率，与受教育程度成正比。如果这一判断接近实际，那么，它是否预示了网络评论潜在着大有可为的发展前景呢？答案看来是肯定的。

三、受众、接收装置孰主孰从？

作为接收方式的两个主要构成因素，受众与接收装置究竟是怎样结合在一起，或者说互相之间形成什么关系呢？

电子媒介的受众，无不依靠一定接收装置。这乍看像是收音机、电视机、计算机决定着听众、观众、网民的接收方式，装置的性能决定着接收的效果。其实不然；受众与接收装置不仅是互动的，而且受众在互动中始终处于主导地位。依据呢？上面的比较分析，为这一判断提供了以下依据：

(1) 受众选择什么媒介，同时也就选择了包括接收装置在内的相应接收方式；在这一过程中，受众拥有完全的选择权。

(2) 因此在接收心理上也就形成了相应的第一期待。如选择广播期望通过"听"获取信息，选择电视的第一期待则是"视"，选择互联网在现阶段主要还在于"读"。

(3) 受众不是被动地适应，而是越来越主动地驾驭接收装置，如随时调换广播频率、电视频道和点击网页等等。

(4) 更为重要的是受众在接收的同时，也自觉或不自觉地调动自己的"先结构"解读所接收的内容。不仅文化程度，而且他所处的社会环境、位置、经验、阅历乃至接收经历、即时接收状态，都影响着他选择接收什么、如何接收和接收效果。这也许就是为什么利用同样接收装置接收同一讯息，不同受众会有不同的认知、理解和感受、印象的主要缘由。

新近发布的社科院的调查数据，从一个侧面提供了有力的佐证。调查报告以比例尺显示，影响网民接收新闻的，除上面说的受教育的程度和年龄以外，使用网络的经历从1年到5年以上的网民，阅读新闻的比例分别占42%、

① 资料来源：2003年9月17日新浪网新闻页。

52%、57%、64%、65%。[①] 报告据诸因素的共同作用，引出了以下结论："对中国这样处于急速转型阶段的社会而言，如果说互联网是一种机会的话，那么，不同的社会阶层把握这种机会的能力是不同的；如果说互联网是一种挑战的话，不同的社会阶层应付这种挑战所拥有的资源和成本也完全不同。在面临一种新技术所带来的社会变迁时，理论上的机会均等和历史时点上的巧合，并不能保证我们有事实上的平等。在从社会空间向虚拟空间的转移过程中，我们不仅需要付出经济上的资源或成本，还需要跨越许多无形的障碍，包括教育鸿沟、性别鸿沟、代沟（反映在年龄上的差距）、社会分工（职业差异）和观念上的差异（对互联网的态度）。在现实社会中，处在社会分层顶端的社会阶层，更容易跨入虚拟空间之中。他们能否在虚拟社会中保持这种先入优势，这种先入优势会不会反过来强化现实社会中的分层结构，都是值得关注的问题。"[②] 这里说的虽然是网民状态对于使用互联网和接收网络新闻的主导作用，但其基本思路大致适用于考察听众、观众状态与接收装置的关系。不过，比较而言，听众、观众由于对接收装置的依赖程度较低，因而主导作用也相应地更强一些。

明确这个主从关系，也就明确了电子媒介究竟如何适应受众接收方式。如何适应呢？当然不能无视接收装置，但关键在于适应利用特定装置接收信息的多数受众的接收状态，包括他们的平均接收能力和一般接收心理、接收习惯。也就是说，传播主体在包括处理各种讯息或"文本"在内的整个传播过程中，必须时时处处考虑受众不仅凭借收音机、电视机、计算机接收，而且凭借他们各自不同的"先结构"接收，并把适应的重点切切实实地放在后一方面。这对于新闻评论，尤其是广播、电视评论能否赢得受众青睐、获得预期效果，具有举足轻重的意义。

第四节　电子媒介评论的个性发展方向

在本章的绪言中说过，不同媒介评论个性特点的形成，直接受媒介传播方式、受众接收方式和新闻评论体裁特征这三个因素的制约。不过，这三个因素并不是各自发挥作用的；它们不仅相互依存、互为作用，而且它们的不同侧面也经常相互制约。比如，新闻传播通过特定媒介，面向受众；作为传播主体的传播者，无论忽视媒介的传播方式或受众的接收方式，在驾驭体裁方面的努力

① 由于比例尺没有标明绝对值，这里列岸的数据均分约数。

② 郭良：《互联网使用状况及影响的调查报告》，据新浪网。

都难以完全摆脱盲目性。又如体裁本来是符号的组合，但符号的处理既需要遵循媒介传输系统和接收系统的运行规则，也不能背离客观事物的本来面目和社会语言环境。如此等等表明，要弄清楚上述诸因素如何制约电子媒介评论个性发展，决定它们的个性发展方向，就需要从弄清三个因素的相互关系入手。

一、媒介、受众如何影响新闻体裁？

迄今为止，互联网仍然主要运用文字传播新闻信息；它的传播方式和传播特点尚处于形成的过程中，其对于新闻体裁的影响有待继续考察，只能暂付阙如。这里大致说说广播、电视媒介的传播方式和听众、观众接收状态的影响。

1. 广播、电视传播方式的影响

如上所述，广播、电视的传播方式和传播特点，是巨大的传播优势和不易克服、消除的传播劣势的对立统一。它们的传播优势，对于各种新闻体裁的积极影响总的说是一致的，即所有新闻体裁都可以享有电传输带来的迅速、覆盖范围广、可能的受众多的优势；而其传播劣势对于新闻评论的消极影响却远远超过其他新闻报道体裁，而且更加不易克服。这样说绝非夸大其辞。这是因为新闻评论要保持政论性特点，就离不开必要的概括和抽象；这样，它所表达的内容，也就不像其他新闻报道中的具体事实那样可以直接感知，那样容易理解，而往往需要经过一番思考和琢磨。而广播、电视的线性的、非实体的传播方式，决定它们只能一句话接着一句话、一个画面接着一个画面不绝如缕地传送内容，几乎没有也不可能为听众、观众提供想一想、琢磨一番的必要条件。一方面是需要想一想才能更好理解的政论性内容，一方面是几乎没有为人们提供想一想的条件的媒介传播方式，这两方面碰在一起，构成了多么尖锐的矛盾啊！

不妨以听众、观众的身份感受一下，在稍纵即逝的条件下，能不能既专注收听、收视又认真思考一番？在不易保存、不能倒检索的情况下，到底有多少可能去仔细推敲、琢磨那些一时没有完全明白、透彻理解的内容？在不能微观选择的情况下，是不是能够准确地把握重点和难点，在关键处格外地用心听、用心看？虽然不能说完全不可能，但对多数听众和观众来说，恐怕是难以办到的。所以，如果说在阅读中，概括、抽象的政论性内容不易理解的问题不难解决，那么在听广播、看电视的过程中，这却是一个不折不扣的难题。在这里，不仅是广播、电视传播方式中包含的劣势加剧了政论性内容的理解困难；政论性内容的较高浓缩度，也反过来影响广播、电视，使它们的传播劣势显得更加突出。二者相互联系、相互为用的综合效应，提出了一系列关系广播、电视评论个性发展的问题。略举如下：

(1) 如何将概括、抽象的论述，处理得让听众、观众一听就懂，就能明白其中的意思，甚至能够引发他们的思考和联想？

(2) 如何调动音像手段为阐述论题服务，唤起受众的接收兴趣，吸引他们从无意接收状态进入专注接收状态？

(3) 如何把握、突出重点和改善、强化重点内容的表达，为处于半接收状态的受众认知、理解和琢磨重点内容创造条件？

当然还有其他问题，不过这几个问题对于在线性传播、音像符号稍纵即逝条件下播出的广播、电视评论，无疑是直接左右其传播效果的关键性问题。在理论与实践结合的原则指导下，寻求解决这些问题的规律性认识和途径，显然是广播、电视评论个性发展长途中的主攻目标之一。

2. 听众、观众整体状况的影响

这一因素对于广播、电视评论的影响，也远远超过对其他报道体裁的影响。如果说听众、观众数量多，是各种广播、电视新闻体裁都可以享有的优势，那么听众、观众层次多和平均接受能力比较低、经常处于半接收状态，则给广播、电视评论如何处理它们的政论性内容，提出了这样那样的难题。如一则评论是不是一定要满足不同层次受众的需求，又怎样才能满足这种需求？怎样处理才能既让接受能力相对较低的受众易于理解，也引起接受能力较高的人接收兴趣？怎样使说理娓娓动听、引人入胜，能够引起受众的共鸣、唤起他们的接收兴趣，进入专注接收的状态？这些都是广播、电视评论需要经常认真对待、精心处理的问题，否则就难以真正拥有众多的受众；而解决这些问题，则必然导致评论内容和形式的一系列发展变化。近年来，广播、电视评论领域的一系列新的尝试，如，中央人民广播电台《新闻纵横》的开办，中央电视台《焦点访谈》、《东方时空》的改版等等，都可以说是努力适应和满足受众需求和接受能力、接受习惯的反映。

遗憾的是我们对于听众、观众如何接收广播、电视评论，他们的认知、理解程度，几乎没有掌握什么实证材料。西方学者对于受众的研究，也多着眼于"泛"新闻的接收状况，而且仍处于众说纷纭的状态。从启发思考出发，摘录几例西方学者的研究结果于下：

• 对广播新闻的理解和回忆的实验表明，在一般情况下人们所记住的内容不会超过所报道的新闻20%（阅读当时记住的可达40%）。头条新闻（首因效应）和新闻的开头部分（层次效应）的记忆率，高于其他部分。场景信息最容易被认知；具有与所报道的新闻相关知识的听众，回忆比率大于30%。

• 听众和观众在接收一次性播报的 7 条新闻时，分别多达 34% 和 21% 的人连一条新闻也回忆不起来。研究者认为，这主要是由于“无论是广播听众还是电视观众，他们在收看或收听时都在做其他事情”，即处于随意接收状态。

• 在一次对旧金山市民接收晚餐时段电视新闻的问卷调查中，发现在平均 19.8 条新闻中，观众在没有任何提示的情况下，只能想起 1.2 条，多达一半根本不能回忆起任何报道。给予新闻主题提示之后，大约有 20% 的人能回忆起这条新闻的内容。

• 画面在电视新闻理解中起了重要的作用。在使用情景画面的情况下，对新闻事件后果的回忆率可以从 10% 上升到 43%；使用有关新闻发生地的地图，回忆率可提高到 61%。①

荷兰有位学者据这些不同的研究结果，引出若干被称为“结论”的看法，兹将与广播、电视有关的部分摘录于下：

(1) 广播和电视新闻的回忆率一般较低。在不提供任何帮助的自然状态下，一次性播放的新闻的回忆率可能不到 5%，其识别率（按：指即时认知和短期记忆）最高大约在 40% 左右。

(2) 一般情况下，以前的知识，无论是受教育还是对某些问题或主题的特殊兴趣而得来的，都能提升新闻的理解和回忆。

(3) 提升回忆率的表达和文本因素有首位（效应）、使用声音或图片强调前因和后果等结构性因素，与新闻价值所具有的同一性、表达新闻价值的内容特征（接近性、相关性、意外性等）。

…………②

虽然他所说的是新闻报道，但对于了解听众、观众接收状态以及新闻评论如何适应这种状态，不无参考价值。

当然，其他媒介的新闻评论，也存在着如何适应变化着的受众的需求和接收能力、接收习惯的问题，但一般不像广播、电视评论这么尖锐、突出，这么同体裁的前途和命运休戚相关。

---

① 据《作为话语的新闻》，华夏出版社 2003 年版，第 157～161 页。

② 同上，第 163 页。

二、优势与劣势的不同性质

无论媒介、受众还是体裁，都有其相应的长处和短处，或优势和劣势。它们虽然存在于同一个矛盾的统一体之中，但性质却不尽相同，既不能等量齐观，更不能只强调其优势而无视或回避其劣势。实际上，所有优势都是潜在的，即它们只是提供某种条件或可能性；只有善于恰当利用，才能成为实际的传播优势。如果不善于利用和调动，如果广播、电视报道的尽是一些陈年旧事，评论的尽是一些早已解决或鸡毛蒜皮的问题，哪来什么媒介的迅速、及时的优势，受众多的优势，评论体裁的舆论优势呢？而它们的劣势则是实在的，也就是说，如果不能有效地消除或克服，它就必然构成某种传播障碍，从而影响传播效果。

从“木桶理论”① 的角度说，只有补短才能扬长。广播、电视评论在媒介、受众、体裁方面所拥有的优势能否得到充分的发挥，固然取决于是否善于调动和利用它们，同时也在很大的程度上依赖于能否有效地克服和消除劣势。从某种意义上甚至可以说，克服劣势是发挥优势的必要条件。广播、电视界的同志常常慨叹不得不带着“镣铐跳舞”，恐怕也就是由于优势与劣势并存，而且发挥优势在很大程度上以克服劣势为前提所使然。从自由是对必然性的认识和利用这个哲学原理出发，假如不接受来自媒介、受众和体裁的约束，那就不可能形成健康、完美的广播、电视评论个性。

三、媒介、受众的稳定性和体裁的可塑性

广播、电视媒介的传播方式和传播特点，包括它们的优势和劣势，来自它们的传输系统和符号系统。即使传输技术和设备日新月异，但只要声、光、电的物理性能和符号的表意功能、组合规律不变，它们的传播方式就是稳定的，而且是“刚性”的稳定。受众的状况，作为个体虽然经常处于变化之中，作为整体也是相当稳定的，不过属于与“刚性”相对应的“柔性”的稳定。而广播、电视评论是一种由符号组合而成、为表现特定内容服务的体裁或话语形式，而且本身仍然处于发展和完善的过程之中，无疑是三者之中最活跃、最具可塑性的因素。从这三个因素的基本态势看，当然只能体裁服从媒介、受众，适应媒介的传播方式和传播特点，适应受众的需求和接收能力、接收习惯；如

---

① 所谓“木桶理论”，是经济管理和决策当中的一个重要原理。艾丰在《需要你啊——“软科学”》中，曾作了这样的解释：“您见过用一块块木板箍成的水桶吧，假若这些木板长短不齐，那么木桶的盛水量取决于哪一块呢？最长的吗？不。平均长度吗？不。它取决于最短的那块板。”《思考的笔》，中国新闻出版社 1987 年版，第 39 页。

果反过来要求媒介、受众适应体裁，那就无异削足适履，就无所谓广播、电视的新闻评论了。

当然，新闻评论体裁的可塑性也有一定的客观限度。如果无视它的客观限度，像捏泥人那样随意捏弄，或者唯适应媒介传播方式和受众接收方式是求，可塑性就可能异化为破坏性，从而削弱乃至完全背离体裁的基本特征。那样，广播、电视“新闻评论”就可能徒具虚名，它们可能成为广播、电视的别的什么体裁，却未必是名副其实的新闻评论。鉴于在广播、电视领域里，这种“异化”了的“评论”迄今还时常可以见到，对如何把握体裁可塑性的“度”作些探讨也许不是多余的。

怎样把握这个“度”呢？在新闻评论体裁特征中，与媒介传播方式和受众接收方式关系最密切是政论性特征。这一特征的核心，是以说理的方式阐明对于事物的看法；而任何说理都以逻辑思维为基础，都离不开概念、判断和推理等逻辑方法，也都带有一定程度的概括和抽象。如果说所有表达方式无不具有两重性，那么，同与之相对应的具体、形象的表达相比较，概括和抽象的两重性大致如同施拉姆在讲到“抽象的梯子”时所说：

> 在梯子的抽象一头，人们可以较快地处理信息，但只是为了较少的人，而且伴有较大的误解风险；在另一头，人们可以与许许多多的人进行交流，但不太经济。大多数科学上的谈话（科学家之间的谈话）往往是抽象程度很高的谈话；最实际的、日常性的谈话往往是抽象程度很低的谈话，这是为了便于人人都能参加。①

也就是说，概括与抽象的表达，一方面可以用较少的符号表达较丰富的内容，另一方面却可能增加理解的难度、引起歧义乃至误解。正因为这样，概括与抽象既是新闻评论强化政论性这一体裁特征，实现揭示事物实质、阐述规律性认识和预期舆论目标不可或缺的手段，同时也因浓缩度高、不易理解而不同程度地限制了它的受众拥有率。与广播、电视传播方式和受众接收方式联系起来，这种两重性所蕴含的矛盾无疑更加尖锐；如何处理这一矛盾，也因此成为广播、电视评论无可回避的“两难”课题。明确这一点，其实也就明确了新闻评论体裁可塑性的“底线”：在保持鲜明政论性特征的前提下，适当控制论述的概括和抽象程度，调动一切可以调动的表现手段消除必要的概括和抽象可能带来的接收障碍。至于如何体现这一“底线”，留待第四、五章结合广播、电视

① ［美］威尔伯·施拉姆、威廉·波特《传播学概论》，新华出版社 1984 年版，第 97 页。

评论进一步探讨。

四、广播、电视评论个性的发展方向

根据以上分析，我们将广播、电视评论个性的发展方向概括为：

> 从广播、电视各自的传播方式和受众状况出发，按内容与形式统一的原则改进和完善体现体裁基本特征的方式方法，让广播、电视评论的政论性内容在广播、电视的传播条件下，尤其是稍纵即逝、不易保存、不能微观选择的不利条件下，为平均接受能力较低的听众和观众更易于理解、更乐于接受。

这一概括旨在强调：

(1) 广播、电视评论个性发展的根本目标，是以既充实中肯又易于理解的政论性内容吸引更多的受众，更加充分地发挥新闻评论的舆论功能。

(2) 务必正视传播方式、接收方式和体裁特征内在优势的潜在性和劣势的实在性，树立只有补短才能扬长的辩证观念，将主要精力集中于寻求克服传、受劣势的规律性认识和有效途径上头。

(3) 新闻评论体裁适应广播、电视传受方式，是一个内容与形式统一的过程。改进和完善体裁的努力，任何时候必须统筹兼顾内容和形式，并贯穿于从选题、立论、提炼论点、论据到处理、组合符号，即评论生成过程的始终。

(4) 从整体上说，广播、电视评论个性发展没有终点。这意味着任何一则评论体现个性特点，都只能从零开始，而不存在什么轻车熟路。当然这不是否定成功经验的借鉴价值，而是说不能简单套用；套用充其量"形似"罢了，弄不好还可能沦于"照猫画虎反类犬"的境地。

总之，明确目标，端正方向，围绕广播、电视评论个性发展的努力，才能收到预期的效果。反之，盲目的努力不仅劳而无功，甚至还可能落个"南其辕而北其辙"的结果。

第四章

广播新闻评论

广播新闻评论（下面简称“广播评论”）既是新闻评论“体裁家族”中最早的新成员，也是当代新闻广播的基本话语形式之一。它的日常播出量虽然不像新闻报道那么多，却具有不可忽视的社会影响。正如“报纸必须有了社论才具有完全的政治价值”[①] 一样，广播电台也只有经常播出自己的评论，才能充分发挥社会舆论功能。而在电子媒介中，广播评论则是唯一单纯运用声音符号表现政论性内容的评论类型；它在这方面的长期尝试和探索，除不断完善自身的特点外，也为兼用声音符号的电视、互联网评论提供了可资借鉴的经验。从后一方面说，研究和探讨广播评论，岂止是完善这一广播新闻体裁、充实广播新闻工作者基本功的需要，又岂能单纯着眼于广播评论如何如何?!

第一节　广播评论及其个性特点

广播评论当然是广播电台播出的新闻评论。但是，电台播出的并不都是广播电台自己的评论。如中央人民广播电台（下面简称“中央台”）时常摘要或全文播出《人民日报》、新华社的评论，这对于中央台来说相当于播出一则新闻，为听众提供《人民日报》、新华社就某一问题发表评论及其具体看法的信息。即使电台自己的评论，也未必都堪称“广播评论”，如有的语言佶屈聱牙，怎能上得了口、入得了耳？有的冗长不堪，不仅挤压了新闻节目的信息容量，也难以适应听众的收听状态。可见，电台播出只是广播评论的外在标志；如果局限于这一点，那就可能导致片面的理解，不是抹煞它同其他媒介新闻评论的

① 邓拓：《关于报纸的社论》。

区别，就是混淆各种广播新闻体裁之间的界限。因此，全面认识广播评论，必须同时考察这种广播新闻体裁的内在属性和外在表现。

一、广播评论究竟是什么？

从体裁或话语形式的角度看，广播评论是一种兼具媒介传受方式和体裁特征双重属性的“两栖”体裁。因此，可以分别从广播的传受方式和新闻评论体裁两个角度来界定。

1. 广播评论的定义

作为新闻评论体裁的一个分支，广播评论可以定义为：

按声音传播规律运用言语、音响表现内容，通过口说耳听传播、接收的新闻评论。

也可以把它纳入广播新闻体裁，定义为：

广播电台在新闻广播中按自身的传受方式制播的，用以阐述自己对于新闻事件和社会现象、社会问题的看法和态度的政论性体裁或话语形式。

无论从哪个角度定义，理解广播评论这个概念，都必须着重把握以下内涵：

(1) 广播评论是新闻广播中的政论性体裁。所谓政论性，指以说理为主要手段，着重从思想、政治、伦理的角度，阐述对于新闻事件和现实问题的见解，借以引导社会舆论、指导社会实践。鲜明的政论性，既是各种媒介新闻评论的共同属性，又是广播评论区别于其他广播新闻体裁，如，广播消息、广播专稿等的特殊属性。正是由于这一属性，即使反映同一新闻事件、社会现象或社会问题，广播评论同其他广播体裁也判然有别，因此也可以同其他广播新闻体裁相互配合，共同为深入反映某些重大题材服务。

(2) 广播评论是按声音传播规律写作、制作、播出的新闻评论。广播中的声音包括言语和音响。言语又可分为传播主体（评论作者、播音员、主持人等）言语和客体（受访人）言语；音响也可分为言语音响和自然音响，前者指上面两种言语中的预先录制的部分，后者包括伴随事物发展变化发生音响和因采访而发生的音响（事物音响）、事物所在或采访活动现场原来就有的音响（环境音响）以及过去录存的音响（背景音响）。如果同使用者或来源联系起来，那么，声音符号的构成因素及诸因素的关系大致可以表示如下：

上述这些声音符号虽然以自然形态的声音为基础，但不是日常言语或自然音响的直接移植，而是在广播语境中的运用。所谓广播语境，是按大众传播的基本规律构建的模拟语境，它同日常生活中语境的区别，主要表现在三个方面：(一) 它以大众为传播对象，如同传播中的文字符号一样，具有非个人化

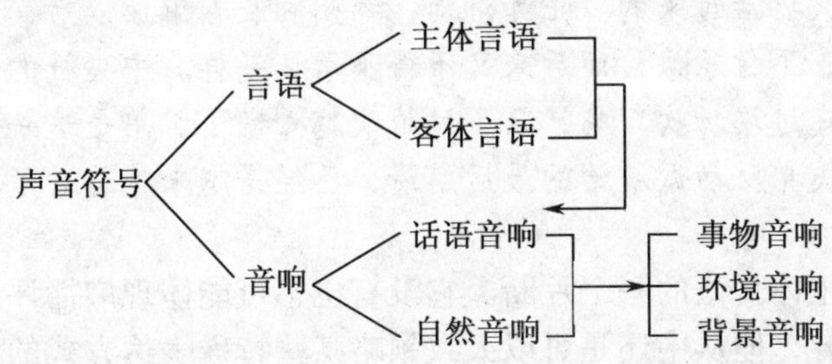

或一定程度组织化的特点。“这意味着日常口头语，口语风格和特定的词语表达在新闻报道中是不合适的，只能出现在所引用的别人的话语之中”①，即需要按“约定俗成”原则遣词用语，按公众易于理解的语法、章法组织话语。当然这不是否定个人的风格，而是说个人风格不能背离基本规则，也就是“千变万化不逾规”；一旦逾规越矩，说的人也许以为表达清楚明白了，听的人却可能不知所云、一头雾水。新闻报道如此，新闻评论岂能例外？（二）它是一种脱离具体语境的远距离传播，除了声音本身，不拥有表情、动作之类的辅助符号，也没有来自对方（听众）的直接反馈，更不可能像日常交谈那样承接对方的话语或借助其他辅助手段、外部条件。因此，与日常口头交流相比较，广播话语更需要高度重视言语本身“自足”，包括讲究言语的规范化、通俗化、口语化表达，调动言语内部要素如声调、节奏、停顿等表现手段以及按听众熟悉的语法、章法恰当剪裁、配置、组合言语和音响，等等。也就是说，广播话语只能依靠本身的完整性表达内容。（三）它要求传播者即评论主体把虚拟语境变“实”，即具体设想你面对的是哪些听众，他们与话题有什么关系、注意重点在哪里、有什么疑难等等。无论先形诸文字或直接诉诸口语、音响，都像面向眼前有这样一群特定听众那样，然后据此处理、组织各种声音符号。主体言语固然要最大限度地适应特定听众的接收状态；就是同受访人的交谈录音，也要按特定听众的听知心理和习惯作适当剪裁和组合。明确声音符号的构成、广播语境与日常谈话语境的区别，这是按广播声音传播的规律驾驭新闻评论，形成不同于报刊评论表达方式的重要认识前提。

这里且举两个例子。请带着听的观念，读读下面这一片断：

> 中央社打自己嘴巴的事太多了。他们不是说康泽已经死了吗？后来又活了。他们不是说王耀武也死了吗？后来又活了。这次又说郑洞国死了，

① ［荷兰］托伊恩·A. 梵·迪克：《作为话语的新闻》，华夏出版社2003年版，第78页。

> 可是不久又要活过来的。正如济南、锦州和长春解放以后，中央社开头还厚着脸皮，不肯承认，而后来又不得不承认一样。中央社的造谣，就像胆怯的人，走过坟场吹口哨，只不过越吹越心慌了。单是这一点，也就可以看出，国民党反动派统治的最后崩溃，已经是越来越迫近了。[①]

这是单纯运用主体言语的一个片断。它没有也不可能体现广播评论同报刊新闻评论的所有差异，但从中还是可以大致领略某些特殊表达方式的，如重视事实论据、语言通俗如话、结构脉络简洁、重点处不辞繁复等等。其中连续两个“……死了吗？后来又活了”之后，又来一句“这次又说……死了，可是不久又要活过来的”，尤其得口语表达艺术的精髓。这种繁复的表达于报刊评论也许有点累赘，于广播评论却由于适应了模拟语境的需要，收到了在稍纵即逝的条件下强化听众印象的特殊效果。

再如下面这一兼用音响的片断：

> 把名牌做强，实现可持续发展，除了丰富内涵以外，拓展外延也是提升名牌战略的重要任务。主张“莫看数量”的艾丰，还提出了一个观点——建立“企业生态”。他说：
>
> （录音）“自然生态光是老虎也活不成，实际上企业也是类似，光是孤立的强势企业，发展到一定程度也受到局限。最终名牌是少数，甚至是极少数，但是那么多企业，并不是和名牌无关，而是以利用生态关系，把名牌的优势延伸。”
>
> 实施名牌战略，从某种意义上说就是要建立起这样一个良好的“企业生态”，发挥好老虎在这个生态中的作用，让优势企业与中小企业形成以名牌为中心的产业链，这对于拉动全市经济的整体发展具有不可估量的意义。
>
> 名牌所代表的是综合实力，是整体国民素质和先进的生产方式。近20年的“名牌战略”已经为青岛锻造出了一批名牌产品、名牌企业，也为追逐国际市场风云奠定了一定的基础。在中国即将加入世贸组织的形势下，我们的名牌战略应该被赋予新的内涵、新的使命，从规模要素质，以素质打造核心竞争力。不仅创出国内名牌，更要创出国际名牌。[②]

---

① 《驳斥国民党中央社关于长春问题的造谣》，《延安新华（陕北）新华广播电台广播稿选》，中国广播电视出版社1985年版，第98页。

② 《名牌，要的是强》，青岛广播电台，2001年2月25日播出。

这是《名牌，要的是强》的结尾部分。前面依次阐述创名牌要着眼于“强”——企业效益和可持续发展，“强”的核心是增强研发和创新能力，最后落脚于建立有利于创名牌的“企业生态”。这三个论点或说理层次层层递进，形成较为符合线性传播要求、便于听知的逻辑脉络；其中的音响都像上面引语一样堪称简洁、精当的论据，只是有的作为引出论点的前提（如本段借音响引出“优势企业与中小企业形成以名牌为中心的产业链”的论断），有的则用于支持和说明论点；而主体话语则主要肩负论述和分析的任务，同时也发挥了承前启后的结构作用。这则评论收到较好的舆论效果，获得人们的好评，除了内容富于针对性，恰当其时地澄清了关于“名牌战略”的认识问题外，在表达方面主要得益于按广播声音传播规律组织话语和音响的努力。

本来，广播评论应当兼具既是“评论”、又是“广播”的评论这两种品格，这两方面本身没有主从之分。这里之所以着重阐述如何更好地适应广播的传受方式，方便声音表达，争取琅琅上口、悦耳动听的传播效果，主要是考虑到广播评论能否名副其实，关键在于是否坚持“自己走路”原则，自觉按声音传播规律体现新闻评论体裁特征，尤其是它的政论性特征。而在这个问题上，尽管作了种种尝试和探索，但迄今多数仍然停留在经验层次，尚未形成规律性认识。

（3）广播评论是广播电台的政治旗帜。正是政论性和广播的传播特点相结合，赋予广播评论以其他广播体裁所没有的特殊性质和社会功能。这就是通过对重大新闻事件或现实问题的分析论述，直接表明自己的立场、态度和具体见解，借以引导社会舆论、指导社会实践，包括人们的思想和行为倾向。所以，广播评论不仅是广播电台表达自己的见解、表明自己的态度的主要渠道，而且是社会判断电台的政治面貌和思想水平的重要标志。

总之，广播评论既是广播新闻体裁，又是新闻评论这个体裁“家族”的成员。政论性是它区别于其他广播体裁的主要标志，而主要运用由电波传送的声音表达见解，则导致了它不同于其他新闻评论的一系列特点。这是广播评论的内在属性，也是它之所以成为电台政治旗帜的基石。

2. 广播评论的发育历程

人民广播在它的草创时期，就开始以电台的名义播出新闻评论。40年代，延安（陕北）新华广播电台曾经开辟“广播评论”节目，提出“多写广播评论”的要求[①]，除播送延安《解放日报》的社论和时评，还不定期地播出本台

① 《解放区广播历史资料选编》，中国广播电视出版社1985年版，第72页。

自己撰写的评论；以后应听众的要求，决定每天19点至少播出一篇评论[①]。不过，从现存的资料看，这一时期播出的评论，多数是“根据新华社的文字广播稿改编的”，只是“按照口语广播的要求，作了一些口语化和通俗化的加工”[②]。

全国解放以后的前30年中，除了1950～1951年和1958～1959年曾经播出过少量广播评论以外，各级广播电台基本上没有自己的新闻评论。这一状况一直持续到1978年党的十一届三中全会以前。三中全会以后，中央台于1979年开始播出自己撰写的新闻评论；从此，广播评论逐渐成为新闻广播的有机组成部分，成为广播的一种基本体裁。

广播评论发展到今天，它的整体状态，大致可以用四句话来概括：（一）开始成为新闻广播的重要组成部分，但还未达到不可或缺的程度，尚未形成健全、严密的评论体制；（二）开始注意适应广播的传播特点，但还没有完全摆脱报刊评论表达方式的束缚；（三）初步形成某些表现特点，但远未完善、成熟；（四）开始重视对个性特征的探索，但还不完全自觉，多数仍停留在经验的层次。总的说，广播评论虽然近20年来有了长足发展，但在整个新闻广播中仍然是一个相对薄弱的环节，与社会日益增长的需求之间仍然存在着一定的距离。这不仅是量的问题，更重要的是质的距离，而且都同是否坚持广播传播特点和新闻评论体裁特征相结合，在评论实践中体现广播“自己走路”、“走自己的路”的方针紧密地联系在一起。由此可见，立足于广播的传播特点，立足于面向广大听众，继续发展和完善自己的个性特征，仍然是一个直接关系广播评论健康发展、充分发挥舆论导向作用的迫切课题。

二、广播评论的相对特点

广播评论的个性特点是什么？或者说，它拥有哪些不同于其他媒介的新闻评论和其他广播新闻体裁的特点？由于体裁还在发展，加上缺乏系统的研究，目前很难作全面、确切的概括。这里先就恽逸群40多年前提出的关于广播体裁风格特点的看法作些介绍，然后在这个基础上结合广播评论的实践作些探讨。

1. 广播的风格特点

① 《解放区广播历史资料选编》，中国广播电视出版社1985年版，第79页。

② 《延安（陕北）新华广播电台广播稿选》，中国广播电视出版社1985年版，第359页。

恽逸群是党的报刊宣传活动家和新闻教育家。[①] 早在1947年担任山东《大众日报》总编辑的时候，他就以广播爱好者和延安（陕北）新华广播电台长期听众的身份，就广播的风格及其主要特点，比较系统地讲了自己的看法。他说：

> 广播应该有自己的风格，这个风格的主要特点是“短、浅、软”。
>
> 短，大家都晓得了；浅就是通俗，使人一听就懂；软就是轻松、风趣，使听众在文化娱乐中不知不觉地接受你的观点。[②]

这里讲的虽然是整个广播的风格，实际上主要指广播新闻和广播评论等新闻体裁的风格特点。

这些看法，是针对当时延安（陕北）台的播出情况讲的。不过，这不是即兴式的一般议论，而是广泛地比较研究的结果。他比较研究了广播和报纸的传受特点，认为广播应该有更多“以短为主要特点的新闻、评论”；对比分析了国民党和香港广播宣传的优劣，指出国民党广播电台的宣传从来就是拙劣的，“每天除了放唱片，就是读报，使人听了腻得慌”，而抗日战争之后的香港广播电台则以节目活泼、清新、多样，进入了广大市民的生活。正是在广泛比较研究的基础上，他针对“陕北台的新闻少，更没有自己的具有广播特色的评论”的状况，强调这些是广播的灵魂，建议人民广播根据广播自身的传受特点，在广播新闻和广播评论方面“创出新路子”。所谓“短、浅、软”，其实就是服务于这一目标的广播新闻体裁的共同要求。整个看法贯穿着对人民广播事业发展前景的关注，体现了强烈的听众观念，以及从广播传受特点出发考察广播体裁风格的整体观念。

以“短、浅、软”概括广播体裁的风格特点，这在50年前是独到的，在现在也仍然不失为中肯的、富于现实针对性的见解。广播诉之于说、听，直接面对着各有不同需求、接受能力相差悬殊的各种类型的听众，只能以节目内容

---

① 恽逸群（1905～1978），江苏武进人。1926年加入中国共产党。1932年起从事新闻工作，先后任上海新声通讯社记者，上海《立报》记者、总编辑，中国青年新闻记者学会秘书主任，《译报》、《导报》总编辑。1939年到香港主持国际新闻社编务。1945年进入解放区后，历任新华社华中分社编委、社长，《新华日报》华中版社长兼总编辑，华中新闻学校校长，山东《大众日报》总编辑，济南《新民主报》社长。1949年后，任上海《解放日报》副社长、社长，华东新闻出版局局长，华东新闻学院院长。1955年因受潘汉年案牵连，从此离开新闻界。1978年12月病逝。参见《新闻学大辞典》，河南人民出版社1993年版，第728页。

② 此处和下引恽逸群其他谈话，均见《中国人民广播回忆录》，广播出版社1983年版，第125～127页。

和形式的魅力吸引听众收听。广播的各种稿件，只有短小、浅显，生动活泼、亲切平易，才能适应大多数听众的接受能力和收听状态，具有广泛、持续的吸引力。正如西方的一位广播新闻研究者所说的："银行总经理不会因为报道是用基本词汇写的而被弄得心烦意乱；相反，那些处在半收听状态中的理解能力不强的听众将会由于你写得复杂而被完全弄糊涂。"① "软"作为一种与生硬相对立的表达方式，主要强调讲究宣传策略、宣传艺术，调动听众的收听兴致，使听众从半收听状态进入自觉的、专注的收听状态。事实上，短、浅、软是不可分割的：离开短、浅，固然谈不上吸引人的魅力，而不讲究宣传艺术和策略，短、浅也将失去意义。所以，坚持短、浅、软三者统一的原则，既是新闻广播体裁更好地适应广播传受方式和听众状况的必要条件，也是在新闻传播领域里扬广播之长、补广播之短的重要保证。

那么，广播体裁的风格特点，是否就是广播评论的个性特征呢？这里有个共性与个性的辩证关系问题。广播评论作为广播新闻体裁，必须适应广播的传播方式和听众的接收状态；而作为新闻评论的分支，则必须体现体裁的基本特征。这两方面的要求，在具体的广播评论作品中，实际上既互为共性又互为个性。也就是说，从媒介的角度看，广播评论是广播中的政论体裁，它需要从适应广播的传播方式和听众的接收状态出发，体现政论性这一体裁特征，即寓媒介的共性于体裁的个性之中；从新闻评论体裁的角度看，广播评论是供听的新闻评论，因此它在体现新闻评论的共同特征时，需要时时注意遵循口说耳听的传、受规律，即寓新闻评论的共性于广播的个性之中。这样互为共性、互为个性的结果，赋予广播评论既不同于其他媒介的新闻评论，也不同于其他新闻广播体裁的个性特点。从这个意义上说，广播新闻体裁的风格特点与广播评论的个性特征，既有联系又有区别。它们之间的差别，在于广播评论的体现广播的"短、浅、软"风格特点，自有其特殊的要求和方法，所以称之为相对特点。

2．"短"的内在矛盾和求"短"的途径

在新广播领域，"短"已经成为广播界的共识。即使在广播评论中，求"短"也曾经成为引人注目的一种趋势。在80年代中期，中央台播出的广播评论，多数只有五六百字，千字以上的评论一度成为罕见的现象；有些地方台一度创办"一分钟"评论栏目，经常播出二三百字的短评论。可是，近些年来，情况似乎有所逆转，长度超过5分钟的广播评论日见增多。这固然与所阐述的问题的复杂程度有关，但主要是"短"观念有所削弱的表现。

"短"本身并不是目的，而是实现广播评论预期目标的必然要求。一般新

① ［美］马克·霍尔：《广播新闻——新闻写作指导》（尔煌译，内部发行），第46页。

闻广播体裁要求短小精悍，目的在于扩大节目的信息容量，力争在有限的节目时间内容纳更多的内容，尽可能满足听众的多方面信息需求。广播评论要求篇幅短小，当然也同节约节目时间有关，但主要是由它的政论性内容决定的。政论性内容由于具有一定的概括性和抽象性，一般需要听众聚精会神地听，才能听得明白、理解得透彻；而听众专注收听的耐久能力，却是相当有限的。文章长了，超过了多数听众专注收听的耐久力，势必影响听众的理解和接受，所以非短不可。换句话说，照顾听众专注收听的耐久力，这是广播评论求“短”的特殊目的。

(1)“短”的内在矛盾。“短”即短小精悍；就一般文章或话语说，就是在较短的篇幅内容纳更丰富的内容，不仅言之有物，而且“短而有物”。而从广播评论的特殊目的出发，除短而有物，还有一个是否“短而易知”的问题。要在篇幅短小的前提下，兼顾“有物”和“易知”，意味着至少需要随时准备克服“短”与“有物”（充实的内容）、“短”与“易知”（在听的条件下易于理解）两重矛盾，这就有如“又要马儿跑，又要马儿不吃草”，其难度可想而知。

篇幅短小属于形式，“有物”、“易知”则是对于内容和传播目标的诉求。如果忽视内容的精练，一味在篇幅上打主意，那就可能短而单薄、空洞，削弱评论的政论性内容，“短”也就毫无意义了。例如，有一则论述人口普查的广播评论，在讲到人口普查能不能胜利完成的问题时说：

> ……但是，我们还有许多有利条件。最主要的，是我们有党和人民政府的统一的、强有力的领导，有广大人民群众的积极支持和配合，有优越的社会主义制度。我们还有1953年和1964年两次人口普查的经验，有近两年来各地普查试点的经验和整顿户口的基础。所有这些，都是我们进行人口普查的有利条件。①

用100多字遍举人口普查的有利条件，的确是够短的，可是毫无实质性内容，虽短犹长，很难说能给听众以多少启发，或对人口普查能起多大推动作用。假如利用这些篇幅，扼要讲讲有关政策，如对以前因各种原因隐瞒人口资料（如虚报年龄、学历，死亡不注销户口，生育不报户口等）的问题怎么办，也许更有利于消除人们的疑虑，动员人民群众积极主动配合人口普查，提供翔实人口资料。所以，广播评论的“短”，是短小的篇幅和精练的政论性内容的统一，是言之有物的“短”。

① 据收听录音。

不过，短小精悍或短而有物的评论，却未必便于听知，能够让人一听就懂。例如下面这一段：

> 我们要建立高度的社会主义民主，最根本的是要使全体人民在共同享有对生产资料不同形式的所有权、占有权、支配权和使用权的基础上，充分享有管理国家各种事务的最高权力。①（据录音）

这是一则论述精简机构的评论的片断。在这几十字中，塞进了多少概念！光是对生产资料的这个权、那个权就有四个之多；不要说许多工人、农民听不懂、理解不了，就是有相当文化水平的干部、知识分子，恐怕也未必都能透彻理解“四权”的区别。在这里，不讲“四权”则已，要讲就得逐一加以解释，否则不仅等于不讲，而且可能反而把人搞糊涂了。所以，不问内容、不看对象的“短”，实际上是让内容俯就形式，到头来只能导致不易听知的消极后果。

广播评论求“短”之所以难，就在于短而有物、短而易知这两个具体目标，本身就是矛盾的对立统一；而同时兼顾这两个方面，则意味着又增加了一重无可回避的矛盾。

(2) 求“短”的途径。那么，怎样克服上述矛盾，在“短”的条件下同时兼顾“有物”和“易知”呢？

前人将“求短”的方法，概括为“省意”和“省文”。“省文”，即尽可能精练语言文字，压缩篇幅；“省意”，则是精练内容，剔除一切无关紧要的东西，而把精力用于突出地表现重点内容。且举一例，《春秋》记载：“六鹢退飞过宋都”，以七个字记述这件被宋襄公认为是老天示警的现象，可谓“省文”到了极致。《左传》在解释这件事时，也只注了一笔：“鹢退飞过宋都，风也。”实际上只用两字点出“退飞”是因为遇到大的逆风；然后笔头一掉，以主要笔墨记述作者认为更重要的后续事件：

> 周内史叔兴聘于宋，宋襄公问焉，曰：“是何祥也？吉凶焉在？”对曰：“今兹鲁多大丧，明年齐有乱，君将得诸侯而不终。”退而告人曰：“君失问，是阴阳之事，非吉凶所生也。吉凶由人，吾不敢逆君故也。”②

---

① 据收听录音。

② 《春秋左传正义·僖十六年》，［清］阮元：《十三经注疏》，中华书局 1980 年版，第 1808 页。“鹢”是古籍记载的一种像鸬鹚而能高飞的水鸟。

这则是“省意”的一例：它对事件本身的解释，只是一笔带过，而以较多的笔墨记载叔兴的当面回答和背地里的批评。这样处理，不论作者是否有意而为，显然有利于突出叔兴对于宋襄公的非议，以及他对自己的那套当面说词的辩解，也的确给后人理解这一事件留下相当广阔的思考空间。

虽然“省文”和“省意”都可以收到“短而有物”的效果，但对于诉诸声音的广播评论来说，“省文”犹如让人吞食“压缩饼干”，其结果只能是增加评论政论性内容的听知难度。“省意”则有似兵法所说的“伤其十指，不如断其一指”，或者像《矛盾论》所强调的抓主要矛盾或矛盾的主要方面。体现在评论中，就是突出重点，删枝刈蔓，集中力量调动多数听众易于理解的方式方法，讲透非讲不可的道理。所以“省意”实际上是整体上省，力求“长话短说”；而在重点处则不仅不省，必要时甚至不辞繁复，不惜“短话长说”。这乍看像是矛盾，其实“长话短说”和“短话长说”相结合，正是“省意”的精髓所在。卢梭曾说：

> 现在不再是对少数几个人说话的问题了，而是面向（广大的）公众，……风格的改变已成为必要；为了让全世界更好了解我，我只好短话长说。[①]

实践证明，这种结合也是广播评论在适应听众专注收听耐久力的同时，实现“短的有物”和“短而易知”这两个目标的有效策略和可靠途径。

《学习安珂敢于同坏人坏事作斗争的精神》[②]，不失是“省意”比较成功的一例。这则评论，针对社会上存在的袖手旁观、见凶不惩的“恐惧症”，集中阐述安珂精神最可贵的一面，号召人们学习安珂，为争取社会风气根本好转而斗争；为此，评论特地插入了另一个实例：

> 这样不正常的现象后来又在武汉重演：共产党员杨威一面同歹徒搏斗，一面大声疾呼：“共产党员、革命同志帮我抓坏蛋！”当时，餐馆的十几名职工在场围观，竟然没有一个人出来相助。恐惧症到了这等地步，令人愤慨！

---

① 转引自罗曼·罗兰：《让－雅克·卢梭简介》注《给达朗贝尔一封信的前言》。卢梭的政敌达朗贝尔读信后表示：“虽然这是讨人厌的，但你有权这样做，我还是读下去。”“简介”紧接着指出：“达朗贝尔，这个著名学者，五六个学术团体的成员，明白表示，他真有点害怕同这位无名小卒交锋，他的头衔只不过是‘日内瓦的公民’而已。”

② 中央人民广播电台 1983 年 4 月 15 日播出。

虽然评论并没有接触安珂精神的全部内涵，但由于号准了社会脉搏，不仅毫无片面之嫌，而且给人以深刻中肯、痛快淋漓的印象；增添这一事例，无疑可以收到唤起紧迫感的特殊效果。可见，“省意”的核心是整体上省——抓准并尽可能突出重点，而重点处适当铺开，表达得更加易于为多数听众所理解。至于如何铺开，既可以像这则评论那样引述相关材料，也可以多方取譬，像《名牌，要的是强》中的“老虎”，既用来比喻名牌之“强”，也用来比喻“企业生态”。当然也可以用驳论增强正面论述的说服力，或者用正面论述来强化驳论的雄辩力……总之，可以调动一切有利于加深听众对重点内容的理解和印象的手段和方法。

不过，这里排除“省文”，排除的只是“压缩饼干”式的“省文”，而不是语言简洁明快，说理、叙事要而不繁的“省文”。目前，有的广播评论的语言或是拖泥带水，或是花里胡哨，说理、叙事也常有叠床架屋的毛病；从这一现状出发，力求简洁明快、要而不繁的“省文”，不仅不能排除，而且必须大力提倡。同样，强调“省意”，也绝非不分主次、轻重地任意舍弃某些内容，而是为在有限的篇幅内突出重点、充分地表现重点而舍弃那些可有可无的东西。明确“省文”和“省意”的这一特定含义是重要的，否则也可能导致这样那样的偏向。

3.“浅”的症结和“浅出”的方法

“浅”，就是深入浅出，以浅显通俗、让人一听就懂的方式方法表现深刻的内容。

对于广播评论来说，“浅”与“短”是一个问题的两面：短着眼于适应多数听众专注收听的耐久力，“浅”侧重于照顾多数听众的接受能力，但目的都是为了增强政论性内容的听知效果。听众之间的接受能力差别很大，他们对“浅”的要求不尽相同。一位美国学者认为，广播新闻应浅显到使处于半收听状态的、具有9岁孩子那样接受能力的听众能够听明白。[①] 广播评论的听众以成年人为主，当然不能直接套用广播新闻的标准，但原则上应尽可能浅显，力求让那些文化水平不高、接受能力较低的成年听众，也都能听懂它的政论性内容。

(1) 浅的核心问题。有一种倾向，仿佛“浅”就是语言通俗化、口语化似的。这是片面的理解。语言通俗化、口语化，当然是广播评论浅显通俗的重要方面，但绝不是“浅”的全部要求，甚至也不是主要要求。光是在语言上求“浅”，那是浅不到哪里去的，弄得不好，还可能牺牲政论性内容，以至流于浅

① [美] 马克·霍尔：《广播新闻——新闻写作指导》(尔煌译，内部发行)，第46页。

薄和庸俗。列宁曾经指出："庸俗化和浅薄同通俗相差很远。"他揭露庸俗化和浅薄的一系列表现，其中的一种就是"每一句话都是矫揉造作，都要用上几个'民间的'比喻和'民间的'方言。"这当然不是说比喻和方言要不得，列宁自己就十分重视应用群众熟悉的比喻、成语和有特色的方言①；而是说语言从来就是思想、情感的外壳，语言方面的任何讲究，包括通俗化、口语化的努力，如果离开内容，就有走向庸俗化和浅薄的危险。有的广播评论滥用成语、乱用比喻，以至于插科打诨、油腔滑调，不正是脱离内容，孤立地看待语言通俗化、口语化的表现吗？这是一种需要警惕的倾向。

对于广播评论来说，"浅"的核心问题，是深入浅出地处理政论性内容。从表达的角度看，"浅出"首先是想方设法把深刻的内容，尤其是比较概括、抽象的道理讲得明白如话，使人一听就懂。怎么"浅出"？列宁在讲到通俗理论读物时说：

> 通俗作家应该引导读者去了解深刻的思想、深刻的学说，他们从最简单的众所周知的材料出发，用简单易懂的推论或恰当的例子来说明从这些材料得出的主要结论，启发肯动脑筋的读者不断地去思考更深一层的问题。②

列宁说的虽然是通俗理论读物，但它的基本精神同样适用于广播评论。只不过广播评论作为面向多数听众、供听的文章，它要克服政论性内容不易听知的弱点，"浅出"更需要着重注意把握两个互相联系的方面：（一）适当控制内容的抽象和概括程度；（二）尽可能为听众提供理解抽象内容的条件。下面分别就这两个方面作点说明。

（2）适当控制表达的抽象程度。新闻评论在说理的过程中，总要运用概念、判断和推理等逻辑手段以及同逻辑手段相对应的词语、句子和章法。说理抽象程度的基础，是概念和概念的关系，或词语与句子的结构。广播评论控制抽象程度，就是在准确确定代表特定评论对象的概念的基础上，恰当处理它与其他概念的关系，形成既能揭示事物本质、又比较易于理解的判断和推理；而

---

① 列宁自己曾用俄罗斯谚语"天上的仙鹤不如手中的家雀"，作为政论的标题；在《政治家的短评》中，用"鹰有时飞得比鹰还低，但鸡永远不能像鹰飞得那样高"的比喻，评价当时德国工人运动的领袖卢森堡，抨击机会主义者对她的攻击；在《唯物主义和经验批判主义》中，用"脸丑不要怪镜子"嘲笑马赫主义者。

② 这里和上引列宁的话，均见《评〈自由〉杂志》，《列宁全集》（第5卷），人民出版社1959年版，第278页。

在语言文字方面，则要求以明白确切的词语、简洁明快的句子以及平易质朴的章法表现相应的内容。

不同的概念和它的语言表现形式——语词，有不同的抽象层次。抽象层次越高，概念的外延就越大、涵盖范围就越宽，而内涵或者说概念所反映的事物的本质属性则越少，因此也越不容易理解。《传播学概论》曾介绍过一个所谓"早川阶梯"的模式说：

> 几年前，S·I·早川为了说明人类的思维和谈话能够进行的各个水平，曾设计了他称为"抽象的梯子"。他说，这是人们站在各个梯级上观看"奶牛贝茜"的途径：
>
> 第一级　科学上知道的微观奶牛和亚微观奶牛
>
> 第二级　我们所看到的奶牛
>
> 第三级　贝茜——我们用这个名字来辨认所看到的特定对象
>
> 第四级　奶牛——我们用这个符号来代表我们从所看到的或所听到的贝茜和所有其他奶牛身上总结出来的"奶牛式"特点
>
> 第五级　牲畜——这是一个更抽象的符号，代表奶牛与猪、小鸡、绵羊等共同的特点
>
> 第六级　农场财产——这个符号代表牲畜与农场里其他可出售的东西所共有的特点
>
> 第七级　有交换价值的东西——这是农场和其他可出售的东西所共有的特点
>
> 第八级　财富——这是所拥有的财产程度，可能包括贝茜的价值，但也可能包括更多更大的价值。①

其中的具体划分未必十分科学，但不无参考价值。在这个阶梯中，第三级"贝茜"指特定事物，相当于具体的评论对象；它可以同它的下位或上位概念联系起来，形成意义和抽象程度各不相同的判断，如：①贝茜的毛色花白，有一对美丽的犄角（与第一级相联系）；②贝茜是我们见到的那几头牛中的一头（与第二级相联系）；③贝茜是一头奶牛（与第四级相联系）；④贝茜是牲畜（与第五级相联系）；⑤贝茜是财富（与第八级相联系），等等。

在这五个例子中，虽然都是回答贝茜是什么，但意义和抽象程度都明显不同。①②是形容贝茜是什么，即具体解释、说明这一特定事物，不仅本身不抽

---

① 《传播学概论》，新华出版社1984年版，第96页。

象，而且旨在化解抽象，让人们获得对这一事物感性认识。③说明贝茜是一头奶牛，界定了它的属性，与最接近的上位概念联系起来；这虽然是最低层次的判断，但已有所抽象，已进入理性认识的范围。④与更高一级的上位概念相联系，这已经有点费解了；人们听了这句话就不免要问：它究竟是什么牲畜呢？⑤跨越了五级，不仅费解，而且简直让人莫名其妙。从这些例子中，可以看到在判断中，表示事物的本位概念（即形式逻辑学所说的“主项”）与上位概念（即“谓项”）间隔的梯级越多，就越抽象、越费解，同时也越容易引起歧义或误解。

新闻评论的特定评论对象，在概念的抽象层次上属于第三级。由于评论对象多种多样，以词语表现出来的概念，未必都是人们熟悉的。假如它是一个人们陌生的概念，那就需要先解释本位概念，帮助人们具体了解作为评论对象的事物。例如，《人民日报》在评论警惕不法之徒利用互联网络从事危害社会的活动时，就用相当的篇幅解释互联网络是怎么回事、为什么容易被不法之徒利用：

> 所谓互联网络是指公共电话线路连接的数以万计的电脑网络的网络。1969年，美国五角大楼出于军事需要建立了这一网络。为避免整个系统在战争爆发时遭到核攻击而陷于瘫痪，设计者把它建成一个连接各种国防电脑系统的“三无”网络：无人管理、无指挥中心、无主人。只要标明电子地址，任何信息均可自动寻找途径到达目的地。如果某一局部遭到破坏，电子邮件还会自动另找出路。①

这实际上是化解本位概念本身的抽象程度，使它变得易于理解，从而为理解评论中的判断、推理奠定基础。但是对于控制抽象程度来说，更重要的是控制本位概念与上位概念（或主项与谓项）的间隔梯级。一般地说，与距离最近的上位概念联系起来的判断都有所抽象，但抽象程度不高，也不难理解；每间隔一级，抽象程度都提高一个层次，就需要适当解释、说明，否则就不是多数人所能理解的了。例如，上面说的精简机构的那一段所以难于理解，就是因为上位概念与本位概念间隔的梯级太多，又缺乏必要的解释和说明。如果把精简机构直接与提高办事效率、方便人民群众联系起来，不是可以比与社会主义民主、与生产资料的所有权、占有权、支配权、使用权相联系，更容易让多数听众理解精简机构的意义吗？

---

① 1995年7月2日《人民日报》。

广播评论诉诸声音、面向平均接受能力比较低的广大听众，而且篇幅短小，一般不可能作多层次的解释和说明。究竟与哪一层次的上位概念联系起来进行判断和推理，既要考虑揭示事物本质的需要，也要照顾多数听众的接受能力。只要能够在一定程度上揭示事物的实质，一般应该控制在间隔梯级最少的层次上，避免作多层次的推论。把握这一原则，不仅有利于多数听众的理解，而且还具有防止节节拔高或无限上纲，以及说空话、说大话的意义。

(3) 为听众理解抽象内容创造必要条件。不过，不管怎样控制，评论毕竟离不开抽象，因此，在表达中还需要尽可能为听众理解抽象的政论性内容提供条件。也就是尽可能像列宁所说的那样，“从最简单的众所周知的材料出发，用简单易懂的推论或恰当的例子来说明从这些材料得出的主要结论。”从方法的角度说，主要是把握以下三点：

第一，稀释抽象内容。这就是运用具体事例、数字、常识、历史事实和概括社会生活经验的成语、格言等各种人们熟悉的材料以及举例、比喻、比较等各种方法说明道理，帮助听众经由具体理解抽象内容。且以《和农民朋友谈免费》为例。[①] 这篇以对播的方式播出的评论，分析、阐述有些乡村存在的所谓“免费”现象，指出这种不分青红皂白由集体代交农业税、水电费的做法，实际上是平均主义、“‘大锅饭’在农村新形势下的一种反映”。评论抓住了一个值得重视的问题，它的基本论断也相当中肯地接触到问题的实质。然而，怎样让农村听众听懂、理解并心悦诚服地接受这一道理呢？这不是很容易的事情，因为这一现象涉及到像如何看待社会主义的优越性，眼前利益和长远利益，个人利益和集体、国家利益等认识方面的问题；许多人对这种现象不仅不以为非，而且认为它体现了某种优越性，有的媒介甚至还予以宣扬。也许基于这种考虑，评论分别采取了不同的稀释手段。如农民历来有“种地纳粮”的观念，因此它以设问的方式，指出“当村里为个人代交农业税的同时，是不是也把咱们农民对国家应尽的义务给包办代替了呢”？这实际上就是利用农民固有的观念和自身的经验，启发、引导他们理解这层道理：“如果由集体为村民交农业税，久而久之，人们对国家的观念就会慢慢淡薄”。而在分析水电“免费”时，则利用农民身边的事例由浅而深地说明这种“免费”的实质。如下面这一段：

> 再比如让农民免交水费、电费的事吧。各家用多用少统统由集体支付，这种做法在“一大二公”的年月里已经做过试验，历史证明它是一种

---

① 《优秀广播新闻·社教节目稿选评析》，中国广播电视出版社 1992 年版，第 42～44 页，山西晋城郊区台 1991 年 8 月 15 日播出。

"大锅饭"。据我们最近的调查，凡是为群众代交水电费的村庄，"长明灯"、"长流水"的现象相当严重。

进而指出这种不问用多用少、一律由集体统付，既浪费了资源，也违背了社会主义条件下商品等价交换的原则："个人不掏钱，白用水和电，这算什么社会主义呢?"由此可见，只要树立为多数听众着想的观念，善于调动各种具体材料和表现手段，概括和抽象的内容是完全可以表达得浅显明白、通俗易知的。

第二，适当还原从具体到抽象的认识过程。还原作为一种表达方法，包括还原事物的发生发展过程和还原认识事物的过程两层意思。这里主要指后一种还原，也就是尽量使文路顺思路。人们在认识事物或形成论点的过程中，其思路或思维的走向一般是"材料→观点"或"论据→论点"；而在表达时，则往往以观点统率材料、以论点支配论据，其文路或行文的顺序多表现为"观点→材料"或"论点→论据"。适当地还原认识的过程，让表达与思维或文路与思路一致起来，这有利于引导听众随着作者的思路一步步接近论点或结论。

怎样还原呢?让我们看看《一则启事的更改引起的联想》① 的两个片断。这是海峡之声电台在《青年之友》节目中播出的一篇评论，它的开头两段如下：

青年朋友们，今年8月20号，台湾地区《中央日报》在第一版的广告栏内，刊登了《中央日报》社、"中国电视股份有限公司"、"中国大陆问题研究中心"联合征文比赛的启事。征文的名称是"'一国两制'征文比赛"，征文的题目是："请就'一国两制'征文，题材自定，自由发挥意见。"征文的对象是："在校的大专青年和社会青年。"但是在第二天也就是8月21日的《中央日报》同一个版位上，重复刊登了这则征文启事，在内容上作了根本性的变换。首先是征文的名称变了，把头一天的"'一国两制'征文比赛启事"，变成了"征文比赛启事"；其次是征文的题目也变了，把原来的"请就'一国两制'征文，题材自定，自由发挥意见"，改成"中共'一国两制'谬论之我见"。并且还附加了一段声明，声明说："昨日启事所刊征文题目，文字误植，敬祈原谅"。

青年朋友，一则征文启事在文字上出现误植现象，重新刊登做一下更改，这并不是什么了不起的事儿，更不值得大惊小怪。然而这一则启事的

① 《第6届全国优秀广播稿选（1987)》，中国广播电视出版社1988年版，第153～156页，海峡之声电台1987年播出。

更改，特别是后面的那句郑重其事的声明，却不得不使人感到很不平常，很自然地给人带来一些联想。……

第一段原原本本地介绍了两次启事的不同寻常的变化，第二段借此入题。这还原了提出问题的因由，它等于告诉听众：我是通过对这两则广告的比较，发现其中有些颇为值得深思的离奇的做法，才来谈论这个话题的。这就既为自己的论述奠定基础，也不着痕迹地提醒台湾青年听众琢磨其中的蹊跷，唤起他们对这个话题的兴趣，引导他们作进一步思考。紧接着的一段阐述所谓"文字误植"的看法，揭穿其中的"秘密"；它的主要部分也是运用还原的方法：

青年朋友，这则启事的更改给我第一点想法是，这则启事的更改不是像声明所说的，是所谓"文字误植"。对比一下两天的启事就一目了然。启事变更的地方主要有以下三点：一是取消了原来对"一国两制"征文的题材自定，自由发挥意见这条规定；二是硬性肯定中共提出的"一国两制"构想是"谬论"；三是声明征文比赛只发表那些也把"一国两制"看成是"谬论"的人的见解，对不同意、不认为"一国两制"是谬论的意见，一律拒之门外。青年朋友，我们从变更的三点可以清楚看出，这根本不是所谓文字误植，而是地地道道的内容上的变更。青年朋友，我们青年是有头脑的，对一些事情都有自己的看法。祖国政府提出用"一国两制"来实现包括台湾地区在内的祖国和平统一的主张。这个主张是不是可行，或者说是不是对，朋友们会有自己的看法和想法。《中央日报》等三家联合举办征文比赛，让大家自由发挥意见，这种做法，无疑是开明之举，既合乎大家的心愿，也有利于互相研讨。可是第二天这么一更改，加上了批判性的限制词，就把见解强加给了应征者，而应征者也就被剥夺了"自由发挥意见"的权利了。这样的更改怎能说是由于头一天的文字误植？

它着力分析第二个"启事"的三点"变更"，然后指出它的武断、强加于人的实质；这里的文路与人们认识这个问题的思路是一致的。经过这样的引导，人们也就可以毫不勉强地接受评论的见解了，甚至还可能往前走，得出诸如"文字误植"不过是欺人之谈一类的结论。

从这个例子中可以看到，运用还原这种方法要着重把握两点：（一）主要用于论证重要论点或关键性的说理层次，切忌不分主次、任意运用；（二）还原主要的认识环节，避免过于琐碎。把握了这两点，在关键处适当来点还原，既有助于化解抽象，还可以启发善于思考的听众作进一步的联想。在广播评论中，运用还原方法的作品不多见，从这个意义上说，这篇评论在这方面的尝试是相当可贵的。

第三，恰当运用“正—反—合”说理方式。“正—反—合”是一种辩证的思维方式，也是表达方式[①]。作为表达方式，“正—反—合”就是围绕一个论题、论点、论断或说理层次，正面讲一讲，反面讲一讲，合起来再讲一讲；这种说理方式，只要用得恰当，也可以收到化解抽象、加深印象的双重效果。对于诉诸于听的广播评论，是一种值得适当提倡的表现方法。

运用这种方法说理，等于一层道理讲三遍，会不会导致篇幅冗长呢？其实，这是两回事，二者之间并没有必然的联系。现在不少广播评论篇幅偏长，主要是由于不分轻重、主次，或者是面面俱到、四平八稳地讲道理，或者叠床架屋地罗列事例，并不是由于在重点处反复说理所造成的。上面在讲到“省意”时，曾经强调“省意”是整体上省，而在关键处则要不惜笔墨、不辞繁复。如果按照这个原则运用“正—反—合”的说理方式，固然在某一部分或某个说理层次需要增加篇幅，在整体上却不仅可以不增加篇幅，而且还可以使“不辞繁复”更加富于变化。且看下面这一片断（其中的序号系引者所加）：

> ①事物变是绝对的，不变是相对的，就看咋个变法。②如果这种变没有脱离党的农村基本政策，符合当地的实际情况和农民的意愿，有利于发展生产、改善生活，有利于国家和人民，对这样的变我们应该拍着巴掌欢迎。就拿责任制来说吧，几年来，不是由包产到组变到包产到户又变到大包干，由不完善变到逐步完善吗？这样变，把产量变高了，票子变多了，农民变富了，国家变强了，你看多好啊。③可是，我们有些农民一听到某项具体政策有新变化，不问为啥子变，不问这种变对农民好不好，便一概忧虑、怀疑，于是对投资、打基础的事马马虎虎。“啄一嘴算一嘴”，这样下去，充其量眼前富，不可能长远富。这种倾向不克服，农民要真正富裕起来就只能是一句空话。④现在，中央的政策订得好，我们农民就要相信它，决不要“一朝被蛇咬，三年怕草绳”。

---

①　姚大志：《什么是辩证法》：“古希腊辩证法和康德辩证法都是由两个因素构成的，表现为一正一反，一问一答。黑格尔认为，这种辩证法只有对立，没有统一，从而导致否定的结果。真正的辩证法应该是肯定的和积极的，对立的因素应该得到统一。为此，黑格尔在‘正题’和‘反题’之后又加上了‘合题’，形成了著名的‘三段式’，而黑格尔辩证法作为最高思维方式就表现在三段式的‘合题’之中。”《新华文摘》2004年第3期。

这是《致富不能"鸡啄米"》的一段，约占全文的二分之一。这篇评论旨在消除农民对于党的农村政策会不会变的疑虑，引导农民增加投入、扩大生产规模、加快致富步伐。农民担心党的农村政策变，这是整个问题的症结。当时，不少评论都接触过这个问题，但一般都强调走共同致富的道路，是党在农村的基本政策。这篇评论却一反这一常规思路，开门见山地指出"事物变是绝对的，不变是相对的，就看咋个变法"，然后用"正—反—合"的方式来阐述这一看法。其中①和④两句话，以相互呼应的方式表述论点，属于"合"；②三句话，依次为假设、举例和论断，它们形成了一个逻辑严密的推导、说理过程，起正面证明和说明论点的作用；③也是三句话，同②逆向呼应，属于"反"，相当于间接论证中的反证。如果说这篇评论的思路是新颖的，比一般强调党的农村政策是长期政策更能说服农民，那么，不也可以认为它的这种特殊的说服力，在相当程度上得益于恰当地运用"正—反—合"吗？这里所说的恰当，主要表现在两方面，一是用在症结处，二是正、反条缕分明、较好地发挥了相反相成的互补效应。反之，如果不分主次、一律如法炮制，那就可能导致篇幅冗长；如果正、反不相对应，那就"合"不起来，就可能相互掣肘，自然也不可能收到预期的表现效果。

以上三点，目的都在于为听众提供更好理解抽象内容的条件。而能否在表达中恰到好处地提供这些条件，关键却在于是否"吃透"自己所论述的问题，是否树立强烈的听众观念，而不仅仅是具体的方式方法问题。因此，在讲究"浅出"的时候，千万不能忽视"深入"这个基本前提，尤其不能忽视这个前提中的一个至关重要的侧面——对于听众的深知深解。

(4)"软"：讲究说理艺术。在恽逸群概括的广播风格的三个特点中，"软"这个特点特别耐人寻味，同时也引起更多的误解和疑虑。

"软"究竟意味着什么？与广播评论有什么关系？恽逸群所说的"软"，明确强调"轻松、风趣"，主要是针对着当时的广播"娱乐性内容太少，宣传气味太浓，太生硬，太不冷静，不够含蓄，有时厉声厉色，旁若无人"[①]提出的，而最终则落脚于"使听众在文化娱乐之中不知不觉地接受你的观点"。换句话说，所谓"软"，其实就是讲究宣传策略、方式和方法，争取更好的宣传效果。它所要排斥的是生硬的、不讲究方式方法、不问客观效果的主观主义宣传倾向，丝毫不意味着放弃新闻广播包括新闻评论的党性原则，模糊自己的思想、政治倾向，削弱以至于放弃人民广播固有的性质和立场。明确"软"的这一确定的含义是必要的。否则，随意解释，任意地扩大它的含义，不是不分青

① 《中国人民广播回忆录》，广播出版社1983年版，第126页。

红皂白地把它与党性原则对立起来，从而谈“软”色变、予以摈弃；就是走向它的反面，把“软”当作最终目的，放弃原则，背离人民广播的性质。不管哪一种，实际上都是对“软”的误解或曲解，势必削弱包括广播评论在内的新闻广播社会功能。

40年前，毛泽东同志在同新闻出版界代表的一次谈话中，也曾经接触到“软”的问题。他说：

> 报上的文章“短些，短些，再短些”是对的，“软些，软些，再软些”要考虑一下。不要太硬，太硬了人家不爱看，可以把软和硬两个东西统一起来。文章写得通俗、亲切，由小讲到大，由近讲到远，引人入胜，这就很好。①

有人引用这段话，断言毛泽东提倡“软”②，这显然不尽符合原意。不过，说他无条件地反对“软”，恐怕也理解偏了。毛泽东对“软”有保留，但并不一概反对；他主张文章软硬结合，既坚持原则，注重思想内容，保持无产阶级的战斗风格，也讲究写作艺术，把文章写得引人入胜，使人乐意看、乐意接受。所以他说：“文章的好坏，要看效果，自古以来都是看效果作结论的。”③ 在讲究宣传艺术、写作艺术和重视文章的社会效果方面，应该说与恽逸群同志所说的“软”是一致的。

把“软”与“短”、“浅”并列为广播的风格特点，对于完善广播评论的个性特征，具有特殊的意义。广播评论政论性内容的听知效果，与听众的收听状态关系极大；听众乐意听，有收听的主动性和积极性，有持续收听的兴趣，进入聚精会神的收听状态，自然能够比半收听状态更容易听懂，更能深入地理解和接受它的内容。怎样调动听众的收听兴趣？对于广播评论来说，除了内容本身的说服力以外，重要的就是适当讲究“软”的说理艺术，增强说理的亲切感、感染力和吸引力。不妨设身处地地想一想：一则评论，如果摆出居高临下的架势，用颐指气使的口吻讲道理，甚至疾言厉色、盛气凌人，令人听而生厌、闻而生畏，你有兴趣听下去吗？广播虽然没有给听众提供微观选择的机会，但听众却有宏观选择的权利。当他对某篇文章、某个节目不感兴趣时，他完全可以不听或听而不闻。在这种情况下，即使所讲的句句是真理，实际上也

① 《毛泽东新闻工作文选》，新华出版社1983年版，第190页。
② 见《新闻学会通讯》，1984年第8期，第43页。
③ 《毛泽东新闻工作文选》，新华出版社1983年版，第191页。

起不了多少作用。总之，广播评论是一种舆论形式，它只能吸引而不能强求听众听，因此需要讲究说理的艺术，包括：

第一，摆正与听众的关系，以地位平等的同志、朋友的身份面向听众。这是由人民广播的性质和评论的舆论性质决定的。阐述与听众休戚相关的问题，固然需要以平等的态度、平易近人的口吻说理；就是阐述方针政策精神的评论，也应当以与听众共同理解、领会其中的精神实质，或商量如何贯彻、落实的方式来处理，而不能以居高临下的姿态、以指令式的口吻谈论问题。例如《“五爱”是当前道德建设的基本要求》① 这篇评论，它阐述中央《关于社会主义精神文明建设指导方针的决议》的一个重要精神：以爱祖国、爱人民、爱劳动、爱科学、爱社会主义作为当前道德建设的基本要求。评论在扼要说明决议确定这个基本要求的背景、分析要求的基本含义之后，毫不含糊地指出：

> 毫无疑问，公而忘私以及为人民的利益勇于献身的共产主义道德，仍然是全体共产党员的行为准则。但在当前乃至今后一个很长的时期内，共产党员必须学会团结和帮助周围的群众，开展以“五爱”为基本内容的社会主义道德建设，并且首先成为奉行社会主义道德的模范。这，就是党的实事求是的思想路线在道德建设上的具体运用。

这个结论干脆明快，既有鲜明的针对性又平易近人，既中肯又毫不强加于人。据说评论播出之后，北京一些高等院校和工业企业纷纷打电话索取稿件，这显然同它这种说理方式有着密切的关系。

正面倡导的评论要以平等的态度、平易近人的口吻说理，批评性的评论是不是也可以这样呢？批评性评论面向广大听众，批评那些违背社会发展趋势的事情、现象、问题、思想和行为倾向及其“当事人”（个人或群体）。它针对批评对象说理，固然是为了消除或纠正这些错误的东西；但这个理主要是说给广大听众听的，旨在于让听众明白其中的是非、正误、善恶、美丑，与之划清界限，从而增强辨别、抵制错误倾向的能力。听众是听众，而不是“当事人”；就是“当事人”也有不同矛盾性质的区别，而且多数属于人民内部矛盾的性质。既然面向听众说理，既然批评的多数是人民内部的问题，当然可以而且必须用平等的态度、平易近人的口吻来分析问题、论辩是非。有的批评性评论效果不太好，甚至使听众反感，很重要的一个原因就在于忽视了这一点，或者动

① 《第五届全国优秀广播节目稿选》，中国广播电视出版社 1987 年版，第 10～12 页，中央台 1986 年播出。

辄要听众从中吸取教训、把听众视为"当事人"，或者单纯为了"曝光"、把批评当作揭丑的同义语。后者尤其值得警惕，因为意在"曝光"，就可能疾言厉色，而忽视冷静的分析，那就很难达到预期的目的。

第二，设身处地地为听众着想，捕捉他们关心的问题，及时为他们排难、解惑、释疑。评论说理讲究有的放矢，这个"的"包括两个方面，一是事情或问题本身的实质，一是听众关注的焦点（假如听众关心这件事或这个问题）。因此，既然面向听众评论某件事或某个问题，当然要把听众在这件事或这个问题上的疑难、疑虑作为说理重点来对待；如果忽视这一点而就事论事，即使道理讲得头头是道，也不一定能够引起听众的共鸣和收听兴趣。比较比较上面所举的《学习安珂敢于同坏人坏事作斗争的精神》和那篇关于人口普查的评论,就不难理解这一点。所以，要在兼顾两个"的"的同时，把更多的注意力放在捕捉听众关注的焦点上头，把说理重点放在为听众排难、解惑、释疑上头。

第三，适当融入情感，增强情、理互补的感染力。新闻评论以说理为主，但并不排斥感情因素。道理和情感都可以表现立场和态度，差别只在于道理反映思维活动，情感反映心理活动。在说理的过程中适当注入情感，可以拉近与听众间的距离，唤起听众的共鸣，激发听众持续收听的兴趣，强化道理的渗透力和说服力。报刊评论尚且讲究"笔端常带感情"；广播评论诉诸说、听，更可以利用口头语言便于直接表达情感的传播优势，适当注入感情。

不过，情、理在评论中的地位和表现，有着明显的差别。道理处于主导地位，是有形的存在；情感处于辅佐地位，以无形为尚。如果说诗歌中的"议论须带情韵以行"[①]，那么，评论中的情感，则往往融注在议论和叙事之中，通过语词、声调、节奏等表现出来。例如，《不该忘却的纪念》系列评论之三《向秀丽——永恒的凤凰》中的这两个片断：

> ……第二天，当我们如约又到厂里，……见到党委书记王媛。（音响："你不要录音。"）面对记者的话筒，王书记不肯谈话，应她的强烈要求我关闭了录音机。王媛说：你们是怎么又想起宣传她来了，当年她违反了操作规程，我们现在讲，让工人学习她都不硬气。你让我谈，我也说不清，当时我还上小学呢。你别采访我。
>
> ……面对我们的话筒，一位普通广州人说了这样一段话："操作规程？那时候，生产力低，生产条件差。甲基生产根本不能在一个屋子又切金属

① ［清］沈德潜《说诗晬语》。

钠，又摆弄无水酒精，又搞蒸馏，在这种情况下，有什么操作规程可言。如果说这是向秀丽的失误，那这失误只是历史的一种沉淀物罢了。我们不能因此就否定了向秀丽无畏的精神，我们应该学习她的精神。”……向秀丽昨天是，今天是，明天仍然是我们心中永恒的凤凰。[①]

这两个片断以对比的方式，揭示了对英雄人物的两种截然不同的态度和情感，既为末尾的论断提供了有力的论据，也增添了整个话题的感染力。如果听众从前一片断的不显山、不露水的客观叙述中，感受到那位道貌岸然的女党委书记的冷漠、麻木，从那位普通广州人的话语中体认到对英雄人物的真情和理性认识，恐怕不是偶然的吧？不过，由于广播评论的情感表现，在很大程度上依赖于播音过程中的“再创作”，因此，在组织内容、锤炼语言时，必须同时注意为播音的“再创作”准备条件。

第四，重在启发、引导思考，而不是代替思考或把简单的结论塞给听众。听众的接受能力相差悬殊，一则评论怎样才能既让接受能力较低的听众能够听懂，又能够让接受能力较高的听众感到有所启发，这是说理过程中经常遇到、值得认真探索的一个问题。在既没有一定之规、也缺乏成熟的经验的情况下，不妨把它作为一个目标，从各方面作些尝试和探索。比如，对于某些重大的、仍在发展中的问题，能不能通过具体分析，在引出具体结论的同时提出问题，指明可能的发展方向和基本思路，引导听众作进一步联想和思考？对有些存在着多种发展可能性的问题，能不能与它的存在条件联系起来，提供多种可能的解决办法，引导人们作相应的选择？对有些处于萌芽状态的事物或问题，能不能把重点放在唤起人们重视和注意上头，而不一定作出什么论断？等等。既然客观事物是复杂的，而听众的接受能力也参差不齐，那么，以更加开放的方式说理，也许可以比贸然作出论断、勉强提供“唯一”的结论，更加切合实际，更有利于发挥评论的舆论作用。

这里有必要再次强调，“短、浅、软”作为广播评论的相对特点，是相互依存、相辅相成的。必须按照它们固有的联系去把握和体现这些特点，才能收到预期的效果。如果孤立看待它们，片面地强调或忽视某一特点，那就可能削弱其他特点的作用。

---

① 《新闻纵横》稿选第3辑，第255、258页，中央人民广播电台《新闻纵横·今日观察》1996年1月24日播出。

第二节　广播评论的独特形式

从目前的情况看，广播评论的具体形式可以归纳为三类：(一) 与其他媒介共用的形式；(二) 在广播评论实践中孕育的独特形式；(三) 纳入定期评论节目播出的评论形式。这三类具体形式，既存在着同时并存的横向关系，如中央台多年来同时运用以本台名义播发的评论、署名评论、纳入《新闻纵横·今日观察》的访谈式评论，收到了多种评论互补的较好舆论效果；也反映了评论形式多样化的纵向发展过程，即共用形式→独特形式→节目化的历史发展过程。也就是说，评论形式的发展变化有一定的承袭性、共存性，新形式的出现并非“平步青云”，也未必非取代既有形式不可。在如何对待具体形式的问题上，实践中存在的某些倾向，如或者一哄而起、一味“趋新”，或者“猴子掰包谷”式的“尝新”，或者视既有形式如敝屣，等等，是不利于形式多样化的发展进程的。

从这个意义上说，发端于报纸的共用评论形式，迄今仍然值得高度重视。所谓共用评论形式，指其他媒介也经常运用的不署名评论和署名评论。在广播中，前者分别称为本台评论、本台评论员文章、本台短评和编后话，后者则包括由记者署名新闻述评、新闻分析和来自社会公众、个人署名的短论。它们的分类标准、称谓含义和适用范围，同报纸的同类评论形式完全一致，无须赘述。值得重视的是它们迄今仍然是广播论坛不可或缺的评论形式，而且是孕育广播独特评论形式的母体和构建广播评论节目的基础。比如，下面将要阐述的“口头评论”和“音响评论”，其实就是在这些共用形式中植入某种新“基因”的产物；而《新闻纵横·今日观察》之类的评论节目，推根溯源也是以共用形式的新闻性和政论性特征为基础策划、设置和运作的。

当然，这不等于说广播中的共用评论形式已经臻于成熟。恰恰相反，广播在运用这些共用形式方面，仍然存在着一些需要正视的问题。例如，不署名评论的不同名目本来是根据论题的重要性程度确定的，它们分别代表着不同的评论规格，可是在实践中屡屡出现事无大小一律运用“本台评论”的现象，这未尝不可以认为是淡化评论规格或评论体制不尽健全的反映。又如，为播出署名短论设置固定专栏的电台寥寥无几；同报纸相比较，这种评论不仅数量少、整体质量较低，而且经常处于时有时无的状态，这也许同仍然把署名短论置于拾遗补缺的位置不无关系。如果说随着评论观念的更新、评论体制的健全，上述问题不难解决，那么，共用体裁如何适应广播固有的传播、接收方式，却是一个任何时候都不能掉以轻心的长期课题。

改革开放以来，广播评论在落实“自己走路”、“走自己的路”方针方面的每一进展，事实上都同共用形式个性化的进程紧密联系在一起。中央台曾经提出撰写“千字文”、坚持一题一论、“带着听的观念写”之类的评论写作准则，上海台相继开辟一分钟的《一日谈》和五分钟《每日评论》专栏，辽宁台率先将现场实况音响引进到评论中来，等等，都可以说是广播界在评论共用形式个性化方面的自觉努力，也收到了促进这一进程的效果。不过，新闻评论共用形式适应广播传受方式的过程，毕竟是如同夸父逐日一样没有终点的长途跋涉，稍有懈怠就可能停滞，就可能回潮，或者走向否定共用形式、乃至否定广播评论舆论功能的另一极端。不妨回过头来看一看，有的台不是莫名其妙地取消了好不容易组建起来的评论机构，致使蒸蒸日上的广播评论一头栽进低谷，个性化努力的某些成果（如广播谈话）也同时束之高阁吗？也不妨挑剔挑剔现状，近些年来获广播新闻奖的广播评论中，哪里还有“千字文”、署名短论的踪影？虽说“路漫漫其修远兮”，以后还难免这样那样曲折，但目标与方向已经明确，只要勇于实践、勤于求索，评论共用形式适应广播传受方式的个性化路子将越走越宽，广播论坛也将随之进一步繁荣起来。

在共用评论形式个性化探索的过程中，广播也陆续创造了一些独具特色的评论形式。其中比较成熟的有三种，即广播谈话、口头评论和音响评论，下面依次作些阐述。

一、广播谈话

1982年3月11日，中央台播出了题为《市长换锅的启示》的广播谈话。这则广播谈话以一事一议、据事说理和语言亲切自然、平易近人，于次年获得了全国优秀广播节目一等奖；随后带动一批电台进行了类似的尝试，一度出现了不少颇有影响的作品。广播谈话的出现，既反映了广播界力求在评论领域有所作为的努力，也标志着广播评论在适应说、听传受方式方面有所创造、有所前进。尽管近些年来广播谈话式微了，但从它显现出来的特点、曾经产生的影响和积累的经验看，仍不失是一种具有潜在生命力的广播评论形式。

1. 广播谈话与谈话体

广播谈话实际上是一种说、听双方平等的谈话体评论。谈话体是它的母体，说、听双方处于平等地位则是它的本质属性。二者结合，赋予了这种形式以吸引听众的特殊魅力。

不过，这是基于对既有作品的概括。首创者在策划这一形式时，也许更多地考虑如何避免讨人嫌的居高临下的“说教”、“灌输”，创造一种说、听双方平等交谈的模拟语境，而未必有意识同源远流长的谈话体联系起来，更未必预见到“谈话”竟然会成为风靡于现在的节目形式。所以，立足于今天看广播谈话，要确切认识和掌握这种独特的广播评论形式，重新焕发它的生命活力，有必要首先澄清两个问题。

一是广播谈话与谈话节目的界限。它们虽然都同“谈话”结缘，但存在着不容忽视的差别。谈话节目通常运用演播室或其他场合访谈的方式，“谈话”主要指传播主体——记者、主持人与受访人或嘉宾之间的交谈；受访人或嘉宾可能也是听众，但当他们出现在节目中的时候，听众的身份事实上已经淡化或消失了。也就是说，谈话节目中的“谈话”并非同听众的“谈话”，而是向听众传递某种事实性或观念性信息的中间环节，在节目与听众之间起某种桥梁作用。广播谈话中的“谈话”，本质上属于文体范畴，即借助文体意义上的模拟语境，创造一个与听众交谈、交流的氛围；这种“交谈”虽然不是直接的，但由于有一种精心设置的模拟语境，却可以让听众获得如同与他们面对面交谈的真切感受。划清这一界限是重要的，否则广播谈话就可能因混淆两种“谈话”而“走味”，甚至重蹈有的谈话节目光顾与受访人交谈而冷落听众的覆辙。

二是与谈话体的关系。从文体的角度说，谈话体是为说、听而写的文体，是与为读而写的书面文体相对应的文章体式。这种文体，在我国可谓源远流长，有人甚至认为“自六经为文言，此外虽《论语》亦语录耳”①。这里的“文”指文字或书面语，“语录”指对于孔子言谈的文字记录。照这一说法，谈话体可以追溯到《论语》，而且在《论语》中主要是用来记录孔子的言论的。就近说，则可以追溯到“话本”、“拟话本”，前者是古代说书人的“脚本”，后者即模仿“话本”的语体化小说。“话本”、“拟话本”中的“谈话”主要是叙事，但也不乏富于吸引力、感染力的议论；只不过它发议论的目的，主要在于吸引人来听故事，当然也兼有“寓教于乐”的“教化”用意。为了明确广播谈话与谈话体的关系，也为了从前人那里寻求借鉴，且举两例，其一：

> ……俗谚又有“四不可尽”的话。那四不可尽？“势不可使尽，福不可享尽，便宜不可占尽，聪明不可用尽。”……那“聪明”两字，求之不得，如何说聪明不可用尽？见不尽者，天下之事。读不尽者，天下之书。参不尽者，天下之理。宁可懵懂而聪明，不可聪明而懵懂。如今且说一个人，古来第一聪明的。他聪明一世，懵懂一时，留下花绵般一段话文，传与后生小子恃才夸己的看样。那第一聪明的是谁？

① 转引自《读书》杂志，2003年第10期第158页《编辑手记》。

这是冯梦龙《警世通言·王安石三难苏学士》的开篇。它以一席自问自答的议论，在说明"所以"的同时设置悬念，引出故事；由于所问一反固有观念、出人意料，所答又在情理之中、让人恍然大悟，的确能够将听众带入非听个究竟不可的专注境界。另一例是凌蒙初《二刻拍案惊奇·硬勘案大儒争闲气，甘受刑侠女著芳名》的开篇：

> 诗云：世事莫有成心，成心专会认错。任是大贤大圣，也要当着不着。……为甚么说个不可有成心？只为人心最灵，专是那虚空才有公道。一点成心入在肚里，把好歹多认错了。就是圣贤，也要偏执起来，自以为是，却不知事体竟不是这样的。道学的正派，莫如朱文公晦翁，读书的人那一个不尊奉他？岂不是个大贤？只为成心上边，也曾断错了事。

"成心"即"成见"，或者先入为主的主观主义看法；"虚空"是"成心"的对应词，即不带任何成见看事情、想问题。这一开篇也借设问发议论，以议论带出了朱熹断错案的故事，它的引人魅力来自抓住了当时社会思潮的症结，在"太岁头上动土"。议论本身则既具有引言、点题的作用，也可以看作是对这个理学大师、"道学家"班头的讥刺。可见，谈话体作为文章或话语体式，运用范围遍及一切以说、听为传授手段的领域。

在现代广播领域里，谈话体式同样既可以用来阐述对于事物的见解，也可以用来叙述事实、描绘人物。而广播谈话作为专用概念，则专指以谈话方式阐述对于事物看法的评论形式，是谈话体涵盖的一种具体评论形式。也就是说，在没有另外谈话体评论的具体形式（或称谓）以前，可以认为广播谈话等于谈话体评论，但绝对不等于谈话体。如果把广播谈话与谈话体等同起来，其结果不是抹煞广播谈话的特殊性，便是窄化谈话体的多种多样的表现功能。

2. 广播谈话的实质

不过，对于广播谈话来说，谈话的方式只是它的外在形式，而其实质则在于以完全平等的态度和口吻面向听众说理论事。任何谈话，不论在什么场合、为什么目的的谈话，也不论直接说还是先写后说的谈话，都需要具备两个条件：一个是要有说的人和听的人，否则就等于自说自话，当然也无所谓"谈话"；另一个是说的人和听的人之间要形成某种确定的社会关系，用朱光潜先生的话说就是："话必须是由具有一定身份的人说的，说给具有一定身份的人听的"[①]。关系不明确，谈话的内容和方式不适合说、听双方的身份，谈话就

① 朱光潜：《漫谈说理文》，《怎样写学术论文》，北京大学出版社 1981 年版，第 40 页。

难以得当、得体。常说“话不投机半句多”，不看对象尽讲些“放之四海而皆准”的套话，这样的谈话怎么可能收到预期的效果呢？广播谈话当然也不例外，只是它的谈话条件是由人民广播的性质决定的。广播面向广大听众；人民广播的听众主体是人民群众，它同听众的关系是目标一致、休戚与共的同志关系、朋友关系。这一性质决定广播谈话不论谈论什么问题，是正面阐述某种见解还是批评某种倾向，都只能如同毛泽东同志所说的那样以“处于完全平等的地位的态度”面向听众，而不能用居高临下、颐指气使的口吻说话。例如：

> 说起语言美，也许有些社员会觉得，这跟咱庄户人关系不大。我就听到这样一种说法：“唉，咱整天价跟石头土块儿打交道，想说什么就说什么，管它什么语言美不美呀！”在他看来，讲究语言美，那只是城里人或干部们的事儿，跟自己不沾边儿。真的是这样吗？其实不然。依我看哪，语言美不美，跟咱们庄户人不仅有关系，而且有很要紧的关系。你要是不相信，就听我先举个例子说说。①

这段话实际上是批评轻视语言美的倾向，却可以让人心悦诚服、毫不勉强地听下去，这就是以平等的态度说理的效果。下面这席话效果就截然不同了：

> 各行各业的同志们！我们应当从中吸取哪些应有的教训呢？……杜绝漏洞，事不宜迟。同志，为了保护国家资财，睁开你警惕的眼睛吧！

这是一则就某个单位发生的特大失窃案而播发的广播谈话中的结束语。道理不能说不对，话语也“激动不已”，听来却不是味道；这种大家都打瞌睡、唯我独醒的口吻，谁能消受得了?! 所以，说、听双方目标一致、地位平等，这才是广播谈话的实质所在。如果不摆正与听众的关系，真正把听众当作地位不等的谈话伙伴，即使挂着“谈话”的牌子、言必称“朋友”“同志”，广播谈话也只能是有名无实的“绣花枕头”，甚至连“绣花枕头”也不如。

3．“类交流”——广播谈话的灵魂

广播谈话是一种模拟日常谈话的评论形式。在日常谈话中，说、听双方面对面，互相听言察色，当时、当场就可以感受到对方的思想和情感，并作出相应的反应。而广播谈话是广播条件下的谈话，说、听双方不在同一场合，这种空间距离使双方无法进行即时的直接交流，而只能由说话的一方借助某种中

① 山西人民广播电台《优秀广播作品文选》，中国广播电视出版社 1989 年版，第 197 页。

介，创造类似双方交谈、交流的语言环境，即前面所说的模拟语境。其中的交流感，不同于日常交谈中的直接交流，所以称之为“类交流”。例如：

> 要说养猪没账算，人家好多户还不同意呢！就说杏山乡养猪专业户刘惠民吧，他这两年就是靠养猪发的财。他有5头母猪，一年卖90来个猪(仔)，20多口肥猪，纯收入都在5000元以上。刘家馆乡勿兰村有个张仁，人家养猪很有道。他先办了个酒厂，用酒糟喂猪，成本就花不了俩钱。这两个例子说明：养猪要想有账算，一是得多养，反正一只羊也是赶，两只羊也是放；再就是得会养，想方设法降低本钱。
>
> 专业户养猪有利可图，一般户养猪有没有账算呢？有哇！现在各家各户都有承包地。俗话说：“种地不攒粪，等于瞎胡混。”一头猪就是一座小型化肥厂，猪多肥多粮多嘛！一家养个三五头猪，底肥问题就解决了，地还会越种越肥。胜利乡差不多一人一猪，全乡每年少买化肥近千吨，省四万块钱。这还不说，谁家没点泔水，不养猪就得扔，多可惜呀！①

这里的“类交流”，除了话题紧扣农民的疑虑以外，还得益于心平气和的谈话气氛，顺乎农民思路的说理，以及运用农民熟悉的事例和语言等因素。这些因素起着促成“类交流”的作用；它们结合在一起，可以让听众产生这样的感受：仿佛是掰着手指头帮他们算养猪收益账，回答他们的一个个疑问似的。

“类交流”是广播谈话的灵魂，是它的全部魅力之所在。任何一个话题，一旦形成“类交流”，就带有双向的色彩，就可以唤起听众的参与感，促使听众进入主动收听、主动思考的状态。从这个意义上说，凡是具有“类交流”特点的评论，不论它是以什么名义播出，都可以称之为广播谈话或谈话体评论。

“类交流”离不开交流中介。至于调动哪些交流中介，则尽可以“八仙过海”。说养猪，模拟“掰着指头算养猪账”；讲语言美，交代言者随意、听者“绞汁”的场合、背景；而冯梦龙、凌蒙初则以设问吊人胃口、引起悬念……可见交流中介多种多样、形形色色，只要有利于创造“类交流”语境，无所不可。如果说有什么规矩，那就是得体、得当，或苏轼所说的“行于所当行，止

① 《致富路上说养猪》，《广播专题讲座参考资料》，中央广播电视大学出版社1987年版，第383页，吉林梨树县广播站1984年播出。

于不可不止"[①]，也就是既符合听众的需求和接收心理，也与话题性质、文本整体基调保持一致。

4. 广播谈话的表达

围绕形成"类交流"，广播谈话在包括写作和制作、播出的表达过程中，看来需要重把握以下要求：

(1) 坚持面向听话人。无论说理还是叙事，都时时想到听话人就在跟前，想到他们的需求和可能的反应，用他们熟悉的材料、习惯的语言回应他们的要求或疑问，引发他们的共鸣。这是能否形成思想情感交流的前提。

(2) 用商量的态度、口吻说理。也就是把听众视为交谈的一方，与他们一起议论事情、讨论问题，包括用允许人家怀疑、反驳的口吻说理。如前面例子中的"你要是不相信，就听我先举个例子说说。"这种"信不信由你"的态度，无疑比那种生怕人家不相信，甚至不惜强加于人的说理态度，更能引发听众的收听兴趣和联想、思考。

(3) 讲究铺垫、过渡。"类交流"需要一定的交流中介，铺垫、过渡是建立交流中介的必要外部条件。《庄户人也要讲究语言美》在分析一对年轻夫妻因一句话引起的争吵时，有这样一段话：

> 其实，他也是顺口这么说的。可是说话的无意，听话的有心，妻子本来满心想让丈夫吃顿顺口饭，谁想他却不冷不热地冒了这么一句，当然不高兴了，也就来个不客气说："哼，好心当成驴肝肺，早知道你这样，我还不如把油糕喂了猫呢。"得，这么一说，丈夫可受不了啦，俩人就你一句我一句地吵起来了。瞧瞧，就因为他们俩说话都不注意方式方法，不讲究语言美，结果是一顿好饭惹了两肚子气。
>
> 这里，"说话的无意，听话的有心"和"得"、"瞧瞧"之类的语气词，既是自然的铺垫、过渡，也发挥了增强谈话交流感的中介作用。

(4) 创造和谐的谈话气氛。不同话题的谈话，尽可以营造不同的谈话氛围，如或是严肃庄重、或是轻松风趣，或是热情、或是冷静等等，但都要讲究整体和谐。所谓和谐，一是与话题的性质、与听众同话题的关系协调；二是整篇谈话前后协调一致。常说"听话听声，锣鼓听音"，这个"声"就是谈话的整体氛围、内在气氛，它对于谈话的效果的影响是不可忽视的。

上面讲的只是广播谈话这种谈话体评论若干基本要求。这些要求其实都围

① 《答谢民师书》。

绕一个中心，即为广播评论中营造一个如同与听众面对面交换看法、促膝谈心的模拟语境，赋予广播评论以类似双向交流的品格。总之，重要的是把广播谈话切切实实地作为谈话体评论来经营，在这一前提下尽可以调动各种表现方法和手段，尽可以不阡不陌、千变万化，在探索中创造各自的风格特点。

二、口头评论

在我国，这种令人耳际一新的广播评论形式，萌发于上世纪80年代初期。1982年1月中旬，中央台在新闻节目中播出了一则题为《军民共建文明村》的“口头述评”，在述评之前有由播音员播讲的简短介绍：

> ……从1981年下半年，本台曾经几次报道过军民共建文明村的消息。现在这个活动已经在许多地区普遍开展起来。从1月13日开始，中共河北省地委和保定驻军联合召开了军民共建精神文明现场会……现在请听本台记者刘长乐就开展这场活动，从河北保定发回来的口头述评。①

紧接着播出这则由记者自己播讲、预先录制的述评。这一介绍，有如宣告一种新的广播评论形式——“口头评论”诞生了。

1. 口头评论的表现优势

“口头评论”专指由评论作者自己播讲的评论形式。严格地说，广播诉诸口语，它播出的一切东西都可以称为“口头××”，所有广播评论也都可以称为口头评论。只是由于我国的广播评论长期由播音员播诵；为同这种播出方式相区别，人们习惯上把由评论作者自己播讲的评论称为“口头评论”。

口头评论既是播出方式，也是评论形式。由评论作者自己播讲，不论他以评论员、记者还是主持人的身份面向听众，实际上都是以个人的名义阐述对于有关事物的看法。播出方式的变化，必然导致评论内容和表现形式发生相应的变化，从而形成有别于其他广播评论的某些特点。虽然目前还不可能准确地概括这些特点，但可以说口头评论大多比较讲究话题具体、单纯，说理浅显、平易，语言表述符合听知规律、比较接近日常口语。口头评论目前较多以述评的面目出现，也许正是适应这种趋向的一种选择。在北京亚运会胜利闭幕的第二天，中央台在《新闻和报纸摘要》节目中播出了记者的口头述评《倒计时效应》，述评在解释体育比赛中的倒计时效应后指出：

---

① 引语据收听录音带。

……我觉得一个运动员、一个人、一项事业、一个民族都应该不断以这种“倒计时”来鞭策自己，才能不断进步。恢弘的亚运会场馆和有关各项建筑，就是在这种倒计时中排除了无数从前人们认为无法排除的困难，奇迹般地矗立起来的。推而广之……①

这一段虽然不能说是典型的口头评论，但从中仍然可以感觉到作者不仅注意体现述评的一般体裁特征，而且力图从内容到表达方式方面尽可能表现得更加符合说、听的要求，更加适合自己的播讲方式。《军民共建文明村》的作者，看来也在顺乎说、听方面做了努力，请带着口说耳听的观念读读这一片断：

……它的新特点有两个：一个就是……另外一个突出的特点，就是军民共建文明村的活动已经从治理环境卫生、改变村容的第一步和治理村风、整顿农村秩序的第二步，发展到了第三步。这个第三步啦，就是……

然后展开对第三步具体内容的具体阐述。第二个特点前两步的表达，于书面文体也许是累赘；对于口语表达，这样处理显然比较便于口说耳听，也有利于下面进一步展开时将材料与观点糅为一体。

无论从播出方式还是评论形式说，口头评论都拥有自己的表现优势，这大致可以概括为：(1) 以个人的名义阐述对于事物的看法，便于处理某些以本台名义不容易处理好的话题，也有利于缩短评论与听众之间的距离；(2) 作者自己播讲，有利于把文字表达方式与口语表达方式统一起来，促使广播评论的文风不断改善；(3) 促进播讲风格多样化，使评论更加适应听众的听知习惯。但是，毕竟不是任何新闻事件和现实问题都适合于以个人名义评论的，也不是所有作者都善于口头表达。因此，口头评论尽管拥有多方面的表现优势，终究有一定的适用范围，不可能取代其他评论形式，包括以本台名义发表、由播音员播送的评论。

2.关于口头评论的两个问题

严格地说，口头评论是一种有待继续开发的广播评论形式。如何发展和完善这种评论形式，还有一系列问题需要探讨。这里仅就两个问题讲点认识所及的看法。

(1) 口头评论与广播谈话的关系。这两种评论形式是按不同标准划分的，它们既不相互排斥，也不能直接等同起来。口头评论是按播出方式划分的评论

① 作者、播讲者陈建奇，引语据收听录音带。

类型，它的基本标志是作者与播讲人同一，以个人的名义发表意见；他完全可以根据表达的需要运用不同的文体，包括运用谈话体。广播谈话有鲜明的文体特征，只要体现文体特征、形成“类交流”，由作者自己还是由播音员播讲，其实都无不可，都不失为广播谈话。那么，是不是可以把二者统一起来、合二为一呢？能够统一起来，集二者的长处于一身当然好，但需要一定条件，比如评论本身具有谈话体的基本特征，评论作者具有一定的口语表达能力，尤其是话题本身是否适合以个人的名义来阐述。这里重要的是条件，而不是愿望，丝毫勉强不得；与其硬把它们拉扯到一起，倒不如把它们当作两种按不同标准划分的评论形式来理解和运用，能合则合，该分则分。这样以条件为转移，按需要灵活运用，是不是比强求统一或把它们截然割裂开来，更有利于它们的发展、完善和繁荣呢？

(2) 口头评论的发展前景。这可以从两方面来认识，一是口头评论本身的表现优势，说明它是一种拥有旺盛的生命力的评论形式；一是广播的发展趋势，不仅要求广播评论在内容上贴近实际、贴近群众、贴近生活，也要求它在播出方式上适应听众变化着的接收习惯，尽可能缩短与听众的距离。把这两方面结合起来，可以说口头评论走向繁荣，将是广播评论发展的必然趋势。至于口头评论能否真正走向繁荣，则在很大程度上取决于口头评论队伍的建设。在这个问题上，迄今仍然存在着两种相当普遍的认识障碍：一种是把评论神秘化，这使许多具有口头表达能力的人望评论而却步，放松以至于放弃掌握评论体裁的努力；一种是重文字表达轻口头表达，这则使有些评论作者在话筒面前无能为力。假如分析一下为什么体育现场述评、录音报道有声有色，而口头评论却仍然处于薄弱状态，就不难明白上述认识障碍的影响了。因此，消除认识障碍，培养出一支既有较高认识能力、又有较高文字和口头表达能力的评论队伍，可以说是口头评论能否真正繁荣起来的关键。

三、音响评论

音响评论，又曾称为录音评论，是一种以音响为表现内容的必要材料或符号的广播评论形式。运用音响，是音响评论同其他广播评论形式相区别的主要标志；从另一方面说，凡是运用录音材料的其他评论形式，也未尝不可以称为音响评论。所以，音响评论既是具体的评论形式，也是运用音响材料的各种广播评论的总称。

1. 音响评论的音响取向

音响评论与录音报道都运用音响，它们之间的区别在于各有不同的音响取向。音响评论中的音响材料主要是作为论据的一部分存在的，起支持和说明论点的作用；而录音报道中的音响，则是新闻事实的一部分，它同叙述语言融为一体，共同表现或再现新闻事实的全貌。也就是说，同样运用音响材料，音响评论与录音报道对于音响的取舍标准和运用原则是不同的：前者以能否证明和说明论点为转移，后者则服从于完整地表现事实的需要。例如下面这一片断：

……刚刚结束的全省统计执法大检查，已查出弄虚作假数额较大的案件200件，有的企业虚报的产值利润数占上报数的60%以上。这些人胆量之大，实在令人吃惊。造成这股浮夸风的原因是什么呢？抚顺市统计局副局长×××说：(出录音)

“(领导) 抓哪个指标，哪个指标就是考核的指标。既是考核的指标，那一系列问题都要由这个考核指标来决定，想尽办法完成领导抓的这个指标。我们市对工业企业考核四项指标，这四项指标如果完不成一项，可能这个企业就没有奖钱，也可能这个企业不能被评为先进。就是类似这种情况，(迫使) 我想办法完成工业总产值，我得把利税指标完成。”

看来层层下指标，使得一些领导干部把功夫用在应付总结、编造数字上。……

在这里，抚顺统计局副局长的一席话，就是作为论据，通过回答为什么有的人“胆量”那么大的问题，为阐述“层层下指标”助长浮夸风这一论断服务的。可见，明确音响评论音响的特殊取向，既是恰当制作音响评论的前提，也是把它与录音报道区别开来的主要依据。现在有些音响评论名为评论，实际上与录音报道没有多大差别，原因就在音响取向不尽明确。

2.采制音响评论的关键环节

音响是音响评论的必要的组成部分。但音响是作为论据存在的，而且通常只是论据的一部分，只有同解说或说明结合起来才能成为完整的论据。所以，采制音响评论，要着重把握以下几个环节：(1) 根据证明和说明论点的需要，精心采录、选择、剪裁音响，使之成为整个论述的不可分割的组成部分；(2) 严格划清论点与论据的界限，防止把采访对象表达自己看法的讲话录音，与表达评论主体对于事物看法的论点混同起来；(3) 恰当处理音响与论述语言的关系，既保持论据的完整性，又使它与论点榫卯相应。至于如何具体处理，请同第四节的有关论述联系起来理解，这里就不赘述了。

在结束本节之前，有必要作以下几点说明：

(1) 广播评论独特形式的“独特”有两层含义：一指它是运用声音符号的话语形式，与主要运用文字的报刊评论判然有别；一指单纯运用声音符号，与兼用声音符号的电视评论、互联网评论也有不容忽视的区别。也就是说，这些形式只宜广播有，报刊不能有；电视、互联网可能有，但需要审慎处理声音与其他符号的关系。而在广播评论内部的诸形式之间，它们就不享有独特性了。即使与其他媒介的共用的不署名、署名评论，不也需要遵循声音传播规律，按琅琅上口、娓娓动听的要求来处理“文本”吗？只要需要和可能，不也可以运用音响、由作者自己面向听众播讲吗？

（2）广播评论的这三种独特形式，是按不同的标准定位的。这意味着不同的形式，既有各自的特殊属性，也可以兼容其他形式的某些特点或表现方法和手段。比如，广播谈话以谈话体为基础，除了坚持谈话体的基本特点以外，只要有必要、有条件，完全可以引进音响或由作者自己播讲。口头评论以播出方式定位，但毕竟诉诸说、听，因此不仅可以而且必须吸取谈话体的表现特点，只是未必像广播谈话体现得那么全面罢了；当然，在一定条件下也可以运用音响素材。可见，这些形式之间，事实上并不存在绝对的界限，有时甚至可以“一仆二主”——一则评论、两种称谓。中央台在给《新闻纵横·今日观察》定位时，同时规定“全部由编采人员口播（其中包括大量录音采访）”，不就等于明明白白宣布《今日观察》中的作品既可以称为口头评论，也可以称为音响评论吗？

（3）当然，没有绝对界限，不等于没有界限。评论作者毕竟是根据表现内容的需要选择形式的，当他认定哪种形式更适合于表现既定的内容，也就等于划定了界限。比如，认定了口头评论，如何按听知规律完善自己的口头表达，就是他首先考虑的事情，就是他必须坚持的界限，否则就不可能得当、得体地吸取其他形式的表现特点或方法、手段。就说是否运用音响吧，终究得以是否有利于口头表达为转移。所以，还是必须明确不同形式间的界限，只是这个界限是相对的，即相对于表现既定内容的需要。

（4）广播评论的这些独特形式，如同其他形式一样，不存在什么优劣之分，只有适用范围之别。能否收到预期的表现效果，不取决于形式本身，而取决是否善于按表现内容的需要选择、驾驭形式。一哄而起地推崇某一形式，或盲目弃置某一形式，都是不可取的。恰恰相反，在继续完善既有形式的同时，不断探寻、创造新形式，力求形式多样化，是广播评论更好地体现新闻评论政论性特征、适应广播的传受方式，日益走向繁荣的必由之路之一。

这样认识广播评论的独特形式，是否更通脱些，更有利于防止形形色色绝对化偏向呢？当然，这不是结论，更非规律性认识，权当参考意见吧。

第三节　选题与立论的特殊要求

作为新闻评论的分支，广播评论在选题、立论方面，必须遵循新闻评论在长期实践中形成的基本原则。它同报刊评论的选题、立论区别，主要表现在体现这些原则的特殊要求方面。这是因为广播评论在选题、立论过程中，除如同报刊媒介一样坚持从客观实际出发之外，还需要时时考虑如何适应自身的传播方式和听众接收状态的诸多因素。从这个意义上说，本节阐述的特殊要求，多数适用于兼用声音符号的电视、互联网评论，在阐述这两种评论时就不再累赘了。

一、选题的注意重点和方法

由于受广播传受特点的制约，尤其是某些传受弱点的局限，广播评论在选题上时常面临着需要与可能的矛盾，受到某些迫切需要论述却又难于论述的论题的困扰。比如，像《实践是检验真理的唯一标准》这样的论题，广播评论就很难得心应手地驾驭；像《理论与实践》这种大而无当的论题，报纸论述尚且引来误解，对于广播评论简直犹如“老虎吃天”。所以，广播评论要既适应广播传播特点又满足社会的需要，在选题方面就要善于改变论题的类型，把广播难于论述的论题变得比较容易驾驭。

那么，怎样恰当改变论题的类型呢？这就涉及一系列的特殊要求，其中尤为重要的是准确把握注意重点和改善思维方法。

1. 善于“从小处入手”

“从大处着眼，从小处入手”，这是新闻评论选题的重要原则。对于广播评论，“从小处入手”同时也是改变论题类型的基本方法。所谓“小处”，既指评论对象本身“小”，即从一件具体事情或事情的某一侧面引出具有普遍意义的论题，也就是人们常说的“因小见大”，如《大瓷盘为什么走俏》①；也指缩小论述范围，即在论题中突出评论对象某一本质特点，或与周围事物联系最紧密、对客观实际最有影响的一面或一点，如《开展批评与贯彻“双百”方针》②。前一篇评论首先引用了一家百货商店瓷器柜台组组长的谈话录音：

① 《优秀广播稿选与评析》，中国广播电视出版社1989年版，第8页，新疆人民广播电台1988年12月10日播出。

② 《好新闻（1981）》，人民日报出版社1982年版，第250页，中央台1981年8月27日播出。

特别是一尺二的、一尺四的、一尺六的汤盘、平盘，还有鱼盘，都比去年销得好。拿一尺二、一尺四两种盘子来说，去年只卖了200多个，今年一下子卖出5000多个。就说60多元一个的大盘，去年只卖掉2个，今年一下子猛增到192个。

评论以此为突破口，揭露和抨击了屡禁不止的“公款吃喝风”，这就是“因小见大”。后一篇评论阐述党的一个重要的文艺方针，它把论述范围集中到开展文艺批评会不会妨碍“双百”方针贯彻这一点上，不仅准确把握了当时社会舆论的焦点，而且把一个本来比较宽泛的论题具体化，使它变得比较易于按口语传播规律进行具体论述。事实上，许多“小事”都蕴含某种普遍意义，只要善于与周围事物联系起来分析，善于发掘，是可以成为重大论题的入手处、突破口的。而许多乍看宽泛的评论对象，经过“从小处入手”的处理，也可以使论题发生变化，或由宽题变为窄题、由泛题变为实题，或由大题变为小题、由繁题变为简题，从而成为广播评论能够得心应手论述的论题。

从小处入手，关键是选准入手处，找到便于触及事物实质的突破口。这只能从评论对象本身的实际出发，来不得半点随心所欲，丝毫主观臆断。如有的评论对象多侧面、多层次，在各个侧面、层次之间的主、次关系稳定的情况下，当然可以从主要侧面或层次入手，而带过或舍弃次要的；但如果主、次关系因时因地而异，那就要注意交代条件，在一定前提下突出主要的，否则就可能导致片面性或绝对化。有的评论对象内涵复杂，如官僚主义、以权谋私之类的思想、行为倾向，如果从概念出发，论题势必流于空泛，论述也难免陷于无从下手的困境；但如果与实际，尤其与典型事实结合起来，就可以把论题变得实些、具体些，也较易于鞭辟入里地分析问题。总之，评论对象千姿百态，客观实际变化无穷，选题究竟从哪里入手、如何入手，只能因时、因地、因事制宜，根本不存在一成不变的模式。

2. 从听众关心的角度捕捉论题

广播评论面向广大听众，从听众的视角观察事物、分析问题，捕捉他们关心的论题，本来是天经地义的事情。可是迄今为止，单纯体现领导机关、业务部门意图的论题，在评论尤其是关于具体工作和业务问题的评论中，仍然占有很大的比例。这是不少评论作品缺乏吸引力，引不起听众收听兴趣的主要原因。所以，变换视角，让选题的注意重点与听众一致起来，无论对于改变论题类型还是增强评论社会效果，都有重要的意义。

广播评论总要接触实际工作和业务领域的论题，也需要认真体现领导机关和主管部门的意图。问题是从哪个角度体现意图、处理论题？单纯从领导机关、主管部门出发，把评论变成“不另行文”的公文，还是把视线放在群众共同关心点上，使评论成为听众的“开心”钥匙？角度不同，论题的性质、类型，以至于立论和论述方式都将随之变化，播出效果自然也有所不同。就说《致富路上说养猪》吧。这篇广播谈话的成功得益于多种因素，但都同从农民关心的角度看待养猪问题密切相关。农民是怎样想的？有些什么思想疙瘩？怎样帮他们解开？把这一切梳成辫子，形成养猪是一条积少成多、利家利国的致富之路的论题，从而把一个工作、业务问题变为攸关农民切身利益，为他们喜闻乐听的话题。这类问题单纯从领导机关、主管部门的角度处理，虽然也可以论述得头头是道、有条不紊，却未必能够引起如此普遍的关心，也未必能够讲得这么娓娓动听、引人入胜。其实，社会主义事业是人民群众共同的事业；凡是需要面向广大听众论述的工作、业务问题，本来就直接关系着人们群众的切身利益，完全可以也应当从群众最关心的角度提出问题。明确并坚持这一点，就可以把工作、业务问题变为听众关心的话题，唤起广泛的收听兴趣。

3. 精心研究事物的转折状态

转折状态是事物从一个发展阶段向另一个发展阶段过渡时的表现。这种状态集中代表事物的现状，往往是各种现象和矛盾的交汇，同时也是连接事物过去和未来的关节。转折状态的这些特点，一般都可以成为按照广播传播特点改变论题类型的有利条件。比如，通过对交汇在一起的各种现象和矛盾的分析，把握问题的症结，就可以恰当缩小论述范围，使论题变得易于驾驭；而研究关节点，抓住事物的典型表现，则可以收到抓一环而带动整个链条的选题效果。《从中小学教师的呼声谈起》①，堪称通过抓问题关节点驾驭论题的成功一例。这则评论一开头就点出问题的症结：

> ……前不久在北京十家中小学教师的座谈会上，记者听到一个令人不安的事实：6天学校的良好教育根本抵不上一个星期天某些不良社会环境对孩子的侵蚀，人们说，这是6+1=0。

评论然后围绕这个“1”，或是引用教师的发言，或是列举不利于孩子健康成长的社会现象，深入而中肯地分析这个“1”怎样冲击、抵消着学校教育，腐蚀着孩子的心灵。可以说这个论题之所以具有振聋发聩的社会意义，主要得益于抓住了“6+1=0”这个标志学校教育转折状态的关节点。

当然，研究事物的转折状态，只是改变论题类型的一种方法。能否达到预

① 《1994年度中国广播奖获奖新闻作品选评》，第137页，中央台1994年4月24播出。

期目的，还取决于立足点恰当与否，是不是善于处理全局与局部、全过程与转折点关系的问题。只有立足于党的政策高度，立足于全局，把转折点与全过程联系起来，才能更好地把握转折状态的本质特征，也才能更好地用来为改变论题类型服务。

以上所述，其实都是新闻评论选题原则在广播条件下的具体化。所以着重加以强调，只是因为它们有利于广播评论突破某些不善于论述的重大论题，千万不要把它们与一般选题原则割裂开来、对立起来，那样势必失之偏颇。

二、立论的特殊要求

如同其他新闻评论一样，广播评论在立论方面的所有讲究，目的都在于提高立论的思想性，这就是：坚持马克思主义的立场、观点和方法，坚持党的路线和方针政策，在理论与实际结合的基础上揭示事物的本质，概括规律性认识，力求具有深刻、中肯而又合乎听众接受能力的思想内容。

围绕这个目标，新闻评论在长期的实践中，逐步形成了求真求新、不妄不庸的立论准则。广播评论要按照广播传受方式体现立论目标，就要在坚持这一准则的基础上，着重注意下列特殊要求：

（1）焦点尽可能集中些　广播评论立论集中，不是一般地集中在一点上，而是集中在“靶心”——问题的症结、矛盾的焦点上，力求切中肯綮。

怎样集中？前人的经验是“宽题走窄路，窄题走宽路”。这条经验把选题和立论结合起来，强调根据论题的实际情况，采取不同的立论方法。“宽题走窄路”，要求在立论过程中，精心提炼，寻求恰当的突破口；突破口既小又准，立论就能切中要害，触及事物的本质。窄题的评论对象单纯、具体，论题的接触面本来就小；立论要以小见大，就要走宽路，适当拓宽视野，从事物的联系中引出规律性认识。如果说《开展批评与贯彻“双百”方针》的立论近似“宽题走窄路”，那么，《大瓷盘为什么走俏》就是“窄题走宽路”的适当例子了。

（2）角度更加讲究些　客观事物多为多面体；一个论题往往有多种立论角度，可以导致不同的立论效果。有的角度切中要害，如《绝不允许有“特殊公民”》[①] 突出特权与党的性质、社会主义制度的矛盾，颇有高屋建瓴的气势；有的新巧，抓住了就能避免一般化，《微笑的美》[②] 能够就老论题写出新意境，就是得益于立论角度新颖、不落俗套；有的精致、分寸感强，像《理应嘉

① 中央人民广播电台1980年10月17日播出。

② 《广播专题讲座参考资料》，中央广播电视大学出版社1987年版，第358页，上海人民广播电台1984年播出。

勉》[1] 从一事入手，褒贬恰如其分，准确地体现了对台的政策和策略；有的开门见山、一语中的，像《国家干部不要经营企业》[2]，它以三言两语讲清了问题的实质，的确是一种“经济角度”。如此等等，说明面对多种立论可能性时，慎重选择角度是多么重要。广播评论所以要特别讲究角度，还由于它是发挥立论的能动作用，克服广播传播劣势的重要方面。

哪个角度恰当，取决于多种因素。其中最重要的是评论的性质，论题的类型，广播的传播特点，听众的一般思维习惯和心理状态。《致富路上说养猪》的立论角度好在紧扣听众认识上的“疙瘩”，能够较好地体现选题意向，也便于农民理解和接受。《微笑的美》由于论述改善服务态度问题的文章已经不少，要是毫无新意，那就连隔靴搔痒都不如，因此不能不力求新巧，着重强调：“这种微笑的美，每个人都可以掌握到，都可以享受到，千万不要忽视，千万不要放弃!”所以在角度选择方面，要综合考虑各种因素，全面权衡利弊得失，而不能草率从事，更不是可以信手拈来的。

(3) 调子适当节制些　立论的基调贵在恰如其分，倚高倚低都不是好现象。恰如其分，包括同党的立场和方针政策保持一致，以及切合评论对象和评论接受对象的实际。背离这两项要求，调子偏低，不免削弱立论的思想性，流于浅薄鄙俗；调子偏高，把理想当政策，超越客观实际，也容易陷于曲高和寡、揠苗助长的境地。比较地说，唱高调的偏向更加需要警惕。对好事一味拔高，对坏事“无限上纲”，不仅无助于倡导或反对，还可能带来意想不到的副作用和反效果。

广播评论的调子，尤其需要有所节制。它面对思想水平、觉悟程度以及理解能力相差悬殊的听众，要赢得听众的多数，就不能不顾及听众的“容受可能性”[3]。否则就可能失去一部分听众，削弱评论的社会效果。

以上是广播评论按照广播传播特点体现立论要求的基本方面。至于如何具体运用于一篇评论之中，则因评论对象、社会需要和听众状况而异。其中听众是一个重要而常被忽略的因素，值得格外重视，否则再高明的立论也可能成为只供少数人玩赏的摆设。

第四节　广播评论声音符号的处理

任何一则广播评论，不论表现什么内容、篇幅长短，也不论是先写后说还

① 《广播专题讲座参考资料》，第 379 页，中央台对台湾广播 1984 年播出。

② 《全国优秀广播节目稿选（1984）》，第 12 页，陕西子洲县广播站 1984 年播出。

③ 《韬奋文集》(第 1 卷)，生活·读书·新知三联书店 1962 年版，第 142 页。

是直接诉诸口语，它的最终形态都是声音符号这样那样的组合体。因此，如何写作和制作广播评论，集中到一点，就是在坚持新闻评论体裁特征的同时，按声音传播或说、听的基本规律，恰当处理各种声音符号，把它们组织成能够充分表现内容的有机整体。这是关系每一则广播评论成败得失的核心问题。

一、论述语言及其主导作用

就声音符号的总体构成说，广播评论同其他广播体裁一样，可以同时拥有两种声音符号：言语和音响。

1. 论述语言

为了与其他广播体裁的言语相区别，我们把广播评论中传播主体——评论作者的言语，称为论述语言，并把它定义为评论主体用来表达内容的所有话语。也就是说，论述语言是评论主体的言语；在音响评论中指除音响以外的言语，而在不运用音响的评论中则是全部言语。

广播评论中的论述语言，可以按口头语言的构成，分解为语词、声调、节奏等要素。所以，在写作和口头表达中处理论述语言，除注意话语是否准确、鲜明、生动和通俗易懂外，还得十分重视调动声调、节奏的表现功能，评论才能收到娓娓动听的表现效果。例如下面这一片断：

> 有的地区、有的单位，还有那么几个官不大、权不小、惹不起、管不了的“小霸王”，他们把一再敲响的警钟当成耳边风，继续为非作歹，闹得很不像样子。①

如果说这几句话铿锵有力、义正词严，具有强大的舆论威力，那么，它的这种表现效果除了依靠语词本身的表意功能以外，在很大程度上得益于在遣词用语时注意语词的声调、节奏等因素，为声音转化创造了相当好的条件。

2. 论述语言的主导作用

在广播评论中，论述语言有五种表现功能，即（1）表达论点；（2）叙述论据，包括叙述事实和转述他人的观点、看法；（3）表现论述的逻辑关系，如论据与论点的内在联系，以及话语间的衔接、过渡、转折等；（4）解释和说明，如交代事实发生的时间、地点和其他背景，解释陌生的关键词语，介绍有关知识等；（5）在音响评论中，论述语言还有补充、完善音响材料的功能，如说明实况音响发生的环境和背景、揭示音响的深层含义、解释方言方音等。可

① 《绝不允许有“特殊公民”》。

见，论述语言具有全面的表现功能，完全可以独立、完整地表现内容。就是在音响评论中，不论音响多么典型、精彩，事实上也主要依靠论述语言来丰富、深化评论的内容。所以，论述语言在任何时候都处于主导地位，都起着决定评论成败得失的主导作用。明确这一点，是恰当处理广播评论声音符号的关键。

二、音响及其表现功能

虽然论述语言处于主导地位，虽然音响直至80年代才进入广播评论，但音响的运用却呈现了越来越普遍的趋势。从1991年到1997年，获中国广播奖一等奖的广播评论共21篇，运用音响的有10篇，接近50%；1997年以后，则几乎都运用音响。中央人民广播电台《新闻纵横·今日话题》，更把运用音响作为栏目定位的重要因素之一。从这个发展趋势看，认识音响，恰当运用音响，显然是适应广播评论发展趋势、增强驾驭评论能力的一个重要方面。

3. 音响

为了确切地认识和理解广播评论中音响，让我们先看几个实例：

例一：（体育场观众席上的噪音，渐强转弱，混播，约5秒）刚才各位听众听到的，是记者最近在全国足球甲级队联赛沈阳赛区比赛中，从现场录下来的片断音响，不知大家听后有什么感觉。①

例二：（出录音）“其实，我们中盘、小盘并不缺。主要是现在上面有规定，不让大吃大喝。可有些单位既想吃喝，又怕违反规定。可是大瓷盘即使装得再多，也算一盘。这样，他们也好交代，我们也合算，所以我们也多买了一些大盘。”②

例三：（出录音）记者：你觉得赌博对不对？/小孩：不对，他们玩钱的。/记者：你检举怕不怕？/小孩：我不怕，我就是胆子大。/记者：你爸爸妈妈知道以后表扬你了吗？/小孩：没有，我回家爸爸打了我。/记者：爸爸对你怎么说的？/小孩：他叫我今后再莫管这号事了？/记者：挨打以后，你觉得爸爸对不对？/小孩：我觉得爸爸对。/记者：为什么爸爸对？/小孩：他说怕坏人打我。……③

上述三例都是评论中的音响，但性质不尽相同。前一例是伴随事物发生的

---

① 辽宁人民广播电台1982年播出。

② 《大瓷盘为什么走俏》，新疆人民广播电台1988年12月10日播出。

③ 《莫把孩子当“看客”》，湖南长沙市东区广播站1986播出。

实况音响，客观性很强，但倾向性不明显，所以需要说明才能让听众准确理解它的含义；后两例是因记者的采访活动而发生的，其中例二是受访人——一个饭店经理的谈话录音，受访人的主观色彩很浓，它本身的表面含义相当明确，但实质有待评论主体去发掘；例三是记者同一个因向居委会举报有人赌博而受到父亲痛打的孩子谈话的录音，其中记者的提问带有明显的导向性。这说明音响的主、客观性质因来源而异。伴随事物发生的音响，当然是客观的音响；因采访而发生的音响，往往包括记者的提问和受方人的回答，其中受访人的话语在他本人是主观的，而对记者来说则是客观的。具体认识音响的主、客观性质，是在评论中恰当运用音响的基本前提。

4. 音响的基本类型

音响有多种分类标准。在广播评论中常用的音响，大致可以按两个标准来划分：

(1) 按音响的来源，可以分为伴随事物发生和因采访发生的两种。前一种音响，是事实的一部分，可以在一定程度上再现事物的现状和发生、发展过程，给人“事实如此”的感觉，具有一定的客观实证能力，如例一。后一种多为言语音响，主要是受访人讲述事情发生的情况或对事情的看法，带有说话人的某种主观倾向性，如例二。有时还有采访人的提问或插入，如例三，它具有另一种倾向性——评论主体的倾向性。语言音响是广播评论言语的另一个组成部分。

(2) 按音响在评论中的作用，则可以分为：①直接表现或说明事物的音响，目前多数为因采访而发生的言语音响，权且称之为“事物音响”；②表现事物存在条件的环境音响，多为事件现场实况音响和采访场合的背景声；③表现事物过去情况的背景音响，也就是利用原先录存或音像制品中的音响资料。

上述音响类型是按两不同标准划分的，因此可以相互兼容。它们的关系大致如下：

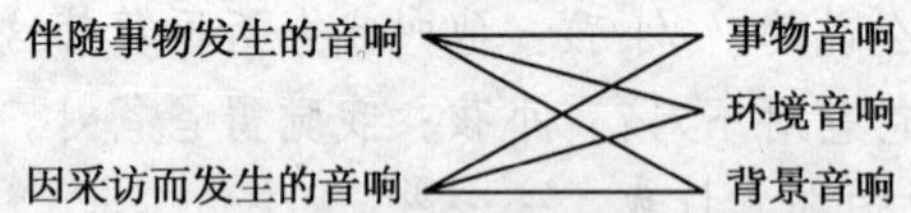

就目前的情况看，广播评论所运用的音响，多数是因采访发生的、受访人讲述事物的情况或对于事物看法的音响。伴随事物发生的音响不多见；表现评论主体倾向的音响则多为提问，很少有随时插入的追问、诘问、解释、说明等。这种状况说明，广播评论在运用音响方面，还有很大的潜力，或者说还有待于进一步发掘和丰富。比如，例二的那段音响现在只是说明饭店增购大瓷盘的原因，如果记者不仅是录他的谈话，而且仔细琢磨表层意思背后的实质，追问或插入一句——如“你们这样做不是无形中助长了‘吃喝风’吗?”也许可以进一步增强评论针砭时弊的锋芒。

5.音响的表现优势和局限

伴随事物发生的音响，本身就是事物的一部分，可以在一定程度上反映事物的状态和性质。这种音响在评论中，可以起类似事实的作用，成为支持论点的事实性论据。如例一，足球比赛观众席上的噪音，评论据以揭示这种不文明行为不仅干扰了比赛的正常进行，而且背离了社会主义精神文明的准则、玷污了中华民族的文明传统。由于音响的直接再现能力，无疑比语言描述更真切，更能让听众获得感同身受的印象。因采访而发生的音响，由于说话人同事情有着某种直接关系，由他们亲口讲述，也可以让听众从他们的谈吐中明白事情的真相和领会到其中实质，从而增强论述的说服力。如饭店经理对增购大瓷盘原因的说明，那位因揭露赌博而遭父亲痛打的孩子对记者的回答，都具有这种作用；而有的评论引用专家、学者的讲话录音，则收到了增强论述权威性的效果。如《海信规模扩张的启示和思考》① 引用了三段专家、学者的谈话，其中一段在叙述海信集团的扩张情况之后，引用一位经济学家的谈话录音：

> 海信的资产重组，特别是资本运作，我觉得这一点给我们很好的启示。就是通过资本的控股，使小的资本变成大的控股资本，它就能壮大。我们依靠国有大中型骨干企业，让他们通过资产流动重组，特别是进行资本经营，我们的大企业，有可能在短期内不仅摆脱困难，而且发展壮大。

如果说这一段音响揭示了海信经验的意义，那么，另一段则旨在借专家的话，提醒防止一哄而起的盲目性：

> 对这些事实进行思考使我们感到，扩张规模并不是壮大集团的“万能钥匙”。著名经济学专家、北京大学教授吴树青认为，盲目扩张规模将使企业背负更沉重的包袱：
>
> （出录音）“习惯上，有一个号召以后，各个部门、各级政府都要表示我在落实，赶紧作出规划，要搞大集团。有没有条件，人家愿意不愿意，先不管，反正我就让你做。如果这么一种做法的话呢，原来可能运作得不

① 《1997年度中国广播电视新闻奖新闻佳作赏析（上）》，中国国际广播出版社1998年版，第83～86页；青岛人民广播电台1997年12月25日首播。

太好了，你合在一起可能运作得更不好。”

这两段录音相互配合，相当有力地支持和完善了评论对于整个论题的论述。

此外，在评论论述过程中适当插入音响，还可以赋予评论一定的现场感和交流感。如口头述评《希望就在这里》中的这一段：

事实告诉我们，培养军地两用人才的活动，不仅不会影响军事训练，反而促进了军事训练。一方面调动了指战员的积极性，提高了训练效率和质量。(具体例子，略) 另一方面，它开发了指战员的智力资源，促进了训练改革和技术革新。(具体数字，略)

(出“电子干扰器”发出的声音，混播) 各位听众，现在你听到的这个声音，不是什么音乐；它是在南京部队举行的军地两用人才现场会上，某师展出的一种电子干扰器。有关这个电子干扰器的其他一些情况，我们请这个师通讯科的刘参谋给大家讲一讲：(出录音，内容略) ……①

这里的两段音响既直接支持了论点，也给人以如临现场的感受。这种现场感和交流感，是一般的叙述或转述论据难以达到的。

概括起来，音响在广播评论中的表现优势主要在于：(1) 增强论述的客观性，赋予它以事实胜于雄辩的表现效果；(2) 增强论述的可信度和权威性，赋予它无可争辩的说服力；(3) 增强论述的现场感和交流感，赋予它比语言叙述更强的感染力。

不过，音响也有它的局限：(1) 伴随事物发生的现场音响，不以评论主体的主观意愿为转移，而且倾向性往往不那么鲜明，有的甚至以噪音形态出现；(2) 因采访发生的音响，很大程度上依赖受访人，包括他对事物的了解程度、既有认识和口语表达能力等等，有时还受方言访音的限制，这也不是评论主体能够完全控制的；(3) 某些暴露性的音响，如不文明的言行，处理不好可能影响收听效果，甚至产生意料不到的副作用；(4) 因此，相当一部分音响本身并不能独立地表情达意，需要论述语言加以补充和完善。此外，有些现场音响和声源不明、带隐蔽性的音响，还需要克服采录方面的困难。所以，音响固然可以为广播评论增色，但并非任何音响都可以运用于广播评论，更非有“响”就好。如果忽视它的局限，任意运用，毫无节制，那就可能导致相反的效果。

这里需要再次强调，广播评论中的音响是作为论据存在的。它的表现功能

① 中央人民广播电台播出，据收听录音带整理。

集中到一点，就是支持或说明论点，为充分表现论点服务。即使本身表达了对于事物看法的音响，包括专家、学者等权威人士的讲话录音，它所表达的也是受访人的看法，而不是评论主体的看法；即使这种看法与评论主体的看法相一致，也只是起理论性论据的作用。换句话说，广播评论中的任何音响，都从属于说理，服务于说理；如果离开说理的需要，为音响而音响，那就可能反而冲淡说理，甚至可能混淆音响评论和音响报道之间的界限。现在有些音响评论政论性色彩淡薄，评论主体对于事物的看法不鲜明，很重要的一个原因就是误解音响在评论中的表现功能。

三、恰当处理论述语言和音响的关系

从上面的分析中可以看到，论述语言是全功能的声音符号，完全可以独立表现评论的内容；音响以让事实和受访人“自己说话”的方式表现论据，可以增强论据的可信度、说服力、感染力。那么，在一则广播评论中同时运用这两种声音符号，怎样把它们组织成不可分割的有机整体，让它们共同为实现评论的论述目标服务呢?

1. 坚持两个原则

这两个原则就是：音响少而精的原则；论述语言以说理为主的原则。

广播评论未必都需要、都能够运用音响。因此，既然运用音响，就应该使它成为论据的有机组成部分，而不是可有可无的点缀品。也就是说，不用则已，用则必精；所以必须从充分证明和说明论点出发，按少而精的原则精心采录、筛选、剪裁和组织音响素材。这里需要强调，论据充分是质的要求而不是量的概念；用音响作论据也不例外。如果为音响而音响，或者脱离论点单纯追求音响本身的表现效果，甚至叠床架屋地引用音响，那就不仅不可能充分支持论点，还可能因此冲淡论点、分散听众的注意力。有篇评论阐述鞍钢从失去“一汽”市场吸取教训、树立质量和效益观念，前后引用了 9 段、14 个受访人的谈话录音。下面是其中的一个片断：

> 鞍钢怎么了？为什么一向拥有绝对优势的一汽市场却在自家门口丧失殆尽？鞍钢究竟差在哪里？
>
> 对此，长春“一汽”的操作工人也许最有发言权：(出录音)
>
> 甲：“现在鞍钢的料，不论从表面质量还是机械性能都存在一些问题，越来越满足不了工艺和产品质量的要求，所以我们现在 90% 都用宝钢的料，鞍钢的料越来越少了。”
>
> 乙：“鞍钢的材料在切断的端头有毛刺，两边有锯齿，操作工人不注

意就容易把手割伤了。”

丙：“这个板最大的毛病就是厚薄不均，包装不好，防腐性能差，你看这板来了仅仅一年，全部变成了红色的锈板。”

丁：“主要是像波浪似的。你看连家雀都不敢落、扎脚。人家武钢、宝钢根本不存在这个问题。”

这四位工人的讲话，分开看都有一定表现力，放在一起却不无重复之嫌；如果采用综述和引用音响相结合的方式，删弃一两段音响，效果也许会比现在更好些。可见，运用音响表现论据，也同用语言叙述事实或转述他人看法一样，贵精不贵多，重质不重量，多用少用、用哪一部分，只能看论点的需要，这是一。第二，用在哪里，单独出现还是混播，也得从有利于说理的角度精心考虑和处理，防止游离于论点，防止喧宾夺主。

上面说过，论述语言有五种表现功能。不过，这些功能既有主次之分，又相互为用、共同为雄辩地说理服务。无论音响评论还是其他评论，论述语言除概括论点以外，大部分用于表述论据。因此，对于论述语言的处理，任何时候都必须坚持以说理为主的原则，根据话题的需要突出主要功能，力求准确、鲜明地概括论点和具体论断，充分而又生动活泼地表述论据。如果说有什么区别，那就是在音响评论中，有些论据由音响来表现，论述语言在表述论据方面，主要侧重于补充、完善论据，揭示音响论据的内在含义。例如，《肃贪警世录》[①] 的这一段：

……直到临刑前，他还没有悟出犯罪的个中原因。我们来听听他是如何说的：

（出音响）“我在香港工作时很辛苦，一天十几个小时，因此在路过澳门时就去玩了一下。”

请听，把巨款180多万元人民币的血汗钱拿来赌博输光掉（按：这一句有语病，可删弃“巨款”和“掉”字。），还轻轻松松地说工作太辛苦了，玩一下而已，可见他堕落到了何等地步！

这个罪犯为什么至死不悟呢？评论把音响与论述语言糅在一起，从反面说明了思想的蜕变是堕落的根源。这里如果没有一前一后的补叙，音响就什么问题也

① 《优秀广播新闻·社教节目稿选与评析》，中国广播电视出版社1992年版，第51页，广东人民广播电台1991年12月12日播出。

说明不了，更不要说发挥警世作用了。而前一例所以罗列四位工人大同小异的讲话录音，除了舍不得来之不易的音响以外，同不善于调动论述语言完善论据恐怕不无关系。

2. 协调论述语言和音响的关系

不过，除了按上述原则精心处理音响和论述语言，能否真正把它们“糅合”成有机整体，关键还在于协调二者的关系。怎样协调？常说“文无定格”；具体协调二者的关系，也没有一成不变的套路。重要的是善于发挥论述语言的主导作用。上面说过，无论是伴随事物还是因采访发生的音响都具有客观性。面对着各种音响素材，评论主体只拥有有限的主动权——在不违背真实性的条件下采录、选择、剪裁和组织音响；而论述语言所表达的是主观认识，只要认识正确，评论主体完全可以驰骋自己的主观能动性。所以，协调二者的关系，在很大程度上取决于是否善于利用论述语言整合、统率音响材料。且看两个实例：

例一：《肃贪警世录》引用的音响多为罪犯的话语，音响的特殊性决定它必须坚持以论述语言统率音响，否则就难以达到如同作者所预期的“震慑同类、教诲世人的警钟”目的。除前面引用的那段以外，评论还引用了另外三个罪犯的录音，具体处理方式虽然有所不同，但都体现了以论述语言统率音响的原则。如罪犯高森祥在接受审讯时痛哭流涕地表示忏悔，评论在引用这段录音后，紧接着以斩钉截铁的口吻指出：

> 尽管高森祥痛哭流涕，但法律是无情的，罪大恶极的高森祥如今已得到了应有的惩罚，他的忏悔已经太晚了。

短短几十个字，却具有鞭辟入里的威力，论述语言在这里很好地发挥了统率的作用。

例二：《农业院校为什么门庭冷落？》① 在分析导致农业院校生源减少的原因时，则这样处理音响和论述语言的关系：

> 据有关部门提供的消息：全省138个县级农技推广单位，目前已部分和全部“断奶”（指停止财政拨款——引者）的就有108个，而全省2450多个乡镇农技站今年已全部“断奶”，有些地方农技站甚至撤销。“断奶”这一现实，对农业院校的生源究竟影响多大呢？
>
> （出录音）“滨州地区的基层农技人员是去年给断的奶。今年在（山东）

---

① 据山东人民广播电台1994年播出稿。

农大招的900名学生的花名册上，要不是几个学生填的籍贯是滨州，恐怕就见不着‘滨州’两个字了。虽然在这里我们不能说这肯定是‘断奶’效应，但‘断奶’的潜移默化的影响则肯定产生了副作用。”

……基层农技站“断奶”，实际上是卡了我们自己的脖子。这种负面效应，也许短时间还不太明显，三年五年、十年八年之后，一旦农业出了问题，给我们个颜色看，那时我们仅仅靠忏悔就无济于事了。如今连农家子弟都不愿报考农业院校，这与其说是农业院校的悲哀，莫如说是整个社会的悲哀，整个民族的悲哀！

仔细分析一下这段论述，当不难发现这里的论述语言既补充和完善了音响，又从音响中引申出相应的论断。如果说它们是在互动中实现两相协调的，那么，其中起主导作用的其实仍然是论述语言。

这两个例子告诉我们，尽管协调音响和论述语言关系的具体方式多种多样，但无论哪种方式都离不开论述语言的主导作用。“牵牛要牵牛鼻子”；善于发挥论述语言的主导作用，就是协调它同音响的关系的“牛鼻子”。

3. 做好论述语言的声音转化工作

广播评论的最终表现形式是声音。但由于种种原因，尤其是评论肩负着指导实践、引导舆论的任务，迄今为止几乎所有论述语言都首先形诸文字。因此，做好声音转化工作，对于广播评论的播出效果具有举足轻重的影响。

声音转化过程，是手和口，即文字表达和口头表达的互动过程。所以，做好声音转化，务必紧紧围绕增强声音表达效果这一目标，着重从两方面努力：(1) 文字表达坚持“我手写我口”①。也就是写作时，严格按口语表达的要求选择词语、组织句子，力求文字表达口语化；写后自己大声朗读一遍，看看是否琅琅上口、悦耳动听。文字表达是声音转化的基础，如果满篇都是长句子，或者诘屈聱牙的文言词语，或者滥用方言、术语、外来语，口头表达能力再强、技巧再高也无能为力。(2) 口头表达力求准确表情达意。目前，广播评论的写与播，多数仍然处于分离状态。在这种情况下做好声音转化工作，除撰写文稿时顾及口头表达的需要外，还要求播员或主持人认真做好播前的备稿工作，透彻理解评论的内容；善于调动声调、节奏等非语词要素，强化对于论述语言深层含义的表达。总之，只有这两方面相互配合，才能真正做好声音转化工作，舍此别无其他捷径。

① ［清］黄遵宪语。

第五章

电视新闻评论

电视新闻评论（下面简称“电视评论”），如同报刊评论、广播评论一样，属于按媒介划分的评论类型，是新闻评论体裁与电视媒介结合的产物。作为体裁或话语形式，它的性质及其在新闻传播中的地位、作用，与报刊、广播评论没有什么差别；而由于传受方式的不同，它在内容取向和表现形式方面，则必然形成这样那样的特点。所以，怎样认识，怎样完善，怎样能动地体现这些特点，自然就是研究电视评论的核心问题。在电视评论刚刚起步的80年代初期，实践还没有为探讨这些问题准备必要的条件，人们只能“摸着石头过河”，跌跌撞撞地一步一步往前走。如果说这是新事物发展的正常现象，那么，在经过20多年的摸索、探索之后，在电视评论正以电视的声画兼备、视听结合的独特表现优势而日益受到人们重视的时候，理所当然地应该把认真、深入地探讨这些问题，力求形成超越具体经验的规律性认识，作为一个迫切的课题提到日程上来。

第一节　电视评论及其特点

人们对于新闻评论的认识，迄今仍然“人言言殊”[①]；对于电视评论这种后起、发展势头强劲的评论形式，更将长期处于众说纷纭的状态。众说纷纭未必就是“莫衷一是”，更未必需要“统一认识”；恰恰相反，众说纷纭是集思广益的前提，是有利于完善对于电视评论认识的积极现象。当然，这需要一定条件，特别是善于在兼听、分析的基础上弃粗取精、弃伪存真，防止固执一端或

① 参见本书第一章第一节“新闻评论的界说”。

一味“标新立异”之类的偏向。有鉴于此，回过头来看看我国电视评论的发展历程，以及在这个过程中所进行的摸索和探讨，也许是必要的。

一、电视评论走过的路程

80年代中期以来，我国电视评论获得了长足发展。除新闻节目播出的评论以外，不定期播出的评论性专题日渐增多，同时陆续出现了《焦点访谈》、《新闻透视》、《今日话题》这样一些产生广泛社会影响的定期分析性节目。电视评论的这个局面，当然不是一蹴而就的，而是如同广播评论一样经历了一个移植、改造和逐步适应自己的传受方式、传受特点的过程。

1.“三代”说

有的同志在上世纪90年代初期，曾经作了这样的概括：

> 自80年代中期以来，电视评论大体经过“三代”变化。第一代的模式是由记者写出一篇评论，由播音员播出，只是自始至终有播音员的半身图像。这基本上是在报纸模式中摸索。第二代模式是：仍然写的是报纸风格的评论，也是由播音员播讲，只是配合出现画面，但许多画面和评论内容脱节；这说明，电视工作者已经意识到要摆脱报纸模式的束缚，但还没有冲破樊篱。第三代电视评论模式的形成大约在1990年前后，它以电视述评为主要形式，在遵循新闻评论共性原则的基础上，用有声的画面语言来论证。论据是形象化的，论证是由记者、主持人和各界人士共同完成的。①

这个概括基本上符合上世纪90年代以前电视评论发展的实际，反映了电视新闻工作者在评论领域摸索前进的基本轨迹。

2.电视评论节目化初期的状态

进入90年代以后，电视评论的发展步伐加快了，其中最引人注目是中央和省级电视台纷纷创办评论性节目。有的同志这样描述这类节目的影响：

> 评论性节目的迅速发展是近年来我国电视屏幕上一个令人注目、使人感奋的现象。
>
> 以中央（电视）台为代表，从《焦点时刻》到《焦点访谈》栏目的建立，说明电视评论节目已经作为一个经常性的、具有鲜明电视特色、十分

---

① 吴少琦：《喜看电视评论技师的提高》，《优秀电视新闻稿选（1991年）》，中国广播电视出版社1992年版，第119页。

耀眼的品类，列入了荧屏之林。各地电视台也先后办起了自己定期或不定期的评论性节目，在观众中同样受到了格外的青睐。

他认为观众之所以欢迎这类节目，是因为：

> 1. 它反映的是当前人们普遍关心的重大问题；2. 它播出及时，题材广泛，贴近生活；3. 它具有相应的时间长度，使节目内容具有一定的深度；4. 它不回避对一些不良现象进行必要的揭示（露）与善意的批评，敢于反映人民的心声，并对社会作出有力的呼吁；5. 形象化、直观性和群众、专家的参与使它具有较高的说服力和权威性。①

也就是说，观众欢迎这类节目首先是因为它是新闻评论，或者说具备了新闻评论的就人们普遍关心的问题迅速及时发表自己的见解和看法的基本属性，同时也由于在一定程度上发挥了媒介传受方式固有的某些表现优势。

不过，电视评论无论是与其他媒介的新闻评论、还是电视中的新闻报道形式相比较，毕竟还年轻，离完善、成熟还有相当的距离。上面所引文章的作者，曾经对1994年送评的评论性节目，作了以下的分析：

> 这次送评的评论性节目大体上可以分为三种类型：第一种是新闻事件的深度报道。……第二种是综述形式。……第三种是述评形式。它以叙为主，夹叙夹议。议的部分或多或少，或深或浅，但都起了评论所必备的画龙点睛作用。这种形式才是目前堪称为真正的电视评论。

送评节目中存在的这种现象，也许在一定程度上说明电视新闻界对于什么是电视评论还存在着认识方面的分歧或“误区”。甚至可以说，主要是陷于“认识误区”，否则怎么会出现把综述当作评论送评的现象？怎么会出现要不要“评”之类的问题？

3. 认识的跨越

至于电视深度报道与电视评论的关系则要复杂得多，不是一个“是”或“非”能够回答的。有的同志新近结合对《追踪矿难瞒报真相》②的分析，着重就深度

---

① 夏之平：《发展中的电视评论节目》《1994年度中国电视奖获奖新闻作品选评》，中国广播电视出版社1995年版，第41、42页。

② 中央电视台2003年1月日《焦点访谈》播出。

报道与事实的关系,作了颇富启发意义的阐述,且摘录若干要点于下:

> 在林林总总的对“深度”的定义中,我注意到一个很具有实践指导意义的表述:“深度来源于事实”……这应该是一个最基础的认识:深度不是艰深的话语和生涩的表达,而是观众所感受到的深度。
>
> ……但深度究竟从哪里来?我想,第一来源于事实,第二来源于事实表述过程中的真实感,第三来源于事实背景的建立,或者叫作“对事实关系的建立”。
>
> ……但仅有(事实)真实是不够的。阿诺德·汤因比曾在他的《历史研究》一书中提出:“精神的表达要置于真实的表达之上”。……这句话在我看来有双重含义:首先,精神的表达不能是虚妄的、不可捉摸的,它需要以真实的表达为载体,在真实的表达中得以实现;更重要的一层含义是,作为精神表达的载体,真实的表达绝不是目标,在真实之上还应有更高的目标:精神。①

作者显然是立足于《焦点访谈》的定位阐述“深度”的这三个来源,以及“真实”与“精神”的关系的。虽然他对“事实关系的建立”、同“真实”相对应的“精神”没有更具体的解释和说明,但将这两层意思结合起来,大致可以理解为建立彻底弄清事实本身内在关系的基础上形成的理性认识。如果这样理解不违背作者原意,那么,深入发掘事实的内在关系、以“精神”统率“真实”,就是《追踪矿难瞒报真相》本质特点所在或《焦点访谈》的定位目标了。推而广之,是否可以认为电视评论为适应电视的传受方式、发挥自身的表现优势,必须如同一切深度报道一样以真实地表现事实为基础,同时注意揭示事实的内在联系、自觉把“精神置于真实之上”呢?来自包括《焦点访谈》的许多成功作品在内的电视评论实践的回答是肯定的。

不过,严格地说,深度报道与新闻评论并不是同一范畴的概念。新闻评论是体裁或话语形式,而深度报道其实是相对于动态报道而言的报道要求。后者一旦与内容的性质联系起来,至少可以包容或分为反映性、解释性、分析性深度报道,并以不同的体裁或话语形式呈现于观众面前;其中的分析性深度报道,无论从内容或形式上说,其实都可以视新闻评论。电视深度报道与电视评论的关系,何尝不可以作如是观呢?

---

① 孙玉胜:《十年——从改变电视的语态开始》,生活·读书·新知三联书店 2003 年版,第 93、101、103 页。

4. 电视“文法”说引出的思考

电视评论是电视中的新闻评论，它当然要适应电视媒介的传受方式，否则它就不是“电视”的。但是，如果背离了新闻评论的体裁特征，尤其是它的政论性特征，淡化了评论的色彩，没有自己的有理有据、观点鲜明的评说，那它就不是新闻评论。一个是媒介的传受方式，一个是体裁的基本特征，只有二者紧密结合起来，电视评论才能成为名副其实的“电视评论”。有人曾说：

> 可是，电视作为一种新的语言，迄今还没有文法。电视仍在成长时期，还没有发展出一套全备的理论。今天制作电视的人当然仍有一些可循的法则，有的采用电影手法，有的采用舞台艺术，只是没有一套真正属于电视这种新媒体的哲学理论与指导原则罢了。①

他在《谈电视》的一章里,甚至还加了一个“还没有文法的语言”的副标题。我国电视评论经过 20 多年的发展和探索,是不是已经摆脱了这种状态？这自然不能无凭无据地妄加断言,但从电视传受方式和新闻评论体裁特征有机结合的角度说,大致可以说还没有形成成熟的“文法”。总之,电视评论经过电视新闻界 20 多年筚路蓝缕的摸索,已经闯开了相当可观的局面,初步踩出了自己的路子。但在发展的过程中,也提出了一系列有待解决的问题。如果在前面引述中接触到的问题的基础上作进一步归纳,这些问题大致可概括为:

(1) 由于电视是后起的媒介，电视评论的不仅起步较晚，而且一开始就面临着报刊、广播的既有评论模式的双重影响，因此无论是在“自己走路”还是在“走自己的路”的问题上，都可以有更多参照模式，但也都需要经过一番艰难的吸取和改造。吸取不是简单的搬用，改造也不意味着另起炉灶，而是在借鉴其他媒介经验的过程中自觉将这两方面紧密联系起来。前期的电视评论缺乏电视自身的特点，后来又出现了淡化评论的政论性属性、模糊新闻评论与新闻报道的界限的偏向，事实上都与不善于在吸取的同时进行适应性改造、在改造的时候保持体裁的基本属性，有着直接的关系。

(2) 电视有两种符号、两个通道，这既赋予它某种表现优势，也给它带来表现的难题。在如何看待两种符号、两个通道的问题上，如果不是自觉地与政论性内容的表达联系起来考虑，而是盲目地重此轻彼，那就难以发挥潜在的优势，甚至导致传播的障碍。比如重图像、轻语言，重访轻谈，把评论窄化为述评、把述评窄化为“访谈”，诸如此类的现象，固然有多方面的原因，但都可

① 余也鲁：《门内门外》，香港海天书楼 1980 年版，第 32 页。

以在一定程度上归因于忽视甚至漠视双符号和双通道内在的必然联系。

（3）在电视评论领域，人们虽不乏探索，但多数停留在经验层次上，而不善于把经验与它的生成条件联系起来作理论的概括，形成可以举一反三的规律性认识。因此，一种新的尝试获得成功，便不问青红皂白纷纷仿效；某种既有形式存在着某些缺陷，也不分析原因、寻求改进的办法，而是干脆弃之如敝屣。这就难以避免或是"一窝蜂"、或是"昙花一现"现象，也难免在一定程度上影响电视评论基本特征的发展和完善。

如果说电视评论仍在成长之中，那么，明确上述这几个问题，就是更好地认识和把握电视评论的基本特点，促使它健康发展和成长的必要前提了。

二、电视评论的基本内涵

说起电视评论，在上世纪80年代初期，人们会很自然地同新闻节目中的一则则"编后话"联系起来；80年代中期以来，则更多想到类似中央电视台的《观察思考》、《焦点访谈》之类的节目。这虽然在一定程度上反映了电视评论发展的实际，作为认识却不免以个别代替一般、将局部当作整体之嫌。电视评论是电视台自己制作、播出的所有新闻评论的总称，而不是指某一具体评论形式，或某一具体节目。因此确切认识电视评论，必须把它作为一个整体来考察，而不能局限于具体话语形式或具体节目。那么，面对着纷纭众说，面对着实践中提出的诸多问题，究竟怎样从整体上认识和理解电视评论呢？人们可以从不同角度认识电视评论，也可以在实践中作这样那样的尝试和探索，但无论如何界定和探索，看来至少需要把握以下基本内涵或要素：

（1）电视评论是新闻评论。它不论以什么具体形式出现，都必须坚持新闻评论的体裁特征，特别是政论性特征；不论论述新近发生的新闻事件还是客观存在的社会现象、社会问题，以口播评论还是图像评论出现，以媒介还是个人的名义播发，都代表着本台对于有关事物的看法，体现着本台的基本立场、观点和评论宗旨[①]。如同其他媒介的评论一样，它以说理为主要手段，阐述评论主体的主观看法和见解，而不是什么"客观的评论"，也不是受访人（包括当事人、目击者和专家、学者或其他权威人士）的意见所能取代的；当然也需要十分重视发掘和表现新闻事实，但事实毕竟是为说理服务的，而不是事实自己在那里"说话"。如果一则评论，光有张三、李四怎样说，而唯独没有评论主体（媒介或记者、主持人等）自己的看法，那就很难说是名副其实的电视评

① 个人署名评论，除特殊声明的以外，一旦播出就成为本台评论的组成部分，体现本台对有关事物的看法。

论，充其量不过是转述他人见解的新闻报道而已；如果只是列举一桩桩事实，而缺乏必要的分析和说理，它可能是出色的新闻报道，却绝非名实相符的电视评论。为什么观众埋怨某些电视评论“访多谈少”？为什么以“评论”报评的作品获得的却是“新闻专题”奖？缘故恐怕就在于此，说得明白些就在于：不同程度地弱化了新闻评论的政论性特征，混淆了主体与客体（即所谓“借别人的口讲自己的看法”）的界限。

（2）电视评论是电视媒介的新闻评论。电视同时运用由电波传送的图像和声音表现内容，从而形成同时诉诸视、听的独特传受方式。如果说可以同时调动图像和声音符号表情达意，赋予电视评论以其他媒介评论所没有的传受优势，那么，怎样协调这两种符号、发挥它们相互补充的综合表现效果，则是它的一个不能一劳永逸解决的永恒课题。怎样协调呢？看来症结在于如何认识、摆正这两种符号及其关系。人们一向重视电视的“视”的优势，相应地也更加注重图像符号。观众这样看自然无可厚非，传播者这样认识却就大可斟酌了。图像与声音都是电视不可或缺的表意符号，它们之间只有“能指”对象的区别[①]，而不存在什么主次之分。如果盲目地分主次，一味在图像方面下工夫，那就无所谓“协调”，无所谓电视的综合表现效果。电视新闻报道如此，电视评论更是如此。事实上，电视评论之所以出现淡化政论性特征的偏离现象，重图像、轻声音即使不是唯一原因，至少也是主要原因之一。

（3）电视评论是面向广大观众的新闻评论。电视不同于报纸；报纸有一定的发行范围和读者定位，电视则直接通向千家万户。这意味着电视评论从整体上说，应该立足于面向广大观众，把着眼点主要放在阐述观众共同关心的问题上，致力于为观众解难释疑，帮助他们正确认识和对待有关事物，引导社会舆论健康发展；即使具体话题有自己的特殊观众群体，也应该尽可能发掘观众的共同关心点。同时，公众一旦选择了电视，他的接受心理也必然随之发生变化，他的第一心理需求就是“视”，当然也就要求提供可“视”的图像。这乍看同前面的说法矛盾，其实不然，观众从来就是连看带听的，只是心理需求重点与广播听众不同而已。这些因素决定了电视评论只有把观众的接收状态纳入自己的视野，力求在内容和形式统一的基础充分满足观众的需求、适应他们的接受能力和接收习惯，才能真正赢得广大观众，也才能充分发挥舆论作用。

（4）电视评论是各种各样具体评论形式的总称。形式日益丰富多彩，是电视评论的必然发展趋势，也是它能够保持旺盛生命力和吸引观众的魅力的重要凭借。那种唯图像评论是求、将口播评论打入“冷宫”的倾向，那种把电视评

① 参见本书第三章第二节中的“符号系统及具体符号的表现功能”。

论和述评等同起来、视“访谈”为唯一表现模式的认识，等于人为地窄化了“电视评论”的外延，势必阻碍了形式多样化的进程。作为正处于发展、完善中的评论类型，电视评论在形式问题上理应开放些、更开放些，切忌墨守成规；宁可走不阡不陌、多方尝试、艰辛探索的路子，切勿贪图省力满足于模仿、窠袭既有的形式。当然也不能盲目地追新猎异，简单地废弃既有形式。事实上新、旧形式之间关系，从来就是继承、发展，即“推陈出新”原则所概括的关系。所以，坚持推陈出新原则，无论对既有的或新出现的形式都采取分析的态度，既不墨守既有形式，也不一轰而起地追逐某种新形式，无疑是更有利于电视评论形式多样化的选择。

基于以上认识，这里将电视评论界定为：

> 电视台自己制作播发的、以画面和声音及各种具体形式表现内容、面向观众阐述对于客观事物看法和见解的新闻评论。

当然，随着实践的发展，它的内涵还将不断丰富，外延也将有所扩大。从这个意义上说，在既有的“众说”和还将络绎而来的“新说”面前，这一界定不过是增添一种说法罢了。但有一点是肯定的：坚持实践的观点、发展的观点，是不断完善对于电视评论的认识，能动驾驭这一方兴未艾的评论类型的可靠指南。因此面对既有的或新来的众说，唯一正确的态度就是具体分析、取其精华，借以充实和完善自身的认识，增强自身的驾驭能力。

三、电视评论的特点

电视评论的基本特点，是在电视传受方式与新闻评论体裁特征长期“磨合”的过程中逐渐形成并被认识的。由于这种“磨合”还在继续，目前要在媒介和体裁结合的基础上确切概括电视评论的基本特点，仍然存在着理论认识、实践经验不足等困难。所以，这里权且从电视传受方式的角度，尝试性地概括为声画兼备、视听结合、双线互补三个特点，并作些相应的阐述。

1. 声画兼备

电视综合运用画面、声音以及屏幕文字表现内容。传播学认为，符号是人类传播的要素。[①] 传播的一方，利用符号表达“意思”，接受的一方通过符号理解“意思”。电视符号的多样性，既赋予电视评论以具体、形象、富于感染力和吸引力的表现优势，也提出诸如怎样恰当处理声画关系、运用具象的表现

① 《传播学概论》，新华出版社 1984 年版，第 67 页。

手段表达抽象的观念性内容的问题。从优势的一面说，电视评论如同电视的其他新闻传播形式一样，可以调动和综合运用所有大众传播符号。它既能像报纸那样使用诉诸视觉的文字符号，又能像广播那样使用诉诸听觉的声音符号，还可以广泛使用活动的图像符号表现事物及其场景、人物的活动和姿态、表情、动作等等。有一项研究的结果表明，综合使用多种符号与使用单一符号的记忆效果明显不同①：

传受方式	记忆保持率	
	3 小时后（%）	3 天后（%）
听	70	10
看	72	20
边听边看	85	65

电视评论综合运用图像、声音、文字等符号，可以融形、声于一体，同时诉诸受众的听觉和视觉。这种可以看、可以听、甚至可以读的评论，的确为观众提供了以较小的“费力程渡”理解政论性内容的可能性。

不过，这只是声画兼备的一面，而且是潜在的一面，即它只是提供了达到这种效果的条件和可能。至于能否真正达到这种效果，则取决于是否善于把声音与画面、听觉与视觉有机结合起来，使它们完全融为一体。从这一角度看，认识多符号可能拥有的表现优势固然重要，但更为重要的却是具体地认识各种符号自身的优势、劣势及其组合规律，通过符号的恰当组合发挥它们的互补作用，实现以具体、形象的方法表现抽象内容的目标。

为说明问题，试比较两则题目相同的评论：一是山西电视台 1995 年播出的题为《保护耕地，刻不容缓》的图像评论；一是人民日报 1997 年 5 月 19 日同一题目的社论。后者在阐述保护耕地的严峻形势之后，着重指出：

> 现在的问题是，保护耕地的形势如此严峻，却仍有相当一部分人没有多少危机感。特别是一些地方的领导干部，并没有把耕地保护作为经济发展的前提。有人还错误地认为，“为了把经济搞上去，牺牲点耕地不算什么”，“只要有钱，没有耕地也有饭吃”，甚至说“保护耕地就是保护落后”。不少地方以牺牲耕地为代价来招商引资、聚集“地财”，不顾国家大局，乱上项目，滥占耕地，甚至肆意炒卖地皮，从中牟利。近年来，许多

① 转引自《实用广播电视新闻学》（下），北京广播学院出版社 1989 年版，第 108 页。

城市无限制地外延发展，各类开发区一度无序遍地开花，农村宅基地严重超标，“圈大院”和乱建“路边店”成风，耕地浪费、破坏的情况触目惊心。有的地方大片土地闲置不用，白白地在那里晒太阳，造成农民生产生活无着落。这种不管国家命运前途，不顾群众死活，不顾子孙后代利益，肆意挥霍耕地的行为，实在令人无法容忍！

山西电视台评论的整体结构虽说有五个层次（即1. 提出问题；2. 分析山西耕地锐减的成因；3. 从全国看山西；4. 对策和措施；5. 结论），但占据主导地位的是第2部分，它展现了乱占耕地的种种现象，基本上涵盖了上引社论的内容。且引其中一个片断：

（字幕）保护耕地　刻不容缓

（画面，记者出镜）“开发区”现场凌乱景象，“贵族”学校的建筑物……

（画面，记者现场解说）……这里是晋城市经济技术开发区，占地面积13.3公顷，记者在这里没有看到一家新开发出来的像样的企业，相反土地却被挪作它用，盖起“贵族”学校和宿舍。

（主持人画外音）由于这些开发区的土地征而未用，用而不尽，结果造成大量耕地被圈占。在1993年前后的“开发区热”中，我省就建了各类开发区76个，其中80%属于乱设，共占用土地7880公顷。

（主持人演播室解说）这种一哄而上、急功近利的短期行为致使我省耕地锐减的势头又有所回升，而有的地方领导却依然是“土地跟着需要走”，把招商引资置于基本国策之上。因为有了行政决策和权威意见做后盾，一些地区“先上车，后买票；先圈地，后申报；先发展，后规范”，使非法占地禁而不止，难怪群众形象地说：“政府现在吃土地，子孙将来吃空气。”①

这一片断，以不同的画面、解说结合的方式，按由点及面的思路表现内容。它的画面，主要展现“点”（典型单位）的滥用耕地的情景、提供感性的材料，为“面”（全省）的概括和深一层的揭示（原因和后果）提供有说服力的依据；而记者和主持人的解说则分别承担了说明画面、概括“面”上情况和

---

① 山西电视台1995年播出，解说词据《1995年度中国电视奖获奖新闻作品选评》，中国广播电视出版社1996年版，第85页，画面说明是引者据录像带写的。

揭示深层内涵的功能。

紧接着，评论又依次列举了矿区土地塌陷、污染，工厂非法征地，变耕地为鱼塘、果园，宅基地失控，坟墓占地等糟蹋耕地的现象；除一处运用访谈同期声外，表现方法大致同上引片断类似。这样处理在一定程度上发挥了声、画的互补作用，实现了抽象与具象的结合，看来是经过一番精心策划和剪裁、组织的。据说为制作这一述评，记者用了一个月的时间，行程数千里，摄录了300多分钟素材，采访了几十位有关人士①；但在运用时却又力求少而精，这在访谈同期声的取舍方面尤为明显。如果说通过两则评论的比较，可以较为具体地理解不同媒介各自的表现特点，那么从山西台的述评中，则可以看到声、画符号同样需要坚持扬长补短的原则，在画面的支持下充分发挥声音，尤其是解说词的多方面的表现功能，这是强化电视评论政论性特点的重要保证。总之，离开声音与画面的紧密配合，就不可能具体、形象地表现抽象内容，电视评论也就不成其电视的“新闻评论”。

2. 视听结合

视听结合作为电视评论的另一基本特点，是从感知通道的角度说的。人类认识外界的事物，都需要经历由视觉（眼）、听觉（耳）、触觉（四肢）、味觉（鼻舌）等器官的感知和大脑的综合加工的过程，其中视觉和听觉是最主要的感知通道。电视媒介同时诉诸视觉和听觉，为人们提供获知外界信息的两种主要通道，大大延长了视、听器官和强化了它们的感知功能，因此迅速发展成为当代最富于吸引力的传播媒介。视听结合这一特点，决定电视评论任何时候都必须把视、听放在同等的地位，而不可以畸轻畸重、稍有偏废。这是我们认识和把握电视评论这一特点的关键。

但是，以连续画面表现新闻事实和有关事物，为观众提供可视的信息，毕竟是电视评论的优势所在。况且从接受心理的角度说，观众既然选择了电视，他的第一心理需求就是看，就是连看带听或连听带看。然而，在电视评论出现以前，新闻评论都是供读或供听的；怎样使评论可视，或者说怎样用画面为表现评论内容服务，却是一个完全崭新的课题。鉴于以上这些因素，在表现手段上适当地强调和突出“以视为主”这一侧面，在一个时期内重点在“视”上下工夫，可以说是形成和完善电视评论的视听结合特点，增强其说服力和感染力的必然选择。

适当突出“视”的侧面，首先要求电视评论尽可能选择适于画面表现的题材或话题，如含有可以由画面直接再现的具体、生动、形象的新闻事实，或画

① 《1995年度中国电视奖获奖新闻作品选评》，中国广播电视出版社1996年版，第90页。

面素材丰富的社会现象等。这是电视评论发挥画面表现功能的重要条件。获首届中国新闻奖《桐乡粪桶留给我们的启示》①、《学雷锋的队伍走了以后》② 等作品之所以获得成功，都在很大程度上得益于选择了适合于“视”的题材。

第二，善于捕捉可视的形象、场景，丰富画面语言，把具体分析、抽象议论与可视的形象融为一体。请看看《学雷锋的队伍走了以后》中的这一组画面：

> (1) 全景：四环路街道；(2) 特写：墙上的学雷锋标语；(3) 近景：地上遗弃的快餐饭盒；(4) 近景：鼓楼广场一角满地头发；(5) 全景：正在收摊的学雷锋队伍；(6) 全景：队伍走后街道上的垃圾。

即使没有论述语言，人们也可以通过这组对比强烈的画面，清楚地了解作者的意图，理解其中的寓意。由于捕捉了真实、典型的画面，并进行了恰当的组接，评论所阐述的道理也显示了雄辩的说服力和一定的感召力：

> 雷锋同志公而忘私、艰苦奋斗精神，是我们的社会、我们的时代需要大力弘扬的精神。……但是正如广大群众所说，学雷锋千万不能走形式，而要扎扎实实地学习雷锋精神，从自己身边的每一件小事做起，使雷锋精神真正植根于人们的心灵里，体现在人们的行动中。这样，“学雷锋”才能收到更好的效果。

不过，画面的摄取毕竟受时、空等条件的限制。对于某些不能获取画面但本身包含可视因素的事实、情节或细节，则应尽可能运用相关的影视资料或图片、图表、字幕等，开发其中的可视因素，以丰富画面语言增强视觉效果；这样就可以通过满足观众“看”的心理需求，引发他们的接收兴趣，引导他们更好地理解评论的政论性内容。例如《惜哉文化》开头展现熊熊燃烧着的烈火的画面，就是录像资料；它为伴随它的解说提供了历历在目的现场情景，不仅使评论更加有血有肉，而且赋予它的引言以强烈的震撼力：

> 11 月 15 日凌晨 1 点多，吉林市银都夜总会内部起火，火势迅速蔓延到两侧的市博物馆和市图书馆。这幢面积为一万四千多平方米的大楼成为

① 浙江电视台 1990 年播出。
② 江苏电视台 1990 年播出。

> 一片火海。在这场火灾中，除银都夜总会被焚毁外，损失最重的是吉林市博物馆。这个博物馆里收藏有世界级国宝吉林陨石标本，其余还有各级文物上万件。①

假如没有那段录像资料的烘托，这段引言固然也能表达意思，但恐怕不免使人感到苍白，其震撼力也将大大削弱。当然，利用画面资料也要适当，要防止滥用和坚决杜绝移花接木、颠倒时空关系等弄虚作假的现象。

这里需要指出，强调在电视评论中适当突出“视”这一侧面，绝不意味着视觉符号可以取代听觉符号尤其是论述语言，或论述语言无足轻重。电视评论毕竟是评论，它如同其他媒介的新闻评论一样，重在通过说理，阐述对于所评论的事物的认识、观点、见解和态度。而无论是认识、观点还是见解、态度，多数是画面拙于表现的。因此，视觉符号不仅不能取代听觉符号、论述语言，而且必须与之紧密配合。如果说经过一个时期的努力，电视评论的可视性已经得到相当程度的加强，那么，现在的矛盾主要方面已经转移到怎样精心处理听觉符号、论述语言的方面来了。为什么观众感到电视评论叙多议少、访多谈少呢？假如对为观众赞赏和受观众非议的某些作品作些分析、比较，那就可以发现问题的症结并不在于叙与议、访与谈的量的多少，而在于有些“议”和“谈”或者没有触及问题的实质，或者语言粗糙、逻辑紊乱，归根结底都是论述语言方面的问题。这种缺陷，即使在获奖作品中也时常可以见到，更不要说日常播出的节目了。所以，在强调电视评论的可视性的时候，有必要把精心处理论述语言提到更重要的位置上来。

视听结合这种双通道的传受方式，赋予电视评论以其他媒介难以企及的优势，这已经成为人们的共识。但是，究竟怎样看待和发挥这种优势，却还存在着一些有待探讨的问题。也许正因为这样，《传播学概论》在阐述这个问题时，一方面说：

> 电视和有声电影可以进入眼睛和耳朵。……因此，视听媒介在传达一定题材、一定数量的信息上，要比单纯的听觉或视觉媒介更为有利一些。

另一方面又提醒人们注意另外一种截然不同的观点：

① 《1994年度中国电视奖获奖新闻作品选评》，中国广播电视出版社1995年版，第74页，中央电视台1994年播出。

……感觉器官通向大脑的路径是只有一条车道的公路，不论是听觉的还是视觉的信息都可以通过这条路径，只是不能同时进行。……因此一个人绝不可能从通向两种感觉器官的传播获得双倍于只通向一种器官传播的信息量。不仅如此，现在已经有材料证明，在听觉与视觉两种通道上传播的信息之间往往发生干扰，因而视听传播渠道非但远不能获得双倍的效果，有时候还可能不如只通向一种感官的传播渠道那样有效。①

与电视评论的实践联系起来，琢磨琢磨这两种观点，也许有助于更冷静、更清醒地看待双通道这种传受方式，从而也更有效地发挥它在评论领域里的表现优势。

3. 双线互补

电视与广播一样，以线性方式传受内容。不过，广播只运用声音，是单线的线性传受；电视则同时运用声音和图像、诉诸于听觉和视觉，它是声音线和图像线双线并行的线性传受。电视媒介的这一传受特点，赋予电视评论另一重要的表现特点——双线互补，即通过画面和声音两条线的交互作用表现、传送或接收、理解内容。

电视评论除口播评论主要诉诸声音以外，都注意同时调动画面和声音的表现功能。作为“视”的画面，它的表现功能在于具体、形象地表现或再现客观存在的事物，如，人的活动、事物的状态、事件的现场以及周围环境、访问过程等等，为评论所表达的思想、观点、见解、态度提供依据或佐证。作为“听”的声音，包括同期声和论述语言；同期声在评论中的作用类似画面，论述语言则主要按逻辑的方式、方法和规律阐述思想、观点、见解，有时也用来说明和解释画面。所以，电视评论的线性传受方式，实际上是由承担不同表现任务的两条线——画面线和声音线组成的，它们分别从两个通道消除人们对事物认知的不确定性，进而更好地接收和理解评论的政论性内容。在这种“双线互补”的声、画关系中，声音影响观众对画面内涵的理解，画面则有助于观众经由具体、形象的材料领会声音所概括的抽象内容。它们相互结合，相互补充，可以收到相得益彰的表达效果；而任何割裂这种互补关系的做法，则必然会削弱甚至损害政论性内容的准确表达或理解。所以，英国一位电视理论家说：

电视不只是一种看的东西，然而也没有必要说音响或画面哪个更重要。在制作一个效果好的电视节目时，两者是相辅相成的。如果说两者中

① ［美］威尔伯·施拉姆等：《传播学概论》，新华出版社 1984 年版，第 123、124 页。

任何一个能独立发挥作用的话，那不是对它的赞扬，相反，却说明这两者还没有很好地结合起来。[①]

至于如何体现这一特点，争取双线互补的表现效果，留等第三节阐述。

以上我们从三个角度分别阐述电视评论的特点。但是，这些特点并不是各自孤立存在和分别起作用的，而是一个统一体中的不可分割的组成部分。从这个意义上说，电视评论的最本质的特点，是三者——声画兼备、视听结合、双线互补的总和。因此，坚持和充分体现电视评论的基本特点，就不能不认真研究画面、声音等符号的表现功能和规律，在提高驾驭符号能力上下一番工夫。

第二节　电视评论的常用形式

电视评论在适应社会需要和电视传播特点的过程中，逐渐孕育了一些具体的评论形式。这些具体形式，大致可以按它们的主要表现符号分为两类：口播评论和图像评论。本节除介绍这两类评论外，还将附带介绍图像评论中的一种富于生命力的具体形式——电视新闻述评。

一、口播评论

“口播评论”这一概念，专指由播报者出图像、主要以口语表达内容的评论，是同图像评论相对应的一类电视评论的总称。

严格地说，电视评论同广播评论一样，它的所有评论都离不开以口语为主的声音符号，离不开口说耳听的传受方式，也都可以称为“口播评论”。而从另一方面看，它既出播报者的图像，有时也插播与内容相关的图片，这又可能导致与图像评论相混淆。所以，确切理解口播评论，要着重注意把握以口语为表达内容的主要手段这一特点，划清它同图像评论之间的界限。

1. 口播评论的种类

目前，电视口播评论的具体形式大致有三种，由于它们都没有自己的特定名称，这里姑且分别称之为：

（1）配合重要新闻播出的口播评论。这是最早出现的一种口播评论形式。多数不署名，即以本台的名义阐述对于有关事物的看法和见解；一般配合当天某一重要新闻播发，没有固定播出周期；篇幅短小，议论力求集中、切中要害。初期多数是按照报刊评论的模式撰写的，以“短评”或“编后话”的名目

① 格林·阿尔金语，转引自《电视音响操作》，中国电影出版社，第5页。

播出。以后逐渐注意体现电视的传播特点，有时插播与内容相关的图片，日渐重视语言的规范化、通俗化、口语化；同时播音员也越来越注意利用出图像的条件，调动表情、动作等非语言符号强化表达效果。这种口播评论在上世纪80年代中期以前，是电视评论的主要形式；在90年代初、中期，一度因图像评论的崛起和评论性节目的创办而有所削弱，90年代中期以来重新引起重视。实践证明，这种配合新闻播出的口播评论，无论对于观众理解重要新闻还是及时引导社会舆论、指导社会实践，仍然具有图像评论不可取代的存在价值和社会意义。

（2）以常设栏目播出的口播评论。中央电视台《东方时空·面对面》开了这种口播评论的先河。1996年《东方时空》在播出1000期后改版，增设了这个栏目，并把它定位为"纯谈话类"栏目。"它以短小精悍的'快人快语'形式围绕节目整体或局部内容在整个节目自由游动，以演播室为基本活动的空间，或由主持人单独评论，或由嘉宾参与评说，或通报相关信息，或阐发精到议论，既独立成篇又与节目密不可分。"[①] 这个栏目每天播出一个话题，题材多为观众关注的社会现象、社会问题，多数运用夹叙夹议的表现方法，具有相当鲜明的谈话特点。例如，在《伤心一跪》的话题中，主持人面向观众，义形于色讲述一件发生在广东珠海一家外资电子公司的事情：它的管理者——一个外国女人强迫中国职工加班加点，有一天竟然喝令全体职工向她下跪"反省"。主持人除在叙事中注入情感以外，还直接阐明了对事件的看法：

> ……我不想再议论这个外国女人，因为我觉得她连被议论的资格都没有。当我听到一百多个中国职工跪下去这个情节的时候，我不知道怎么一下就想到47年前，毛泽东在天安门城楼上说的那句话：中国人从此站起来了。
>
> 这令人伤心的一跪，不是在刺刀的下面，也不是在枪口的前面，而是在一个口袋有钱的外国女人的面前。相信不会有人误解，说这个故事讲完之后，会对对外开放有什么不好的影响。因为我们大家都知道，我们现在过的好日子，是从对外开放之后才开始的。但是曾经的贫穷不该是我们觉得比别人低一等的理由。……在奔向富裕的道路上，我们应当把腰杆挺直。站直喽，别趴下！更不要下跪！[②]

① 《东方时空精粹》，中国人民大学出版社1998年版，第20页。
② 同上，第224页。

在这里，主持人不仅运用言语，而且相当善于调动声调、表情的表现功能，赋予整个话题以情、理交融的说服力和感染力，具有谈话体评论的鲜明特点。《面对面》的实践表明，电视出说话人的图像，为以表情、动作强化言语的表现力提供了条件，拥有比“广播谈话”更强的表现优势。它的成功实践，也许预示着谈话体将成为电视口播评论的一种重要形式。

(3) 兼具串联功能的口播评论。这种口播评论通常作为串联词的一个片断，或图像新闻的“口播导语”[①] 播出，除了揭示或提示有关新闻报道的深层含义以外，还具有串联或承上启下的结构功能。1999 年 2 月 24 日中央电视台《新闻联播》节目，以《绿色田野，无限商机》为题播发了一组新闻。它由三条新闻、三则口播导语和一则“编后”组成。第一条新闻报道西安火车站开拓农产品货运市场，口播导语如下：

> 在我国消费者中有近 80%是农民，但有数字表明农村消费总额目前却只占全国的 40%。农村市场潜力巨大，这似乎是一个浅显的道理，而在实际的经营运作中，农村市场的需求却往往被忽视。可喜的是如今这种情况正在发生变化。

第二条是综合报道，从正反两面反映工商企业适应农村需求、开拓农村市场的情况，导语为：

> 农村市场的巨大需求，对铁路等服务行业是发展的机遇，但对众多的生产、销售企业来说发展机遇更大，关键是生产者如何切实地了解农村、了解农村究竟需要什么？

第三条反映专家对开辟农村市场的看法，它的导语是：

> 专家指出，我国 80 年代中期和 90 年代初，曾两次提出过开拓农村市场，但都没有收到显著的效果。长期研究农村问题的专家，国务院发展研究中心的研究员陈希文（音）的看法是这样的——

在整组新闻之后，还有一段类似“编后”的话语：

① “口播导语”指在图像新闻前面、由播音员或主持人出镜播报的导语。

九亿农民的购买需求是巨大的。据调查，目前我国农村的收入水平已经达到城市1992年的水平，但农村的耐用消费品的普及率只相当于城市1985年的水平，滞后了7年。巨大的落差为企业提供了良好的机遇。只要找准市场空间，不仅能够满足农民的需求，企业本身也能够获得长足的发展。①

上述这四个片断都带有浓厚评论色彩。前三段虽说是导语，其实旨在揭示整组报道的内在蕴含，最后的那段类似“编后”的话语更是相当中肯的议论。它们虽然是穿插于三则报道之间的一个个片断，实际上却是条缕清晰、脉络连贯的有机整体，兼具口播评论、口播导语和串联词多种功能，发挥了评论事物、引导接收和串联节目的多重作用。虽然这只是一个例子，但从中可以窥见，这种以片断而不是以独立篇章出现的口播评论形式，由于兼具多种功能，将是一种富于潜力的具体形式。

2. 口播评论的舆论作用

从对口播评论的具体形式的阐述中，可以看到这类评论的表现优势，在于它能够迅速及时地分析重大新闻事件，随时表明媒介的立场和态度，为观众提供对于有关事物的看法。在图像评论崛起以前，它曾经发挥了重要的舆论作用，今后仍将是图像评论不能取代的重要评论形式。那种认为口播评论违背电视以视为主的传播特点、终将被“淘汰出局”的看法是没有根据的。只要实事求是地分析电视评论及其播出效果，就不难发现它的深层次内容或“思辨性内容”，其实主要是依靠声音符号而不是画面符号表现的。这个不争的事实，从一个方面证明了口播评论的不可取代性。图像评论虽然具有满足观众第一心理需求的魅力，但也受画面拙于表现抽象性内容的限制，而且需要一定的制作周期；如果一味强调图像评论而轻视口播评论，那么，电视评论的舆论功能，就将因不得不舍去许多画面难于表现的重大题材或时效的滞后，受到不同程度的削弱。口播评论和图像评论是电视评论的两翼，任何一翼受到削弱，电视评论都难以在浩瀚的舆论领域自由翱翔。所以，任何时候都必须像重视图像评论一样，重视口播评论，精心撰写、制作、播出口播评论，充分发挥口播评论的舆论功能。

二、图像评论

作为同口播评论相对应的概念，图像评论指同时运用画面、声音和屏幕文

① 以上引语，均据中央电视台《新闻联播》1999年2月24日录像带整理；三则新闻的内容，是引者依据自己的理解所作的概括，未必完全准确。

字表现内容的电视评论。确切理解这个概念、具体认识这类评论，需要着重弄清楚两个问题：

（一）图像评论以声画兼备、视听结合区别于口播评论。它虽然集中地体现了电视评论的基本特点，但不是电视评论的唯一表现形态，而是同口播评论并列的一类评论形式。明确这一点，防止把它与整个电视评论等同起来、或者同口播评论对立起来，无论对于图像评论还是整个电视评论的健康发展，都是一个至关重要的问题。

（二）图像评论作为一类电视评论的总称，既涵盖已有的具体形式，也随时吸纳新的形式，是一个生生不息的开放性系统。虽然目前新闻述评和访谈式评论占据主导地位，但完全可以预期随着实践、探索的深化，还将有新的形式出现，已有的形式也将有新的发展。如果封闭地看待具体形式或者一味地追逐某种形式，势将阻碍图像评论形式多样化的进程。

1. 图像评论的表现优势

图像评论除了形诸声音的论述语言以外，还可以调动画面、同期声、屏幕文字等为表现内容服务。符号及符号组合的多样性，给这类评论带来其他媒介的评论、电视口播评论难以企及的表现优势。这种表现优势主要集中在两个方面：

一方面，画面的传真功能，使图像评论对于作为论据的新闻事实的“转述”，能够达到具体、形象、绘声绘形绘色的境界，让人产生有如身临现场、直接面对客观事实的感受；这种以直接再现的方式提供的论据，无疑比任何语言、文字的描述更具有无可置疑的实证性和雄辩的说服力。例如，《大家一起来扫除“文字垃圾”》① 的这一片断：

景别	画　　面	解说词（论述语言）
全推拉	…… 上海南京路的橱窗“具”字、“萃”字 “具”“萃”（规范字，特技）	…… 上海灯具总厂门市部装饰体面的橱窗里，错别字居然有 4 个，灯具的“具”字和“精萃”的“萃”字是这样写的吗？
全切特	橱窗：“微”字 “微”（规范字，特技）	这个橱窗里，微孔墨水笔的“微”字中间缺少了点什么？

① 《1986 年优秀电视新闻选》，北京广播学院出版社 1988 年版，第 210 页，上海电视台 1986 年播出。

续表

景别	画　面	解说词（论述语言）
特拉切	橱窗：“质”字	这个橱窗里，保证质量的“质”，看来并没有保证质量。
全推特	电讯商店招牌上的“讯”字 “讯”（规范字，特技）	这个商店招牌上，电讯的“讯”字，恐怕也是生造的。
全切特	广告牌上的“蕊”字	瞧，灯芯绒的“芯”，多了两个“心”，就不念“芯”。
全切特	招牌上的“东”字 “东”（规范字，特技）	这块漂亮的金字招牌上，南京东路的“东”，岂不是画蛇添足？
特拉全	“吅”字、“尸”字 “器”、“展”（规范字，特技）	至于不规范的简化字就更多了，请大家看看，这句话里能找出几个？
全推特	“鞋帽” ……	这面墙上的广告里，这个“鞋”字，中国的字典里是找不到的。

在这一片断里，通过一个个典型的镜头，具体反映了社会上用字混乱的情况；声音（解说词，即论述语言）则直接针对画面提供的典型例子进行评述。声音与画面紧密结合，共同说明了社会用字混乱的严重程度和纯洁祖国语言文字的迫切性，显然比单纯的语言、文字叙述更能够唤起观众的共鸣。

另一个更重要的方面，是多种符号的相互配合，既原原本本地把客观事物之“象”（如事物的状态、环境、气氛和人物形象、活动、表情等等）呈现于观众面前，又从中引出相应的看法和见解；这样融画面、声音和屏幕文字于一体，无疑也比单纯的语言、文字论述，更有利也更便于观众经由具体事物理解抽象内容。《桐乡“粪桶事件”留给我们的启示》，就是较早注意调动多符号相互配合的综合表现功能的一例。在一次商品展销上，浙江桐乡生产的塑料粪桶曾因“不能登大雅之堂”被撤下展台，然而它却成为这次展销会的第一笔也是最大的一笔买卖。评论以这件事为“由头”展开论述，进而在分析市场疲软原因的基础上，引出启动农村市场关键在于调整产品结构、为农村提供适销对路商品这一中心论点。在论述过程中，作者运用不少摄自展销会的现场画面，把人们争购粪桶、小百货的情景，与电冰箱、洗衣机、烘干机、抽油烟机等产品无人问津的冷落场面自然地组接起来，具体而形象地展现了产品结构与消费需求错位的尖锐矛盾；同时配合论述语言，以屏幕文字突出某些重要事实和论点。

在这则评论中，画面、论述语言、访问同期声、屏幕文字相互配合、共同为表现内容服务，收到了增强评论表现力和说服力、加深人们印象和理解的效果。

不过，这种来自多种符号的表现优势也是潜在的，它只是为图像评论提供了可以拥有某种优势的条件。能否成为实际的表现优势，主要取决于是否善于按照符号本身的表现功能和规律，恰当运用符号、组合符号。如果无视后一方面，那就不仅不能享有多符号的表现优势，甚至还可能因相互抑制而削弱表现效果。

2. 图像评论的题材选择

图像评论要充分发挥自己的表现优势，不能不比口播评论更加重视题材的选择。这是因为图像评论表现优势的基础，在于它拥有可以再现事物或访问过程的画面和同期声，而这两种符号又不能脱离“所指”——所要表现的事物或访问过程。如果题材本身不包含适合于画面和同期声表现的素材，图像评论也就将失去表现优势。一般地说，适合于图像评论论述的题材，大致需要满足以下几个基本条件：(1) 作为评论对象的客观事物，本身包含典型的、能够反映事物本质或代表事物发展趋势的具体事实；(2) 事物仍处于发展变化之中，可以摄录到反映事物发生发展过程及其现场的画面和同期声；(3) 当事人、目击者或有关人士适合于出镜，愿意接受出镜采访；(4) 访问对象的语言表达，便于多数观众听知。总之，图像评论对题材的依赖远比口播评论大得多，对题材的选择也严格得多。这也是为什么它的表现优势具有潜在性，为什么它不能取代口播评论的原因。

三、电视新闻述评

在图像评论中，电视新闻述评是最早出现的，也是发育比较成熟、运用频率最高的一种具体形式。了解它的基本特点，把它同其他图像评论形式适当区别开来，既是更好掌握和运用这种形式的需要，也有利于促进图像评论形式多样化的进程。基于这一认识，这里把电视新闻述评（下面简称“电视述评”）从图像评论中抽出来，就几个问题作点必要的阐述。

1. 电视述评及其特点

电视述评是新闻述评在电视中的具体运用。认识电视述评及其特点，必须从确切了解新闻述评的基本特点开始。

新闻述评既述又评、述评结合，或者说既摆事实、又讲道理，这是它的一个重要特点。不过，其他新闻评论也往往运用事实作为论据，也既讲道理、又摆事实。所以，既述又评、评述结合并非新闻述评的独有特点，而是它的相对特点或外部特征；光有这个特点，并不足以把它与其他新闻评论区别开来。那么，它同运用事实性论据的其他新闻评论的区别究竟在哪里呢？只要对同一论题或题材的述评和评论稍加比较，就不难发现新闻述评还具有另一个特点，这就是缘事立论、因事说理。缘事立论，指它的中心思想是从作为论述对象的事实中提炼出来的；因事说理，则指它的“评”或议论，主要针对有关的事实，即使有所引申也多以对有关事实的论断为基础。而运用事实性论据的其他新闻评论，则可以根据说理的需要选择、剪裁、组织事实，叙事直接服务于说理。如果说“以理驭事，事随理走”是一般新闻评论的叙事原则，那么，新闻述评走的则是“评由述来、理由事出”的路子。所以，新闻述评有两个特点：一是缘事立论、因事说理；一是既述又评、述评结合。这两个特点紧密结合，既是新闻述评区别于其他新闻评论的基本界限，也是它所以具有旺盛生命力和独特吸引力的凭借。

电视述评以自己的特殊方式体现新闻述评的基本特点，并在这个过程中逐渐形成自身的特点。且看《让棉花不再沉重》[①] 开头的这一片断：

画　面	同期声	解说词
演播室大屏幕画面：被掺杂使假的原棉大包，里边是发黑的旧棉絮、棉籽、砖头、土块、石块等。		（主持人）去年以来我国棉花市场出现混乱，在棉花中掺杂使假的案件不断发生，其恶劣程度是建国以来罕见的。
在某棉花厂，记者跟随检验员现场检验；棉花包里的渣子、甲虫、砖头、石块…… （字幕）纤维检查人员现场检验到货棉花质量。	（检查人员）去掉这一层，里面都是垃圾。 （购买单位经办人）这就是棉花么，我看到这个棉花，我听到这个事情以后，我心里就怦怦的。我一个小小的代销公司，180 多万块钱上哪儿去弄呀。	（现场解说）这是我们现场拍摄的质量检查人员开包检验棉花质量的镜头。这批棉花几乎都是砖头、沙土和垃圾废料，不法分子在棉花中掺杂使假已经到了肆无忌惮的地步。 （主持人）像这样的恶性案件在全国已经发生多起，在社会上造成了极其恶劣的影响。
上海第七棉纺厂车间，因原棉质量造成故障，已经停转的加工机器和成排的织机。		在棉花交易中上当受骗的单位，除了货款损失之外，有的还造成设备受损，或者由于棉花不能使用被迫停工停产。棉花市场的混乱对于本来就

① 《焦点访谈精粹》，中国人民大学出版社 1998 年版，第 82 页。画面说明有删节。

续表

画　　面	同 期 声	解 说 词
该厂原棉仓库，从棉花包里掏出来的是压成大块的棉籽等杂物和又黑又脏的旧棉花。		很艰难的纺织工业来说，如同雪上加霜，同时也造成国家财产的巨大损失。仅就目前公布的 13 个跨省案件而言，涉及的货款就达 700 多万，间接损失难以估量。目前国家已经采取措施，依法严厉打击棉花犯罪行为，一批案件正在加紧审理中。目前，我们采访了一个案件的审理情况。……

从这个片断中可以看到，电视述评可以调动画面、同期声、屏幕文字、解说词等手段，协调一致地表现内容。其中画面、同期声是主要叙事手段，解说词则兼具说明、解释和论述的功能，以声画结合体现了既述又评、述评结合的特点；而从整体上说，则通过声音和画面双线互补能动地体现了述评的另一特点——缘事立论、因事说理。所以，可以把电视述评定义为：以声画结合的方式体现缘事立论、因事说理和既述又评、述评结合基本特点的图像评论形式。

2. 电视述评与其他图像评论的界限

明确了电视述评的基本特点，实际上也就明确了它同其他图像评论的分野。电视述评同其他图像评论一样，可以根据自己的需要调动电视所拥有的一切表现符号和表现手段；其他图像评论也可以运用各种各样的事实，为揭示事物的本质、阐明评论主体的看法服务。它们之间的区别，根本界限其实在于：电视述评从体现缘事立论、因事说理的特点出发，走“评由述来，理由事出”的路子，而其他图像评论则遵循“以理驭事，事随理走”的原则。《“桐乡粪桶”事件留给我们的启示》，就是按“以理驭事，事随理走”的原则处理叙事与说理、图像和论述言语关系的一例。这则图像评论以“桐乡粪桶”畅销为“由头”，引申出开拓农村市场的关键在哪里的话题。它以画面展现的展销会内外景象，主要是根据说理的需要撷取和组接的；画外音所叙述的事实，包括农村消费能力的数字，也服从于阐述论点的需要。可见，电视述评同其他图像评论之间的界限，不在于是否有述有评，而在于它们按不同的原则处理述与评、事与理的关系。

3. 夹叙夹议和访谈手段

电视述评越来越重视运用夹叙夹议的表现方法，而访谈则几乎是它的不可缺少的表现手段。如果说它们在很大程度上关系着作品的成败得失，那么，掌握这两种方法就是成功写作和制作电视述评的基本功之一了。

（1）先说夹叙夹议[①]。夹叙夹议是新闻述评的基本表现方法。不过，对于电视述评来说，恰当运用夹叙夹议，除了坚持按事实和议论的固有联系处理“叙”“议”关系以外，更为重要的是从夹叙夹议的具体方式出发体现这一要求。电视述评中的夹叙夹议大致有三种方式：

①解说词中的夹叙夹议：即评论主体在论述过程中，边叙述、边议论。这同报刊和广播述评中的夹叙夹议大同小异。不同之处主要表现在：既可用出镜的方式，利用表情、动作增强表达效果；也可以用画外音的方式配合画面进行，但要恰当处理声画关系，否则就可能导致声画重复或声画脱节。

②同期声与解说词结合的夹叙夹议：即同期声主“叙”，解说词主“议”，二者相互配合，形成意义完整的夹叙夹议。如《和平：使沙漠变绿洲》[②] 中的这一片断：

画　面	同　期　声	解　说　词
演播室访谈画面： 主持人；		（主持人）的确，和平在中东似乎不可逆转了，就像我们在今天的谈话当中所经常使用的这个词——和平。那么，我们有一个最后的小问题想问二位，“和平”希伯来语怎么说？
以色列大使；	（希伯来语）萨拉母。	
约旦大使；	（阿拉伯语）萨拉母。	（主持人）阿拉伯语呢？
以色列大使；	以色列大使：发音几乎是一样的。	
主持人；		（主持人）……刚才你们也听到了，在希伯来文和阿拉伯文里边，“和平”这个词发音非常的相似，这也许可以说明犹太和阿拉伯这两个民族最终追求的目标是一个，这就是和平。因为这两个生活在沙漠里的民族都有着一个共同的预言，这个预言也是他们的祖先留给他们的寓言，这就是——战争能使绿洲变沙漠，而和平能使沙漠变绿洲。

① 参见本书第二章第二节中的关于夹叙夹议的阐述。

② 《焦点访谈精粹》，中国人民大学出版社 1998 年版，第 116 页。

在这里，同期声的片言只语，为末段解说词的议论提供了有力的论据，使整段论述大为生色。在这种夹叙夹议中，恰当选择和剪裁同期声，善于发挥解说词补充、引申功能，是两个至关重要的环节。

③画面与解说词结合的夹叙夹议：在这种夹叙夹议中，画面主要再现事实或现场情景，而解说词则起着说明、解释画面和阐述评论主体看法的作用。如《人与自然》中的这一片断：

画　面	解　说　词
黄色、浑浊的烟尘在弥漫、扩张 黑雾笼罩下骑自行车上班的人流	我们曾经以拥有重工业城市沈阳、钢都鞍山、煤都抚顺、阜新而骄傲，以我们辽宁为国家做出的贡献而自豪。可今天，在骄傲和自豪的同时，一种担忧和苦恼已经弥漫在辽宁的上空。
闪亮的粉状钢屑雪花般飞舞、飘落 炼钢车间腾腾的黄烟，工人们在烟雾弥漫的炼钢炉前挥钎添煤	您不要以为这是晶莹的雪花在漫天飞舞的舞台效果，我们的工人就是在这样的环境中工作，他们生产的是钢铁，吸进肺里的是钢屑！ …………

这里的画面具体展现了环境污染的情况，解说词则以凝练、富于感情色彩的语言，既说明、解释画面，又揭示画面的内蕴、抒发作者的见解；二者结合形成了情理交融、叙议浑然一体的分析说理层次。这种夹叙夹议，又有另一番引人的魅力。

不过，电视多符号在丰富夹叙夹议的表现方式的同时，也提出了相应的要求。尤其是以下三项要求：（一）熟悉不同符号的表现功能；（二）恰当配置和组合各种符号；（三）善于利用解说词调节画面和同期声。忽视其中的任何一项要求，都可能影响夹叙夹议的表现效果。

（2）再说访谈。电视述评中的访谈是一种声画合一的表现手段。恰当运用这种手段，既可以具体形象、真实准确地表现交谈内容，再现交谈的情景和过程，增强作品的直接表现力和感染力；也可以通过对当事人、目击者和有关人士的访问，较客观地还原消逝了的事物的发生、发展过程，让观众直接听到有关人士的意见和看法；而且还可以弥补画面不能表现过去的事物和拙于表现抽象内容的不足。正因为一举而三得，访谈越来越成为电视述评不可缺少的表现手段。

不过，访谈又是一种依赖于受访人合作的表现手段。这意味着在运用这种表现手段的过程中，采访人同时受客观事实和受访人对事实的记忆、理解、态度的制约，并不拥有完全的主导权。如果说这是访谈手段的局限性，那么，正视和消除这种局限，就是恰当、得体地运用这种表现手段，实现预期表现效果的基本前提和保证。首先是正视访谈手段的局限，坚持用于所当用、用于非用不可的原则，防止把它当成“万能手段”任意运用。然后在这个基础上，千方百计地消除它的局限，或者说为恰当运用这种表现手段、争取更好的表现效果创造条件。特别是认真处理好以下几个问题：

（1）做好先期采访工作，尽可能掌握关于事物和受访人的材料。即使不能达到对人、对事了如指掌的程度，至少应掌握事物的来龙去脉和受访人的基本情况。这是成功运用访谈手段不可忽视的前提条件。

（2）掌握访谈的主动权，控制访谈节奏。从操作层面上说，就是在访谈过程中，要善于及时提问，引导受访人的思路，打开受访人的“话匣子”；随时追问，帮助受访人发掘记忆、深化谈话内容；适时插入自己的说明和解释（如澄清没有讲清楚的事实，对可能引起误解的话语作必要的解释等），帮助观众确切理解访谈内容；适时转换谈话内容，引导谈话有节奏地进行，为后期制作准备必要的条件，避免出现“说半句话”的现象。不过，无论提问、追问还是插入、转换谈话内容，都要尊重受访人，讲究方式、方法，防止强加于人。总之，访谈过程虽然不是采访人能够完全控制的，但采访人毕竟处于主导地位，只要在做好先期采访的同时，集中全副精力投入访问，善于争取受访人的配合，善于及时作出反应，是可以拥有访谈的主动权的。

（3）发挥画面与声音的互补效应。访谈虽然主要运用同期声表达内容，但画面仍然具有举足轻重的作用。画面记录谈话双方的表情、动作，再现双方交流思想、情感的情景，这种非语言的表达方式，不仅可以强化语言表达，还往往可以让人感受到语言没有表达出来的深层含义，尤其是说话人的内心世界。不妨琢磨琢磨《惜哉文化》[①] 中的这个镜头：

> （画面）记者在博物馆的废墟前采访博物馆党委书记武国礼。
>
> （同期声）记者：损失有多大？/武：不知道，现在还没有清理，不知道损失有多大。/记者：那你看到的情况呢，损失有多大？/武：你不已经看到烧成这样吗？不要照了，我不好回答你的问题。/记者：为什么？
>
> （画面）武国礼以手挡开记者。

在这个片断中，观众是不是可以从画面了解到比同期声多得多的内容呢？可以

① 《焦点访谈精粹》，中国人民大学出版社1998年版，第105页。

通过画面揣摩到这位党委书记此时的内心世界呢？事实上，离开画面就无所谓同期声，也无所谓访谈这种声画合一的表现手段的表现优势。不过，这里需要强调实现声画互补效应，除了受访人的配合外，还需要采访群体，包括记者、摄像师、录音师协调一致的努力。

可能还有其他应该注意的问题，但一般地说，认真处理这些问题，就可以较为恰当运用访谈手段，收到较好的表现效果。

第三节　电视评论的写作和制作

前人论文章写作，说："定体则无，大体须有。"① 对于电视评论的写作和制作来说，所谓"大体"，集中到一点，就是坚持新闻评论体裁特征和电视传受方式相结合的原则，调动电视的各种符号为充分表现内容服务，使之成为名副其实的电视新闻评论。电视口播评论的写作要求，与广播评论基本相同；在这一节里，主要仅就图像评论（包括电视述评）写作和制作的几个基本问题略作阐述。

一、电视评论符号系统的特殊性

电视评论符号系统的构成因素，与电视新闻报道形式无别。不过，这些符号一旦与新闻评论的体裁特征，尤其是它的政论性特点联系起来，却不仅显现出表意功能的差别，而且对符号处理和符号组合提出了相应的要求。所谓特殊性，指的就是诸符号在电视评论中的特殊表现功能和特殊处理要求。

1. 画面的类型和表现功能

电视评论中的画面，按表现功能大致可以分为三类：

（1）口播评论的画面：主要是评论播送人——播音员、主持人的画面，偶尔也有配合评论内容的静态画面或图片、图表。播送人的画面展现播送过程，含有表情、动作，可以在一定程度上强化言语的表现效果。这种画面的表现功能，同播送人对评论内容的理解程度和调动声调、节奏和表情、动作的能力成正比。

（2）再现事物发生发展过程的画面：这类画面多数摄自新闻事件或人物、事物活动的现场，直接再现人、事、物及其活动场景和发展变化的瞬间过程，可以给予人们仿佛亲自面对事物、身临其境之类的感受。它主要用来表现事

① ［金］王若虚：《滹南遗老集·文辨卷四》，"或问文章有体乎？曰：无。又问无体乎？曰：有。然则果何如？曰：定体则无，大体须有。"

实，起支持和阐明论点的论据作用，具有增强论述的说服力、感染力和吸引视听等表现功能。如《振兴开封经济座谈会开成了催眠会》的这几个镜头：

画　面	解　说　词
会场全景 与会者横躺、侧卧的睡态 与会者看报、闲聊	观众朋友，您不妨猜猜看，这里在干什么？ 有的卧躺，有的侧眠，这里似乎是车站候车室； 有的看报，有的聊天，这里又好像是宾馆的休息厅；
（会标）“振兴开封经济座谈会”	然而都不是，这里正在开会。这是8月18号……

在这则电视述评中，这组画面本身就具有很强的“曝光”能力，同颇为风趣的解说相配合，的确可以收到相得益彰的效果，更加有力地支持对于不正“会风”的抨击。

《惜哉文化》开头，则利用录像资料，为观众提供了再现那场吞噬吉林市博物馆的熊熊大火的画面，播放时间长达一分钟；紧接着，画面切入博物馆废墟的现场，以及现场访谈。在这里，这段录像资料不仅自己“说话”，而且烘托了现场访谈，增强了访谈的表现力度。

(3) 再现访谈过程的画面：这类画面以记录访谈过程为主，有时对访谈场合周围的环境、氛围也有所展现。如《惜哉文化》中的另一片断：

> （画面）博物馆的废墟；周围的群众……
>
> （同期声）市民甲：这个博物馆在我们的心目中是非常神圣的地方，今天看到烧成这个样子，江城人民心中感到特别气愤。/市民乙：太可惜了。那些文物太可惜了，太可惜了。/记者：损失有多大你清楚吗？/市民乙：无法估量。无价之宝。/史吉祥（**吉林大学教师，原吉林博物馆馆长助理**）：我在长春听说之后，昨天晚上赶回来看了吉林市电视台播放的新闻，一宿没睡着觉。一闭眼全是火。我们博物馆收藏的东西是几千年遗留下来的文物。博物馆是1962年建馆的，三代人惨淡经营，一下毁于一旦。上万件文物所剩无几。我脑袋都大了，都木了。我真受不了这事儿。唉……

这组画面，既再现了受访人的神情，也部分展现了博物馆现场惨不忍睹的景象。画面与声音相互配合，显然强化了语词的表现力和感染力，增强了受访人话语的分量。

总之，画面在电视评论中可以派各种用场、起各种作用，但主要是发挥“照相本性”，提供富于实证力的论据。它以具体、形象的“语言”表现事物、事件及其有关的人、事、物和活动的现场等，增强“叙事”的可信程度，最大限度地消除人们对于事物认识的不确定性，以及由于文化水平、生活经验等方面的差别而形成的理解差异，并为观众提供“一种显而易见的亲近性”①，以满足其“百闻不如一见”的心理需求。因此，恰当地运用画面，电视评论就获得了一种其他传播媒介所没有的实证手段，可以大大增强评论的说服力、感染力和贴近性。从这个意义上可以说，图像评论吸引观众的魅力，主要来自画面，尤其是再现事物发生发展过程的画面。

2. 同期声的种类和表现功能

电视评论中的同期声有两种：一是伴随事物发生的同期声，一是访谈的同期声。它们虽然都与画面同步摄录，但主、客观的性质有所不同。前一种声音的发生和摄录，一般不以采录者的主观愿望为转移，具有强烈的客观性；访谈同期声因访问而发生，在访谈过程中摄录，有采访人的参与，带有一定的主观色彩，其中的提问、追问、诘问更体现了采访人对于有关事物的看法。如上引《惜哉文化》中访问武国礼的那一段，就体现了记者的某种采访意图；下面这一片断的主观色彩就更明显了：

> （画面）火灾之后的博物馆和风平浪静、水波不兴的松花江。②
>
> （同期声）记者：银都夜总会营业的时候有没有经过消防部门的批准或者验收？它的消防手续是否齐全？/陈福：我无可奉告。/记者：你这也不愿意……/陈福（打断记者的提问）：我无可奉告，我不能回答你。我知道，但是不能告诉你。/记者：那么这个夜总会曾经被消防部门通报整改，有这个事吗？/陈福：我无可奉告。

这里没有受访人的画面，只有两个与访谈毫不相干而对比强烈的镜头；它只以同期声（其实是画外音）显现记者锲而不舍地追问，以及始终是“无可奉告”的回答。这一乍看一无所获的访谈，以这样的方式呈现在观众面前，达到甚至超过了访谈的预期目的：观众虽然没能目睹受访人的“尊容”，却可以通过这段对话，想像到、领略到更多“画外”、“话外”的内容，包括受访人当时的

① 克拉考尔语，转引自《电视新闻学》，华东师范大学出版社 1990 年版，第 33 页。

② “由于陈拒绝摄像机拍照，否则不予合作，所以记者只好放下摄像机。即使这样，这位副市长也没有像样地回答任何问题，没有关掉的录音话筒记录了下面几句令人遗憾的对话。”《焦点访谈精粹》，中国人民大学出版社 1998 年版，第 110 页。

嘴脸。

访谈同期声的直接表现功能，因受访人的身份而异。当事人和目击者的谈话，多数起还原事件发生发展过程、还原事物本来面目的作用；而有关人士或专家、学者，则多数表达他们对于有关事物的看法。但无论如何，受访人的同期声在图像评论中都是作为论据出现的，差别只在于当事人、目击者提供的是事实性论据，而有关人士或专家、学者表明看法的同期声则属于理论性论据罢了。例如《触目惊心假发票》中的这一片断：

(解说词) 伪造倒卖假发票的现象屡禁不止，原因何在呢？这是因为长期以来打击伪造、倒卖假发票缺少足够的、明确的法律依据，因此使得打击力度不够。

(同期声) 采访票贩子 (略)

(画面) 记者在上海市税务局稽征管理处办公室采访。

(同期声) 记者：你认为解决街头买卖假发票这个问题的难点在什么地方？有没有办法从根本上根除这个问题？/包瀛慧 (上海税务局稽征管理处处长)：我认为在打击假发票方面在法律上应该健全，要相应地制定一些对假发票的贩卖、印制如何进行处理的法律依据，(这些) 应该尽快地健全起来。这样可以使公安部门或者检查部门能够对这些问题的发现处理有法律依据。①

这里，受访人的同期声直接支持了解说词所表达的论断，分别起两种论据的作用。以受访人的同期声作论据，可以收到增强论据的可信度和权威性的良好表现效果。

3. 屏幕文字

屏幕文字同画面一样，属于视觉符号。在图像评论中，屏幕文字除了用作标题外，还具有概括论点和提示、强调、补充、说明等多种表现功能。《“桐乡粪桶”事件留给我们的启示》先后用了四条屏幕文字：

(1) “桐乡粪桶”事件留给我们的启示。(2) 农村市场的两头一方面是疲软，另一方面是有效供给不足，原因何在？(3) 农村是一个潜力巨大的市场，启动这个市场应该从哪里着手？(4) 农村市场疲软的症结在于供给和需求的相互错位，所以，启动这个市场的关键在于有的放矢地调整产

① 《焦点访谈精粹》，中国人民大学出版社 1998 年版，第 74 页。

品结构。

其中，(1) 是标题，(2) 和 (3) 是提示、强调重点，(4) 是概括中心论点。通过这几条屏幕文字，显然可以帮助观众形成收视注意重点，增强观众对于画面和声音所表达的内容的印象，从而加深对于评论主要内容的理解。补充、说明性的屏幕文字，多直接配合画面或同期声，用于注明画面本身不能表现的叙事要素（如时间、地点、人名等），解释同期声中的专业术语、标明可能引起误解的同音词，或翻译方言方音、外来语等。

4. 解说词

图像评论中的解说词，是与同期声相对应的声音符号形态。一般按解说场合分为现场解说和非现场解说，或按同观众见面的方式分为出镜解说和画外音。现场解说和出镜的非现场解说，其实也是同期录音。解说词和同期声的区别，不在外部形式，而在于：(1) 解说词无论以什么形式出现，都是评论主体的声音；(2) 它的主要功能是随着话题的展开适时评点、揭示事物实质，阐述评论主体对于事物的看法，以及说明、解释画面和同期声。请看《寻思后府》的这一片断：

（解说词）这边的真后府因为资金问题而几近倒塌，而乌拉街镇政府在招商引资时，却轻松地花了几百万修了一个仿后府。

（采访吉林市乌拉街镇镇长卢佩国）问：为什么不把同样力量用于修复真正的后府呢？答：因为开发者要开发雾凇岛的旅游线，必须把后府修到那个位置上，修到原来那个位置上开发者、投资者不情愿。

（采访仿后府投资者曹国丽）曹：吉林整个的旅游，像雾凇啊，冰雪啊，在整个世界来讲都是奇观，所以说我们就配合着这些，我想我的投资会得到回报。

（解说词）投资商如此一厢情愿，旅游部门的审批更是简单而草率。

（采访吉林市旅游局副局长刘殿文）刘：现在我不想谈这个事，你找别人谈去吧。是我批的又怎么的，是我批的，当时反正没想别的，只想给吉林市增加个旅游景点，反正有人投资修这玩意儿，不就是批吗，签个字呗。

（解说词）只管签字，不管后果，不仅断送了仿后府，更让百年后府难有风光之日。①

① 《寻思后府》，吉林电视台2001年12月15日首播。

其中的解说和访谈，虽然都是同期录音，但表现功能明显不同：解说词表达记者依据访谈同期声引出的看法，而访谈同期声则主要起论据作用。

解说词和画面，都是图像评论不可缺少的符号形态。不过，解说词作为传播主体的话语，任何时候都处于统率画面，包括同期声画面的主导地位。这一点下面还将有所阐述。

二、发挥多符号互补的表现效应

以上各种符号各有自己的表现功能，虽然未必同时出现在一则图像评论中，但也不是各自独立存在、独立发挥作用的。它们相互联系、相互依存，只有相互配合，才能收到相得益彰的表现效果；反之，就可能相互抑制、相互干扰，也就无所谓多符号的表现优势了。所以，恰当运用符号，除了发挥它们各自的表现功能以外，更重要的是把它们组织成一个有机整体，发挥相互配合、相互补充、相互完善的综合表现效应，争取“整体大于局部和”的表现效果。为了实现这个目标，必须把握以下几个原则：

1. 一切服从体现立论思想的需要

在一则图像评论中，究竟调动哪些符号，怎样选择、剪裁、组接符号，虽说没有一定之规，但任何时候都不可背离这一根本原则：服从充分体现立论思想的需要，服从深入浅出地说理的需要。这是选择、运用符号的主要准绳，也是发挥画面、同期声、字幕、解说词综合表现优势的前提。

就说《火警声声向文化》① 吧。这是上海电视台继中央电视台《惜哉文化》之后播出的一则述评。它通过对上海自然博物馆存在着严重火灾隐患的分析，发出了重视文化、善待文化的呼唤。围绕这一立论思想，述评以画面、同期声再现了博物馆长年失修的建筑、陈旧设备，以特写镜头凸显水渍斑斑的墙体、裸露的输电线路、一个个一“点”即燃的酒精池；在领着观众耳闻目睹这副景象的同时，不时插入现场解说，透过火灾隐患的表象一层层分析其原因、一步步揭示问题的实质。如这一片断：

> （画面）部分露出地面、用简陋活动钢板覆盖的酒精池，工作人员揭开盖板，里面浸泡着准备制作标本的珍稀动物……
>
> （同期声）博物馆副馆长何新桥教授：酒精处理皮毛是全世界都采用的……

---

① 《1994年度中国电视奖获奖新闻作品选评》，中国广播电视出版社1995年版，第59～62页。

（现场解说）看了以上的情况，我们可以发现，上海自然博物馆的火险隐患确实相当严重，要让这幢20年代的建筑，50年代的布局和设施去适应90年代的消防要求，显然是相当困难的。珍藏在这个博物馆里的那么多珍稀动物标本就像一堆堆干柴，假若有星星点点的火种，可以想像一下将会是什么样的可怕局面。

画面、同期声、现场解说一起“说话”，以各自的方式说同一中心意思的“话”，相互补充、相互强化，明显增强了“话”的分量。述评的其他层次，也采取类似的符号组合方式，最后主持人在博物馆前面向观众意味深长地指出：

……吉林市博物馆的火灾原因至今还没有定论，……但是，假如我们撇开直接的火灾原因，我们还会发现，从吉林市、辽宁阜新市到新疆克拉玛依市连续三起震惊中外的大火，无一例外都发生在文化场所，这难道是一种偶然吗？

上海自然博物馆火灾隐患严重，但真要使它转危为安，相信也不会是一件十分困难的事，拿出钱来，维修改造就能解决问题。但是，要扭转人们对文化的轻视，对博物馆事业的轻视，光有钱能解决问题吗？

也许大家还记得：面对吉林市博物馆的废墟，吉林市的一位出租车司机说了一句动情的话：“再穷，也不能不要文化。”看到博物馆的今天处境，我们也想说一句：请重视文化，请善待文化。

在这个例子中，画面、同期声和解说词相互配合，既相当充分地体现了呼吁全社会重视文化、善待文化的立论思想，分析、说理也比较符合观众由浅而深、由具体而抽象的接受规律。可见，运用什么符号，如何优化符号组合，要服从于内容的需要，尤其是以具体、形象、深入浅出的说理体现立论思想的需要。如果忽视这一原则，那就可能出现某些符号当用不用或不当用而用的现象，就难免影响、削弱评论的舆论效果。

2. 各种符号协调一致

这是组合符号的重要原则。实践这一原则的核心问题，除了树立声画并重的观念之外，主要是防止各种表现符号相互重复或相互脱节。

相互重复多表现在画面或同期声与解说词之间，一般同叠床驾屋运用同期声，或片面强调解说词本身的完整性有关。相互脱节主要是声、画脱节，即没有在二者之间建立必然的联系，这固然有声画对位的问题，但主要是由于画面选择不精当造成的。如论述企业有关问题的图像评论，尽管话题各异、内容不同，却几乎都离不开会议室和车间里机器运转之类的画面，结果不是画面、解说词“两张皮”，便是画面成了解说词的简单图解，甚至变成有了不多、没有不少的点缀品。

3. 发挥论述语言的主导作用

图像评论的论述语言，主要指解说词，也包括同期声中的有针对性的提问、追问、诘问和插入式的说明、解释。发挥论述语言的主导作用，当然要求同期声的选择和剪裁、画面的取舍和组接与论述语言相一致，防止喧宾夺主，冲淡论述语言的政论色彩。但是，更重要的是按电视的传播特点，精心组织论述语言，善于利用论述语言统率和补充、调节画面和同期声，否则就谈不上什么主导作用。就图像评论的现状看，需要着重注意三个问题：

(1) 突出论述语言的揭示功能。论述语言虽然具有多种功能，但主要是深入揭示事物的实质，准确而中肯地阐述对于事物的看法。如果淡化这种功能，就势必削弱它的主导作用，甚至使“评论”不成其为评论。

(2) 确切理解论述语言的主导作用。主导作用不是量的要求，而是整合全部内容和连结所有表现手段的中轴作用，贯穿评论始终的主线作用；也不意味着非长篇大论不可，更不是板着脸孔、颐指气使地说教。许多成功评论的经验表明，在用画面或同期声“说话”的同时，随时发表画龙点睛式的议论，或在访谈过程中不着痕迹地插入一两句评点，这种颇具夹叙夹议特点的论述方式，往往能够收到吸引视听的效果。

(3) 正确理解论述语言的完整性。作为贯穿图像评论始终的论述语言当然需要完整，但是这种完整性是建立在各种话语形式——如同期声中的提问、追问、诘问[①] 和现场解说、演播室解说相结合——的基础上的，而不是各种话语形式自身的完整。对于解说词来说，明确这一点尤为重要。因为解说词不仅是论述语言的主要部分，而且有多种表现形式，完全可以或者利用现场解说直接统率和调节画面、同期声，或者利用出镜解说或画外音，更加机动、灵活地

---

① 关于提问、追问、诘问，孙玉胜在论述“如何获得深度”时，曾结合对一个具体事例的回忆，作了相当中肯的阐述，摘录于下：“……好的记者不会按照这些浅表事实去按图索骥，更不会走到表层事实面前就停止了脚步，把别人交给我们的说法作为结论向观众交待。记得还是在《东方时空》的早期，《焦点时刻》曾做过一个‘劣质课本进课堂’的节目，记者展示了课本印刷粗糙、缺页、字迹不清以及书后的答案错漏百出等问题。记者跟踪到印刷厂，印刷厂的厂长面对记者居然哭穷似地说：‘原因是我们的印刷设备太落后，没有钱更新改造……’记者的提问就此打住了，没有再前追一步。我在审节目时说：‘为什么不追问？难道答案错误也是设备的问题吗？’分明是不负责任的态度和利欲熏心的行为，却被厂长一句“设备落后”给搪塞过去，记者的采访停留在了表层而没有深入。”《十年——从改变电视的语态开始》，生活·读书·新知三联书店 2003 年版，第 97 页。

协调整则评论的内容。如《刑场上枪声留下的警示》[1] 中的这一片断：

> (主持人出镜解说) 在这次处决的严重经济犯罪分子当中，职位最低，但贪污金额最大的要数易芳、刘小虎了。
>
> (记者现场解说) 易芳作为一名普通的民航售票员，在短短的两年时间里就贪污了300万元巨款，人们不禁要问，她为什么能够得逞，从中应该汲取什么教训呢?
>
> (同期声) 民航广州管理局监察处处长谈管理中的漏洞。(略)
>
> (主持人出镜解说) 观众朋友，现在我们无意追究有关部门失控的问题。亡羊补牢，这个道理相信谁都明白，但是补这个牢，我们付出的代价太大了。现在不论是谁，后悔也迟了。
>
> (同期声) 采访死刑犯易芳的录音。(略)
>
> (主持人出镜解说) 对于易芳这种严重经济犯罪分子来讲，贪污了国家公款300多万元，执法者能饶恕她吗? 人民会饶恕她吗? 当然不能，因为她挥霍的是人民的血汗钱。不只是她，这6名罪犯，他们之所以走上自绝于人民的道路，就是因为他们利用手中的权，来挥霍人民的血汗钱。

在这一片断中，现场解说以提出问题的方式引出同期声；三段出镜解说仿佛是各说各的，但同现场解说、同期声结合起来，却是一个相当完整的分析、说理层次，揭示这部分所阐述的问题的实质。在这里，解说词呈现明显的片断性、跳跃性，从而实现了多种解说互补、强化论述语言的主导作用。从这个意义上可以说，如果排斥这种片断性、跳跃性，一般地要求解说词自身完整，那就不仅可能抑制解说词的主导作用，而且难免导致不同形式的解说词之间，或者解说词同画面、同期声相互重复。

一般地说，在坚持一切服从体现立论思想需要原则、各种符号协调一致原则的同时，注意发挥论述语言的主导作用，图像评论就能在一定程度上享有多符号相互配合的表现优势，就能逐步走向完善和成熟。

三、坚持双线互补的结构原则

电视的线性传受，是图像线和声音线双线结合的线性传受。对于图像评论来说，适应电视双线传受这一特点，形成双线互补的格局，是它在整体结构方

---

① 《优秀电视新闻稿选》，中国广播电视出版社1992年版，第123～129页，广东电视台1991年播出。

面的一个经常性课题。

1. 图像线的持续性

图像线包括画面和屏幕文字，而以画面为主。作为视听媒介，电视的图像线任何时候都不能中断；一旦中断就不能满足观众心理上的第一需求，甚至可能被认为发生了播出事故。图像线的这一性质，在很大程度上决定着图像评论的内容取向、表现形式和结构特点。就结构而言，尽可能拥有所需要的画面素材，是适应图像线持续性的最重要的前提条件。但由于画面不能表现过去的事物、拙于表现抽象内容，要获取图像评论所需的足够画面素材，并非轻而易举的事情。正因为这样，保持图像线持续性这一结构要求，又反过来制约评论的内容取向和表现形式，如要求内容尽可能反映正处于发展变化之中的事物，如较多运用述评的形式、采用访谈的手段，等等。

2. 声音线的可断续性

图像评论的声音线，由不同形式的解说词和同期声组成。电视声音线的可断续性，是它区别于自己的图像线和广播的声音线的基本特点。问题是怎样认识和恰当利用这一特点，更加充分、有效地发挥声音线的表现功能。现在图像评论中的声音线，多数满满腾腾，这不仅是声画相互重复和脱节的重要原因，而且实际上起着抑制声音自身表现功能的负面作用。人们也许会说，西方电视中的分析性节目如《60 分钟》、《20/20》[①]，声音线不也是如此吗？的确如此；不过只要看看哥伦比亚广播公司《60 分钟》在互联网络发布的节目预告，就不难明白个中的原因：

> 纽约的朋友们，欢迎收听！现在你能够在汽车上或通过你的微型立体声收音机收听《60 分钟》节目。请在周日晚 7 点将频率定在 WCBS - AM (新闻台 88)，无线电和电视同时联播。本周节目……

可见它的声音线所以毫不间断，主要在于适应广播、电视同时播出的特殊需要，或者说是基于适应广播听众（背后则是追求商业利益）的选择，本身并不符合电视声音线的表现规律。其实，可断续性是电视声音线的特点和一大表现优势，对于图像评论尤其具有不可忽视的价值。

3. 发挥声音线的能动作用

前面说过，双线传播既赋予电视巨大的传播优势，也经常给它提出了如何

① 《60 分钟》、《20/20》分别为哥伦比亚广播公司和美国广播公司的新闻杂志节目，时常播出类似图像评论的分析性话题。

处理图像线和声音线关系，发挥双线互补、避免相互干扰的难题。对于图像评论来说，处理这一难题，当然需要高度重视画面的摄取、选择和组接，增强图像线的持续吸引力。但是，由于声音线可以断续，也由于评论主体的话语——解说词是声音的主要组成因素，声音线显然比图像线更为活跃，更能发挥调整双线关系、促进双线互补的能动作用。所以，恰当运用声音符号，善于利用声音线的可断续性，对于实现双线互补的结构目标，即使不是比图像线更重要、至少也是同样重要的方面。

图像评论同其他新闻报道一样，按双线互补的要求处理双线关系，通常采用两种方式：声画同一和声画对位。在这两种方式中，声音线的能动作用有所不同。声画同一，其实就是同期声；其中的访谈同期声，为发挥声音的能动作用提供了广阔的天地。声画对位，则是画外音与画面相互配合，其表现效果更是主要取决于声音线，即画外音的处理是否得当。上引《大家都来扫除“文字垃圾”》的声画对位收到较好的效果，除了运用特技“正字”、丰富画面以外，在很大程度上得益于解说词的语言颇为风趣，声音线不无波澜。《惜哉文化》有一个片断处理方式比较特殊，它既运用电话采访的同期声，又把部分采访录音作为画外音，可以说是声画同一和声画对位相结合的处理方式，节录如下：

画面	电话录音
记者电话采访吉林市消防总队队长 记者在博物馆前翻阅文件 灾后博物馆的残存框架 博物馆前观看灾后惨象的群众	他们搞这个是他们自己整的，也没有经过我们消防部门，我们消防部门不知道这个事，但是我们在检查当中发现了这个问题就批评他，就责令他停止营业。……
插入就消防问题采访副市长徐祚祥的画面和同期声	
切入记者电话采访的画面 灾后博物馆内部遍地灰烬的景象	今年7月份，他们一看不行，又报来一个对银都夜总会进行消防验收……

这段电话采访录音相当长，其中出记者电话采访画面的部分属于声画同一或同期声，配合其他画面的属于声画对位的画外音。这样利用声音线外部形态的变化，使本来比较单调的同期声画面变为多种画面的组合，无疑可以收到增强画面线表现力的效果。

不过,发挥声音线在双线互补中的能动作用的更为重要的方面,是善于利用声音线的可断续性,适当间断声音线。在“此时无声胜有声”的情况下,适当间断声音,本身就是运用声音表情达意的一种方式,同时也有利于凸显画面,为观众更专注地接收画面、理解画面内容提供条件。且看《人与自然》的这一段：

镜头序号	画　面	声音序号	解说词（画外音）
1	浑浊的河水		
2	排污管向河中倾泄 黑浆状污水		
3	被污染的河滩		
4	大烟囱喷吐黑烟	1	另据省环保局提供的大气污染综合指数表明，全省12个大中城市中处于极度污染和紧急水平的有本溪、鞍山、阜新、沈阳、抚顺、朝阳7座城市；处于重污染和警报水平的有丹东、大连、辽阳、铁岭4座城市，全省污染最轻的营口市，也处于中度污染和警戒水平。（下空8秒）
5	烟雾笼罩的城市		
6	一排排喷吐黑烟的烟囱		
7	烟囱林立		
8	烟尘在弥漫、扩张		
9	黑雾下骑自行车的人流	2	我们曾经以拥有重工业城市沈阳、钢都鞍山、煤都抚顺、阜新而骄傲，以我们辽宁为国家做出的贡献而自豪。可今天，在骄傲和自豪的同时，一种担忧和苦恼已经弥漫在辽宁的上空。
10	炼钢车间，工人在烟雾弥漫的炼钢炉前挥钎		您不要以为这是晶莹的雪花在漫天飞舞的舞台效果，我们的工人就是在这样的环境中工作，他们生产的是钢铁，吸进肺里的是钢屑！（下空3秒）
11	粉尘飞舞的车间	3	您听说过粉尘压垮厂房的奇闻吗？这绝不是危言耸听。（下空5秒）
12	新建的厂房	4	这是新的厂房。原来的厂房在一天凌晨突然倒塌，人们惊奇地发现，厂房上竟有40吨重的粉尘！（下空4秒）
13	烟雾中的城市，景物难辨	5	这是一个晴朗的早晨，我们拍摄到本溪全景。（下空25秒）
14	淹没在烟雾中的烈士纪念碑	6	多少先烈为我们的今天洒尽了最后一滴鲜血，而这庄严的人民烈士纪念碑，默默地，也只能默默地俯视这一切！（下空5秒）
15	烟雾笼罩的城市全景	7	时间是最公正的裁判。我们在向自然无限索取的时候，实际上是在向我们的后代索取；我们在破坏自然的时候，就是在惩罚人类自身！

在这一片断的7段解说词之间，分别有8秒、3秒、5秒、4秒、25秒、5秒声音空白时间。同上下解释词的内容联系起来，可以看到空白时间长短是经过仔细考虑的。第1段概括全省主要城市污染情况，空白8秒；第2、3、4段叙述具体事例，空白时间较短；第5、6段内容格外沉重，空白25秒。这些长短不一的声音间断时间，让观众可以比较专注地观看画面，思考画面和声音共同表现的内容。其中第5、6声音段之间的声音空白，强化声、画表现力的作用尤为明显。在这25秒中，摄像机环拍本溪市全景，然后定格于烈士纪念碑，把灰蒙蒙的纪念碑呈现在观众面前；伴随着定格画面，出现了充满感情的画外音："多少先烈为我们的今天洒尽了最后一滴鲜血，而这庄严的人民烈士纪念碑，默默地，也只能默默地俯视这一切！"前面较长时间的声音停顿和定格画面互为作用，赋予了这段解说词有如迸发而出的强大震憾力，其表现效果显然是一般的声画对位难以比拟的。这则述评的成功说明，利用声音线的可断续性、适当间断声音，是发挥声音线的能动作用，增强双线互补表现效应的有效手段。

双线互补是图像评论的基本结构原则。体现这个原则，既要善于运用声画同一和声画对位方式，更要善于利用声音线的可断续性、发挥其能动作用。后一方面关系着一则图像评论的整体结构，远比声画同一或对位复杂得多，仍然有待于进一步的实践和探索。上面关于这个问题的阐述，不过为进一步的探索和思考提供些大致的思路而已。

四、电视评论的后期制作

电视评论的后期制作，口播评论主要指声音转化，图像评论则包括从素材带到完成带的许多具体环节。这里大致讲讲三个主要环节的基本要求。

1. 音像素材的加工

包括画面、同期声的选择、剪裁和组接。在现场采访或访谈中摄录的画面和同期声，一般比较芜杂，需要经过弃芜存菁的加工过程，才能更好地为体现立论思想和论述问题、支持说理服务。这个过程的基本程序和要求，大致可以概括为：

（1）分析、鉴别音像素材。重点是分析素材蕴含的内容和存在形态，既弄清内容的价值，也注意音像的素质，如完整性、清晰度等等。分析、鉴别越精细，就越能精当选择、运用音像材料，越能有效防止埋没有价值的材料或堆砌材料的偏向。

（2）梳理音像材料。即按体现立论思想的需要，对所选择的音像材料进行分类排队，弄清材料的关系、理顺材料的前后次序。梳理的方式，因实际拥有的音像材料之间的客观联系而异。比较常见的有两种：一是按音像材料间的逻辑关系梳理，如《人与自然》的部分画面，《惜哉文化》的大部分同期声；一是按材料的空间关系梳理，如《火警声声向文化》反映博物馆存在严重火灾隐患的画面和同期声。当然，也可以按音像材料的时间关系，也就是事物的发生发展过程梳理，不过这种方式一般适用于评述典型事件的话题，目前不多见。梳理的过程，实际上是围绕恰当运用音像材料的构想过程。

（3）恰当剪裁、组接音像材料。剪裁和组接是在梳理的基础上进行的实际操作，而且往往是同一的过程；它们之间的差别在于剪裁是局部的处理，组接则服从于评论整体意图。也就是说，剪裁是对具体音像材料取舍，是精练材料的重要步骤。剪裁要求坚决剔除音像材料中的杂质，尽可能保留和突出音像的精华；保持音像段落含义的相对完整性，防止出现讲半句话或出半个镜头的现象；同时还需要顾及前后音像素材内容、形态、节奏等方面的关系，为合理组接准备条件。组接是从评论的整体意图出发，把各种音像材料按它们的内在联系组织成有机整体。除了体现合理、有序的基本要求外，还需要着重注意两个问题：一是处理好音像段落之间的接合部，力求上下衔接合理、前后过渡自然；二是在不违背真实性原则的前提下，弥补音像材料的明显缺陷，如用画外音矫正同期声中某些不确切的表达，用屏幕文字交代画面没能表现的某些要素（如人名、地名），或消除方言、方音可能带来的理解障碍等。剪裁和组接直接关系着音像材料的表现力，关系着图像评论的整体效果，务必十分精心、精细。

不过，强调剪裁和组接，并不意味着可以轻视对于音像材料的分析、鉴别和梳理。恰恰相反，它们是恰当剪裁和组接的重要认识前提和依据。如果轻视了，剪裁和组接就难免陷于这样那样的盲目状态。第三章所举的那则关于汽车展览会的述评，堆砌那么多让人莫名其妙的画面，就是相当典型的一例。

2．重视解释词的声音转化

声音转化指将文字稿转换为口头语言，即播音或配音的过程。图像评论的解说词以声音形式面向观众，传播评论的政论性内容；它的声音转化，除了遵循播音、配音的基本规范以外，还需要适应评论的语体特征。把这两方面结合起来，声音转化的基本要求，大致可以归纳为：（1）语音符合规范标准；（2）准确表达文稿的意思；（3）恰当利用音量、声调、节奏等声音要素，以及表情、动作（指出镜解说）强化声音表达效果；（4）语气、口吻同评论内容基本倾向和画面、同期声相协调。认真按这四项要求做好声音转化，是发挥解说词能动作用的基础，也是增强评论播出效果的关键环节之一。

解说词的声音转化绝非“照本宣科”，而是一个“再创作”的过程。所谓“再创作”，对于图像评论来说，就是在坚持语言规范的同时，善于调动声音要素和表情、动作等非语言因素，既以声达意、也以声传情，为圆满地表达“文本”的含义、争取更好的播出效果服务。实现这个声音转化目标，当然需要掌握口头表达能力和技巧，但更为重要的是做好声音转化的准备工作，尤其是：(1) 认真“备稿”，透彻理解“文本”含义，特别是它的深层含义，在这个基础上形成声音转化的构想或方案，包括“在稿子上标出要强调的字句的语调符号”①；(2) 熟悉画面和同期声的特点和它们所表现的内容，这是使解说词的口头表达与画面、同期声相协调的重要条件。如果忽视转化前的准备，口头表达能力和技巧就不仅派不上用场，还可能因盲目追求表达技巧而影响转化效果。这里需要强调，这种准备工作，对于解说词作者自己出镜解说，同样是重要和必要的。

不过，上述要求只是就声音转化本身而言。从另一面看，文稿毕竟是声音转化的“脚本”，如果文稿本身“意不称物，辞不逮意”，或半文不白、佶屈聱牙，口头表达能力再强，恐怕也难以成功地进行声音转化。所以，在文稿撰写过程中，务必“吃透”全部内容，坚持语言规范化、通俗化、口语化的方向，时时为声音转化着想，尽可能为声音转化创造琅琅上口、悦耳动听的语言条件。总之，同时从两方面努力，是做好解说词声音转化的基本保证。

3. 坚持声画协调一致的合成原则

声画协调一致作为合成原则，要求按表现评论内容、体现立论思想的需要，把画面、同期声、屏幕文字和解说词有序地组合在一起，让图像评论成为内容和形式完美结合的有机整体。至于如何在合成过程中体现这一原则，在上面“发挥多符号互补的表现效应”中已有比较详尽的阐述，这里就不累赘了。事实上，随着实践的发展和技术设备的日益精良，本来属于合成环节的许多工作已经反渗到前期的摄录中了。在这个意义上，未尝不可以把合成视为一个过程，一个贯穿前期摄录和后期制作的过程；而声画协调一致则既是合成原则，同时也是图像评论摄录、制作各个环节的共同原则。

关于图像评论的后期制作，就大致讲这一些。电视评论，无论是口播评论还是图像评论，写作和制作的任何讲究都服务于一个目标：本着新闻评论的体裁特征和电视传受特点相结合、内容和形式统一的原则，恰当运用电视所拥有的各种符号和符号组合形式，为准确、鲜明、生动地表现内容服务。本节的所有阐述，只不过接触到其中的若干问题，而且对于某些问题的看法也远未形成共识，大家就把它作为一种参考意见看待吧。

---

① 这是美国著名节目主持人克朗凯特备稿时着重注意的一点；引文据马元和：《美国著名电视主播——克朗凯特》，《中国广播电视学刊》1988 年第 3 期。

第六章

网络新闻评论

第四媒体[①] 的发展历史并不长，作为依托于这一新兴媒体的新闻体裁——网络新闻评论历时更为短暂。新闻评论和其他所有新闻体裁一样，随着每一种新媒介的诞生，都经历着适应不同媒介的传播方式而日趋个性化的发展过程。目前，在网络新闻评论（以下简称“网络评论”）不断发展并形成自己独有的个性特征的过程中，还存在着诸如与“海量”的新闻报道相比比重太低，在整合社会舆论方面的功能还远没有发挥出来等方面的问题。因此，关注网络评论，界定其范畴、类型，考察其现状，分析影响其发展的制约因素，探索其发展趋势，对于解决上述问题，完善网络评论这一方兴未艾的话语形式，推动网络媒体的健康发展都具有重要的意义。

第一节　网络评论概观

究竟什么是网络评论？它有哪些表现形式？网络评论的传播特点与传统媒介评论相比有什么独特之处？弄清这些问题，是深入分析研究网络评论的基础，也是网络评论的社会功能得以充分发挥的前提。

一、网络评论范畴的界定——“成文”与“不成文”的争议

对于什么是网络评论这一问题，目前尚存在着争论。有人从维护新闻评论体裁特征的角度出发，认为只有那些在网络媒体上发表的较为完整地表达了一定意见的“成文”的文章才称得上是真正意义上的网络评论，至于那些讨论区

① 1998年5月，联合国新闻委员会正式提出了“第四媒体”的概念。

里的你一言我一语式的讨论，即便有一定的主题，也算不上是网络评论。也有人从发展的角度看待新闻评论体裁，认为新闻评论体裁诞生于报刊，在报刊之后每诞生一种新的媒体，新闻评论体裁就会与新的媒体的传播方式相结合，并在实践中逐步形成有别于其他媒体评论的具体表现形态和个性特点。

我们认为，网络评论从本质上说是一种意见信息，是个人或组织在网络媒体上就新闻事件或社会现象、社会问题发表的评价性意见。因此，就像音响评论之于广播、图像评论之于电视，讨论区、电子论坛上的评价性意见正是网络媒体新闻评论的特殊表现形态，只要其“新闻性”、“政论性”[①] 的特征还在，“不成文”的讨论应当和“成文”的文章一样，纳入网络评论的范畴。

二、网络评论的现实存在——两类网站和两种形态

1. 两类网站——传统媒体网站和商业网站

目前，就网络新闻媒体的发展现状来看，大概有三类网站出现在国际互联网上：一类是网络原生新闻媒体，即专门为传播新闻信息而建立的互联网站，它们通常传播自己采集、编辑的新闻信息；第二类是传统媒体网站，近年来，传统媒体为了在新的媒介竞争中立于不败之地，纷纷设立网站，除了将传统媒体内容悉数上网以外，还利用互联网的传播特点（如容量大、互动性强等）设立了一些新的栏目，提供更多的新闻信息；第三类是互联网内容提供商(ICP)[②] 或服务提供商（ISP)[③] 设立的商业网站，新闻信息是其经营的一个方面。由于网络原生媒体的数量少、影响有限，加之其一些做法基本与传统媒体网站相同，因此，本书主要探讨的是后两类网站——传统媒体网站和商业网站在新闻评论领域里的表现。

总的看来，无论是传统媒体网站还是商业网站，其新闻评论经历了从无到有，从少到多，从单纯转载传统媒体的评论到有意识地发展自己的评论员队伍，登载签约评论、特约评论和网友来稿，从只有“成文”评论到设立 BBS 论坛组织网友发言，从与新闻报道混编到单独设置诸如“时事评论”、“新闻论坛”一类的专栏，或在新闻提要中重点推介，从而成为新闻传播的有机组成部分快速发展的过程。网络评论已经成为网络新闻的重要组成部分，在新闻实践中受到了网络媒体的广泛重视。

但两类网站在新闻评论的实践上还是各有特点，略有差异。

---

① 参见王振业、胡平：《新闻评论写作教程》，中国广播电视出版社 2000 年版。
② 英文 Internet Content Provider 的缩写。
③ 英文 Internet Service Provider 的缩写。

传统媒体网站往往充分利用其原有信息、人员和品牌等资源，其新闻评论类栏目往往内容较为丰富、充实，栏目设置和页面设计给人以专业和大方之感，所刊登的内容原创比例相对较高，并在一定程度上配合主流媒体发挥引导舆论的作用。

人民网（www.people.com.cn）在新闻主页设立了名为“观点”的新闻评论专栏。进入该专栏，又细分为“政论时评”、“社会走笔”、“杂谈随想”、“网友说话”、“观点碰撞”、“争鸣”和“一语惊人”等几个子栏目，刊登各类评论性文章。在“网友天地”里还有“网友七日谈”、“网友观点集锦”；与上述刊登成文文章的栏目不同，“网友天地”专门登载网友的观点，篇幅有长有短，不一定都系统成文。此外，“观点”专栏还在页面左右两侧对等位置设立了“评论员专栏”和“网友专辑”，使得在专栏设置上既有按内容和文章风格划分的专栏，也有为个人设置的署名专栏。使商业网站无法与其相比的是，“观点”专栏还专设了资料中心，里面收集了历年来报纸刊登过的社论、评论员文章、特约评论员文章以及“人民论坛”、“今日谈”、“国际论坛”、“金台随感”等几个言论专栏刊载过的各类评论，形成了一个数量巨大、颇具特色的“人民日报言论库”。

新加坡的早报网（www.zaobao.com.sg，原《联合早报》电子版）在首页专设了“论坛”和“言论”两个栏目。在言论栏目里，以“社论/言论/天下事”来为各类言论归类。“社论”为《联合早报》社论的转发。“言论”里既有特约撰稿人的评论，又有来自网友的文章；网站编辑一般在文后注明该文的来源，如来自武汉，来自洛杉矶等等，也许意在表明《联合早报》作为一份世界知名华文报刊拥有广泛的读者、享有较高声誉。“天下事”多为一些国际时事评论，要求评论作者了解国际风云动态，具有一定的理论水平和分析能力，因此作者多为一些国际关系专业研究人员。

与传统媒体网站相对应的商业性网站则通过商业运作，与传统媒体签订协议，以付费的方式使用各新闻媒体的资源，网站所做的主要是组织和集纳工作。如新浪网（www.sina.com）的新闻评论文章一度主要放在新闻中心“评论”专栏里。“评论”专栏收集有大量新闻评论，其中大部分是从传统媒体转载过来的，也有新浪评论员的评论文章和从网友来稿里选出来的新闻评论作品。比较特殊的是网页左列的几个专栏的设置，依上至下分别为“网友热评榜”、“评论员文集”和“新浪观察”。换句话说，相当于传统媒体社评地位的“新浪观察”被放在了最次要的位置，而读者投书性质的“网友热评榜”则被放在了显要位置。这也是商业网站对编读角色的解读有别于传统媒体的具体体现，其中恐怕既有新闻观念上的差异，更有商业经营上的考虑。总观“评论”

栏里的文章，有的是新闻评论，有的是综述，有的则是新闻事件的深度报道，这说明商业网站对新闻评论的认识尚不清晰，操作上也有待进一步规范。

由首都九家传统媒体联合、按商业模式运作的千龙新闻网（www.qianlong.com）的新闻评论分布在不同的栏目里。“媒体精粹”栏目专门选登其他媒体发表的评论性文章；“网文共享”里都是网友的文章，文章性质不同，有的是随笔，有的则是新闻评论；“时政新闻”下还专设了“千龙时评”，每天一文，基本是由千龙新闻网的特约撰稿人撰写的。“新浪观察”和“千龙时评”类栏目在商业网站里从无到有的历程，体现了商业网站独到的策划意识和品牌意识。但这些类似于传统媒体社评地位的专栏，在选题和观点的表达上似乎更看重个性，而不似传统媒体网站那般主动承载了较多的舆论引导功能。

无论是传统媒体网站还是商业网站，都秉承了“言论是媒体的旗帜”的精神，把新闻评论放到了一个重要的位置。但是我们也看到，在数量上，与堪称“海量”的网络新闻报道相比，网络评论还远远不够。网络媒体有容量大，发表言论的渠道多等得天独厚的条件，网络评论应该得到更为充分的发展。

2. 两种“评价性意见”——网页新闻评论和 BBS 新闻评论

如果我们把新闻评论看作一种“评价性意见”的话，那么就目前来看，这些“评价性意见”在网络媒体上的存在形态大致有两种：

一种姑且称之为“网页新闻评论”，即以文章形态存在于专设的言论专栏页上发表的新闻评论。网页新闻评论在较大程度上保持了传统媒体新闻评论的特点，其中有的由网络媒体的编辑或特约作者撰写，有的由网友撰写，还有的是转发传统媒体上发表过的评论。前两者为“原创评论”，后者则属于“转发评论”。目前，传统媒体网站已经打破了只转发其“母报”上的评论的做法，也采用了与商业网站类似的方式，搜集各家新闻媒体的评论加以转发。原创评论属于网络评论的范畴无可非议；转发评论由于是由网络媒体转发传统媒体的，因此不能算作是真正的网络评论，但这类评论目前在网上大量存在，并在很大程度上影响着网上舆论，参与着网上舆论的形成。

另一种可以称之为“BBS 新闻评论”，即 BBS 论坛上以讨论的形式发表的评价性意见。所谓 BBS 论坛，又称电子论坛，是网络媒体在互联网上为网络用户（网民）提供的就新闻事件或社会现象发表和交换意见的场所。这张由网民在相互传递和交换信息过程中形成的无形的交流网，为现实社会提供了前所未有的开放的舆论空间，其强大的互动性，吸引了天南地北的网友广泛参与，在重大问题发生时往往能够迅速形成舆论。如，依托国家通讯社的新华网（www.xinhuanet.com）除了设立“观点言论”专栏外，也于 2001 年 2 月 28

日正式推出了“发展论坛”和“统一论坛”。“发展论坛”下设我看发展、“两会”论坛、和平发展、讨伐腐败、结构调整、国企改革、三农话题、西部开发、科教兴国、关注环保等子论坛；“统一论坛”下设反台独促统一、我看统一方式、两岸亲密接触、耳闻目睹台岛、网友话三通等子论坛。同时设置了“嘉宾在线”论坛区，邀请各级领导、权威人士、专家学者、知名人士到网站与网民在线交流。新华网还将有关新闻的点评链接到论坛区的“新闻评论”子论坛，网友可以对更多、更大范围的话题进行访谈交流，使新华网论坛成为各界人士探讨热点话题、焦点问题的自由交流的平台。网络媒体的“BBS新闻评论”利用网络技术为人们提供了在其他任何媒介上都不可能实现的一种言论表达方式，因此，可以说，BBS论坛上以讨论的形式发表的评价性意见是更具有网络特点的评论类型。本章将辟专节对这一特殊的评论类型进行专门的探讨。

在概括网络新闻的存在形态时，之所以说“就目前来看”，是因为IT[①] 技术的迅速发展会给网络媒体不断带来新的变化，而这些变化随时可能影响到网络评论的存在形态。比如，目前以静态的文字为主的评论是否会发展为动态的声像兼备的评论？目前的“见文章如见其人”会不会发展成为看着屏幕上作者本人听他发表“高见”？“互动”能否向更高的层次发展？等等。

三、网络评论的传播特点

如同其他媒体的评论一样，网络评论从互联网的传播方式出发，体现新闻评论的新闻性和政论性这两个基本体裁特征。从而在这个两相适应的过程中，逐步形成了不同于其他媒体评论的表现特点和传播特点。这些特点大致可以概括为：

1. 传播渠道的开放性

互联网被设计成不需要控制中心就可以工作的方式，打破了传统的大众传播媒体单向度、线性的传播秩序。根据计算机网络互联的共同协议——TCP/IP协议[②]，在网络提供的许多路线中，计算机能够通过其中任何一个可用路线而不是通过某一固定路线来发送信息；当它发现一些节点被破坏后，便自动绕过这些节点，通过其他路径把网络重新联接起来，这就使得信息在电子空间里呈多向度、发散式的网状传播。对此变化，有人打了一个贴切的比方：如果把

① IT是英文Information Technology的缩写，意即信息技术。多指与信息有关的一切高科技领域，这一领域的范围与各个国家与地区的科技水平有密切的关系。IT一词在亚洲、欧洲使用普遍，在美国则不常使用。

② 英文全称为Transmission Control Protocol / Internet Protocol，是互联网最基本的网络通讯协议。用于决定计算机和网络在互联网上对信息流的管理方式。

大众传播的传统媒介比作一只信息沙漏，那么，新的传播技术结构就将是一种发散（distributed）型的信息交流结构，可以把这种传媒结构比作新闻与信息交流的一个矩阵（matrix）、一张经纬交错的渔网（net）或四通八达的蛛网（web）。显然，这种网络化的信息系统不同于传统的信息空间，具有高度开放性。

这样，传统大众传播媒体中常见的“信息把关”、“信息过滤”等管理功能受到了一定的抑制或削弱，上网用户可以通过多节点的链接访问，绕开“把关人”设置的信息障碍自由地获取信息。更重要的是，普通人在网络中还拥有了比在传统媒体上自由得多的发布言论的权利，就像尼葛洛庞帝说的那样：“在网络上，每个人都可以是一个没有执照的电台。”[①] 这些言论立场、观点各异，表达方式各异，客观上拓宽了舆论空间，使舆论表现得前所未有的多元化，但是也带来了一些不和谐的“噪音”，一段时间内可能还表现出一定程度的混乱。虽然社会舆论本身就是“多元”的，但面对多元的舆论，面对舆论中的“噪音”，面对网络世界的新闻传播秩序呈现出的国家间的不平衡的倾向，网络媒体如何加大舆论引导力度、维护网络言论空间的良好秩序，却是一个是亟待引起重视的问题。

2. 传播主体的多元趋向

传统媒体的新闻评论作者群大致由本报（台）编辑、记者和特约作者以及投稿的社会人士组成。他们所撰写、制作的评论，通常以不署名和署名两种方式面向受众。不署名评论不论冠以社论、评论员文章、短评、编者按或编后的名目，都意味着代表媒体发表意见。署名评论固然以个人的名义阐述对于事物的看法，但毕竟需要通过媒体编辑部的层层筛选才能同社会公众见面。从这个意义上说，传统媒体的评论不管以什么名义出现，无不体现媒体既定的评论宗旨，其评论主体本质上是一元的，或者说具有“媒体－群体”一元性特点。

网络评论虽然尚处起步阶段，但其传播主体却明显地呈现多元化的趋势。事实上，作为个体的人，总是有一种发表欲和评价欲，互联网传播渠道的开放性则为人们满足这种欲望提供了可能，大量的网友评论和特约作者的评论开始出现。以联想 FM365 网站（www.fm365.com）为例，它的“评论”专栏内容极其丰富，分为“天下时评”、“直面社会”、“放言文化”、“谈网论经”和“网友酷评”。除了为网友的评论专辟领地以外，还拥有一批“FM365 签约评论员”，并在网页左列蓝色背景下显现他们的签名；与此相对应，“时评”里签约评论员的评论文章前则特别标明“签约评论”。这样，网络评论作者群较传统

① 尼葛洛庞帝：《数字化生存》，海南出版社 1996 年版，第 205 页。

媒体来源更为多样，使得评论关注的社会生活的领域更加广阔，政治、经济、文化、生活等等方面的话题无论大小都进入了评论的领域，评论风格也更具个性色彩。

然而，作者队伍的变化除了带来评论范围的拓展以外，也带来了评论水平参差不齐的问题。有些 BBS、个人主页上的文章是一种极端情绪的表达和宣泄，与新闻评论关注社会现实，反映、影响、引导舆论的宗旨相去甚远。

3. 传播方式的即时性、互动性

为了密切传受双方的交流，传统媒体进行了许多努力，如报纸有“读者来信”专栏，电台设立了热线电话，电视台开还办了邀请部分观众参与的各种节目。但这种交流因为技术条件的限制，要么只是少部分的，要么是非即时的，只能获得有限的信息反馈。受众撰写的评论经由职业传播者选择、编辑后通过大众传媒刊播出来，其传播——反馈过程大致如下图所示：

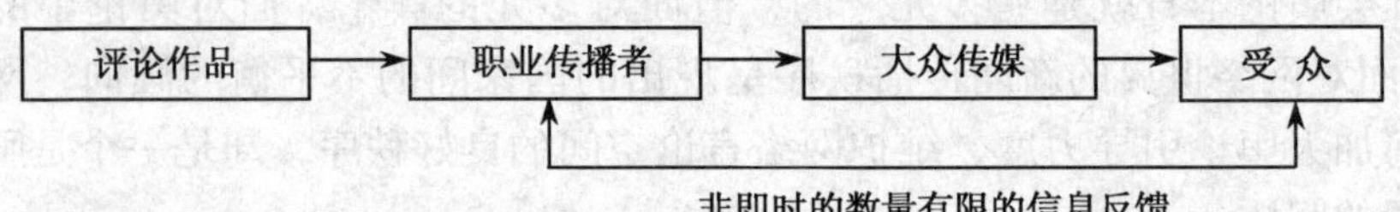

如果其他读者对同一现象持不同的见解，还要再投稿，经编辑选编再刊发，交流、讨论、论辩过程松散、滞后，互动效果十分不理想。网络媒体的传播方式则相对简单、便捷得多，它依托万维网，进行超文本①、超媒体② 的传播。万维网是一种高级浏览服务，它将遍及全球的 Web 站点所储存的大量的多媒体信息以超链接方式编织在一起。上网用户只需用鼠标点击一下网页上的链接字、热键或图标就可以链接到其他网页，获得其他网页上的相关新闻报道或背景资料；同时，观点的发表也简单到点一下“发送”就可以完成。这样，网络评论在传播方式上具备了即时和互动的特征。评论本质上应该是一种观点的交流，网络媒体各种各样的“论坛”为网友提供了就某一新闻事件或主题随时发表看法、交流观点的园地，可以说是把评论的互动性发挥到了极致，使之成为一个即时的动态过程，使得观点的交流和碰撞更充分、更及时，也就更接近评论的本质。

总的看来，网络评论和网络媒体一样，发展时间短、速度快、变化大，这

① 即 hypertext，一种在互联网上可以将文件彼此连接起来的编码文件系统。一段文字、一张图片可以连接到其他文件上用于打开该文件，形象地说是在文字和图片的背后植入了打开另一个文件的命令以及打开的方式。只需用鼠标点击该链接文字或画面，浏览器就会调出新的文件。通过超文本链接可以在互联网上对感兴趣的内容作垂直式的深入浏览，也可以从一个网站进入另一个网站。

② 即 hypermedia，是超文本的延伸，包括声音、图片、影像在浏览器中显现。

与互联网技术的发展迅速关系密切。随着技术手段的不断变化，网络评论的传播特点也会产生相应的变化，因此，这里只能将这个动态的发展变化过程中的某些特征作一个粗疏的描述。

第二节　网页新闻评论

网页新闻评论是目前在网络媒体上最为普遍的网络评论表现形态。认识网页评论的特点，对于发展并逐渐完善这种评论样式、充分发挥其社会功能具有重要意义。

一、网页新闻评论及其分类

“网页新闻评论”（以下简称网页评论）指的是以完整的文章形态出现在网络媒体新闻网页上的评论作品。

目前，在专设的“观点”、“时评”等言论专栏里的发表的评论文章可以分成几大类。由网络媒体的编辑撰写的文章，基本代表着网络媒体的观点；由特约作者撰写的文章，有的代表媒体的观点，有的完全属于一己之见；由网友撰写的文章，有的属于投稿，有的则是由编辑从BBS论坛众多帖子中挑选出来的，这些文章被标注上类似“网友来稿”、“读者热评”的字样在新闻网页上予以发表，类似报纸媒体里的群众言论。

二、网页评论的特点

网页评论较大程度上保持了传统媒体新闻评论的共性，但在实践中也逐渐显现出了自身的个性特点。这些个性特点，大致可以归纳为：

1. 题材广泛

前文提到，传播主体的多元，传播渠道的开放是网络评论的传播特征，在这样的传播条件下，网络媒介的把关逻辑也发生了变化。如果说传统媒介的把关逻辑是“只有……才能发布”，那么，网络媒介的把关逻辑则趋向于“只要不……就能发布”。后者比前者宽泛得多，或者说在题材选择上赋予评论主体更多选择权。各种文化类型、思想意识、价值观念、生活准则、道德规范在遵守国家法律、遵循一般社会道德准则的前提下都能找到立足之地，于是，一些由于种种原因在传统媒体“把关”作用下被滤掉的内容在网上有了传播的可能。赵薇“旗装风波”可谓典型。青年演员赵薇2001年9月为《时装》杂志拍摄照片时，其着装类似日本海军军旗，但杂志出版三个月并没有引起社会的普遍注意。12月初，一些网络媒体转载了该照片，旋即引起了网上的热烈讨论，并于12月7日前后形成高潮，很多网友就此事发表评论文章，内容涉及市场经济条件下对爱国的理解、如何看待历史、怎样定位中日关系等等。接着，网页评论带来的影响扩展到报纸、电视等传统媒体，传统媒体评论也纷纷跟上。在舆论的压力下，12月9日《时装》总策划宣布辞职，赵薇向公众道歉。这一被传统媒体忽略而由网络媒体干预引起社会普遍关注的“旗装风波”提醒我们，网页评论涉及题材较传统媒体更为广泛，这是否意味着传统媒体为受众设置议程的局面开始有所突破呢？

美国传播学者麦库姆斯和肖认为，“媒介的议程设置功能就是指媒介的一种能力：通过反复播出某类新闻报道，强化该话题在公众心目中的重要程度。”[①] 一般来说，研究者多从三种机制上考察大众传播的“议程设置”效果：第一种机制称作“0/1”效果或“知觉模式”，即大众传播媒介报道或不报道某个“议题”，会影响到公众对该“议题”的感知；第二种机制称作“0/1/2”效果或者“显著性模式”，即媒介对少数“议题”的突出强调，会引起公众对这些“议题”的突出重视；第三种机制称作“0/1/2/……N”效果或“优先顺序模式”，即传媒对一系列“议题”按照一定的优先顺序给予的不同程度的报道，会影响公众对这些议题的重要性顺序所作的判断。[②] 网页评论中，由编辑撰写的代表媒体观点的文章数量毕竟有限，大多数的专栏作者或网友从自身的观察角度出发，其对议题的感知或得出的对议题关注优先顺序也与传统媒体有所不同。

2. 行文不拘一格

主要体现在文章篇幅和语言文字两个方面。

网上冲浪式阅读，不再受版面和播出时间的限制，人们在栏目与网址之间跳来跳去，注意力凝聚的时间越来越短。网页评论适应这种阅读方式和阅读心理的改变，往往有话则长无话则短，篇幅不拘长短但短小精悍者居多，多能收到几句妙言隽语胜过长篇大论的表现效果。

从文字上看，网页评论文风活泼，个性鲜明；遣词造句较少修饰，口语色彩浓厚；很少运用长句子或复合句式，多用短句或简单句式，体现了网络语言的经济性。

此外，网页评论中的很多用语是特有的网络语言。例如，有一篇被编辑由BBS论坛挑选出来刊发的评论是这样开头的：

---

① 沃纳·塞佛林、小詹姆斯·坦卡德：《传播理论：起源、方法和应用》，华夏出版社2001年版，第246页。

② 郭庆光：《传播学教程》，中国人民大学出版社1999年版，第217页。

在中日关系坛子里泡了一会儿，终于忍不住只是爬墙，也想就赵薇军旗装事件发表一己之见。Btw，不当之处还请诸君指正。

这里，“坛子”指的是BBS论坛，“爬墙”是在论坛里看帖子之意，“Btw”则是英文By the way（意为“顺便说一句”）的缩写。“圈里话”又中英文夹杂，这样的表达如果放到传统媒体里会让人感到十分不习惯，而在网上却没有人感到不适。

巴塞尔·伯恩斯①的理论也许可以解释这一现象。他认为，人们在谈话时使用的符号可以分为三类：有限词汇代码、复杂代码、有限句法代码。有限词汇代码（lexical restricted code）是一种仪式性（ritualistic）代码，这种交流往往四平八稳，较为肤浅，如见面的寒暄等。复杂代码（elaborated code）既表达意图也揭示使用者的个性特征。个体在谋求进一步了解，深层交换意见时就会使用复杂代码。有限句法代码是在一个关系内部使用的仪式性语言代码(restricted syntactical）相对于有限词汇代码的无意表露，有限句法代码是由于双方相知甚深而使用的一个群体中的习惯语。传统媒体评论虽然存在具体作品表达内容的深浅和作者的表达能力、表达习惯的差异，但语言在符号上属于有限词汇代码和复杂代码，网页评论的语言则不仅包括上述两种代码，还因网络传播的特点和在网络环境下各个群体的交流习惯使用一些只有在某一环境下或某一群体中较多使用的语汇，上述的“坛子”、“爬墙”、“Btw”就属于有限句法代码。这类有限句法代码的大量使用，一方面一定程度上方便了熟悉这些“习惯用语”的人的网上交流，另一方面也带来诸如不易确切理解等问题，影响到更多人的接收效果。网络语言如何在发展个性特征与符合语言普遍规范之间寻求到一个平衡点，是一个值得关注的问题。

3. 超文本写作

超文本写作方式的运用，使得网页评论的信息量进一步拓展。通常，超文本链接的内容主要包括两大方面：

一是评论涉及的新闻事件和相关知识。2001年7月17日凌晨3时40分，广西南丹县大厂镇龙泉矿冶总厂下属的拉甲坡矿、龙山矿发生透水事故。由于矿区老板动用武装封锁和金钱收买死者家属，以及有的地方官员与之沆瀣一气、狼狈为奸，这一事故居然被隐瞒了半个月之久。7月31日，人民网彻底揭开了事故的盖子，刊发了记者发自南宁的报道《广西南丹矿区事故扑朔迷

① [美]迈克尔·E·罗洛夫著，王江龙译：《人际传播社会交换论》，上海译文出版社1991年版，第23页。

离》。该事件在社会上引起了强烈反响，人民网的专栏作者和网友也从不同的角度纷纷发表评论。人民网的编辑在编发相关评论的时候，加入了超文本链接，读者在阅读评论时只需点击文中的关键词就可进入人民网特别制作的“广西南丹特大事故”专题，内容涉及事件来龙去脉，死难者名单等等。对新闻事件和相关背景的链接不仅使评论与报道配合更加紧密，拓展了评论的信息量，更重要的是有助于读者对观点的理解，而这些都是在没有增加评论文章篇幅的前提下实现的。

此外，当与持不同观点的文章论辩时也常常使用超文本链接，此时链接的内容成了“敌论”。2004 年 3 月，人民网刊发了一位网友撰写的评论《被杂文家妖魔化了的时评》[①]，文章对当前时评的表现提出批评。几天后，另一位网友即发表文章《别误读了时评》[②]，对前文予以反驳。文章的第一段是这样写的：

> 《被杂文家妖魔化了的时评》一文认为杂文家妖魔化时评。其实，妖魔化时评的并不止几个杂文家，此前就曾看到过多篇对时评的批评文章，认为时评炒新闻现饭，无思想性，格式化。有一篇文章甚至将时评与春晚[③] 牵强附会起来，认为时评与春晚一样是“成熟套路里的伪真情、伪眼泪、空叫喊”。这些批评里面，有的是有道理，有的则是在妖魔化时评。何以会妖魔化时评？恐怕缘于对时评的误解。

文章首段不仅简述“敌论”以竖起驳论的“靶子”，还对其做了全文链接。这样做读者不必像阅读报章那样去翻寻几天前发表的文章，可以方便阅读；同时还可以防止读者受文章作者的误导，因为作者对前文的概括有可能出现断章取义、以偏赅全的误读，这种误读体现在文章对敌论观点的概括上，就会导致论辩天平的先天失衡，进而影响读者对某一事件或现象形成正确认识。

网页评论虽然脱胎于传统媒介的评论，但具有自身的独特表现优势——题材广泛一定程度上使传统媒体为受众设置议程的局面发生了改变，行文不拘一格从某种程度上说更容易体现出作者的个性甚至形成品牌，超文本写作则有效地增加了网页评论的信息量、有助于改善传播效果。如何在继承传统媒体评论优势这一共性的基础上，遵循网络媒体的传播规律并兼顾网络受众的需求，将

① 作者练洪洋。
② 作者谢茂明。
③ 指中央电视台自 1983 年起举办的春节联欢晚会。“春晚”一词近年在媒体和口语中被越来越多地使用。

网页评论独特的表现优势充分发挥出来，是其社会功能得以充分发挥的关键。

三、网页评论的功能

发展网页评论对认识主体与传播主体、社会舆论、网络媒体等都具有十分重要的意义。概括说来，网页评论的功能主要可以概括为以下几个方面。

1. 有助于全面认识新闻事件或社会现象

新闻学者郑兴东认为，接受主体对新闻文本的理解有三个层次："知事者得事趣，知情者得情趣，知理者得理趣。"[①] "三知"者得"三趣"，三趣一体得"全趣"。然而，仔细分析会发现，同一事件或社会现象往往"一事含多理"，因此，能否真正得"全趣"，不光要看"三趣"是否俱全，更要看"理趣"层面的认识是否丰富、充分。

传统媒体由于篇幅所限和社会对其角色的规定，观察、分析事物的角度往往十分有限。以"孙志刚事件"为例：2002 年 4 月，"孙志刚事件"最先由《南方都市报》披露，此后，传统媒体一直追踪报道事件的后续发展，包括三位法律专业的博士以公民身份上书人大建议对收容条例进行违宪审查。反映在传统媒体上的对该事件的分析评论，也多在司法领域，包括对司法公正、司法实践等一系列问题的思考。而网页评论不仅看到了事件背后涉及的司法问题，还关注到了对人权的尊重与法律保障、中国暂住证制度和户籍制度的合理性等多个问题，与传统媒体相比认识问题的视角更加丰富，客观上有利于受众对事件或社会现象的全面认识。当然，较之印刷媒体思维的精深与逻辑的严密，网络评论也较容易滑向浅俗与感性的一端。因此，要想真正得"理趣"光有多角度还不行，还需要详细分析有关事物，力求深知深解。

2. 聚合网上舆论

网络评论传播的特点尤其是 BBS 论坛的设立使得网上舆情较为复杂，各种观点、意见纷繁交错，而网上舆论对整个社会舆论产生的影响越来越突出，因此，要想整合并形成有利于社会发展的主流舆论，聚合网上舆论是关键。

前文提到，受众对网上议程设置的作用明显大于传统媒体。议程设置理论的提出原本是建立在传统媒介环境的基础上，包括：信息的发布与传播集中在少数专业媒介组织手中，专业媒介组织对信息的流向和流量具有强大的控制力；受众相对被动，只能从所接触的媒介提供的信息中来选择；媒体容量有限，为报与不报、强化与弱化信息提供了客观依据等前提。但这并不是说，网络媒体就不存在议程设置。虽然网络媒体传播权泛化，信息传、受高度自主，

① 郑兴东：《受众心理与传媒引导》，新华出版社 1999 年版，第 156 页。

“议程设置”理论的传统基础被一一打破，但网页编辑事实上拥有对相当一部分信息的流向、流量和流速实施控制的权力，这种控制为聚合网上舆论提供了可能，而网页评论因其观点表述具体与 BBS 相比较也较为深入，因而成为聚合网上舆论的有效途径。这种聚合舆论的功能或活动机制，大致示意如下：

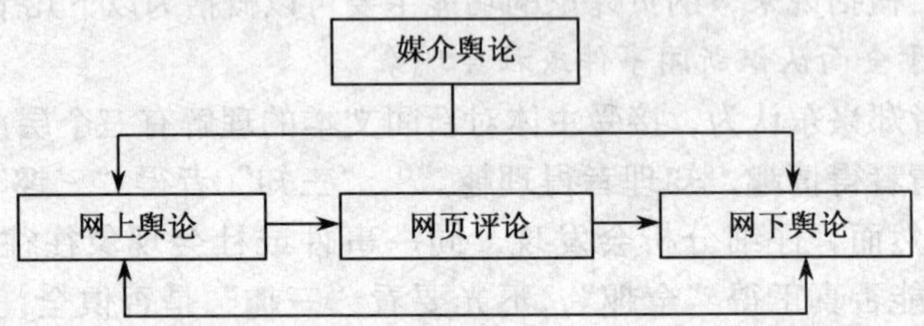

如上图所示，如果将媒介舆论大致分为网上和网下两部分的话，那么，一方面网页编辑通过提升某些帖子成为网页评论、特约作者撰写网页评论等手法干预意见形成、冲突的过程，引导意见的走向，促使网上主流舆论的形成；另一方面，网上主流舆论的形成还受传统媒体舆论的影响。比利时科学家普利高津在 20 世纪五六十年代提出的“耗散结构”理论认为：一个远离平衡的开放系统，会不断与外界交换物质、能量、信息，当与外界条件交换到一定程度时，可能从原有的混沌无序的状态，转变为一种功能上的有序状态。网络媒体作为一个信息开放系统，在与外界交换信息，从无序状态逐渐转变成有序状态的过程中，由于网页评论表达更接近传统媒体评论，自然成为网络媒体与外界交换信息的合适途径。而网页评论不似 BBS 论坛上的只言片语那么容易变形、衰变、湮没，产生的影响相对 BBS 论坛上的帖子更持久的特点也使其不仅成为聚合网上舆论的手段，也对整个社会舆论的形成起着重要影响。

3. 对接媒介舆论与口头舆论

现实生活中存在着两个并不完全重叠的“舆论场”：一个是主流媒体着力营造的媒体舆论场；一个是人民群众议论纷纭的“口头舆论场”。人民群众从自身角度出发，关注那些刚刚露头的、关系他们自身利害的和普遍感兴趣的问题和重大社会动向，在口口相传中一些街谈巷议的话题就成了相对集中的焦点，形成了“口头舆论场”。尽管口头舆论带有明显的感情色彩，有时难免会有片面性和夸大渲染的地方，但却具有“无处不在，无处不及”的特点，在经过“去伪存真，去芜存菁”的筛选之后，是社会的“风向标”，在引导舆论方面具有相当的参考价值。

然而在实际工作中，却出现了对人民群众的口头舆论和网上舆情听而不闻、视而不见的现象，许多时候媒体与人民群众对事件关心的程度、关注的角度相去甚远。这种反差的存在，使得在某些时候、某些问题上，两个舆论场互不衔接、互不交融。“宝马撞人案”引发的舆论动荡就是典型表现。

2003 年 10 月 16 日上午，哈尔滨市平房区平房村代家村农民代义权与妻子刘忠霞，驾驶着满载大葱的农用车行驶到哈尔滨市抚顺街人才市场门前，为了躲避从对面行驶来的面包车，代义权将农用车的方向盘向右打了一下，造成捆扎在一起的大葱缠在一辆宝马车的后视镜上，将宝马车拖出 1.5 米左右。驾驶宝马车的苏秀文立即下车，拦住代义权夫妇，随后苏秀文驾车闯入人群，致使刘忠霞死亡、12 人受伤。事件发生后，当地老百姓围绕“宝马车撞人”议论纷纷。11 月 20 日，哈尔滨市道里区法院开庭审理了这一案件，判处苏秀文有期徒刑两年，缓刑三年。宣判之后，社会舆论依然没有平息，盛传“苏秀文是黑龙江省一副省长的儿媳妇”。直到事件发生后的两个半月，也就是 12 月 31 日，哈尔滨市警方才向公众说明“苏秀文不是黑龙江省或哈尔滨市曾任和现任领导的亲属”。从某种程度上说，对人民群众的口头舆论包括对网络论坛和手机短信等有意或无意营造的社会舆论了解不够及时，反应迟钝是掀起“宝马撞人案”舆论风波的原因。实践证明，媒体舆论和口头舆论重叠的部分越大，引导社会舆论的针对性和有效性越强；如果两个舆论场根本不能重叠，主流媒体就有丧失舆论影响力的危险。

那么，媒介舆论如何对口头舆论施加有效的影响呢？长期以来，大众媒介作为一个组织的形象出现，在就某些重大问题表达意见时的确能够显示出权威性，但对一般社会问题和新闻事件，媒介发言容易给人造成抽象笼统的感觉，如果媒介能够通过化抽象笼统为具体形象的途径与口头舆论沟通，效果会好得多。就目前来看，网络可以说是与口头舆论接触最多的媒体，BBS 论坛上的讨论甚至可以说就是口头舆论的一部分，从论坛里提升为网页评论的文章作为媒介舆论先天就与口头舆论有着一定的重合度；而那些由特约作者、专栏作者撰写的网页评论更是充满了个性色彩，在这里，个体的“人”的形象使得观点在信息传递和与口头舆论互动过程中更具影响力、生命力，这些网页评论的作者实际上成了传播学理论中的“意见领袖”。传播学通常认为，意见领袖应具备丰富的信源、较强的读码和解码能力，有一定的人际交往能力和社会地位，有责任感，是追随者心中价值的化身，能对追随者产生影响。网页评论作者大多基本具备意见领袖的素质，因此，网络媒体的任务在于如何培养、引导一批“意见领袖”，通过他们将“把关人”与“受众”联系起来，将媒体舆论与口头舆论联系起来，将媒介的道义与受众的利益结合起来，通过意见领袖清醒的分析、负责任的指点和睿智的预示，引导受众走出暂存的视觉盲区和认识误区，共同达到高度自觉的境界。

4. 有助于网络媒体形成品牌

网络媒体稿源丰富且方便转载，于是出现这样的现象：《太阳系“找水工程”月球火星上都有谁?》与《月球火星上都有谁？科学家的太阳系“找水工程”》两篇新闻稿内容一模一样，标题也基本相同，出现在2002年6月21日的千龙新闻网的新闻中心。2002年4月的人民网新闻中心经济频道中关于“降息对股市的影响”的新闻有四篇，三篇属于转载，采用的方式是全文复制粘贴。这四篇文章观点基本相同，部分段落的遣词造句完全相同。面对同样的受众，不同媒体网站的面孔越来越趋同，我们几乎不能在网络媒体上单纯从新闻稿的特点看出人民网、新华网、千龙新闻网等等的区别，当然就谈不上品牌形象的问题。而品牌不但关系着网民对新闻的选择，还意味着网络媒体的公信力。

与此同时，根据《互联网站从事登载新闻业务管理规定》[①]，商业网站只有通过与新闻网站合作的方式才能登载新闻；传统媒体网站目前也没有获得与“母体”同等的独立采访权，而只拥有“一时一事”的采访权，如新华网派员采访“两会”、人民网派员采访“澳门回归”，千龙新闻网派员采访世界大学生运动会等等。新闻与言论原本好比鸟之两翼，缺一不可，加之上述原因，客观上使得网页评论成为包括商业网站和传统媒体网站在内的网络媒体从事新闻业务的突破口。

目前，不少网络媒体已经意识到了这一点并付诸努力。人民网强国论坛将一些高水平的帖子放在论坛的显著位置，“锦绣专栏”还贴了评论员的照片，看来意在凸显品牌标志。联想FM365网站建立了自己的签约评论员队伍，特色与水平兼具的“签约评论”为“评论”专栏增色不少。千龙新闻网每天约请一位作者写时事评论，统一冠以“千龙时评”，既推出了作者，又打出了品牌。早报网既约请专家做国际时评，又选编读者的投书，放到“言论”或“论坛”里发表，有效地扩大了其在华人圈的影响，这两个专栏位列该网站最受中国读者欢迎的栏目的第二、三位，仅次于包括港台在内的中国新闻。东方网（www.eastday.com）一方面推出“今日眉批”栏目，以三言两语的眉批评论当天时事，突出言论的及时性、贴近性；另一方面，不断推出新的个人评论专栏，如开设“郑若麟看时事”专栏，约请这位曾任驻外记者的《文汇报》国际评论专栏撰稿人撰写国际时事方面的评论。

树立媒介品牌，不仅仅带来点击率的提高，经济收益的增加，更重要的是能够正确地引导舆论，把代表主流社会思想的舆论表现出来，在社会发展和文

① 国务院新闻办公室和信息产业部2000年11月7日联合发布。

明进步中发挥应有的作用。

当然，上文只是将网页评论初步显现出来的功能作一个粗浅的描述。可以预见的是，网页评论的功能将随着网页评论的不断发展完善而得到加强。

关于新闻评论观的问题，将在本章后中的“余论”中进一步探讨。

四、发展网页评论的途径

目前，网页评论在快速发展中还存在着各种各样的问题。因此，有必要对网页评论获得健康发展应具备的条件作个简要的分析。

1. 社会主义民主的发展和新闻改革的深化是网页评论健康发展的前提条件

回顾新闻评论的产生、发展过程，有一个比较有意思的现象，那就是尽管新闻事业是新闻评论产生和发展的物质条件，但评论并不像新闻报道那样，与新闻事业同时产生、发展。新闻评论是在新闻事业发展到一定阶段以后，随着近代政治思想的进步与活跃逐渐发展起来的；信息时代网络评论的发展也与社会民主政治的发展息息相关。

从国际范围看，中国开始以更加开放的姿态融入国际社会：1997 年签署了《经济、社会及文化权利公约》，1998 年又签署了《公民权利和政治权利公约》。在这两个国际公约中，尤其是在《公民权利和政治权利公约》中，对公民享有的表达自由和新闻出版自由等都有明确的规定。两个《公约》的签署意味着与国际“接轨”并接受相应的规则和惯例，承担相应的义务。同时，国内政治、经济体制领域里不断进行的相关改革也推进着社会主义民主进程，这就使得网页评论有了更为广阔的发展空间。

从新闻改革的角度来看，改革的不断深化将带来两个方面的变化：一是给新闻事业带来一个更为规范的、良性的发展环境；二是促进新闻观念随客观实际的变化而更新。多年来，中国内地新闻界一直在思考，并且在可能的范围内进行改革，以适应社会发展、传播技术手段等新情况带来的变化，满足受众日益增长的多样化需求，适应日益加剧的国际新闻竞争。但是我们必须承认，新闻改革是政治改革的一环，它不可能超越政治改革的整体进程。1998 年国家新闻出版署在《新闻出版业 2000 年及 2010 年发展规划》中明确提出，到 2010 年新闻出版法制建设要建立以《出版法》、《新闻法》、《著作权法》为主体及与其配套的新闻出版法规体系。这一法规体系的建立将把整个新闻出版业纳入法制的轨道，对于媒介言论尤其是网络言论发展的巨大影响自不待言。

2. 树立正确新闻观、评论观是网页评论健康发展的关键

伴随着国家改革开放的进程，新闻事业的改革也以提高传播效果为目标朝着法制化、市场化方向不断迈进。新闻事业改革既包括新闻业务上的改革也包括媒体管理、经营体制上的改革。改革的进程必然促进新闻专业队伍乃至社会新闻观、评论观的更新和发展。可以说，树立正确新闻观、评论观不仅是网络评论健康发展的关键，也是网络媒体能否持续发展、保持旺盛生命力的决定性因素。

网络媒体大多走向市场，以企业方式运作。2000 年 2 月 15 日在台湾创刊的《明日报》是一份网络原生报纸。创刊第一年网络广告收入约新台币 6000 万元。但由于有员工近 300 人，加上薪资水准高，一个月基本成本超过 3000 万元。由于其一年的收入还不够两个月的支出，全年亏损至少 3 亿元以上，《明日报》终于在 2001 年 2 月宣布关闭。有分析人士指出，《明日报》在新闻业务上成功，在媒体经营上失败。其实，一些网络媒体正面临着像《明日报》一样的境地：内部缺乏成本管理经验，外部面对的是不成熟的受众市场和广告市场。在这种生存环境和激烈市场竞争的条件下，网络评论做起来难度大，又容易惹来麻烦，因此，一些网络媒体把更多的精力放在满足网民的兴趣和好奇的浅层新闻需求上，以扩大点击率和获取预期的经济效益。

其实，经济效益与实现媒体的新闻理念的矛盾早已有之，但在新闻事业发展史上，言论并未因此受到轻视。众所周知，新闻传播效果是具有层次性的，而言论对受众心理的影响属于中、深层次。它引导舆论，影响受众的人生观、价值观、道德观，会产生一定的社会效益。同时，言论较之新闻报道，更容易体现媒体的特色，而这种特色具有不可替代性，有助于媒体形成独特的品牌。加强言论是实施品牌战略，形成竞争优势，争取忠诚消费者的有效途径。就网络媒体来说，获取“眼球”与“注意力”只是获得了当前的经济效益，而获取“脑袋”与“忠诚度”才是获得媒体长远发展的根本。因此，网络媒体在新的生存环境下重新确立新闻观时，应该把自身的运行建立在经济效益与社会效益相结合的价值基础上。

3. 培养自己的作者队伍是繁荣网页评论的有效途径

有了发展的大环境，有了对待言论的正确的态度，网页评论要想获得真正的繁荣，实现舆论引导的社会功能，还要经过网络媒体和评论作者的共同努力。从这个意义上说，有意识地培养自己的作者队伍、提高作者水平是网络评论走向繁荣的有效途径。

近年来，人民网的做法颇有特点。网站建立了分类排行榜，每月评出 100 名入选精华区文章最多的网友，100 名访问量最高的网友，10 名帖子数最多的网友，10 名帖子最吸引人的网友，10 名得票数最多的网友，10 篇最吸引人的帖子和10篇回复数最多的帖子，有效地调动了网友的积极性，有的网友成了人民网的特约作者。这一系列措施使得人民网的作者队伍壮大了，评论也繁荣了。

网络媒体在组织、培养自己的评论队伍上各有各的高招，但是各媒体的评论队伍在人员组成上却普遍差异较大：有的是职业的评论作者，有的虽不是职业的作者但从事的工作也与文字有关，有的则完全是业余“操刀”、有感而发。虽然网络的魅力之一就在于多样化，但培养一支思想、业务素质较高的作者队伍，越来越成为提高网络评论的质量，增进其舆论功能的紧迫课题。

8. 加强管理、尊重版权是网页评论健康发展的必要手段

简单的数量上的增多并不是网页评论发展的最终目标，网页评论应该寻求一种有效的繁荣、健康的发展，即网页评论观点的多元应以能够产生一定的社会效益，并给媒体带来一定的社会影响和人气，适当地提升媒体的信誉度为前提条件。这就需要政府有关职能部门和网络媒体对网页评论加强管理并进行有效的组织。目前，一些网络媒体与签约评论员之间对其作品思想性、社会效益方面的约定就已体现出了管理意识。

著作权法不保护时事性新闻作品，然而一些具有一定自创性的其他新闻体裁却在保护之列，如网页新闻评论。目前，对网页评论著作权的侵犯大致分为上网、网上和下网三类。上网是指擅自将传统媒体上发表的作品拿到网上发布；网上是指发表在一个网上的作品被另一个网站擅自使用；下网是指将网上作品擅自下载并发表在报刊上。网页评论版权混乱的原因主要在于：一方面，不少网站版权意识薄弱，无视有关著作权的法律法规；另一方面，网站的内容越丰富，作者越多，得到每一个作者的授权在操作上的可能性就越小。

随着网上侵权现象越来越严重和其带来的危害逐渐显现，网络媒体开始了自觉的维护网络作品版权的努力。在2003年8月18日举行的“中国BBS论坛”上，由人民网牵头，与会的112家网站共同签署了《保护网络作品权利信息公约》。该公约要求网站转载他人作品时，忠于原文，不擅自添加作品内容，不修改和删除作品内容，转载他人作品应标明作者和作品首次发表的媒体名称及首次发表作品时的电头。网站转载他人作品，不应在转载的作品中擅自增加“本网（报）讯”、“本网（报）记者（某某的名字）”，或本网综合报道和“本网特稿”等，使读者对作品的出处产生误解的标注。这只是业界维护网络作品著作权的第一步。但要想杜绝侵权现象，看来还需要建立相应的监管机制以及法律等的有效介入。最近，中国互联网协会互联网新闻信息服务工作委员会开

通了“违法和不良信息举报中心”网站[①]，除了为公民提供“举报违法信息，维护公共利益”的渠道和权利保障以外，也将在维护网络作品版权方面发挥重要的作用。

第三节　网络评论的独特形式——BBS新闻论坛

BBS新闻论坛使新闻评论家族又增添了一种全新的表现形式，它的出现大大拓展了人们对于新闻评论的认识。尽管BBS新闻论坛诞生的时间并不长，但就其已产生的社会影响和发挥的舆论功能来看却不可小觑。本节将就BBS新闻论坛的特性与功能、策划与管理等影响BBS论坛发展的关键问题展开讨论。

一、BBS和BBS论坛的历史源流

BBS是英文Bulletin Board System的缩写，中文意思是“电子布告栏系统”。

1978年在美国芝加哥的计算机交流会上，克瑞森（Krison）和雷恩（Lane）两人由于对计算机的共同兴趣一见如故，相约保持联络进行合作。一开始两人主要靠电话联络，但是有些问题是很难用语言在电话中表达清楚的，加之芝加哥的暴风雪又使两人很难实现每天见面，于是他们想到了借助于当时刚刚上市的调制解调器（Modem）。他们编写了名为CBBS[②]的程序，利用调制解调器将两人家里的计算机通过电话线连在一起，世界上第一个BBS系统由此诞生。当时，一位软件销售商看到这一成果并立即意识到其商业价值，在他的推动下，由CBBS系统加上调制解调器组成的第一个商用BBS软件包于1981年上市。

最初的BBS只是利用调制解调器通过电话线拨到某个电话号码上，然后通过一个软件阅读其他人放在公告栏上的信息和发表自己的意见。现在这种形式的BBS已经很少见了。后来出现的电子公告栏是利用远程登录Telnet软件来实现信息的发布和交流功能的，比第一代BBS有了巨大的进步。在互联网上，多个用户可以利用Telnet同时登录到同一个BBS站点，使多人之间的直接讨论成为可能。这种BBS是纯文本形式的，没有什么图片和图标，最多只有用字符组成的一些装饰图案。目前我国国内许多大学的BBS都采用的是这

① 互联网“违法和不良信息举报中心”网站（net.china.cn），2004年6月10日正式开通。

② 英文Computer Bulletin Board System的缩写，意为计算机公告栏系统。

种形式。

1992年底，互联网开始流行，通过访问互联网就可以随意访问连接在互联网上的BBS，BBS随之迅速发展起来。现在一提及BBS，通常指的是基于万维网的网上论坛，也有人习惯称之为BBS论坛。用户只要连接到国际互联网上，直接利用浏览器就可以使用BBS的功能，阅读其他用户的留言，自由地发表意见与见解，并就感兴趣的问题直接与其他人沟通。这种方式操作简单、速度快，对用户的专业技能几乎没有特别的要求，因而也更容易普及和推广。同时这种基于万维网的网上论坛已经不再只是简单的文字界面，还有不少生动的图形和图标，越来越生动美观。

目前，互联网上的BBS论坛形形色色，很难对其明确分类。从其主办者的角度来看，既有由网络爱好者利用免费空间开办的，又有由某一专业机构主办的；既有互联网服务提供商设立的，又有由网络新闻媒体设立的。从其主要内容的角度来看，既有评析国内国际大事和社会现象、社会思潮的，也有互道家长里短和生活烦恼的；既有文学、艺术、电脑、科研等专业类的，也有情感、健身、美容、美食等生活类的；如此等等，不一而足。在各类BBS论坛中，网络新闻媒体BBS论坛凭借媒体本身的社会影响和公众号召力，加之所讨论的新闻事件和社会现象往往为公众关注，呈现出日益繁荣的发展趋势。本节探讨的BBS论坛指的就是由网络新闻媒体开办的，就新闻事件或社会现象发表观点的新闻性或时事性BBS论坛。

不过也有人认为，广义的网络论坛是指网上众多形式和名称各异的通讯组，这些通讯组实际上是由网上对某专题有共同兴趣的一组用户组成的专题讨论组，如BBS、新闻讨论组①、邮件列表② 和聊天系统等的统称；狭义的网络论坛仅指网络中的各类BBS而言的。我们认为，从新闻评论新闻性、政论性两大体裁特征的角度来衡量，上述各类通讯组都有可能成为具有网络传播特征的网络评论的表现形式。也就是说，利用互联网中用户网（Usenet）③ 功能的新闻组等与BBS结构相近，从网络评论的表现形式的角度来看，两者基本是

---

① 又称“新闻组”，英文名为Newsgroups。

② 英文为Mailing List，是以电子邮件形式进行特定主题的讨论的电子邮件目录。早期是用E-mail的方式加入这类论坛，现在万维网上到处是要求用户加入邮件列表的广告，因为互联网时代每一条邮件地址都是有商业价值的。

③ 用户网是一个既与互联网相连又拥有独立性的系统，它使用的线路与互联网相同。用户网的基本通信手段是电子邮件，但它不是一对一通信，而是一对多通信。同时，它也不像电子邮件那样一切信息都在用户自己的邮箱里，用户必须使用网络新闻浏览工具访问新闻服务器来阅读主机上的信息或发表评论。

一致的。[①] 但BBS论坛的界面比新闻组更加直观和易用，加之往往还拥有电子邮件等附加功能，故而更受网友青睐，这也是本节只将BBS论坛作为网络评论的独特形式来探讨的另一原因。

二、BBS论坛的特性

作为网友表达意见的场所和手段，BBS论坛具有即时交流、观点多元两个特性，而后一特性本身又具有两重性。

1. 即时交流

网络媒体利用互联网强大的功能，创立了一种新的言论形式——BBS论坛。反过来，BBS论坛又因为互联网的特性实现了其他任何媒介不可能实现的评论特征。

从技术上讲，互联网打破了时间和空间的限制。由于BBS主要传输纯文本信息，数据量比较小，更新速度非常快，因此BBS论坛上的讨论就具有了即时发表、交换意见，在互动中形成共识的可能性。其中，即时性是实时性、互动性的基础。人们不再像电视观众、电台听众、报纸杂志读者一样只是被动地观看、收听、阅读，而是可以积极而及时地参与讨论，在了解他人观点意见的同时也可以发表自己的看法。网友之间、网友与BBS论坛主持人之间，甚至网友与某个问题的专家、权威之间得以轻松实现沟通。较之传统媒体，BBS论坛上的言论是一种"互动式评论"，即时性、实时性和互动性相结合，开辟了集思广益、凝聚社会舆论的新途径。

新闻评论从本质上说，是一种个人或组织就新闻事件或社会现象发表的评价性意见。然而，长期以来，不少人将"政论文"、"政论性新闻体裁"作为其属概念，这是有一定的历史原因的。新闻评论随着报纸的诞生而诞生，依附于传统媒体而发展成为单向传播的文本，研究的内容也大都局限于文本的具体操作方法。这种观点从某种程度上来说，强调了新闻评论作为一种新闻体裁的体裁特征，却忽略了新闻体裁背后隐藏着的评论本身所含有的更为本质的社会行为意义。

从社会学的角度说，评论是全人类共有的"评价行为"的外化。所谓评价，"是人把握客体对人的意义、价值的一种观念性活动"[②]。评价是一种内在的心理活动，是人类与生俱来的本能，是将自然界和人类社会的自在信息同人们的生活状态联系起来的桥梁。人们通过评价确定自己的社会位置、活动目标

---

① 与BBS不同的是，新闻组不受任何人管制，在此用户可自由发表意见。

② 引自冯平：《评价论》，东方出版社1997年版，第2页。

以及选择达到目标的有效途径。因此，我们也可以说，作为评价行为外在形式的评论，从本质上讲也是来自社会的需要，也是人类为了适应社会生存而逐步形成的社会行为方式。它不仅仅是通常意义上的新闻体裁，更为根本的是它反映着人类发展和社会进步的基本要求。

作为公众参与社会活动的一种行为方式，评论应该体现出“交流性”这一基本特性。评论无论以文章还是其他面目出现，都是要传达一种意见、交流一种观点，人们在交流中拓宽思路、更新观点或者解除困惑。而媒介就是要提供这么一个意见交流的公共场所，大量意见和观点通过一定的媒介汇集、交换和传播。威尔伯·施拉姆在《传播学概论》中对双向的意见传播有过这样的论述：

> 最好把这一过程认作是一种关系，而不是A对B或B对A的某件事情。这是一种关系，它意味着共享那些表示信息和导致一种彼此的了解会聚到一起的符号。即使两个人同意保持不同意见，他们仍然由于讨论了情势而朝着对这种情势共同了解的方向前进了。①

可见，评论的社会意义不只在于传播者传递了什么，还在于双向的交流能否进行，能否体现出个体的社会价值，能否通过资讯的互动达到人类智慧的高度整合。此外，未来新闻评论发展的一个重要方向可能是由媒介提供新闻事实和相关社会观点，并且提供进行双向信息交流的渠道和空间，把评论权交给全体社会成员，成为真正的“媒介”。

评论由最初的社会化和普遍化的社会行为方式（如古代形诸言语的“街谈巷议”和文字的“揭帖”之类）。发展到传统大众传媒上的专业化的媒介话语方式；BBS论坛又把“独白式”的传播方式变为“对话式”的实时交流，使得网络评论又成为大多数社会成员能够使用的话语方式。这不是简单的循环，而是一个螺旋式上升、波浪式前进的过程，从某种意义上说是使得评论的本质——社会化、普遍化由憧憬变为现实。

2. 观点的多元趋向

长期以来，传统媒体上的新闻评论所反映出来的舆论相对的“一律”、关注点也相对的“单一”。究其原因，主要是迄今为止传统媒体仍然有其不容忽视的阶级、党派或意识形态、价值观念的社会属性，这样，传统媒体建立的审稿、发稿制度对新闻评论从文字到内容都有较多的限定；另外，传统媒体新闻评论采用不署名或署名的发表方式，前者代表媒介发表意见、特别注重意见的

① 参见威尔伯·施拉姆、威廉·波特，陈亮译：《传播学概论》新华出版社1984年版，第49页。

正确性和权威性，后者个人署名，基于上述对媒体社会属性的认识，作者在表达观点时往往较为审慎。相比之下，以互联网为载体的BBS评论则完全不同。

我们知道，报纸每天的版面是有限的（尽管在特殊情况下报纸可以扩版或者出“号外”），广播、电视则要受节目的播出时间长度和频道资源的限制，因此从信息总量上来衡量，传统的三大传播媒介其信息容量是有限的。传统媒体即使想为各种观点提供充分展示和深入探讨的空间，实际上也办不到。所以，哈肯在《协同学》中，赞同李普曼说法，认为报纸为读者提供的是“一个现实的简化图像”①。以先进的计算机技术作为后台支持的BBS论坛则服务于公众的表达权，为公众表达言论提供了前所未有的充分的空间。同时，BBS论坛发言方式的便捷也使其向发挥“意见市场”功能迈进了一步。所以，容量和便利使网络媒体观点的多元化成为可能，成为必然。

再看言论发表的方式。在BBS论坛里，一般并不要求以真实姓名、真实身份发表意见，或公开诸如国籍、性别、年龄、文化程度等个人资料。这使用户能较为自由地就自己感兴趣的话题进行讨论，因而论题极为丰富；同一论题人们也可以发表各不相同的看法，将媒体立场、媒体风格、文字、逻辑以及技术等的限制降到最低程度。过去传统媒体上见不到的观点得以浮现，社会舆论的本来状态——“关注点”的多向性和同一“关注点”里观点的多元性在网络媒体上得到体现。

应该说，人们对同一个问题持有不同的看法是生活的本来状态，有时候正是一些不同的见解深刻地反映出时代的特征和变迁。在当今文化多元化、价值多元化的客观趋势下，对不同意见要给予充分的重视和科学的分析，利用不同的观点和意见为形成社会的主流观点服务。只有充分地反映舆论才能有效地引导舆论，这是消除分歧、形成共识的前提和过程。

但“多元”也难免带来了“驳杂”的问题。BBS论坛上，常常见到一群人各说各的情景，抛出去的观点得不到回应；有时因为缺乏有效的管理和组织，对某一问题的讨论虽然显得很热烈，但仔细品味却是一些支离破碎的“杂烩”，这就不免削弱交流、传播效果。更多时候，我们在BBS论坛上见到的是“信息爆炸”、“言论爆炸”的场面，言论总量虽多，但却表现出同质化、重复性的问题。网络传播具有传播渠道的开放性和传播主体的多元化的特点，但这并不意味着网络媒体可以放弃自己的主体意识和主体功能的发挥。目前，不少网络媒体已经意识到了电子论坛上存在的这个问题，开始采取一系列的改进措施，

① 参见哈肯：《协同学——自然成功的奥秘》，上海科学普及出版社1988年版，第150页。

如为电子论坛设立主题或者让原有主题设立得更加合理，以及强化版主[①]的作用来引导受众进行讨论等。

三、BBS论坛的功能

BBS论坛作为一个开放的电子布告栏系统，任何人都可以通过互联网在上面发表或阅读信息。新闻性BBS论坛信息流动过程的主要功能大致可以概括为：

1. 提供信息和新闻线索，提供评论的选题

网友无论从职业、年龄还是从地域分布来看，范围都要比职业新闻传播者宽泛得多，他们把看到的事发到BBS论坛上，就等于做了一回传播者，发布了新闻。2000年，韩国大韩航空公司麦道货机于上海虹桥机场起飞升空后仅一分钟便坠落的事故，便是由一署名“tiu”的上海网友最先把一则题为“飞机坠落!!”的帖子贴到新浪网的“谈天说地”论坛中的。

这些帖子往往包含着新闻线索，如果专业新闻工作者从中发现新闻价值，进行深入采访，也许就会写出一篇很有价值的新闻报道。此外，对于新闻评论来说，选题至关重要。好的选题来源于生活。网民在BBS论坛上发言，其状态颇似群众的街谈巷议，往往比较接近社会生活现象和社会舆论的真实状态；其内容则紧密联系生活实际，往往具有一定的时代性和社会性。也就是说，除了提供新闻线索之外，他们议论的话题涉及的社会现象虽然在观点上可以见仁见智，但经过适当的选择、提炼往往可以成为很好的评论“由头”或选题依据。

2. 汇聚社会舆情

BBS论坛为广大网友提供了一个对世界大事、国家大事以及社会现象发表看法的场所。2001年7月，人民网刊出了记者对广西南丹县发生的矿难的报道——《广西南丹矿区事故扑朔迷离》，确认了网上传得沸沸扬扬的南丹矿难并率先公布了部分死难者名单。一时间，网友在不同网站的BBS论坛上就此事件发表观点、表达意见，展开了广泛的讨论。这些作为社会舆情的一部分的观点和意见，既可以在网友之间互相启发，也可以为党和政府了解舆情、形成决策提供重要参考。

3. 交换意见、影响社会舆论

论坛上的观点、意见经过交流与碰撞，有的可能一种观点说服另一种观点，有的可能求同存异，有的则可能相互取长补短、形成更完善的认识，从而

---

① 又称“斑竹”，指在BBS论坛或新闻组上某个板块的主持。一些个人网站的主人也叫斑竹。

产生这样那样的社会影响，形成某种舆论力量。1999年5月8日，中国驻南大使馆遭到美国导弹袭击，激起中国人民的强烈愤慨；5月9日，《人民日报》网络版便开设了“强烈抗议北约暴行BBS论坛”，广大网友以高度的爱国热情参与其中；6月19日，“抗议论坛”改版为“强国论坛”，网友围绕这一事件共上贴了9万余条帖子。论坛由简单的抗议到深入讨论与反思，在交换意见的过程当中形成了就此事件的主流舆论，在影响、平衡国际舆论方面发挥了独特的作用。

BBS论坛上的言论具有明显的自发性，同时可控性差，因此，在利用BBS论坛引导舆论、形成有影响的舆论主流过程中，要把精心策划、认真管理提到更重要的日程上来。

四、网络媒体对BBS论坛的探索

我国的BBS论坛起步较晚，就整体而言，BBS论坛的发展状况与网络新闻传播的总体发展状况并不相适应。究其原因，主要是因为开设BBS论坛需要具备一系列的条件。

首先，需要一定的政策环境和主办者的胆识。网络媒体传播范围广，影响大，对它的管理也在摸索之中。网络媒体通常要受政府对待网络的政策和宣传政策的双重约束。同时，相对于传统媒体的“把关”，BBS论坛上网友的自由放言没有一定的界限，很难把握，出了问题其责任和后果也不好承担。

其次，需要一定的技术支持和相当的资金保证。开设论坛必须获得能够保证其正常运行的技术支持，包括BBS的技术以及对安全和可操作性的考虑等等，这需要相当的资金作为保证。而获得持续发展的资金，正是目前网络媒体普遍存在的问题。

第三，需要论坛的管理者具有较高的素质。BBS论坛需要实时监控，它的特殊性决定其管理者——版主必须具备相当高的素质，包括对复杂事件的敏锐洞察力、对突发事件的快速反应能力、发散而又严谨的思维能力、明辨是非对错的能力以及良好的人际沟通能力和凝聚“人气”的人格魅力，当然还有对电脑和网络的操作能力。这些素质一方面需要管理者先期掌握，另一方面也需要在论坛的管理工作中，在和网友的交流中不断积累。

基于这种种原因，我国BBS论坛同包括华文媒体在内的国外类似论坛相比较，无论是从规模上还是从论坛设置的主题的范围来看，都还处于尝试和探索阶段。

1. 华文网络媒体对BBS论坛的初步探索

由于BBS论坛的特殊性，国内网络媒体最早的尝试多是在体育等比较好掌控的领域，如1998年“世界杯”赛事期间就有媒体网站开设了论坛，就赛事进行讨论。1999年4月11日晚上，《人民日报·网络版》首次尝试利用网络的互动功能在网上与网友直接对话。该报体育组专门采访足球的记者汪大昭从22：30开始主持网络版“体育在线”专栏中的BBS论坛，由于网友的热情参与，原定于23：30结束的讨论不得不延长至24：00，尝试获得成功。与此同时，也有一些媒体网站小心翼翼地在时政领域进行着探索，如《华声报》1998年8月开设了“印尼华人呼救”栏目，内设“真相描述”、“中国反映”、“华人声援”和“读者来信”四个小板块。

华文BBS论坛的发展得力于两次突发事件的推动。

一次是印尼的大骚乱。1998年5月中旬，印尼发生了震惊全世界华人的大骚乱。由于少数当政者煽动排华情绪，生活在印尼的华裔成为这次骚乱的主要受害者。6月中旬，一些国外新闻媒体纷纷披露事件真相，并对事态连续加以报道。其中北美著名中文网站华渊网于7月发起了“请支援惨遭凌虐的印尼华妇”的“黄丝带”运动。华渊网在网页上设有一个打结的黄丝带图形，建议网友用互联网的传播力量，将“黄丝带”的内容传送给认识的人，把印尼华裔所受暴行公诸世间，为印尼华裔争取应有的权利。“黄丝带”连接了全球华人的情感，被迅速传遍全球。围绕这一事件，新加坡《联合早报》电子版果断地于7月16日傍晚开通了“印尼局势读者论坛”。论坛很快在华人世界中引起了巨大影响，当晚就收到了二三十封读者来信。出于对论坛上必然会出现的某些不真实信息和不负责言论的考虑，在论坛开设的当天，主编就作出声明：“本报无法查对以上读者来信的事实真伪，其言论也不代表本报立场，同时，对来信早报电子版保留选载和编辑的权力，敬请谅解。”从7月中旬到8月31日的一个半月中，共收到4000多封来信，经编辑共选择刊出来信600多封。这些电子函件① 来自世界各国，从新加坡到东南亚各国，从中国到北美、欧洲。来信者的性别、年龄、职业和身份也各不相同。这些电子函件内容上或传递信息，或谴责暴行，或提出建议，或探讨问题。出于不同立场和角度，网友间常展开争论，如印尼华人该不该离开印尼、中国政府该不该采取强硬态度和制裁措施、北大学生该不该游行、乃至台湾地区的官员在抗议活动中打印尼领事耳光对不对等话题，都在激烈的论辩中。许多文章还对这一事件作了更深层的思考，如为什么在20世纪末印尼华人还会遭到如此暴行和侮辱，战后犹太人的命运发生改变靠的是什么，中国与海外华人的关系应该怎样等等。“印尼局势

① 电子函件，即E-mail，原译作电子邮件。全国科学技术名词审定委员会于1997年7月18日确定此译名。不过，生活中“电子邮件”的叫法仍被大量使用。

读者论坛"在全球华人社会中产生了巨大影响，也为媒体自身赢得了声誉。

另一次是我国驻南联盟大使馆遭到野蛮轰炸。1999 年 5 月 8 日北京时间上午 6 时左右，南联盟当地时间 5 月 7 日深夜，以美国为首的北约悍然使用五枚导弹，从不同方向袭击了中国驻南斯拉夫大使馆，造成馆舍严重毁坏，20 多人受伤，3 名新闻工作者遇难。

5 月 8 日晚，人民日报社领导果断决定，在曾开设过一段时间后因故暂停的体育论坛的基础上开设"抗议北约暴行论坛"，为广大群众了解事实真相、谴责北约暴行、悼念和安慰死难者及其家属提供及时而广阔的空间。论坛 24 小时开放，网络版急调了几位编辑兼职，轮流值班。短短一个月时间，论坛的帖子就达到了十几万个，在海内外产生了重大影响。讨论的话题不限于抗议暴行，人们普遍认为，只有先加强我们自己的"经济实力、国防实力和民族凝聚力"，使我们的祖国强大起来，才能昂首于世界。6 月 19 日晚 9 时，"抗议论坛"正式改名为"强国论坛"；8 月初，论坛设立了专门负责人；9 月，正式成立了论坛组。论坛组的编辑也从开始的三四个人发展到了八人，每天早 8 点到晚 10 点开放，由编辑值班出任"版主"。除时政性的"强国论坛"外，人民网还陆续开设了读书、体育、中日关系等十几个论坛，形成了以强国论坛为龙头的论坛群。

强国论坛开办以来，受到海内外许多媒体的广泛关注，也得到了社会各界的赞誉。在网民心目中，强国论坛是论坛里的"国家队"，被誉为"中国改革开放的重大成果之一"。网民们认为，"生活的气息、广阔的空间、永恒的爱国主题，是该论坛的生命力所在。"经过近两年的实践，强国论坛形成了自己的风格和基调，各种不同观点的网友的交锋，让人们感受到了思想的活力和勃勃生机。现在论坛每天的页面访问量都在 10 万以上，其每周上帖量和访问量跃居全球华文论坛之首，成为"中华第一坛"。

人民网对 BBS 论坛的尝试不仅是我国传统媒体网站掌握和运用网络媒体规律的提升，也是经营理念上的提升，对于网络媒体的发展具有非同寻常的意义。

2. 网络媒体 BBS 论坛的进一步发展

经过这两次事件的推动，BBS 论坛得到普遍发展，各网络媒体也依据自身实际在论坛策划、管理等方面进行这样那样的探索。

就论坛的设立来说，涉及领域十分广泛，包括了政治、经济、体育、文化、教育、娱乐等社会生活各方面。每个论坛里又设不同的话题，以便讨论能更高效地进行。各网络媒体几乎都有自己的特色论坛，如，中青在线的"青年话题"，千龙新闻网的"京华论坛"、"IT 茶坊"，中华网的"统一论坛"、"廉政风暴”等等。

就交流方式来说，BBS论坛一般采用两种方式。一种是以实时交流为主要方式，网友间、网友和嘉宾间进行直接对话，编辑较少直接露面，但行使沟通、管理的职能，以人民网的“人民论坛”为代表。另一种是读者通过E-mail参与讨论，编者有权对来稿进行修改、取舍，之后编号并在论坛上发表，早报网开设的一系列论坛就属于这一类。

此外，各论坛还采用了各种各样的方法来凝聚人气，调动网友的积极性。强国论坛设立了“我说强国”，专门登出网友对强国论坛的看法、建议；千龙新闻网根据网友的参与情况为网友“积分”，在网页中刊出“今日人气前三名”和“总积分榜前一百名”，每月还选出“星级网友”；东方网则根据舆论引导的需要打主动仗，建立起由上海的中青年国际问题专家和在校研究生、博士生组成的作者队伍，就各种重大的事件作及时的、形式多样的评述，以各种各样的名义在BBS上刊出；还有不少论坛为了提高讨论的质量，鼓励原创，为网友评论来稿提供一定的费用。

在加速发展的同时，BBS论坛也面临着各种各样的问题。比如，高素质论坛管理人才的匮乏，版主对话题的理解程度有限，难以对网上驳杂的信息作出准确无误的判断并缺乏对实时交流场面把握、控制的经验和能力；部分网友尚缺乏民主讨论的习惯，容不得不同的意见，常常由争执而发展到人身攻击，破坏了讨论的气氛；网络媒体如何把各种观点、意见、建议转化为有关职能部门的决策参考等等。这些在探索过程中出现的问题也将随BBS论坛的发展、探索的深入得到解决。

2003年上半年，中国经历了“非典”肆虐的考验。4月26日，温家宝总理在北京大学考察时对学生说：“我看到同学们在网上写的一些话，我挺感动。大家对政府的信心越来越强了。”6月5日，胡锦涛总书记在广州对一位在防治“非典”工作一线的医生说：“你的建议非常好，我在网上已经看到了。”中国高层领导者上网了解舆情并不是巧合，在一定意义上标志着党和政府对网络舆情的重视和关注，也标志着BBS论坛在反映舆情、舆论监督等方面开始实现自身的功能。

3. 对BBS论坛进行探索的意义

通过多样化的实践和探索，人们更加认识到了BBS论坛的重要性。

BBS论坛为广大网友提供了一个对世界大事、国家大事和各种社会现象发表看法的重要场所。即便没有政治寡头和媒介大亨的把持，没有政治集团和商业利益的干预，传统大众传媒提供给受众的言论空间也是极为有限的。时间和空间的限制，技术处理的局限性，以及对言论发表者文字表达能力、逻辑能力的要求等等，这些就像最细密的筛子，过滤了大多数受众的意见。而面对飞速发展变化的世界，每个人都有很多感受，都有表达自己观点的欲望，BBS论坛恰好满足了受众这方面的需求，体现了尊重个体的时代特点。有了开放性为前提，BBS论坛还可以让网络用户实现跨越空间进行实时交流。这些都是BBS论坛和传统媒体的言论版、言论专栏不一样的地方。如果说对于传统大众传媒，为公众的提供一个表达观点、交流意见的平台只是一个理想，那么BBS论坛正在把理想变为现实。

设立BBS论坛并实现有效的组织管理，可以极大地增强网络媒体的竞争力和影响力。不少网络媒体通过设立论坛吸引了大量的注册用户，提高了本网站的人气，为未来开展电子商务或吸引资金，保证网络媒体的可持续发展奠定了基础。目前，网络媒体的竞争已经从对“眼球”和“注意力”的竞争深入到对“脑袋”和“忠诚度”的竞争。BBS论坛虽然是一种新的、未定型的评论形式，但是因为其能够为受众提供参与信息传播、参与社会政治生活的条件，因而成为网络媒体的一个重要组成部分和最活跃的因素，成为众网络媒体竞争的激烈的战场。

在现阶段，加强和完善BBS论坛，对于能动地反映舆情民意、引导社会舆论，抵制文化帝国主义的思想文化渗透具有重要的意义。2000年6月28日，江泽民同志在中央思想政治工作会议上指出：“要重视和充分运用信息网络技术，使思想政治工作提高时效性、扩大覆盖面、增强影响力。”显而易见，互联网已经成为思想政治工作的一个新的重要阵地。西方国家正竭力利用它与我们争夺群众、争夺青年一代。要应对这种挑战，就得主动出击，打主动仗。通过媒体论坛，汇集人民群众的观点、意见，集中群众的智慧，整合社会舆论。这对于保证决策的正确性和有效贯彻，完善社会主义市场经济体制，加强法制建设，发展社会主义民主、调动人民群众参与改革开放和社会主义建设事业的主动精神，无疑都是积极而有效的措施。

要说清华文网络媒体对BBS的探索所带来的变化并不是一件很容易的事，因为变化是多方面的，有思想观念上的也有思维方式上的，有眼前的也有长远的，有让人振奋的也有令人担忧的，有实践方面的尝试、探索也有方针政策的完善、实施。或许我们可以抛掉习惯了的理性分析，换个方式，从BBS上选取一篇来自网友的文章，去感性地体味一番。

这个“乡校”能永远地办下去吗?[①]

冷眼佛（2000-09-26，08：33：58）

人们在网络上畅所欲言，自由自在地讲平日不愿言、不想言、不能言、不敢言的话，也可以在网络（上）看到真情实感、又别开生面的话。这是技术带给人类的进步，开辟了人们交流的新途径，也提高了人们参与国家管理的热情。在强国论坛上发言，感觉到自己是一个真正的中国人，平日唯有领导人忧虑的事，我们这些凡夫俗子也能忧虑、也能建议，恍然也体验到治国的艰难、平天下的无耐（奈）。

同时，上网一看，哇！有这么多人在忧国忧民，让人油然而生敬意，让人感到国家的兴盛、民族的希望，民心可用啊！这种七嘴八舌议论国政的声音在二千年前郑国的乡校里听过，郑国人子产就是因为不毁这议论国政是非的乡校，在历史上留下了贤相的大名。而今，网络时代给我们创造了更为舒适的“乡校”，发议论只需要鼠标一点，而不需要摸黑跑到乡校里，黑灯瞎火地去叨咕了。如果当代有“子产”的话，也不必偷偷地蹲墙角里去听，也可鼠标一点，便可知民心的向背，这的确是十分难得的妙事！

在没有上网之前，常有人说在网上聊天、发帖是如何的危险，那是真正的言论自由，反党、反社会主义言论都有，长此以往“国将不国”等等。其实，理愈辩愈明，钟愈敲愈响，人们在说服别人的同时也把自己给说服了，在反对别人的时候也把别人的观点给吸收了，在暴露自己思想同时也在提升着自己的思想。一句话，人们在“致君尧舜上”的同时，自己也成了尧舜。更为惊喜的是，一些地方的检（监）察机构，在网上设了举报箱，并由此发现了腐败分子的线索，网络在某种程度上已经成为与腐败分子斗争的工具。

有理性的中国人，不要再犹豫了，该上就上，让偏见和误会随风而逝，赶快跟上网络时代的步伐，让这个“乡校”更热闹，共同去创造中华文明的新辉煌吧！

网友“冷眼佛”的帖子代表了相当一部分BBS论坛使用者的观点，那就是对BBS论坛上的言论会影响社会稳定、国家发展的担心是值得理解的，但只要使用和管理得当，BBS论坛必将进一步焕发出反映舆论、影响舆论、引导舆论的生命力，乃至成为加强社会主义民主建设的重要途径之一，其积极作用

---

① 摘自人民网《强国论坛》之“我看强国”。

将远大于负面影响。下面就如何使用和管理好 BBS 论坛这一关键问题作些探讨。

五、BBS 论坛的策划与管理

当然，BBS 论坛上也可能出现这样或那样的“噪音”和“垃圾”。因此，开设论坛本身不是目的，设立后如何让其有效地为用户服务，积极地引导舆论，与传统媒体言论互补互促、相得益彰，实现良性运转就成为论坛发展的核心课题，而加强论坛的策划与管理则成为攻克这一课题举足轻重的环节，甚至称之为“重中之重”也不为过。

由于商业网站和传统媒体网站两类网站性质不同，因而设立 BBS 论坛的出发点也有所不同。前者更多地从商业利益的角度出发，侧重于“吸引人”，如果把握不当就可能滑向“迎合人”的一边；后者要发挥舆论引导功能，承担了更多的社会责任，但把握不当也可能变为强加于人，削弱自身的功能。基于不同的出发点，两种网站在对 BBS 论坛进行策划、管理时，也表现出了一定的差异，也需要把握好各自的重点和方向。

1. BBS 论坛的策划

大致包括论坛的整体策划和具体运作方式的策划。

(1) 论坛的整体策划。论坛的整体策划大致包括论坛的定位、论坛主题的设定和话题的选取三个层次。

论坛的定位包括的内容很多，如，指导思想、面向对象、论坛特色、选材范围等等。从周期上来分，BBS 论坛可分为长期设立的常设论坛和临时开办的论坛。如果是常设论坛，在定位时特别要考虑到如何在长期的运行过程中逐渐树立起自己的品牌，使风格特点保持相对的稳定性。

为论坛设计主题要从多角度进行考虑。一方面，要考虑到主题是否具有一定的新闻性和重大性，是否为人们所普遍关心、广为议论，如，“廉政论坛”、“西部大开发论坛”、“全球化论坛”、“两会论坛”、“统一论坛”这样的主题论坛。另一方面，媒体也要善于发现尚未引起人们足够重视的问题，引导人们去分析探讨，明辨事理，起到一定的导向作用，如一些公益性主题论坛。此外，借助特定新闻事件还能设立一些临时性的主体论坛，如人民网的“抗议论坛”。对这类临时论坛要充分发挥媒体的控制功能，如，什么时候把话题引向深入、什么时候达到高潮、什么时候总结收尾等等都要有一定的设想，并且要能够随着事件的进展、随着讨论形势的变化做及时的、灵活的调整。论坛主题的策划要与论坛的整体定位相符，体现出系统性、科学性。

有了主题只是避免了论坛像普通的聊天室那样无边无际地闲聊，但是同一主题下会有很多话题，为了能让 BBS 里的讨论质量更高，还有必要对话题进行组织策划。比如，“强国论坛”就曾经组织策划了有关“三农”问题的系列讨论，包括“新农村运动”、“农业现代化与加入 WTO”、“农村剩余劳动力转移及农民工”、“农民收入和农民负担问题”、“关于农村劳动力流动与农民收入问题”、“关于农村发展的地区差异与农村环境保护问题”、“关于提高农民收入问题”等具体的话题，在网友中引起了巨大的反响，得到了广泛的参与。

选取话题有两种基本的途径：一是借事设题。由于突发事件具有发生的不可预知性和进程的不可逆性，因而往往容易受到公众的普遍关注，成为论坛里的首要话题。目前，相当多的媒体论坛都把新闻事件作为讨论的话题，如，朝韩首脑会晤、高考考场舞弊案、美中撞机事件、“神州五号”载人飞船成功发射等。借事设题要求论坛编辑具有服务意识，能够为网友提供大量的相关新闻报道链接和背景资料，为网友讨论提供便利，从而提高论坛的质量和声誉。二是因势设题。抓住一些社会关注的热点、焦点、难点问题，这些问题虽然不具有强烈的时效性，但往往是人们议论纷纭、为之困惑的话题，如，从 SARS 看公共卫生建设存在的问题、收容与社会救助两种做法的差异在哪里、艾滋病不断蔓延的趋势将给社会带来什么样的影响等。不失时机地抓住这些话题，解答人们心中的疑难，对于帮助人们正确理解有关方针政策、正确对待和处理问题，是非常有意义的。论坛选题策划是否到位，不仅体现了论坛编辑策划意识的高低，还直接关系着论坛的访问量，关系着网络媒体本身的知名度和影响力。

(2) 运作方式的策划。BBS 论坛运作方式的策划主要包括以下三方面的内容。

一是发送方式。目前网络技术所能够提供的发送方式无外乎直接发言和通过 E－mail 投书进行讨论。前者有利于激发交流热情，缺点是即兴式发言多，深思熟虑、有真知灼见的见解少，管理难度大；后者的优势在于管理主动，易于监控，可以通过选择具有可读性的优秀稿件来保证论坛内容的质量。这两种形式可以综合运用，各扬所长而互补其短。

二是交流方式。对于用 E－mail 投书进行交流的论坛，媒体网站大多采取来信编号的办法，以方便网友查找，如早报网的论坛等。这类论坛一般都公开声明：无法查对信息的真伪，言论也不代表本网站的立场，以及保留取舍、删节权。论坛编辑对情绪化、有人身攻击倾向或借题发挥、指桑骂槐的来信，通常不予刊出或者予以删节。这种交流方式虽然时间上略显滞后，但交流有序，探讨也往往比较深入。实时交流又分为网友的自由上贴讨论和同版主或嘉宾主持人交谈讨论两种方式。借鉴广播、电视节目的做法，约请专家、学者或某一方面的权威人士到论坛发表看法并回答网友提出的有代表性的问题，这种方式可以充分利用嘉宾的影响和声望，发挥人际交流的优势。需要指出的是，与一些商业网站完全出于市场推广的目的，请影视、体育界名人在聊天室里与网友聊天、吸引“眼球”不同，BBS新闻论坛不仅要考虑网民的关注程度，更要讲究品位，注意从政策层面和社会层面进行研究和探讨。

三是主持人（版主）职责。受众使用论坛的出发点是多种多样的，有人是为了参加讨论，有的则是为了表现自我或转换心绪，也有部分网民控制不好自己的情绪，常常由观点的争执而发展到人身攻击，破坏了讨论的气氛，降低了论坛的水准和格调。这就要求主持人不仅仅是简单的删帖，还要善于通过实时的对话进行适当的疏导并增强服务意识，了解网友的真实想法，为引导讨论健康发展提供建议和资讯服务。主持人究竟应该承担什么职责、怎样履行职责都应该在策划里有所体现。

要想保证论坛讨论的质量，具体运作时还又很多工作要做，如，先期预告讨论主题、讨论时间，辅以网上调查，如果是请嘉宾参与讨论，还要适当提供嘉宾的个人情况、有关著作或文章，让网友对他们有初步的了解，以提高论坛讨论的质量。此外，网上的很多言论十分有价值，如果能实现媒体之间的联动，保留下BBS论坛里的精彩言论放到报纸或新闻网页上去，让更多的受众分享，将会对党和政府等决策部门有所启发。上述这些乍看琐屑，持之以恒将可以收到提升BBS论坛社会影响的效果。

2. BBS论坛的管理

BBS论坛初露锋芒，一系列的问题便接踵而来。如，论坛上的发言是否应该同传统媒体一样进行严格的事前审查？如何引导网民正确行使言论自由权利？如果论坛中出现虚假信息或不良言论由谁负责？论坛管理者删除不良信息和言论是否有悖互联网的本质？等等。正如阳光下会有阴影，对于BBS论坛引发的各种各样的问题，我们不应该回避，当然也不能因噎废食，将脏水和孩子一起泼掉，把论坛也否定了。对于网络论坛来说，解决问题的出路在于加强和完善管理。

BBS论坛的管理大致可以分为三个层次：国家有关部门对BBS论坛的宏观管理、网络媒体对所开设的论坛实施的具体管理和论坛使用者对自己行为的自我管理。

(1) 宏观管理。与传统大众媒体不同，对BBS论坛的信息控制是一个微妙而复杂的问题。通过华文网络媒体对BBS论坛的积极探索，人们意识到，为引导BBS论坛健康发展，应该加大宏观管理力度，尽早立法，制订规范，使组织者和参加者都有法可依。

2000年11月，信息产业部发布了《互联网电子公告服务管理规定》（以下简称《规定》）。《规定》指出，电子公告服务提供者开展服务活动和上网用户使用电子公告服务系统，应对所发布的信息负责，都要遵守法律、法规。国内一些知名网站负责人在接受记者采访时普遍对此表示欢迎，他们认为，网站和网民双方都应承担起网上交流的社会责任，共建网上绿色家园。《规定》的出台为电子公告服务的规范化提供了依据，对网络媒体的进一步发展有着重要意义。

至于《规定》的实施会不会降低一些网民上网交流的热情，几年来的实践证明，绝大多数BBS论坛的参与者都有一定的思想深度和文化品位（这在第三章引用的CNNIC的网络使用者情况调查数据中也可以得到印证），有着很强的社会责任感，《规定》只是约束了极少数网民不负责任的言论。从这个意义上说，《规定》将会让BBS论坛的传播有章可循，网上论坛参与者的真知灼见将会在更广的范围内得以有效传播。相信，随着实践的发展，有关法律法规也将不断完善。

（2）具体管理。对于论坛的组织者来说，在实施具体管理时既要有原则又要灵活，既要坚定也要讲究方式与方法。网络对于我们来说还是新生事物，网络媒体对于BBS论坛的管理更是在探索之中，需要在实践中不断地发现问题，解决问题，总结经验，在实践中不断增强规律性的认识和完善制度化的管理措施。

综观国内外BBS论坛的管理状况，大致可以分为基本不管、有限管理和严格管理三类。

第一种情况出现在西方一些网络媒体。他们自称网站对论坛言论是完全不管的，以证明所标榜和鼓吹的“言论自由”。《纽约时报》网站、CNN网站和“YAHOO!”都有论坛。CNN和“YAHOO!”的论坛叫“留言板”（Message board），而《纽约时报》网站的论坛就叫“论坛”（Forum）。这些论坛都有几十到几百个话题，由读者自行上贴。虽然各论坛都有自己的服务规定（Terms of Service），提出不得上贴违法、有害、侮辱别人、内容淫秽的文字，不得使用冒犯民族或种族的语言，保护个人隐私等诸多规定，但网站编辑基本不作管理。由于种种原因，西方网民对BBS论坛的兴趣并不如中国网民这么大，论坛里的讨论也并不热烈，有的话题难得有人参与。即使如此，由于编辑放弃管理，论坛里还是经常出现无聊、谩骂、人身攻击甚至黄色淫秽的内容。

不过，近来这种情况也发生了一些变化，一些网站开始强调网站有权删除违规信息，接受各类违规举报，以及时制止各类违规行为。有的网站不由编辑来发挥管理的作用，而是采取了授权志愿者删除不良信息等措施。如，CNN

网站招募了五六十人的志愿者队伍从事 8 种语言的论坛管理工作，NBC 网站也在全国招募志愿者，对其网上论坛进行分级分地管理，以避免出现违法和有害信息在论坛上传播。[①]

第二种情况即“有限管理”,主要存在于海外一些中文论坛和国内一些商业网站所办的论坛。许多海外中文论坛是由一些志趣相投的人组织的,很少有专职的管理人员,所采取的管理方式多是隔一段时间由版主上论坛检查一下,删除违规或者不符合要求的文字。而国内商业网站出于商业成本考虑,在论坛上投入的力量很少,版主多是兼职人员,人员很难固定,管理的尺度也难以统一。

第三种情况是严格管理的论坛，如人民网的论坛和早报网的论坛。其管理主要体现在：有专职的管理班子，在论坛开放的时间里随时都有版主在论坛值班管理；有严格的管理条例，对可能出现的各种问题都预先提醒大家注意；有一支由网友和社会各界组成的监督队伍，能对论坛的运行情况实施广泛的监督。

以人民网的论坛为例：一方面，论坛明确规定不得发布任何诽谤、造谣、猥亵、色情、暴力、骚扰、危害国家安全、泄露国家机密以及带有宗教色彩，有意挑起种族或宗教社群之间的不满情绪或纠纷的言论和资料；同时，论坛公开参与讨论者的 IP 地址[②]，遇有违反相关规定的帖子，值班编辑立即予以删除。这一系列的规定保证了讨论在法律许可的范围内进行，这也是论坛得以维系和发展的前提。早报网的论坛多采用读者来信经编辑审阅后再上网的程序；赋予编辑使用选载和编辑的权力，凡观点重复的、有种族偏见的、纯情绪化的、进行人身攻击的或和所讨论主题联系并不密切的内容一般不予刊出或者予以删节。这样，经过编辑精选的帖子在思想、文字表达等方面都达到了一定的水准，论坛上讨论的质量有了保证，才有可能保持魅力，进而不断吸引网民的参与。

总观严格管理的论坛的具体做法，大致包括了以下几个方面的内容：一是对论坛用户实行注册登记，只有注册用户才有发言权；二是要求用户作出承诺，保证不在论坛中进行违反中华人民共和国法律和法规的活动，用户对本人的网络行为所产生的后果自负责任，与网络媒体及论坛管理者无关；三是论坛管理员对论坛内容进行检查，有权删除任何内容，对违反法律的言论或色情帖子“格杀勿论”；四是在必要时暂时或永久关闭论坛。

除了这些管理措施，不少论坛组织者还借助技术手段对 BBS 论坛施行管

---

① 参见广春：《美国的网络传媒》，《中国新闻科技》2001 年第 1 期。

② 通过 IP 地址可以查到上网用户所在地区和网络服务商，这样可以使那些带有恶意的用户“心存顾忌”，有效避免讨论者冒名，增强用户对所发言论的责任感。

理控制。人们提出，论坛使用的控制软件的功能应当有一定的保障，因为软件的不完善会影响到论坛工作的质量和效率。这种软件首先应该具备对论坛的预审控制功能，能在特殊时期、特定环境下对论坛采取有条件的预审。所谓特殊时期指一些敏感日期，特定环境则指诸如恶意捣乱或“炸坛”等版主用常规管理方式无法控制的状态。二是要有强化过滤词功能，能够把一些有可能被人利用来进行恶毒攻击的词汇、党和国家领导人名字、某些不文明用语作为过滤词。当出现这些过滤词时，版主做及时的审核，帖子只有在充分审核后才能上贴。利用软件便于迅速及时地识别有害信息，减轻版主的工作量，同时提高论坛工作的质量。

(3) 自我管理。BBS论坛从本质上说是网友的世界，因此论坛的成功与否还在很大程度上依靠网友的自我管理。如果人人都在论坛上进行类似于“今天天气哈哈哈”的闲聊，传播错误的信息和发表不恰当的言论，实际上是在舍弃互联网赋予的自由权利。BBS论坛需要用户养成民主讨论的习惯，需要网友大力的支持和自觉的使用，这样才能在最大限度上发挥论坛的独特优势。

第四节　网络评论与社会舆论

在现实生活中，每个人都感到了舆论的存在；网络媒体的出现既给社会舆论所具有的特征带来了前所未有的变化，更给媒介如何与社会舆论发生良性互动提出了新的挑战。那么舆论究竟是什么？在探讨网络新闻传播与社会舆论的互动这一问题之前，有必要对“舆论”的内涵作点解析。

“舆论”英文为Public Opinion，意即“公众的意见”。但是对于“公众的意见”，不同学科有不同的强调角度。政治学或历史学着重于强调舆论对决策的影响，心理学注重公众意见表达的心理过程，而社会学注重舆论的社会化产生过程。从近年来我国的舆论学著作所给的定义看，有的侧重于社会知觉，有的强调对某一种具体现象而发出的意见。在诸多定义中，笔者比较倾向于这一定义：舆论是公众关于现实社会以及社会中的各种现象、问题所表达的信念、态度、意见和情绪表现的总和，具有相对的一致性、强烈程度和持续性，对社会发展及有关事态的进程产生影响，其中混杂着理智和非理智的成分。[①] 这一界定以较强的逻辑性涵盖了舆论的八个要素，即：舆论的主体（公众），舆论的客体（现实社会以及各种社会现象、问题），舆论自身（信念、态度、意见和情绪表现的总和），舆论的数量（一致性程度），舆论的强烈程度，舆论的持

① 参见陈力丹：《舆论学——舆论导向研究》，中国广播电视出版社1999年版。

续性（存在时间），舆论的功能表现（影响舆论客体）和舆论的质量（理智与非理智成分）。细分为八个要素来解析舆论，有助于更全面地认识网络评论与社会舆论的互动，进而把握网络评论引导社会舆论的基本原则和方式。

一、网络评论与社会舆论互动的新变化

人们通常把新闻评论与社会舆论之间的关系概括为反映舆论、影响舆论和引导舆论三大方面。网络评论与社会舆论的互动实际上还是离不开这几个方面，只不过在具体的表现上又呈现出一些新的变化。

1. 反映舆论相对多元

长期以来，人们对社会舆论的认识多是通过传统的大众传播媒介得来的，媒体、新闻界也因此得到了一个并不那么准确的称谓——舆论界，并由此衍生出一些诸如“舆论一致认为”的习惯说法。在这里，媒介所反映出来的舆论状态代替了社会舆论的真实状态，有时还会表现出“舆论一律”的假相。

在传统媒体一统天下的时代，“舆论一律”意味着公众通过媒介知晓事件或问题，依媒介提示的角度思考，按照媒介对各种问题的重视程度来调整自己对这些问题重要性的看法。改革开放以来，媒介反映民意的功能有所增强，但就哪些主题发表言论以及言论的尺度，仍然要受到“把关人”的筛选、控制。“舆论一律”并不是社会舆论的真实状态。

在网络新闻的信息传播过程中，传统的传受关系被打破。互联网的任何一个网结都能够生产、发布信息，信息流动呈现出多向性的特征，受众的各种思想、观念随之进入传播，参与社会舆论的形成。其中BBS论坛评论主体（公众）的多元性和网络上“把关人”作用的减弱，使得网络媒体所反映的舆论呈现多元化的趋势。

同时，舆论的形成与大众传播媒介营造的意见氛围也有一定的关系。在网上的交互式讨论状态下，人的心理状态会更接近他的“本我”，言论会更真实地反映社会心理的一般存在状态。从众行为和趋同心理也可能会因为网络时代的到来而有所改变。从心理学的角度来说，当人们的生活圈子较小的时候，往往惧怕孤立，会对占优势地位的意见采取趋同的态度和行动。网络使得人们的交往空间得到极大扩展，如果一个人的意见在网上某个社区里得不到承认，他可以转向其他社区，由过去采取消极的从众措施保护自己，转变为在网络中积极地去寻找同盟军。网络评论中呈现出的这种“舆论多元”实际上更接近社会舆论本来的存在状态。

2. 影响舆论的过程缩短

网络评论对于舆论的影响较之传统媒体上的新闻评论来说，表现得更为直

接，这主要是由网络媒体的“交互性”功能所提供的。交互性的最大的特点是使交流成为一个动态系统，而新闻评论影响舆论的功能正是依赖于从受众那里随时获得第一手信息、意见，并据此形成自身的观点、意见，再传达到受众那里，一定程度上改变受众的观点和意见来实现的。

传统媒体的新闻评论因为技术条件的限制，它从受众那里获得的对事件或现象的反馈往往是不充分、非实时的，媒介根据这些反馈和对公众态度的估测及传播政策播发言论。准确地说，受众的这种反馈其实是一种“前馈”，以此为基础的评论影响舆论自然要经历一个较长的过程，也未必能够收到预期的效果。

网络评论，尤其是BBS论坛的传播则不同。无论是评论的发布者还是接收者，他们首先都是网络媒介的共同使用者。在网络媒体这个动态的交流系统中，人们可以实现真正意义上的“互动式”交流，其过程大致如下图：

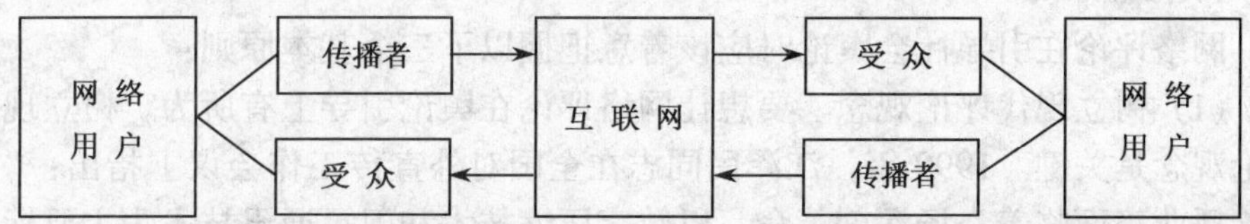

这种交流由于更接近社会交往的本来状态，为了解舆情民意提供了一个非常直接的窗口，新闻机构也可以更迅速、直接地检验自己的传播效果、决定进一步的行动。就是网页新闻评论也可以利用网络的互动特征，从BBS论坛的讨论中，从网民阅读新闻后上贴的点评里，从网上舆论调查得出的结果中直接获得网络用户的真实想法，进而针对这些意见发表言论；这样，网页评论影响舆论的过程也将大大缩短，效果则可能因此而更加彰显。

3. 引导舆论难度加大

引导舆论需要了解舆论是在何种情形下形成的，针对不同的时空环境，采用适当的方法，才可能取得较好的效果。为此，有学者提出了“舆论场”的概念，用以说明具体舆论形成的一种情形[①]。舆论场提供了社会心理互动的充分而典型的条件，对舆论引导的效果影响极大。现如今，整个改革开放的中国是一个巨大的舆论场。一方面，许许多多新鲜的舆论客体刺激着全国的公众；另一方面，地区间的社会发展程度相差较大，导致受众差异也较大。同时，网络世界舆论环境更为复杂，我国长期以来相对封闭的新闻空间被无处不在的网络触角打破，大量的国际新闻信息涌入，国际信息流向的不平衡性越来越明显。网上和网下两个舆论场的现状都提醒我们，过去相对比较明朗的意见氛围已经

① 参见刘建明：《当代舆论学》，陕西人民教育出版社1990年版，第104页。

变得越来越错综复杂，网络评论实现引导舆论功能的难度有所加大。

同时，网络媒体目前普遍存在人手少、工作压力大、专业化程度不高的问题。网络媒体工作者日常工作疲于应付多、学习培训少、总结经验教训更少。而如何运用网络评论有效地引导社会舆论，对于网络媒体及其从业人员来说都是一个全新的课题，除了在实践中不断摸索总结之外，别无其他途径。这一矛盾也从另一个方面增加了有效引导舆论的难度。

二、网络评论引导社会舆论的原则与方式

网络评论虽然还是一个新鲜事物，但是借鉴传统媒体评论与社会舆论间实现良性互动的经验，结合网络媒体的传播特点和既有实践，我们还是能够对网络评论引导社会舆论的原则和方式进行一番粗浅的梳理的。

1. 把握原则

网络评论在引导社会舆论时应该着意把握以下三个基本原则：

（1）树立现代评论观念。要想让网络评论在舆论引导上有所为，树立现代评论观念是关键。1999 年，江泽民同志在全国对外宣传工作会议上指出："信息传播业正面临着一场深刻革命，以数字压缩技术和卫星通讯技术为主要标志的信息技术的发展，互联网的应用，使信息达到的范围、传播的速度与效果都有显著增大和提高。世界各国争相运用现代化信息技术加强和改进对外传播手段。我们必须适应这一趋势，加强信息传播手段的更新和改造，积极掌握和运用现代传播手段。"① 这表明国家已把互联网放到了一个相当的高度来认识，也提醒新闻工作者对网上宣传阵地和舆论引导要树立现代评论观念，并以此指导网络评论实践。

首先，应该对于网络的传播特性有准确的认识。在网上，没有传播者与接收者、教育者与受教育者之分；在网上，人们直言不讳，表达思想毫不躲躲闪闪，既有正面论理、切磋讨论，也有牢骚怪话乃至明显错误的言论。这样，网络新闻工作者既不能以"优越感"去"我教育、你接受"，也不能放弃矫正错误看法、反驳错误言论的责任。唯有如此才能在交流、互动的过程中实现舆论引导的功能。

其次，要把握好网络评论自由的"度"。网络传播的特点使网络评论首先面临着"自由"的挑战。网络传播的特点让不少网友认为，与传统媒体相比网络世界有言论的绝对的、无限制的自由，这其实是一种误解。网上言论同样要接受社会道德、国家利益、法律法规的约束，要想让网络评论得到充分的发

① 据 1999 年 2 月 26 日《人民日报》。

展，必须把握好网络评论自由的度。另一方面，尽管网站拥有自己的编辑控制权，但并不意味着可以漠视网络用户的言论自由。网络用户会对过分或不公正的删改感到不快，他们会对不能容忍正当表现自我的网络空间退避三舍，这样那些对用户表达自我横加限制的系统管理员或管理者将会发现自己门庭冷落。这也提醒我们，适当把握言论自由的“度”直接关系到传播内容能否到达受众，关系到传播效果，自然也就关系到社会责任功能的发挥。因此，确立马克思主义自由观，在实践中既实行编辑控制，又保持适度的自由、必要的容忍度，争取到用户的满意是BBS论坛的管理人员经常面临的一个实际问题。

另外，在实践中要采取一种比传统媒体更为积极、主动的态度，摒弃传统舆论引导上“守”的思想，勇于尝试，大胆探索。BBS论坛的开办就是一个成功的例子。人民网的“强国论坛”等传统媒体网站在抗议以美国为首的北约轰炸我驻南使馆、揭批“法轮功”、批判“两国论”等战役中，就发挥了重要的舆论引导作用。BBS论坛为网民提供了就国家和世界大事发表意见并进行平等讨论的地方，实践证明这是了解舆情、进行舆论引导的有效手段，也是与国内外敌对势力进行斗争的特殊阵地，值得我们投入精力和力量。同时应该看到，中国传统媒体的宣传话语在新时代处于劣势，网络评论应该改变陈旧的观念，抛弃令人生厌的八股式话语，发挥在新闻观念、语言等方面的优势与特点。

(2) 增强社会责任感。社会舆论的主体是公众，是普通的社会成员。虽然公众会出现错误的判断，但一般来说，舆论形成的过程通常会集中社会的理智，因而尊重舆论也是社会民主建设的基础。然而，社会舆论的自发、混杂和舆论形成中的“媚俗”现象，又需要理智的引导。媒体是现代社会里的一项重要的公共资源，发表言论是传统媒体经常运用的引导舆论、维护社会稳定的手段。网络评论也应该继承传统媒体新闻评论的良好传统，自觉承担起一定的社会责任，用“正确的舆论引导人”。

目前，网上的言论来源比较复杂，既有传统媒体网站，又有商业网站；既有职业传播者，又有普通网民。因此树立“舆论环境”的观念显得尤为重要。不同领域、不同层次、不同类别的舆论之间，存在着相互影响、渗透、转化、对立等等的有机联系。尤其是对于BBS论坛的管理者，更要明白自己所处的舆论环境，在适应环境之中发挥主观能动性，防止对舆论形势的估价出现偏差或负面效应。

同时，由于网站的生存、发展需要大量的后续资金支持，因此，相当多的网站，尤其是商业网站把主要精力放在了经营上，商业利益成为网站追求的一个重要目标，而提供新闻和评论仅是其争夺受众、实现商业利益的一个手段。事实上，如果做法得当，像早报网那样在重视报纸的责任感的同时，也实现扩大读者群、创造新的商业机会是完全可能的。因此，网络媒体决不能单纯注重商业利益而拒绝承担应有的社会责任，坚持社会效益第一应该始终是新闻媒介的主要职责。随着实践的不断深入，不少网络媒体已经意识到了这一点。在2003年10月举行的中国新闻媒体论坛上，中国记协及来自中央与地方网络媒体的40余名代表共同签署了《中国网络媒体的社会责任——北京宣言》。《宣言》表示，中国网络媒体应肩负起促进中国网络媒体健康发展的社会责任，使互联网真正成为传播先进文化的重要阵地。

（3）讲究实际效果。无论舆论引导者对具体的舆论的判断如何，深切地理解各种舆论得以产生的社会和心理原因，以实事求是的态度引导舆论争取最佳的传播效果，而不是以固定、单一的理想化模式苛求社会舆论，是网络评论引导舆论应该把握的另一个原则。

网络让人们面对一个更为开放的信息、舆论空间，在这种情况下，靠限制、靠堵塞并不能有效地增强自己的影响。比如，网上有多种声音，包括反面意见，那么BBS论坛就不妨适当地保留反面意见供网友讨论，在讨论中分清是非正误，形成共识，并增强上网者的识别能力。这也许比一味地阐述正确观点更有利于说服公众（包括持不同看法的人们），从而形成符合事物实际和社会发展趋势的主流舆论。

追求舆论引导的效果不仅指对于不够正确的舆论给予引导，也应包括对于舆论强度的适当控制，以避免过度的舆论趋同带来的舆论震荡。应用数学根据系统工程得出了“黄金分割”比值——0.618。一般地说，当整体1中达到0.618，就能产生对整体的决定性的全面的影响；而达到临界点的另一半，即达到0.382，则可以使整体感觉到一种重要影响的存在。对于社会舆论没有必要、也不可能作如此精确的估量，但仍可以以此为依据来考察其一致性程度。在一定范围内有约三分之一多的人持某种意见，这种意见便在这一范围内具有了相当的（但尚不能影响全局）影响力；若有近三分之二的人持某种意见，则这种意见在这一范围内将成为主导性舆论。对于舆论导向来说，把握不同看法的比重，目的在于了解不同舆论的力量对比，以便采取相应的措施进行引导。常说“一张一弛，文武之道”，依据社会舆论的状况把握舆论的强度，是一种屡验不爽的舆论引导艺术。

网络评论的直接传播对象是使用网络媒体的社会公众，社会公众的总体状况是舆论环境的质量和特征的决定性因素。因此，追求良好的舆论引导效果时，还需要了解公众总体基本状况和特征。中国互联网络信息中心（CNNIC）每年1月和7月都会发布《中国互联网络发展状况统计报告》，为了解上网用户对互联网的使用情况以及对有关热点问题的看法和倾向提供了颇有价值的资料。此外，网络媒体或论坛也可以自行设计网上调查，对受众的状况或对某一事件的态度进行动态的了解。这对于增强 BBS 论坛主题的针对性，提高舆论引导效果，是一个至关重要的前提条件。

2. 注意方式

本节开头已经指出，社会舆论包括信念、态度、意见和情绪表现。其中，信念是人们在接触外界之前，头脑里已经存在的关于现实世界的图像、信条和价值观，它在舆论的各种存在形式中处于核心地位。而态度则是建立在信念之上的较为表层的结构，其表现形式也是多样的。以各种方式公开表达的，构成显舆论；以较为隐蔽的形式如情绪表现出来的，构成潜舆论。潜舆论往往为显舆论积蓄情绪，制造气氛，提供材料；显舆论则是潜舆论的延伸和发展。对于舆论引导来说，也应该从这两方面入手，寻找具体的解决途径。

(1) 转化潜舆论。所谓潜舆论，不是纯粹个人的情绪表现，而是指有相当数量的公众、既定舆论客体的情绪性意见，它预示着部分人的预存立场和态度，并有可能转化为显舆论。因此，对于舆论引导来说，重视潜舆论是一种“事前”行为，更能够发挥主动性，容易得到较好的效果。

网络评论更应该注重潜舆论的转化。前文提到过，对网络评论形成影响的舆论场大致包括网上和网下两个部分。对于网下的现实社会的舆论场，潜舆论比显舆论更能确切反映社会舆论的真实倾向，因为显舆论的发表会受到各种其他因素的规范，而社会规范很难直接干预情绪性潜舆论的表达。在较少约束的情况下，潜舆论更接近人们内心的真实想法。而网络评论，无论是评论文章还是网上论坛，由于以受众主动参与或接受的方式进行传播，所表达的观点也比较容易扩散并产生影响。所以，通过网上的舆论引导和网上网下互动实现网下潜舆论向健康方向转化，网络评论具有先天的优势。如果这时网络评论能够及时将某种良好的社会情绪升华为鲜明的观点和见解，或者对不大健康的情绪进行适当引导，其效果要比潜舆论已经转化为显舆论时要显著得多，对社会的稳定更为有利。

“现实社会中，话是假的，人是真的；网络社会中，人是假的，话是真的”——这种认识虽然有其偏颇之处，但在一定程度上说明，对于网络空间的舆论场来说，受众在这里表达意见、情绪更为直接、明白而较少掩饰，但是这种“明显”的意见往往是现实社会上某种“不明显”情绪的反映。而情绪具有社会感染的特点，特别是在具体的舆论场中，如某个主题论坛，这种感染十分迅速，少数人的情绪往往会很快转变为多数在线网民的情绪。这种情绪性的潜舆论是公众意见倾向的征兆，虽然其对社会发展的实际影响力不及显舆论强大，但如果对网上的某些观点、意见引导不当，就可能波及网下，导致非理性舆论的扩散，甚至形成不利于社会稳定的显舆论。

(2) 整合显舆论。显舆论指在一定范围内相当数量的公众，以各种公开的形式表达的对舆论客体的态度。它是由外界刺激直接引起，或者由潜舆论经过一段时间的酝酿转化而来的。网络评论引导显舆论的难度远大于引导潜舆论。这是因为：一方面，显舆论是人们业已公开表达的态度，较之潜舆论更为“根深蒂固”；另一方面，显舆论是对外界刺激的认知、意向和情感的一种综合反应，其“公开表达”中还“综合”了不少外在因素，这又进一步增加了引导的难度。

在现实生活中，人们为适应环境，一般都会自觉或不自觉地观察他人、群体、已有的舆论、社会意识形态等的现实状况，以便获得较好的人际关系、社会承认，即获得有利于生存、生活和顺利从事自己工作的条件。于是相当多的显舆论并不完全是个人的意见，而往往带有从众的特征，受到外部力量的制约。这时的舆论带有一定的虚假成分。同时，公众生活中充满了各种矛盾和利益的划分，出于自我防卫的目的，不少公众公开表达的意见是含糊的，或者回避了关键问题。这时的舆论又带有一定的暧昧性质。廓清社会舆论的这两层“迷雾”，是新闻评论包括网络评论实现舆论引导功能时普遍面临的问题。

出现在互联网上的显舆论，比现实社会中的显舆论又多了一层自我表现的成分。在现实社会中，每个人都有自己相对稳定的社交圈，大家对彼此的情况基本都了解，加上其他种种社会规范的约束，表达意见时出现虚夸的可能性相对低一些；而网上意见往往会含有一些为突出自我而形成的夸饰、虚假的成分，会影响到其他公众的意见表达。同时，公众在网络世界的自我认识、自我评价也往往会高于现实社会，以此认识为基础形成的显舆论也会与真实情况产生距离。

因此，能否有效地引导显舆论，关键在于掌握社会舆论的真实情况，否则整合舆论难以落到实处。

(3) 运用合力形成主流舆论。转化潜舆论也好，整合显舆论也罢，都是对具体舆论的引导。但对于整个社会来说，更为重要的是通过这种转化和整合形成有利于社会稳定和发展的主流舆论。在这方面，网络评论作为新兴媒体的重要组成部分，就已经显现的作用看，无疑是一个必不可少的力量。

不过，网络评论的舆论力量，目前仍然处于潜在状态。这一方面是因为在网络上发表的观点、意见难免带有个人情绪，即使其中包含着中肯的独到见解和积极的意见、建议，也未必能够产生舆论上的共鸣效果、累积效果。也就是说，这类个人帖子类似散兵游勇，对主流舆论的形成未必有多大的裨益，有时还可能起干扰或负面作用。另一方面是因为商业网站的性质决定了其不可能像传统媒体那样自觉地肩负起引导舆论、促使主流舆论健康发展的社会责任。因此，要形成主流舆论主要还得依靠传统媒体网站。

传统媒体网站延续了传统媒体的公信力，比较易于与使用者和受众建立起相互信任、真诚互动的关系，在凝聚社会舆论力量方面有巨大的优势。这类网站一方面可以依托“母体”，完善论坛，在传播正确的政治、经济、文化建设理念，获得实现国家发展目标所需的民众支持上发挥舆论的中坚作用。另一方面，可以利用“母体”的公信力来凝聚社会力量，包括与商业网站联合，形成有利于推动主流舆论健康发展的合力。在我国，走一条以传统媒体为主导，商业网站为支撑的网上舆论引导道路不仅是可行的，而且是必要的。这是“运用合力”的第一层含义。

“运用合力”的第二层含义在于网络评论要有意识地与传统媒体的评论对接、互动，通过这种对接和互动使社会主流观念得到张扬。目前，在实践中这样的做法已有体现。如，《北京青年报》于2003年组织的题为《新北京呼唤新道德》的系列讨论，就充分注意纸质媒体与网络媒体的对接，发挥两者的“合力”作用。一方面，北京青年报的网站（www.ynet.com）专设了论坛，把报纸策划的几个分主题如“义德”、“网德”、“绿德”等公布出来，组织网友展开讨论，并就每一分主题下道德与不道德行为的具体表现进行网上调查。编辑除了把论坛中精彩的文章编发成网页评论外，还就网友提出的一些问题邀约相关领域的专家与网友在线讨论。另一方面，报纸连续几天用整版的篇幅展现网上讨论的精华内容，并根据纸质媒体的特点充实了一些新的内容。如，首篇对“义德”的讨论，它制作了《危难中大我与小我的较量》的标题，标题下方列出了“网友评出的八大危难中的道德”和“网友评出的八大危难中的不道德”，并用白、黑两种底色鲜明地表达了编辑部的观点。此外，还设置了“编者的话”①、“新闻回放”②、“嘉宾语录”③以及“网聊实录”等小专栏。在“网聊实

---

① 附该期“编者的话”：

今年暴（爆）发的“非典”让人们冷静思考：面对危机我们应该怎么做？同时也引发了人们对义德的思考。义德，面对危机，见义勇为，临危不惧，越是在危机来临的时候，越能考验一个人的道德水准到底有多高。在“非典”中，旅美博士施凌方要求到北京参加抗“非典”工作，体现了临危不惧报效祖国的道德境界。但也有卖口罩的商家趁机卖假，在危机突来的时候，暴露了道德的“原始面貌”：唯利是图大发国难财。在危机面前，我们应该如何处理好大我与小我的关系，如何让我和我们共同渡过难关，这是对生存的考验，也是对道德的考验。

② 该期的“新闻回放”刊发了两则新闻：一则是“‘非典’期间，团结湖南路新兴副食店的老板杨新兴立出安民告示：保证市民吃上正常价格的粮食”的图片新闻；另一则是“‘非典’期间朝阳区吉祥里社区居民互相帮助，使社区的一位疑似病人安然度过隔离期”的文字报道。

③ 该期的嘉宾有北京大学哲学系教授、中国科学院法学研究员、吉祥里社区主任、北京崇文区卫生局副局长以及一名外国专家等五位。嘉宾背景既涵盖了学界、管理界；又涵盖了道德、法律领域以及中国和西方，可以说体现了编辑较强的策划意识。

录”里，编辑选取了网友提出的诸如“新时期的义德应该包括哪些方面?”、“人具备自然性和社会性，在危机突来时，人的自然性决定了首先要保护自己，专家要求的毫不利己、专门利人是不是有一些曲解人性?”、“国外有人提倡义德吗？是一种规范还是自觉?”、“新时代的道德体系需要一切重建吗?”等十分有代表性的问题，请嘉宾予以解答。这里，网上的BBS论坛和网络调查既引导人们把真实所想表达出来，将潜舆论转化为显舆论；进而又通过在线讨论使人们形成相对一致的共识，整合显舆论；更重要的是，网上网下的通力合作，形成了一股合力，有力地促进了主流舆论的形成。

在互相配合、运用合力形成主流舆论方面，网络媒体已经迈开了步子，但实践上还存在两个突出问题：一是两种网站——传统媒体网站和商业网站之间的主动合作还十分有限；二是在网络媒体与其他媒体的合作向度上，多为其他媒介寻求与网络媒体的合作，反之则较少。此外，传统媒体与网络媒体合作时还要特别注意引导舆论方式上的转变。要遵循舆论引导的可信性原则，决不允许按照主观臆想去“打扮事实”；要遵循舆论引导的接近性原则，善于从人民群众关心的内容、角度入手，把经济和社会生活中的各种人民群众的关注点有机地结合起来；要遵循舆论引导的渐进性原则，把引导舆论作为一个过程来理解；要继续维持传统媒体长期固化下来的舆论强势，但过去的一些常用手段，如，单纯通过对传播内容和传播渠道的控制来实现舆论引导、通过“后发制人”来正视听的做法却应该有所转变，转向对“首因效应”、“优质效应”和“价值效应”的追求。

第五节　网络评论面临的问题及发展趋势

网络评论近些年虽说处于一种蓬勃发展的态势，但其毕竟和新媒体一样正处于起步阶段，在发展过程中难免出现这样或那样的问题。正视问题并以实事求是的态度寻求解决问题的有效途径，才能使网络评论走上以充分发挥自身特点为基础的健康发展之路。

一、网络评论面临的问题及对策

对于网络评论在发展过程中出现的问题，既不能简单地按传统媒体新闻评论的观念来处理，也不能因为网络存在一定的自发性而听之任之。比较可靠的办法看来是在整体把握这些问题的基础上，在“实践—认识—再实践—再认识……”的往复循环中寻求和完善相应的对策，让其步入良性发展的轨道。这需要业界、学术界、教育界和管理者四方面的共同努力。

1. 业界应当给予网络评论以足够的重视和更大的发展空间

目前，相当多的传统媒体网站或商业网站对新闻的挖掘还只是处于初级阶段，具体表现为重复传统媒体的内容较多和单纯地迎合受众的浅层次需求。造成这两种结果的原因都和资金直接相关，前者是因为无法获得供网络媒体独立发展的资金，后者是因为网络媒体急于获得后续资金。众所周知，网络媒体从诞生到发展都需要大量的资金来维系，人们曾经把媒体网站初期的运营称为“烧钱”，而在互联网业界也素有“只有第一，没有第二”的说法。在市场竞争和生存压力下，一些网站把着重点放在迎合受众的兴趣和好奇，满足受众在传统媒体上不易获得的信息需求上，以求扩大点击率、获取经济效益。虽然他们自身处在并不成熟的受众市场和广告市场的两难局面中，但只是用原始的手段满足受众的需求，是不可能获得真正的发展空间的。借鉴一些传统媒体成功的经验不难发现，他们对新闻传播规律有正确的认识，对各种新闻手段更是进行了充分的挖掘，最终是通过出色的内容为自己赢得了受众也赢得了市场。

总观网络媒体的发展现状，信息的雷同是影响其发展的重要因素。众多的网络媒体要想生存和发展，只有在形成自身特点上下工夫。对于网络媒体来说，虽然作言论（包括开办富于特色和吸引力的网络论坛）难度较大，需要付出更多的精力和物力，但较之新闻报道，言论更容易体现媒体特色，有助于媒体生成一定的品牌效应，争取到忠诚消费者，进而获得竞争优势。因此，实践界有必要改变目前“重报道、轻言论”的认识和做法，对网络评论的地位给予足够的重视。从某种意义上说，给予了网络评论一定的发展空间，就是拓宽了网络媒体自身的生存和发展空间。

2. 学术界应当尽快对网络评论进行理论总结以指导实践

近年来发展迅速的网络媒体及其新闻实践，带动了学术界的相关理论研究。各类以新媒体该如何发展为主题的研讨会的纷纷召开；“现代传播评论”等新闻传播学术网站相继开通；学术刊物上，有关网络新闻传播研究的文章随处可见；全国各新闻传播院系本科生、硕士生以网络新闻传播作为自己学位论文的也比比皆是。

但是纵观这些学术研究，宏观视角比较多，具体研究相对少；提出问题的比较多，解决问题的相对少。而网络新闻传播不仅仅是一种宏观上的传播现象，还是一门具体的传播业务，在实践中有很多现象、问题有待科学的分析研究、归纳总结。比如，网络新闻写作中“超文本”这一重要表现方法，在网络评论中如何应用？网上民意调查究竟在多大程度上反映了民意，能否作为网络评论引导社会舆论的依据？网上的评论文章和新闻后面的“我来说几句”的点评的比例究竟应该控制在什么范围内，才能既保证评论的数量又不致降低言论的质量？对BBS论坛中多样性、多元化的言论，如何掌握、如何疏导，发挥其积极的作用？等等。借鉴广播、电视等传统媒体诞生后新闻评论体裁的发展过程，有一点很明确，那就是及时而科学的理论总结不仅可以不断完善新闻评论体裁的理论框架，而且可以有效地指导、推动实践，使理论和实践不断互动、共同提高。因此，网络评论要想得到较快的发展，也需要在理论上不断地梳理、总结，并及时地用于指导实践。

3．加强队伍建设，改变人员数量不足、素质不高和管理薄弱的状态

网络评论要想获得充分的发展，最终还是要依靠从业人员的主观能动性和创造力。网络媒体比较注重作者队伍的组织、培养，他们或者从传统媒体里“挖人”，或者约请相关领域的专家和资深人士，或者鼓励、发展优秀读者成为自己的评论作者。不过，虽然作者群在数量上有所增加，来源上也有所扩展，但无论数量、素质都远不能适应蓬勃发展的网络新闻传播的需要，整体现状还是显得相当薄弱，同时，作者水平也参差不齐，使得网络评论的总体表现欠佳，这也提醒我们，加强队伍建设，提高网络评论作者，尤其是由网民中涌现出来的那一部分作者的水平，仍是一个亟待解决的问题。

除了网络媒体要对作者进行挖掘与培养以外，从长远看，培养正规的具有专业素养的后备人员，是网络评论持续发展、不断完善的保证。我国的网络新闻教育已开始展开：2000年4月30日，北京广播学院成立全国首家网络传播学院；6月，由清华大学国际传播研究中心主编的国内首部网络新闻研究专著《网络记者》出版；6月28日，全国第一个网络新闻传播班的22名本科毕业生在华中科技大学新闻传播学院被授学位；12月，北京广播学院召开了全国“网络新闻传播教育与人才培养研讨会”，探讨网络传播专业人才培养规律、人才培养规格、教学内容与课程设置等问题。

当然，在这一片火热景象的背后，也要冷静地看到不足。一方面，今天的教学和研究基本上停留在新闻学、传播学向网络传播领域的延伸和扩展上，如何建构以网络传播为本体的教学和科研体系，是教育界面临的一个实际问题，也是网络新闻学科建设所必须考虑的。另一方面，网络评论人才不光是指那些能够撰写评论文章的人才，还包括能够对BBS论坛和言论栏目进行策划、组织，对网上舆论形势有科学的分析并能制定出相应的引导策略的具有较高专业素养的人才。如何根据实际需要，搭建起学科的理论、知识框架，培养出具有创新精神的网络评论的策划、创作、管理人才更是网络新闻教育的当务之急。

4．进一步完善网络法律法规，把网络评论纳入法律规范轨道

2000年9月，国务院颁布了《互联网信息服务管理办法（草案）》；11月7日，国务院新闻办公室、信息产业部发布了《互联网站从事登载新闻业务管

理暂行规定》；同日，信息产业部发布了《互联网电子公告服务管理规定》。由此，我国以行政法规的形式将网络新闻传播纳入了法制化管理的轨道，网络评论传播从这些法律、法规中也能找到一些可以遵循的规范。

但是，网络传播的特点使得网络评论即使有了法律法规也面临着不少难以解决的问题。以新闻评论领域相对较容易出现的诽谤为例，当BBS论坛上出现了诽谤言论，BBS的提供者是否要负责任？如果要负责任，那么，那些提供类似于电信部门提供电话线路服务的服务商和提供内容服务的服务商有什么不同？诽谤言论的影响面是量罪的一个重要因素，而网络传播又是便捷和可大量复制的，如何准确评估其影响面？网络传播是一种跨国界传播，在判案时，应该以哪个国家的法律为依据？是诽谤者、受害者还是网络服务商所在的国家？等等。这一系列问题提醒我们：网络媒体发展异常迅速，新的实践、新的情况不断出现，而法律法规建设则仍然需要经历一个不断发展、完善的过程。所以，有关的管理部门应该作充分的调查研究，广泛征询意见，把加强管理与促进发展、政府管理与业界自律充分地考虑进去，使法律法规能够有效地发挥作用。

二、网络评论的发展趋势

对于网络评论究竟向何处发展，这里只能作一个趋势性的预测，因为就整个互联网来说，它的发展一直是“惊人”的，无论是发展速度还是发展方向都既在人们的意料之中又在人们的意料之外。人们对新生事物给予一定的预期，又根据其发展变化不断地调整着这个预期，这也许就是我们这个时代的特点。具体到网络评论，它的发展趋势一方面有赖于自身的不断完善，另一方面决定于社会观念、技术手段等的不断发展。

1. 伴随信息技术的发展，更充分地体现网络媒体的特征

与广播、电视新闻评论应该尽可能地体现广播、电视的媒体特征一样，网络评论也应该最大限度地体现网络媒体的传播特征。

就目前来看，网络评论在表现手段上还是以文字符号为主，但在写作方法上已与一般的报刊评论有所不同，“超文本写作”正逐渐由理论走向实践。传统的新闻写作都是在单一层面上完成的，所有信息与材料都是一次展现出来，只是在组织结构上有所不同。然而，很多读者并没有从头到尾阅读完这些信息，因为对他们来说展现出来的信息有一部分属于冗余信息。对于传者，冗余信息占据了宝贵的资源（版面大小、节目长度），造成了资源的浪费；对于受者，一定程度上增加了获取信息时的负担。超文本的存在，在一定程度上可以改变这种状况。在运用超文本方式进行写作时，我们可以采用将材料分层的做

法，把最关键的信息作为第一层次（骨干层次）直接表现在文本中，而相关详细信息作为第二或第三层次（枝叶层次）以超链接的方式提供。新闻评论中经常需要提及相关的背景资料或新闻，对于这些资料和新闻，不同的读者需求程度不同，超文本写作可以把这些背景资料根据需要放进第二层次，以附加链的信息段的形式存在，读者可以根据自己的需要决定进入哪一个方面细节的阅读。但在网络评论写作中运用超文本方式，应该注意防止其干扰正常的阅读接受过程。新闻评论本来是一个严密的逻辑思维、表达过程，超链接虽然加强了信息之间的联系，但有时过多地提供背景资料也会分散人们的注意力和影响正常思维。对此，人民网的做法有一定的借鉴意义，它在文章中用下划线标明超链接的关键字，打开超链接是一个封闭的页面，读者读完后，再回到前一页，也就是刚才中断阅读的地方，从而保证了阅读路线的稳定和思维的连贯性。

网络可以传播多媒体信息，但现在的网络评论中人们还看不到画面，听不到声音。出现这种状况的原因，有人认为与现阶段技术的发展水平有关。现有的硬件设施对于媒体功能的整合起到了阻碍作用。有限的带宽使视频信号的传送无法实现，并且限制了图片、动画和其他的可用的非文本形式的素材的应用。从现阶段物质技术条件尚不成熟的实际情况出发，网络评论没有必要一味追求形式上的跃进，媒体特征的体现应该建立在适合新技术条件的基础之上。但是，随着网络及其相关技术的发展，受众将能够在网上浏览视频、音频和文本有机结合的网络评论，甚至能够实时见到评论发布者的形象，这是完全可以预期的。

2.广泛的参与、互动特征使网络评论向“社会行为”的评论本质回归，成为社会舆论的重要组成部分

评论本质上来自社会的需要，是人类为了适应社会生存而逐步形成的社会行为方式。它不仅仅是通常意义上的新闻体裁，更为关键的是，它反映着人类发展和社会进步的基本要求。作为人类参与社会活动的基本行为方式，评论应该体现两方面的基本要求：一是“交流性”，交流是人类实现社会生存的基本方式，新闻评论不过是意见交流的载体；二是“参与性”，评论同时是人们参与社会管理的手段之一，人们通过发表观点，保护自己的利益，实现作为一个社会成员的权利和义务。而网络评论较之传统媒体的新闻评论更能充分地实现这两个要求。

网络技术打破了时间和空间的限制，网络媒体的受众之间、受众与网络媒体之间能够轻松地实现互动沟通，网络与报刊、广播电台、电视台的相互渗透又使得更多的普通人能够参与到网上的发言之中。这样，网络评论发展的一个重要方向可能是由媒介提供新闻事实和相关社会观点，并且提供进行双向信息

交流的渠道和空间，把评论权交给全体社会成员，成为真正的“媒介”，使得新闻评论又成为大多数社会成员能够使用的话语方式。新闻评论由最初的最为社会化和普遍化的社会行为方式，发展到传统大众传媒上的专业化的媒介传播方式，再到又一次成为大多数社会成员能够使用的话语方式，这实际上是新闻评论向“社会行为”这一本质的螺旋上升式“回归”。同时，随着网络的普及，网络使用者人数将不断增多，网络评论所反映的社会舆论会更接近其本来面目，而成为社会舆论的一个重要组成部分。

3．网络评论的视野将进一步拓宽，形式将更加多样化

前文已经提到，网络评论由于作者群较传统媒体来源更为多样。因此，评论关注的社会生活的领域相对比较广阔，政治、经济、文化、生活等等方面的话题无论大小都可以成为评论的对象，民间的声音得以更多地浮出水面，评论风格也更具个性色彩。目前，我国的网络用户数增长迅猛，随着网络的进一步普及，网络评论作者的社会阶层、经济状况、人生经历等也将更加多样，评论所接触的领域也必然随之拓宽。

同时，随着社会分工的日益细致和人民群众生活的日益丰富多彩，新闻评论中的专论将有所增多。这表现在两个方面：一是新闻评论文章大多会就一个方面，一个事件，一个问题发表见解，与以往相比，宏观视角的评论所占比重会有所减少；二是媒体论坛内容的多元化和栏目的细分化会有所增强，大量专题论坛将会出现，如同多元化、细分化与市场需求的关系一样，这是适应不同网友的不同需求的自然而然的结果。

从形式上来讲，网络评论将日益摆脱报纸评论的模式，和网络本身的特点更加紧密地结合。除了评论文章、BBS论坛等目前常见形式，也许还会出现其他更加生动活泼的形式。比如，版主可能会发展成主持人，由幕后走上台前，使媒体论坛更富人性化；又比如，目前一些网站出现了形式新颖的“动画新闻”(flash news)，也许未来也会涌现出一批既懂新闻评论又懂网页动画制作的网络评论作者，为受众提供形式新颖、寓意深刻的“动画评论”等等。

“从来新路新人找”，相信随着时代和科技的发展，网络评论的表现手段会越来越多样。但有一点我们始终要明确，任何形式都只是一种手段，而不是目的。网络评论的真正目的是凭借互联网这一新的技术手段，向社会传达正确的观念、思想，实现对社会舆论的引导。因此，网络评论在探索形式多样化的道路上还要避免走入唯形式、唯手段的误区。

余　论

树立科学的新闻评论观

——新闻评论走向未来的内在驱动力

事物的“未来”因各自的存在状态和所处的外部环境而异。电子媒介新闻评论,作为先已存在的新闻评论体裁(话语形式)和后起的广播、电视、互联网等媒介相结合的产物,其实并非“自在之物”,而是人类为适应自身需要而把二者嫁接起来的“复合事物”。它们的“未来”当然也有与之相应的特殊蕴含,如:

(一)它们以时间和空间(覆盖范围)为基本存在形态,因此它们的“未来”,同时表现为时间的延续性和空间的展延性。

(二)时间和空间都是有限和无限的对立统一。时间意义上的“未来”,就其与“今天”的间距说,大致包含正在来临的明天、可预见的将来以及如电子技术的发展态势所预示的“未有穷期”;三者前后承接构成了纵向的延续链,意味着拥有间距最短的“明天”才能拥有无限的“永久”。而在空间上,则可以区分为现实的覆盖范围、预期的覆盖范围以及通过链接而形成的超范围覆盖;三者以现实覆盖范围为基础,形成了横向的展延链。时间和空间相互联系、相互依存,其实也是一种对立统一关系;其中空间始终处于主导地位,于是有效覆盖范围或视听率、点击率,越来越成为检验广播、电视、互联网新闻评论的社会效果和持续生命力的主要准绳。

(三)上述这两个层次的对立统一,是在“人”的控制下发生、发展的。不过,这个“人”并非自然人,而是大众传播系统中的“人”,同时包括作为评论(传播)主体的人,作为评论对象的一部分或参与到客体中来的人以及作为评论接受者或受体(受众)的人。他们在特定社会环境和电子传播条件下的互动,直接左右着上述对立统一的发展方向,因而也在寻求通向未来的可靠途径的过程中起着主导作用。

（四）上述“未来”的蕴含是从宏观层面上说的，而微观层面的“未来”其实是由一个个“当前”的节点构成的，正如线是由许多点组成的一样。也就是说，只有把握“当前”这个节点，才能为拥有“未来”奠定坚实的基础。然而，电子媒介新闻评论的“当前”状态，既同印刷媒体的评论一样受现实社会环境制约，又同时受迅速发展着的电子技术的支配。后者改变了“当前”的时间、空间的含义和它们之间的关系。电子媒介“当前”的时间概念，主要指它可能拥有的速度，而这种速度实际上是源于电子物理性质的一个不变系数；而它可能拥有的空间，则是来自电子设备性能和功率的可变系数。这意味着对于评论主体（传播）来说，能动地驾驭任何一个“当前”节点，归根结底就是适应和利用日新月异的电子传播技术这一外部条件，改善新闻评论这一具有自身规范的体裁或话语形式。人们常说“路就在脚下”，电子媒介新闻评论走向“未来”的路，就在于能动地掌控建立在时间和空间对立统一基础上的“当前”这个关节点。

将宏观和微观蕴含联系起来，大致可以窥见电子媒介新闻评论“未来”的特殊性和复杂性，意识到一系列关系它们的发展前景、有待探讨的问题。遗憾的是限于主观能力，这里仅围绕如何树立科学的新闻评论观，就若干意识到的问题，大致理理思路，间或说点一得之见。由于既不是系统的论述，偶尔讲点认识也未必经得起检验，故称之为“余论”，体例也由分节阐述改为专题罗列。

一、从前人的非议说起

电子媒介新闻评论，不，所有媒介的新闻评论究竟怎样面对未来，虽然涉及许许多多问题，但首先是评论观的问题。既往的经验毫不含糊地表明，如果忽略这个问题，其他方面的讲究都不过是“雕虫小技”，弄不好还可能陷于“盲人骑瞎马”的境地，落得“南其辕而北其辙”的结果。

戈公振先生在《中国报学史》中已经隐约地接触到这一点。他之所以斥责同治、光绪间的社论为“例文”，而称誉甲午（1894 年）、庚子（1900 年）以后的报刊论说，不就是因为前者盲目剿袭西方办报体例，只是依例发表论说却没有一以贯之的论说宗旨，而后者则有明确的指导思想，如，维新派的“新民”、“自强”之说和革命派的“明确之主张”吗?①。如果琢磨琢磨韬奋先生的《可以不必做的文章》②，或许可以加深对“盲人骑瞎马”的感受，增进对确立评论观的重要性和必要性的认识。

① 参见戈公振：《中国报学史》，中国新闻出版社 1985 年版，第 284 页。
② 引自穆欣编：《韬奋新闻工作文集》，新华出版社 1985 年版，第 219 页。

1932年4月19日，上海《新闻报》发表了题《英埃谈判》[①] 的评论。韬奋随后发表了这则"小言论"，以"舆论的舆论"的名义，对这篇就一个"无从知其原委"的国际问题发表的评论进行了严肃的批评。他开门见山就说：

> 上海的新闻事业……在本国总可算是首屈一指，故上海报纸所发表的言论，常为全国人所注意，而国人对于上海报纸上言论之属望乃愈益殷切。……由此足见上海报纸在言论方面责任重大，不应常以不关痛痒的文章敷衍篇幅。此种责任以销数特别发达的日报为尤重大，因为他所能达到的读者既多，其言论的效力当然更为宏大。但就实际情形观察，还是营业上不甚发达的日报常能说出几句切中时弊的话，而营业比较发达的日报则反而令人失望。

继而在全文引用《英埃谈判》之后鲜明地指出：

> 报纸的评论一方面是舆论，一方面是指导民意，至少也要给读者对某问题获得多少知识和卓见，难道国内就没有需要评论的具体问题，有关本国的国际方面也没有需要评论的具体问题，却拣一件内容"无从知其原委"与"不得知"的别国问题来作使人难于"寻味"的"寥寥数语"!
>
> 我常觉得有许多人立于可为的地位，对于国家社会可有较大贡献的地位，却辜负了那个地位，未免可惜，对于《新闻报》的新评与和《新闻报》新评相类的《申报》时评（稍为比"寥寥数语"长些好些）也常有这同样的感觉。……

在韬奋看来，国难当头，一家有影响的报纸不首先关注攸关国计民生、民族命运的国内、国际问题，而去议论一件自己搞不清楚、且八杆子够不着的事情，无异于转移社会舆论的视线。"新评"、"申评"之失，主要不在于评论篇幅长短、文字优劣，而在于一味追求"营业"效益而放弃对于国家社会的责任，立于可为之地而不为。这其实就是对于它们的评论宗旨，即它们所持的评论观的

① 《英埃谈判》全文如下：英埃谈判现已停顿，吾人但闻其言有难题，而内容如何，则局中人相戒不言，是以无从知其原委，惟知其所争者为苏丹问题耳。/英埃争执之详虽不得知，但观埃及代表之公报，谓彼等关于苏丹问题之提案至为温和，不意仍难通过，于是意中以为已经成立之协定，遂至停搁，寥寥数语颇耐人寻味也。/英埃谈判初开时，气象颇佳，良以工党内阁之主张向近于和平，其应付埃及之态度，屡为保守党所抨击，谓其损失英之权利，是以世人观察此事者以为必可顺利，孰意其仍不免隔阂，可知强者自利之心无论如何终不能免，一方以为已极尽谦之能事者，去正义与公道殆仍甚远，盖习非成是之风已久，断非一朝一夕所能挽回也。

质疑。他在《小言论》的序言中，更进一步强调："以时事为评论的材料，原有枝枝节节的毛病，但评论所根据之观察点则不得和有其中心思想以为权衡，故于纷歧杂错的个别问题中，未尝没有一贯的中心思想为背景，所谓'仁者见仁，智者见智'，殆亦此意。"① 在半年左右的时间里，两次以不同的方式提及同一问题，可见韬奋对于评论观的重视。

不过，戈公振只是为说明社会臧否报刊社论的原因而涉及评论观，韬奋虽然略有申述、着眼点也不在于阐述评论观。历史上有些报刊在它们的"发刊词"中，虽然往往申明自己的论说宗旨，但这也只是某种评论观的局部体现，而且未必切实付诸实践，更未必能够贯彻始终②。从这个意义上说，系统、深入探讨新闻评论观，仍然是摆在新闻学术界的一个重要课题。

二、新闻评论观是什么？

严格地说，新闻评论观是新闻观的一个组成部分。如果套用世界观是"对整个世界的总的根本看法"③ 这一说法，也许可以认为新闻评论观就是对于新闻评论这种体裁或话语形式的总体看法。不过，这样"套"近于"说了等于没说"，丝毫无助于确切理解这一概念。那么，究竟怎样理解新闻评论观呢？

1. 评论观的基本内涵

评论观的外延是确定的，即涵盖特定时代、社会所有媒介新闻评论。因此，界定这一概念，关键在于把握它的基本内涵。

前面说过，新闻评论是在近代报纸进入新闻本位时期，由报刊政论转化而来的一种更能适应新的社会需求的新闻体裁④。在这个转化过程中，人们对这种正在发育中的体裁寄予各种各样的期待，如向读者解释某一新近发生的事情的意义，说明某种社会现象的实质，分析某个问题的来龙去脉及其"所以然"，以自己的见解影响社会认知、社会行为乃至社会发展变化的趋势，等等。这些期待有的像肥皂泡沫破灭了，有的不同程度地实现了；后者积淀下来，就逐渐成为某一时期新闻评论观的基本内涵。上面注释中所举的《〈时报〉发刊例》出于梁启超之手，它首列"本报论说，以公为主"、"以要为主"、"以周为主"、

① 《本书付印时的几句话》（1932 年 12 月），见《韬奋文集》（第 1 卷），生活·读书·新知三联书店 1978 年版，扉页《韬奋墨迹》。

② 《〈时报〉发刊例》就是典型的一例，它标榜"本报论说，以公为主；不偏徇一党之意见"，"以要为主。凡所讨论，必一国一群之大问题"，"以周为主。凡每日所出事实，其关乎一国一群之大问题，为国民所当厝意者，必次论之"，"以适为主。……必度可行者乃言之"。据复旦大学新闻系编：《中国新闻史文集》，上海人民出版社 1987 年版，第 66 页。

③ 参见《辞海》，上海辞书出版社 2000 年版，"世界观"条。

④ 参见本书第二章第三节"新闻评论的源流"。

“以适为主”，未尝不可以说是梁氏当时所持的评论观的部分体现。梁氏和与他同时代的主笔几乎无不标榜“文人论政”，这也许可以认为是那个时代评论观的核心内涵；而上引《时报》的那四个“主”，对于他来说，则可认为是隶属于“文人论政”的派生内涵。虽然《时报》在自己的论说实践中并没有真正兑现四“主”，但就其影响看，把它视为当时评论观的基本内涵也许不致太牵强。

不过，具体的评论观毕竟因时、因地而异。如果立足于媒介作超越时空的一般界定，是否可以把它的界说概括为：

作为评论主体能动地驾驭新闻评论体裁、争取实现预期舆论效果的基本指导思想，新闻评论观是对于新闻评论已经形成的性质、特征、运作规律及其社会功能的既有认识的总和，是媒介评论活动的基本指导思想。

是耶非耶？当耶谬耶？未敢自信，就作为讨论的“靶子”吧！如果还有点道理，那么这一界定就意味着：

• 新闻评论观主要是评论主体——媒介和代表媒介的群体或个人驾驭新闻评论体裁或话语形式的指导思想。

• 这一指导思想的施为对象是新闻评论体裁或话语形式，包括对体裁性质、特征和运作规律的掌控；反过来说，它的科学性、有效性和赋予主体的能动性，取决于评论主体对体裁性质、特征和运作规律确切理解和掌握的程度。也就是说，科学的指导思想的形成过程，是一个主观与客观、理论与实践结合的过程；而它发挥作用的过程，则是“从实践中来，到实践中去”的双向过程。不过，这里所说的客观、实践，主要指评论主体面对的社会现实和驾驭新闻评论体裁的特殊实践。

• 新闻评论的性质、特征、运作规律和社会功能构成了评论观的具体内涵；它们是在既往的实践中形成的，也将在未来的实践中发生某些或大或小、或显或隐的变化。从这个意义上说，科学的评论观总是与时俱进的，总是依特定时代的特定社会环境的变化而变化的。如果抱着既有的观念不放，或者说如果依然像王韬、梁启超那样抱着“文人论政”的观念，那么，论坛上将会出现怎样的景象、结出什么“果子”呢？

2. 评论观的层次

不过，无论新闻媒介还是新闻评论体裁，毕竟都不能超越时代和包括社会制度、社会价值观念在内的社会环境。即使在信息无远弗届或所谓“全球化”的当代，事实上也不存在超意识形态的媒介，更不要说本身就是阐述对于事物的主观见解的新闻评论了。所以，单纯从媒介的角度出发一般地界定评论观，固然能够揭示评论观的共同内涵，却又因此而淹没了这些内涵的意识形态分野。不妨比较比较《人民日报》和《泰晤士报》就香港回归所发表的社论标题，前者的标题为《中华民族的百年盛事——热烈庆祝香港回归祖国》[①]，后者为《帝国的终结：照管好剩余的小属地》[②]；从这两个体现社论立论思想的标题中,不是可以感受到判然有别的评论宗旨或指导思想吗？两个当事国的两家主要报纸的两篇社论的基调如此悬殊,究其原因,无非在于各自从自己的国家、民族的历史和现实出发来看待、评价这一事件。可见从意识形态的角度看,媒介的评论观并非“独立”存在的,而是更高层次的评论观的体现。就当代新闻评论活动的实际看,在媒介评论观之上,至少还有两个层次的评论观,这就是：

• 时代的、社会的评论观。虽然从近代报刊问世以来，事实上从来没有一个时代、一个社会形成过统一的或一致的评论观；但另一个事实却又表明，不论哪个时代、哪个社会都有一种评论观处于主导地位[③]。正因为这样，所以这一层次的评论观，一般体现为国家立法或政策,具有宏观控制的功能。在我国,当代社会的评论观是作为马克思主义新闻观的一部分存在的,并体现在党和国家的新闻政策之中,对各种媒介的评论活动都具有约束力和指导作用。其基本内涵大致可以概括为:坚持以辩证唯物主义和历史唯物主义的观点、方法分析客观实际和具体事物,从宏观实际出发阐述对于典型事物、现象或问题的看法,增强引导社会舆论、指导社会实践的功能,推动社会朝着理想目标发展的进程。

• 阶级的、党派或社会团体的评论观。党领导下的社会主义新闻事业，除各级党报和国家电台、电视台和通讯社外，还有隶属于民主党派、人民团体和按专业定位的媒介，因此也就有评论观方面的差异。就是党报系统和国家电台、电视台，由于覆盖范围和受众有所不同，其评论指导思想也必然会有某些的差别。承认和正确理解这种差异，是能动地体现时代、社会评论观的必要前提；反之，如果抹杀或人为地扩大差异，那么，它们的评论活动就可能偏离乃至背离时代的主旋律或大方向。

事实上，媒介评论观之下还有另一个层次，即评论作者或制播者的评论观。这是直接隶属于媒介评论观的层次；就这一点而言，他们都不是绝对“自由人”。而他们互相之间的差别，则主要表现为体现媒介评论观的自觉性、能动性和创造力的强弱以及各自的个性特点。

这样一来，新闻评论观就有四个层次。它们之间的关系，大致如下图：

一言以蔽之，就是依次辖属或统率与被统率、上虚下实或支配与体现的关

① 1997年7月1日《人民日报》。

② 1997年7月1日《泰晤士报》。

③ 在晚清不足50年的报刊政论－新闻评论史上，就有以王韬为代表的从洋务思想向维新思想过渡的论说观，以梁启超为代表的维新派论说观，以章太炎、于右任为代表的资产阶级革命派评论观分别“坐庄”。

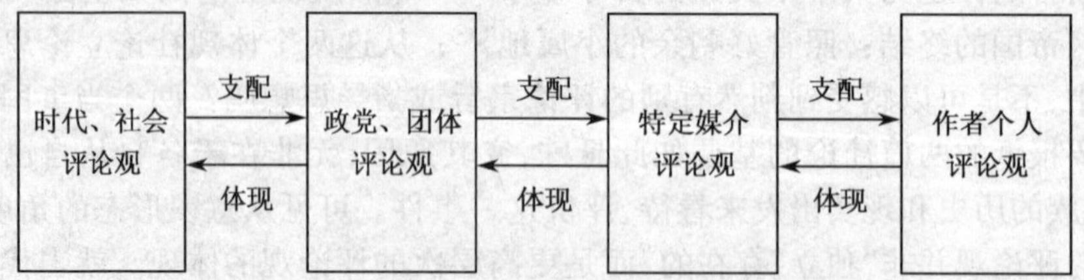

系。其中，媒介评充分调动论观处于承上驭下的关键性位置。

三、影响媒介评论观的因素

媒介评论观除受它所处的时代、社会和所隶属的阶级、政党或团体的评论观制约以外，还直接、间接受来自外部和内部诸多因素的影响。正视这些影响因素，自然是形成科学评论观的必要条件。其中尤为重要的是以下这些因素：

1. 社会舆论

“舆人之诵”，即现在所说的社会舆论，向来享有“社会晴雨表”之称。负责任的政治家以之作为政治和公共事务的决策依据，所以古代曾有专门收集“舆诵”的机构，现代越来越盛行民意调查；历代流传下来的优秀政论作品，几乎无不与当时的民情、民意血脉相连。近、现代以来，随着社会的急剧发展变化、民主意识的日渐增强以及媒介的迅速发展和市场竞争的加剧，反映社会舆论的程度也越来越成为检验媒介是否成熟的重要准绳。时至今日，“三贴近”几乎已成为媒介及其从业人员的口头禅；至于能否真正转化为自觉的实践，则在很大的程度上取决于如何看待社会舆论。而后面这一点，恰恰就是社会舆论之所以成为影响媒介评论观重要因素的症结所在。

所以着重强调这一点，是因为社会舆论之于新闻评论和评论观的意义不尽相同，注意重点也有明显的差别。对于新闻评论活动来说，社会舆论是它确定评论什么、如何评论的重要依据，而且其重要性不亚于评论对象本身的社会价值和相关的方针政策；如果漠视这一依据，小则可能成为无的放矢的“例文”，大则可能迷失方向、涣散公众的注意力。所以，成熟的媒介和有经验的评论作者，无不注意分析和掌握当前的社会舆情及其发展态势。而作为影响媒介评论观的因素，其实不是社会舆论本身，更不是具体的社会舆论，而是如何从整体上把握和看待社会舆论，或者说确立什么舆论观的问题。明确这一区别，就可以围绕如何看待社会舆论，比较集中地琢磨以下几个问题了。

• 当代社会舆论的一般态势。一事当前，众说纷纭，而且纷纭的程度往往与人们关注的程度成正比，这是古往今来社会舆论的常态或普遍现象。不过，在传播不发达的时代，人们获取信息的空间范围有限，时间通常滞后，纷纭议论的多为身边事、眼前事，相对地说比较容易达成共识。而在电子媒介快速发展的今天，信息插上了“电子翅膀”，传播的速度越来越快、范围越来越广，人们获取信息的渠道越来越多、信息也越来越庞杂；在这许多因素交互作用之下，进入人们视野的新闻事件、社会现象和社会问题日益增多，它们相互交错、引发连锁反应，不仅议论更为庞杂，获得共识也更加不容易。社会舆论的这一态势，不仅凸显了各种媒介新闻评论反映、引导社会舆论的使命，尤其凸显了确立科学评论观念的必要性和重要性。

• 社会舆论的二重性。常说“人以群分，物以类聚”，社会公众各有不同的社会背景、社会分工、社会阅历、经济条件、文化素养、心理状态乃至利害关系等等，即使面对同一事物也难免各是所是、各非所非。社会舆论在这些因素互为作用下，必然是分散并带有一定程度自发性。所谓二重性就是在分散、自发的基础上形成的，大致可以归纳为四个两两相对的层次：肯定与否定，即对相关事物持截然不同的看法；直接与间接，指“舆人”同事物的关系，如当事人、参与者、目击者、旁观者的意见；理性与非理性的分野，则在于了解、理解有关事实的程度和是否经过思考、是否持之有据；合乎事物发展趋势与背离事物发展规律，就是所持看法能否经得起实践和历史的检验。这是由表象到本质的四个层次。

• 坚持具体分析的辩证方法。把上述四个层次联系起来，就可以意识到舆论的状态和关系何等纷繁复杂！比如，肯定的看法未必是来自有直接关系的人，也未必是理性的认识，更未必合乎事物发展趋势；反之亦然。韩愈的一段文字，有助于理解这个问题。他说：

> 尝试语于众曰：“某良士，某良士。”其应者必其人之与（注：与，亲近）也；不然，则其所疏远、不与其同利者也；不然，则其畏也。不若是，强者必怒于言，懦者必怒于色矣。

对一个赞扬某人的评价，就可以按听话人与某人关系之亲疏，获得三种同意和两种不同意的回应。他又说：

> 尝语于众曰：“某非良士，某非良士。”其不应者，必其人之与也；不然，则其所疏远、不与同利者也；不然，则其畏也。不若是，强者必说（注：同“悦”）于言，懦者必说于色矣。[①]

① 韩愈《原毁》，引自《古文观止》。

对否定某人的评价，不表态或不赞同和表态赞同的也分别有三种和两种。这或许可称之为“两对半”组合，结果构成了10种关系；那么四对组合，岂不是存在着16种可能性吗？所以，面对社会舆论现象，既要坚持具体问题具体分析这一辩证法的核心，决不能先入为主、拿一个固定的框框去套；也要坚持联系的、发展的、在事物的运动中把握事物的辩证方法，切毋简单化了。

• 注意重点放在哪里？如果对纷繁复杂的舆情加以梳理，又可以归纳为两组：主流与非主流，符合与背离事物发展趋势。但是，真理有时掌握在少数人手里；在社会处于急剧发展变化时期，这种可能性尤其不可忽视。这样，就可能出现主流舆论未必合乎、非主流舆论未必背离事物发展趋势的情况。而媒介引导社会舆论的终极目标，却在于形成符合事物发展趋势的主流舆论。实现这个目标，一般需要向两个方面努力：一是弘扬正确的舆论，使之成为主流舆论；一是说服持不正确意见的人们改变看法。两相比较，重点显然是后者，因为帮助、促使持不正确意见的人改变看法，本身就是形成正确主流舆论的过程，同时也是为弘扬主流舆论排除障碍、开辟道路的过程。与此相应，分析社会舆论，自然也应该把重点放在后一种舆论上头，不仅分析其表现，而且分析其背景、成因、性质，寻求改变这种舆论的恰当方法与策略。

可能还有其他问题，但大致可以说，明确了上述这四个问题，就可以比较正确地看待社会舆论，也就可以更好地理解社会舆论对媒介评论观和媒介评论实践的重要影响了。是否如此？且试分析若干实例，供定夺时参考。

2003年，是社会事件较多、媒介评论活动相当活跃的年头。这一年，除“非典”事件之外，还有三个成为举国舆论焦点、媒介纷纷介入的案件——孙志刚案①、刘涌案② 和“宝马车撞人案”③。比较在这三个案件中，媒介是怎样反映社会舆论、引导社会舆论的，也许可以得到某些启发。在孙志刚案中，社

---

① 参见本书第二章注。

② 刘涌，原任沈阳嘉阳集团董事长。从1995年至2000年7月，刘涌黑社会集团从纠集地痞、无赖用打砸砍杀种种手段承包商场开始，扩大到了烟草、服装、餐饮、娱乐、房地产等领域。2000年7月11日刘涌被刑事拘留，同年8月10日批准逮捕。2002年4月，铁岭中级法院一审判处刘涌死刑。2003年8月，辽宁省高级人民法院改判死缓，社会舆论哗然。最高人民法院于2003年10月向刘涌送达了提审决定，并于12月22日作出终审判决：以故意伤害罪，判处刘涌死刑，剥夺政治权利终身；与其所犯其他各罪并罚，决定执行死刑，剥夺政治权利终身。

③ 2003年10月16日，哈尔滨市发生了宝马车撞人案件。法院判决案犯苏秀文三年徒刑，缓期执行。判决经媒体公布后，一些媒体、网民和群众提出一些质疑。对公众反映的问题，黑龙江省委政法委组织省公、检、法机关重新抽调力量，分别按照各自的职能和管辖重点对该案定性、量刑和审理程序进行了调查、复查，确认“没有证据证明苏秀文涉嫌故意杀人犯罪”，法院对苏秀文量刑及适用缓刑符合法律规定。对公众反映的其他问题，调查、复查组一并进行了查证。经查，不存在苏家收买、恐吓证人不让其到法院出庭作证，对撞伤者伤情鉴定结论不准确，苏秀文和其丈夫系省市领导的亲属并由省市领导干预该案处理等影响案件定性和量刑的问题。

会舆论相当一致，媒介的报道和评论也比较集中，二股舆论形成合力，不仅推动案件的审理进程，而且催生了《城市生活无着的流浪乞讨人员救助管理办法》。刘涌案以最高人民法院提审、执行死刑而告终，舆论监督也起了积极的作用。但在整个案件的审理过程中，也出现了某些噪音。如，省高院提审前14名法学专家出具《论证意见书》称证据有严重问题、“有刑讯逼供的可能”；又如，最高人民法院判决后有的媒介还发表了《刘涌，差点没死》的文章。社会上的噪音不难理解，值得注意的是来自媒介的不谐音。“宝马车撞人案”社会舆论那么强烈，看来不无刘涌案连锁反应的因素在，不少媒体抢着发表报道和评论也多少起了推波助澜的作用；社会舆论以此类推无足为怪，媒介争先恐后地报道、评论是否有“炒作”、“抢点”之嫌，或沾染了毛泽东早就批评过的“无实事求是之意，有哗众取宠之心”① 的毛病呢？

另一个实例更加值得琢磨。2004 年 2 月发生了马加爵连续杀害四位同学的案件②。有家网络媒体在“新闻评论”栏目中，先是以《爱应当成为教育的主线》③ 为题转载了一篇报纸文章，随后刊发了《马建夫——我要为你状告云南大学》④ 的评论。看来这家媒体想以设置议题的方式，引导网民就这一案件进行讨论。然而，人们在读了《爱的教育》和随后的评论之后，却不免产生南辕北辙的感觉；如果再同马加爵刚刚捕获、案件还在侦查阶段尚未正式立案联系起来，恐怕也难免产生时机是否得当的怀疑。甚至还可能进而提出诸如此类的质疑：这样设置议题，究竟将把讨论引向何方？是否恰当其时、恰到好处地反映了社会舆论？能否收到引导社会舆论的预期效果？

---

①《改造我们的学习》，《毛泽东选集》（合订本），人民出版社 1966 年，第 800 页。

② 马加爵系云南大学生物系四年级学生，2004 年 2 月 23 日前连续杀害四名同学后潜逃，3 月 12 在海南三亚被捕获，4 月 24 日被依法判处死刑，6 月 17 日执行。

③ 这则评论的原题为《爱的教育》，发表于 2004 年 1 月 17 日《南方周末》。1991 年 11 月 1 日，中国留美学生卢刚枪杀所在学校的三位教授、一位副校长和一位同学；11 月 4 日，这位副校长——安·柯莱瑞的两个兄弟联名给卢刚的家人写了一封感人至深的信。信的全文如下：我们刚经历了突发的巨痛，我们在姐姐一生中最光辉的时候，失去了她。我们深以姐姐为荣，她有很大的影响力，受到每一个接触她的人的尊敬和热爱——她的家人，邻居的大人和孩子们，她遍及各国的学术界的同事、学生、朋友和亲属。/我们一家人从远方来到爱荷华这里，不但和姐姐的众多朋友一同承担悲痛，也一起分享了姐姐在世时所留下的美好回忆。当我们在悲伤和回忆中相聚一起的时候，也想到了你们一家人，并为你们祈祷。因为这周末你们肯定是十分悲痛和震惊。/安生前相信爱和宽恕。我们在你们悲痛时写这封信，为要分担你们的哀伤，也盼你们和我们一起祈祷彼此相爱。在这痛苦时刻，安是会希望我们大家的心都充满同情、宽容和爱的。我们知道，在这时会比我们更感悲痛的，只有你们一家。请你们理解，我们愿和你们共同承受这悲伤。/这样，我们就能一起从中得到安慰和支持。安也会希望是这样的。/诚挚的安·柯莱瑞博士的兄弟们 弗兰克、迈克、保罗·克莱瑞 1991 年 11 月 4 日。作者余杰在十多年之后，就这件事写了这则评论。他在全文引用这封信之后，指出：“这一信件比整个残酷的枪杀事件更有报道的价值。这封信战胜了邪恶与死亡，体现了人性的高贵和宽容。这封信件展示了教育中最为宝贵的一个侧面：这就是爱的教育、人性的教育和宽容的教育。”并建议将这封信收入中学教科书。

④ 此稿和转载稿，均发于 3 月 18 日某门户网站；马建夫系马家爵的父亲。

诸如此类的例子说明，不管自觉或不自觉，媒介事实上都在某种“总的看法”指导下从事评论活动，回应、影响、引导社会舆论。反过来说，通过对这种回应、影响和引导的考察，则可以检验媒介的评论活动及其背后的指导思想。由此可见，无论从更好发挥评论反映和引导社会舆论这一基本社会功能，还是从构建、完善科学评论观看，了解和把握社会舆论的存在形态、发展趋向及其一般规律，都是至关重要的前提条件。如果说其中有什么差别，那就是前者着眼于当前的具体舆论及其最新动向，后者更注重把握社会舆论的整体发展态势。

2. 受众需求

作为新闻评论存在和发展的基本条件之一①，受众对于新闻评论的需求，无疑也是影响媒介评论观科学性的重要因素。不过，这个不成问题的问题，迄今仍然存在着若干有待厘清的认识。略列如下：

• 客观评估受众需求。近些年来，评论领域出现一种引人关注现象：一方面报纸评论栏目和广播、电视评论性或分析性节目迅速增多，另一方面具体栏目、节目的阅读率、收听率、收视率日渐下降。这究竟是媒介“一头热”、供过于求，还是随着有影响的评论专栏、节目的增多、受众分流的结果？受众对新闻评论的整体需求究竟是减弱还是增强？究竟是不是如有人所说是“信息时代事实重于观念”的必然反映，或者说信息时代受众的评论需求趋势究竟是递减还是递增？在受众选择权日益增多的情况下，能否保持和提升评论专栏、节目的接受率？具体栏目、节目接受率的差别，症结究竟在哪里？由此可见，怎样实事求是地解释上述现象，仍然是一个需要厘清的问题。信息本来就有两种：事实性信息和观念性信息。事实上，信息时代不仅不抑制公众对于以提供观念性信息为主的新闻评论的需求，而且日益激发了这种需求；公众在获取客观事实时固然可能形成相应的判断，同时也往往会为了争取认同或验证自己的判断，产生听听他人尤其享有较高公信度的媒介见解的欲望。如果说现在受众对评论的需求还不那么稳定或像预期的那么高，症结恐怕在于媒介对评论的经营还停留在重量甚于重质的状态，在于供不适于求而不是供过于求。

• 掌握受众需求倾向。受众对于新闻评论的需求，一般可分为两种：一是共同需求，主要是分析社会普遍关注的“热点”、“焦点”问题和重大突发事件的评论；一为特殊需求，即攸关自己切身利害的评论。任何一个受众，其实都同时具有这两种需求倾向，只不过在不同情况下主次有所不同而已。然而，不同媒介有不同的受众群；而受众一旦选择了某一媒介则期望两种需求都能得

① 参见本书第一章第一节“新闻评论的界说”。

到满足，否则他就可能寻求其他媒介。所以，对于特定媒介来说，能否保持评论接收率的稳定性，在很大程度上取决于是否准确地掌握自己的受众群体的需求倾向和变化动向，是否善于同时兼顾这两种需求。前者只要下一番调查研究的工夫，不难办到；后者相对难些，但也有诀窍，这个诀窍的基石就是把立足点转移到面向受众上来。共同需求和特殊需求，都是受众的需求；立足点变了，一切为受众着想，是可以找到在一则评论中兼顾两种需求的适当方法的。

• 激发受众潜在需求。共同需求和特殊需求，均为显性需求；除此以外，还有一种隐性或潜在的需求，即受众尚未意识到的需求。表现在媒介评论活动中，就是经常面临着一些亟须论述却未必能够引起受众兴趣的问题，如某些新出台的方针政策，公共领域的某些需要共同遵守的规范，经济领域里的某些新举措、新现象、新问题，等等。这类问题由于事关公众利益或需要公众配合，不予论述等于放弃自己的社会责任；论述吧，则可能因为受众还没有意识到它的重要性而变成“无用功”。因此，善于激发受众潜在需求，于受众等于增强了维护自身权益的自觉性，于媒介则不仅可以收到提高接受率的近期效果，而且可以拓宽增强舆论导向功能的途径。至于如何把潜在需求转化为显性需求，看来关键也在于转移立足点，尽可能将所论述的问题与受众的切身利益和权利联系起来。

• 讲究适应需求的策略。受众对于新闻评论的需求，尤其是特殊需求，往往有某种具体的背景，因而也有某种具体的要求。比如，林放曾举过三种情况：“一种是你能够说出群众的心里话，他想说的你说了；一种是他想不通的，你给他解释了；一种是他不懂的，你增加了他的知识，他也会高兴。总之一句话，叫‘言之有物’。”[①] 当然不止这三种，但不管多少种，都得想方设法吸引受众读（或听、看）下去，而且有所获益。再如，有些受众对某事、某现象、某问题所知不多，还没有形成什么见解；有些则相反，他们接触、感受在先，已经有了某种“先认识”，却可能反而更渴望接触有关的评论。评论要满足他们的需求，打动他们，论述策略当然也得有所不同。所以，毛泽东一向提倡宣传“要看对象”，“到什么山上唱什么歌”，“看菜吃饭，量体裁衣”，“想一想自己的文章、演说、谈话、写字是给什么人看、给什么人听的”。[②] 当然，强调讲究策略不是主张一味迎合、迁就，而是说要从受众的思想实际出发选择相应的方式方法。这样才能有效地扩大新闻评论的社会需求，增强评论对于受众的吸引力、感染力、说服力，赢得更好社会效果。

受众需求与社会舆论，客观上存在着密不可分的联系。前面说过，受众在

① 《林放文集》（第 6 卷），上海文汇出版社 1999 年版，第 560 页。
② 《反对党八股》，《毛泽东选集》（合订本），人民出版社 1966 年，第 835、837 页。

新闻传播过程中，既是传播内容的接受者，同时也可能是客体的组成部分，以及特定事物的认识主体。[①] 受众的后两种角色，进一步增强了他们与社会舆论联系的密切程度，从而也影响着他们对新闻评论的需求程度和需求取向。这意味着受众需求和社会舆论相互联系、互为作用，构成了制约媒介评论活动的现实语境，于是也成为构建和完善媒介评论观的必要条件。从这个意义上说，厘清受众需求的有关问题，无论对于增强媒介驾驭新闻评论的自觉性，还是夯实媒介评论观的基础，其重要性都不亚于正确认识社会舆论。

3. 新闻报道

全国解放前后，新闻评论和新闻报道的关系发生了明显的变化。解放前，多数报纸实行主笔制，“看完大样写社论”[②] 几乎成了业界的口头禅。这句话包含两层意思，一是根据当天的新闻报道写社论，二是预留版面空间等待主笔来填补。前者意味着评论以当天的报道为选题依据，有利于增强评论新闻性(准确地说是“时效性”)。后者因为未必天天都有值得或需要评论的新闻，即使在正常情况下也可能出现“没话找话说”的尴尬局面，致使有的评论沦为填补版面、敷衍读者的“例文”；遭到言论钳制时，该说的话不能说，则只能像《英埃谈判》那样[③]，拿些“不知其原委”的事件做文章。解放后强调发不发评论服从于现实的需要,有时数天无“论”,有时也可能一天数“论”,同时提倡围绕社论或其他重头评论组织版面,以造成某种“舆论攻势”;有时围绕新闻评论组织新闻报道,或压下新闻等评论。这两种做法各有利弊,也有各自不同的具体成因,但不论自觉或不自觉,其实都是各自评论观的反映。反过来说,理顺新闻报道与新闻评论的关系,自然也是增进媒介评论观科学性的题中之意。

虽说新闻评论与新闻报道既有联系也有区别，但区别是绝对的，而联系则具有相对性；没有恰如其分的区别就不可能建立必然的联系，抹煞它们的区别也就抹煞它们的联系。所以——

先说二者之间的区别。作为两相对应的体裁或话语形式，新闻报道旨在反映客观实际的发展变化，向来强调尊重事实的本来面目，遵循真实性、客观性原则；当然也有鲜明的倾向性，但其倾向是通过对具体事实的选择、剪裁和背景材料的衬托以及叙事方式乃至遣词用语等来体现的，也就是“用事实说话”

---

① 参见本书第二章第一节中“新闻评论的思维系统·受体的特殊地位”。

② 参见范荣康：《新闻评论学》，人民日报出版社 1988 年版，第 14 页。

③ 韬奋严肃批评了这则评论，见前引文。但从另一面看，《新闻报》就这件“不知其原委”的国际事件发表“寥寥数语”的评论，恐怕也不能完全排除主笔政的人别有用意或不得已的苦衷。依据是这家报纸的老板史量才（也是《申报》拥有者），在“九一八”事件之后积极参加抗日爱国运动，在“1·28”淞沪抗战中为声援十九路军四处奔走，而终于在 1934 年 11 月 13 日被军统特务枪杀于浙江海宁。参见《新闻学大辞典》“史量才”条和江南：《蒋经国传》。

或寓观点于叙事之中。而新闻评论则肩负着揭示事物本质、提供切合实际的见解或明辨是非、正误、真善美和假丑恶的任务，主要“用道理说话”；当然也摆事实，但摆什么、如何摆却必须服从于说理的需要，即围绕说理的逻辑思路选择、剪裁和叙述事实。这是常识，无须多说。这里主要强调两点：（一）正因为存在这种区别，所以它们往往相互配合，共同为增强媒介的舆论功能、履行舆论导向的使命服务；如果忽略区别，就不仅无所谓配合，还可能导致相互抑制或扞格。（二）区别的绝对性，并非对立、排斥的同义语，更不排除在一定条件下相互转化的可能性。比如，近些年来日渐增多的分析性报道和新闻述评，未尝不可以说是两种体裁相互嫁接的边缘体裁；至于是“情投意合”还是“拉郎配”的嫁接，则在很大程度上取决于条件，如是否吃透两种体裁的基本属性、适应表现题材的需要、适应媒介符号系统等等。

再说二者之间的联系。联系的相对性，指在特定的条件下所形成的具体关系。这类条件多种多样，如，报道和评论的具体内容、相关的历史背景和社会环境、社会舆论和受众需求、媒介的性质及其在媒介链中所处的地位，等等。这意味着任何具体条件的改变都可能改变二者关系，因此，联系相对性必然带来具体关系的多样性、复杂性。如果无视条件，人为扭曲其固有的客观联系，二者形同陌路，哪里还谈得上相互配合？《刘涌，差点没有死》这篇分析性文章，不就因漠视结案后的社会舆论，而多少给人无端挑战关于终审判决相关报道的感觉吗？《马建夫——我要为你状告云南大学》的评论，未尝没有一定的新闻依据，然而由于忽视时机这一条件，不仅削弱了评论与新闻的有效联系，而且还可能因此带来分散舆论、干扰司法之类的副作用。可见，新闻与评论的具体关系因具体条件而异，能否充分发挥它们相互配合的互补效应，取决于评论工作者是否善于在审视诸条件的基础上驰骋自己的能动性。这里，审视诸条件是一个不可或缺的前提；如果漠视条件，能动性就可能异化为盲目性。

那么，怎样能动处理新闻报道与新闻评论的关系，争取更好的互补效应呢？让我们一起琢磨几个问题。

• 回归“新闻根据”说？新闻根据，又称新闻由头，在新闻报道中主要指最新鲜的某一新闻事实或要素，而在新闻评论中则指以新闻报道为论说的依据。“看完大样写社论”这句话，就蕴含着这一“说”，只不过没有明确说出来罢了。美国有位报人，在论述社论的功能时依次列举了四条：解释新闻、补充背景、预测未来、作出道德判断或“价值判断”。国内有位研究者在概括引用他的见解后指出：“社论的四种功能，没有一种能够离开新闻”。[①] 邓拓在讲到

① 参见范荣康：《新闻评论学》，人民日报出版社 1988 年版，第 14 页。

报纸社论选题时，虽然只是把新闻报道列为选题根据之一[①]，但也不排除此说。不过，有没有“成说”其实并不重要，重要的是评论实践屡屡证明，重视从新闻报道中取材或拥有一定“新闻根据”的评论，除了增强评论的新闻性外，还往往可以不同程度地收到增强评论与社会现实、与受众的联系以及感染力、说服力的效果。

然而，实践中不也时常出现没有新闻依托的评论，如有些阐述方针政策和体现意图的评论吗？其实，如果稍加分析，就不难发现这类评论多出现在方针政策刚出台的时候，方针政策的“文本”本身就是新闻；党和政府的决策、部署也有其现实的背景，只是不一定形诸新闻报道而已。当然，也有的确没有任何新闻依托的评论，且举一例：多年前有家国内外瞩目的报纸，发表了题为《理论联系实际》的评论员文章。文章写得相当精彩，却由于没有必要的新闻依据，结果既让国内有些读者感到突兀，犹如“丈二和尚——摸不着头脑”，不免出现这样那样的猜测；也让《美国之音》嗅到了什么，急不可待地于当天播出的新闻背景节目《时事经纬》兴高采烈地宣称：中国将抛弃马克思这面旗帜。一周后，报纸发表了《再谈理论联系实际》，虽然给《美国之音》泼了一盆冷水，但由于仍然没有提供新闻根据或背景材料，却未必能够消除国内读者的猜测。就这一例子看，回归“新闻根据”说，恐怕并非完全是无稽之谈。

• “新闻根据”何所指？不过说“回归”似乎又有点过甚其词，因为毫无“新闻根据”的评论毕竟是个别的。倒是有些体现意图的评论，往往为强化舆论攻势而有意识地组织一些新闻报道，有时甚至弄出了“带钩的花环”[②]式的报道来。所以，问题主要不在于新闻评论是否需要新闻根据，而在于如何准确理解和灵活运用新闻根据。

从既往的评论实践看，“新闻根据”在新闻评论中的具体表现和作用，大致可以概括为四类：

(1) 以评论对象的面目出现的新闻报道。这类报道无论是正面还是反面的，其实都是评论的分析样本，或者说评论都是因它而发的；目的也都在于通过翔实充分的报道和实事求是的分析、展现事物的本来面目和揭示其内在实质，发挥扬正祛邪的舆论功能。这样形成的评论，俗称“配评论”，即配合新闻报道的评论。

---

① 《关于报纸的社论》，《邓拓文集》(第1卷)，北京出版社1986年版，第318页。

② 语出1985年5月9日《人民日报》杂文《“挂联”与求实》，指一种现象：一个单位的工作如果有了起色，便成了“带钩的花环”，就随意挂在当时的什么时髦的名义上。林放在随后以《带钩的花环》为题写的短论中，进一步指出“这也不仅是个文风问题，而是思想方法与工作作风问题。”据《赵超构文集》(第5卷)文汇出版社1999年版，第667页。

（2）作为评论“由头”存在的新闻报道。这类报道与新闻评论之间，未必存在着全方位的联系，也未必同时发布。换句话说，评论或者取报道的富于启发性、针砭力的某一侧面或某一点来分析、阐述，或者以之入题然后引伸开去。较之前一类，这一类“新闻根据”显然更为机动灵活，出现的频率也更高。

（3）配合新闻评论的报道。这同第一类的走向恰恰相反。由于评论在前、报道在后，如果带着既定的调子去搜寻新闻事实，就可能真的炮制出“带钩的花环”式的报道来。这样的报道，不仅于评论无补，而且还可能削弱它的舆论效果。

（4）与评论融为一体的报道。广播、电视评论节目，以及新闻述评、分析性文章，多数属于这一类。

可见，“新闻根据”的具体表现是多种多样的。把握这种多样性，意味评论主体拥有更多选择和运用“新闻根据”的主动权。从而也就可以为发挥新闻报道与新闻评论相互配合的舆论功能提供更有利的条件，开辟更广阔的前景。

• 新闻、评论孰主孰从？在“新闻根据”的这四种具体表现中，除配合评论的报道以外，都呈现“新闻报道→新闻评论”的逻辑关系。乍看这像是评论跟着新闻走，它们之间的主从关系已经确定。可是，为什么配合或依据同一新闻撰写、制作的评论，不同媒介却时常有不同的着眼点，甚或不同的见解呢？可见，二者孰主孰从，仍然是个问题，是个涉及更深层次关系、攸关评论发展方向和社会效果的问题。

客观事物本来就是一个多面体，反映客观事物发展变化的新闻报道，自然也可以从不同的角度去解读。这样，新闻报道同以之为依据的新闻评论之间，就必然形成多种关系。如：

（1）同向关系，即评论中心思想同新闻主题的整体倾向一致，或保持同一方向。配合新闻的评论，配合评论的新闻，新闻与评论之间的关系多数属于这一类。但是，同向不等于同一；评论通常在分析新闻的基础上作进一步的提炼，形成比新闻主题更集中、更深刻的中心思想。如果二者完全相同，评论岂不成为多余赘疣?!

（2）逆向关系，即二者的倾向性截然不同。这其实是通过转发与自己立场、观点相对立或歪曲事实真相的报道，然后以评论予以批驳、抨击或澄清。请注意，逆向关系中的评论，其锋芒主要针对报道本身所持的立场、观点；如果是针对报道所反映的事情，则多数属于同向关系。

（3）双向关系，即报道本身或它所反映的客观事物具有两面性。评论通过对报道或它所反映的事物的具体分析，作出既有所肯定也有所否定的论断。

如此等等表明，新闻虽然是评论的依据，但评论绝非只是跟着新闻走，而没有基于自身判断的抉择。恰恰相反，大凡成功或比较成功的评论，其实都是以“我”为主，即从评论主体——媒介、作者的立场、观点和对新闻的理解出发，能动驾驭“新闻根据”的。所以，即使“新闻根据”同出一源（如采用新华社的通稿），不同媒介也完全可以据以写出论述重点不同、个性特点迥异的评论来。从这个意义上说，在新闻与评论的关系中，评论显然处于主导的地位；而充分发挥这种主导作用，则有赖于评论主体对于新闻的鉴别、剖析和提炼功夫。这样，问题最终还是回到了评论主体，尤其是媒介处理新闻与评论关系的指导思想上来，并且直接同媒介评论观和新闻观联系在一起。

上面分别接触到影响媒介评论观的三个因素。当然还有其他因素，如媒介的总体发展态势、不同媒介的传播方式等，前面已有所涉及，这里就不赘述了。

四、在完善科学评论观的路上

无论自觉或不自觉，既有媒介事实上无不持有某种评论观；就是从来不发表评论的媒介，“不发表”本身就体现着对于评论的某种基本看法。所以，对于既有媒介来说，问题在于如何因时因势调整、完善原来所持的评论观。这是一个没有终点的过程；在这个不断调整、完善的长途中，本着理论与实践相结合的思想原则，不时回过头来琢磨琢磨以下几个问题，或许不会是多余的。

1. 继承与更新

如果说调整、完善媒介评论观是一个长过程，那么，与时俱进更新评论观念，就是它的阶段性任务。更新从哪里开始？或者说新的、科学的评论观念从哪里来？毛泽东同志有话在先，既不是头脑里固有的，也不是天上掉下来的，而是从实践中来的。这个实践当然包括前人的实践，因此就涉及如何继承、吸取前人的经验教训；在这个特定的问题上，也就是继承、吸取前人在实践中形成的、或明确或朦胧的政论—评论观。从这个意义上说，没有恰当的继承、吸取，所谓更新就可能因失去一个重要方面的凭借而陷于盲目的境地。广播、电视评论性节目在发展过程中，频频出现“一哄而起”、“昙花一现”的现象；网络评论迄今仍然像断线的风筝，浮游不定，恐怕都与忽视的恰当继承和吸取不无关系。

继承什么？如何继承？在党报的评论史上，曾经出现过两篇以《致读者》为题的社论，琢磨琢磨其中关于评论的主张和设想，或许可以获得某些启发。一是延安整风运动之后，延安《解放日报》于 1942 年 4 月 1 日发表的社论。这篇社论在检查言论工作的缺失时，明确指出：

> 有些解释的论文评述，或则浮泛空洞，辞严意宽，或则挂一漏万，损害原意，或则夸夸其谈，以八股反对八股……

进而重点强调党报“要成为反对主观主义宗派主义党八股的先锋”[①]。另一篇是《人民日报》在1956年7月1日的社论，突出地强调“报纸是社会的言论机关”，应“开展自由讨论”：

> ……在任何一个社会里，社会的成员不可能对于任何一个具体问题都抱有同一种见解。党的和人民的报纸有责任把社会的见解引向正确的道路，但是为了达到这个目的，不应该采取简单的、勉强的方法。首先，报纸的编辑部无论凭着什么名义，总不能设想自己是全知全能的，或者故意摆出这样一副神气，活像对于任何问题可以随时作出绝对正确的结论。不是的，事实绝不是如此。有许多问题需要在群众性的讨论中逐渐得到答案。有一部分问题甚至在一个时期的讨论以后暂时也还不能得到肯定的答案。有许多问题，虽然已经有了正确的答案，应该在群众中加以广泛的宣传，但是这种宣传也并不排斥适当的有益的讨论。相反，这种讨论可以更好地帮助人们认识答案的正确性。而且就是正确的答案，也经常需要在群众的实践中加以补充和修正。我们虽然不提倡无休止的讨论，报纸的篇幅也不允许对于任何问题都去讨论，但是无论如何，害怕讨论的人总是可笑的人。……为了便于开展自由讨论，我们希望读者注意：在我们的报纸上发表的文章，虽然是经过编辑部选择的，但是并不一定都代表编辑部的意见——这不是说代表编辑部的意见就不可以讨论，而是说，我们发表的某些文章的某些观点跟编辑部的有所不同，这些文章的作者的观点彼此也不同，这种情形希望读者认为是正常的。这种情形不但不妨碍而且有助于问题的解决，无论问题是由于一种观点战胜了其他的观点而解决，或者是由于不同观点在争论中互相接近而解决。[②]

这在党报评论活动领域，堪称是一项突破性主张；如果得以坚持，当可以带来评论观的飞跃。虽然它阐述的基本观点因不久之后的“反右运动”的冲击而未能付诸实践，迄今读来不是仍可以获得多方面的启发吗？

就是近代报刊史上的建立在“文人论政”基点上的政论—评论观，也并非尽是垃圾。“文人论政”是报刊政论—评论话语权掌握在少数知识分子手里的反映，当然可以视为历史的陈迹。然而，由于他们中间多数人曾经站在时代的

---

① 延安《解放日报》社论《致读者》，《中国共产党新闻工作文件汇编》（下册），新华出版社1980年版，第52页。

② 《中国共产党新闻工作文件汇编》（下册），新华出版社1980年版，第110页。

前列，比较自觉以“开启民智”、“拯国家民族于危亡”为己任，或多或少都起过积极的作用，却又未尝没有可以借鉴的合理内核。

如同文化遗产是孕育新文化的土壤一样，既往的评论实践及其指导思想，也是适应新的时代—社会需求更新评论观的参照因素之一，所以需要适当继承。不过，这种继承不是全盘接收，更不能抱残守缺，而是批判地继承，即在分析的基础上取其精华、弃其糟粕。如“文人论政”的垄断话语权倾向，显然属于早该抛弃的观念，而其中的“拯国家民族于危亡”的历史使命和社会责任观念，即使在当代也仍是宝贵的精神财富。延安《解放日报》强调的“先锋”作用，其精神实质在于突出特定时期评论的主攻方向，无疑仍有重要的借鉴价值，至于具体内涵则完全可以随不同阶段面临的中心课题的变化而变化。至于《人民日报》1956年提出“开展自由讨论”的构想，则未尝不可以说仍是完善科学评论观的基本方向之一。当然，更新评论观念，也不是另起炉灶，推翻以往的一切，甚至把孩子和洗澡水一起泼掉。所以，无论继承还是更新，重要的是辩证地分析历史与实现，审慎鉴别“旧”与“新”，而不能单凭一时心血来潮予取予舍，尤其是防止不加分析地追“新”猎“异”。

2. 社会功能再认识

关于新闻评论的社会功能，历来存在不尽相同的概括。这些不同的概括多数是视角不同所使然，它们之间未必相互对立，当然也无须强求统一。所以，这里所说的“再认识”，重点不在于统一社会功能的内涵，而在于弄清如何科学理解评论社会功能的若干前提性的问题。如：

• 社会功能是主观产物还是客观规定？看来这不是一个“一边倒”，而是需要“两面解”的问题。一方面，新闻评论有其不同于其他新闻体裁的基本特征，媒介有各自的传播方式和符号系统，社会的不同发展阶段也有不同的需求；这些因素结合在一起，决定了不同媒介的新闻评论究竟应该和能够承担什么社会功能。评论实践反复证明：(1) 与其他新闻体裁相比较，新闻评论既有所能又有所不能。它能够通过对相关事物的分析，阐述其“所以然”，帮助社会公众认识事物的本质和实质，划清是非、正误等界限；但如果要求它还原事物本来的面目，将会是什么结果呢？恐怕不仅难能胜任，而且还可能越俎代庖；不仅影响评论社会功能的实现，而且削弱媒介多种话语形式相互配合的互补效应。(2) 相对于印刷媒介而言，广播、电视评论显然比较善于揭示新闻事件的实质，引起公众的共鸣和认同，而在分析社会现象、社会问题方面则可能比印刷媒介的评论逊色。(3) 社会需求因时而异，如果忽视当前的需求重点，即使能够履行的社会功能，也未必能够付诸实践。从这方面看，无论新闻评论的共同功能还是不同媒介评论的特殊功能，都有其客观的规定性，而不是媒介或评论作者可以随意赋予的。

但是，这是否意味着新闻评论的社会功能是自然而然形成的呢？事实也并非如此。从历史上看，报刊政论—新闻评论的社会功能经历过一个从泛功能到多功能的发展过程[①]；在这个过程中，不论评论主体是否自觉，都是沿着“实践—认识—再实践—再认识……”的路子前进的。没有实践固然就没有认识，没有认识又哪来新的实践？就现实评论活动说，既然存在着对于社会功能的不同概括，既然不同时期可能凸显不同的功能[②]，既然对功能的体现有成败得失之别，又怎能否认媒介或评论作者的认识和掌控的重要作用？所以，对于这个问题，只宜“两面解”，不能“一边倒”。“一边倒”不是强加给评论不能胜任的功能，便是抹煞媒介或评论作者的主观能动性；比较地说，在媒介日趋商业化、娱乐化的现阶段，面对着有的媒介由“炒新闻”而“炒”起评论来的现象，前一种倾向恐怕更需要引起警惕。

• 如何看待宣传、教育功能？这本来是中外各种媒介无不相当重视的一项评论功能。我国自不必说；美国报人品克敦尔在《奈门报告》中阐述社论的四大功能，其中之一就是“作出道德判断或‘价值判断’”，这不也就是宣传、教育功能的另一种说法吗？现在宣传、教育功能之所以成为一个问题，看来症结不在于新闻评论是否具有这一功能，而在于如何体现这一功能。比如，是紧密联系当时当地的实际体现，还是“等因奉此”式地照本宣科？是针对公众的疑难有的放矢地解难释疑，还是大而化之地高谈阔论？是具体问题具体分析，还是概念来概念去的推演？是晓之以事、说之以理、动之以情，还是板着脸孔、动辄“必须”、“应当”居高临下地灌注？这些的确都是体现宣传、教育功能过程中亟待引起重视和改善的问题，但如果因此而否定这两个功能，那就不只是因噎废食，而且还将因而削弱新闻评论的其他功能。因为宣传、教育功能，主要着眼于阐明、解释的党和政府的纲领、路线、法律、政令和重大的决策、部署以及社会思想、伦理和行为规范等等，从这个意义上可以说，它们同时也是体现诸如舆论导向和舆论监督等功能的基础或必要条件。

• 怎样恰当处理诸功能的关系？除了宣传、教育功能以外，新闻界普遍

---

① 持“文人论政”观念的报刊政论—评论家，大多持泛功能的观点。如王韬在讲到西方报纸的“论说”时说：“西国之为日报主笔者，必精其选，非绝伦超群者，不得预其列。今日云蒸霞蔚，持论蜂起，无一不为庶人之清议。其立论一秉公平，其居心务期诚正。如英国之《泰晤士》，人仰之几如泰山北斗，国家有大事，皆视其所言以为准则，盖主笔所持衡，人心之所趋向也。”《论日报渐行于中土》，《中国新闻史论集》，第13页。

② 如改革开放初期、邓小平同志南巡讲话以后一个时期、向市场经济转变阶段都突出阐释功能，而在建设全面小康社会、倡导科学发展观和加强物质文明、政治文明、精神文明建设的现阶段，则较多强调舆论监督功能。

认同的另一功能就是反映、影响、引导社会舆论这一功能了。所谓诸功能的关系，首先就是它们之间的关系。当代各种媒介之所以越来越重视评论，尽管具体着眼点可能有所不同，但归根到底莫不以反映舆论、影响舆论、引导舆论为主要诉求；而社会乃至受众个人之所以越来越需要评论，则主要由于它拥有这样的功能。也就是说，传、受双方对于新闻评论的需求，都以它拥有反映、影响、引导舆论这一功能为皈依。这三种功能都以社会公众为对象，通过公众的接受、理解发挥作用。如果说社会公众的需求是它们密切联系的客观基础，那么，自觉适应这种需求，则是恰当处理它们之间关系基本前提；如果说宣传、教育属于基础功能，那么，反映、影响、引导社会舆论，则可以说是贯穿于包括宣传、教育、批评、抨击诸功能之中的主导功能或核心功能。这乍看像是形而上的逻辑推论，其实只要稍作具体分析，就可以发现大凡收到预期效果的评论，无论是着眼于宣传、教育还是批评、监督，都是通过回应社会舆论、形成舆论主流实现的；反之，离开这一主导功能，其他功能即使费尽气力恐怕也难以落到实处。

• 何谓评论的“舆论监督”？舆论监督包括社会舆论监督和新闻舆论监督两个部分，评论的舆论监督功能则是新闻舆论监督的一个重要侧面，这是人所共知的常识。然而，近些年来的新闻舆论监督在日益显现其强大威力同时，也出现了某种蜕化现象。有位业内人士曾尖锐指出：“现在舆论监督的力量大大超过了舆论监督的力量。我们的监督还是借官方的权力来监督。……这不叫新闻监督，而是给权力提供信息，让权力进行监督。”他把新闻监督分为三个层次，即事实层次和政策、思想层次以及第三个层次，即：

> ……理论层次，我们国家仍然有很多错误的理论思想在左右着人们的行为，如果我们舆论界把这些错误的思想加以明晰，这个影响可能比政策还要重要。[①]

这里所说的第三层次，本来是主要由新闻评论来履行的舆论监督功能。可是，不少广播、电视和网络评论却把这一功能同“曝光”等同起来，实际上停留在事实层次上头。通过“曝光”引起有关领导的重视，于是问题得到了解决；这虽然是一种监督，但的确如同这位同志所说的“不叫新闻监督”，更不叫评论舆论监督。新闻报道也好，新闻评论也罢，充其量不过是“给权力提供信息”

① 新华社高级记者杨继绳之语，原载2004年4月19日出版的《学习时报》，引语据2004年4月30日《报刊文摘》。

罢了。显然，真正的评论舆论监督应该朝第三层次的目标努力，即从事实层次上升为理论思想层次，这样才能收到举一反三的监督效果。如果单纯满足于“曝光”，以中国之大、人口之多、社会发展变化之急剧，用受众的话说：就是将所有广播频率、电视频道、网页都用来“曝光”，又能怎么样?！所以，评论的舆论监督怎样做到位，也是一个大可斟酌的问题。

弄清这几个问题，是不是有助于增进和深化对于评论功能的认识，促进预期功能转化为现实的社会效果呢?

3. 社会效果“放眼量”

新闻评论的社会效果，是其社会功能的实现。社会功能有其客观规定性，而社会效果则是评论主体在这种规定性制约下发挥能动作用的结果。这种制约、能动关系表明，二者之间不可避免地存在着距离，而距离的大小则取决于评论主体发挥主观能动性的程度。

随着媒介的增多和竞争的加剧，新闻界在评论领域里越来越自觉地追求社会效果的最大化。这是一个积极的发展趋势，但要真正把这种愿望转变为具体的评论实践，看来还需要——

• 确切界定评论社会效果。新闻评论的社会效果，主要指体现评论主导功能——反映、影响和引导社会舆论以及转化为指导社会实践（包括人们社会行为），促进社会主义物质、政治和精神文明建设，推动社会健康发展物质力量的程度。具体点说，大致可以从以下三个不同的角度来观察和界定：

首先，整体效果与具体效果。整体效果包含两层意思，即同一覆盖区域各种媒介评论相互配合和同一媒介各种评论相互为用的舆论效果。现在，多数媒介把注意力放在后一层面，但也出现了多媒介相互配合的苗头。如，中央人民广播电台“中国之声”频率（即第一套节目）从2004年元旦开始同新浪网合作打造“评论旗舰”，并在新浪网“新闻网页”开辟“央广论坛”；而在频率内部，则同时设置《新闻纵横》、《新闻观潮》、《中国调查》、《今日论坛（晚间版）》等评论性节目，并尽量在选题方面相互照应①。这一举措的着眼点，看

---

① 据2003年12月29日“中广网”报道。《新闻纵横》开播于1994年10月1日，原每天早、晚7点播出，于1995、1997年连获《中央主要新闻媒体十大名专栏》称号。现改为周一至周五早7点播出，每次20分钟。《新闻观潮》，“中国之声”2004年1月1日改版后推出的一档全新的直播谈话节目，每周一至周五21：10至22：00播出。每期讨论的主要话题将提前在新浪网上预告，听众和网友通过热线电话、手机短信和网上评论就可以参与到直播节目当中。《中国调查》和《今日论坛（晚间版）》也是2004年1月1日改版后推出的一档全新节目。前者每周六早上6：05分至6：30分播出，将不定期在新浪网上开展调查活动。后者每天19：00点播出，主要侧重于国际国内重大时事新闻的延伸报道；它强调紧紧跟踪新闻动态，凸显先发优势和第一现场优势，依托专家学者，揭示事物本质，分析事态走向，使听众对新闻知其然，又知其所以然，有一个立体全方位的把握。

来在于力求通过这两方面的努力，扩大自身评论的整体舆论效果。具体效果指一则或一组评论的所产生的实际舆论效果，是实现整体效果的基础。也就说，整体效果带有很大的预期性，它能否转化为实际效果主要取决于具体评论的具体效果。这就要求评论在具体运作方面，更加自觉地从争取整体效果出发，切切实实地在实现具体效果上努力。

其次，显性效果与隐性效果。前者指可以通过量化检验，如，阅读率、收听率、收视率、点击率以及对具体内容认同程度的调查来检验的效果；后者指包括通过不同方式的再传播，如其他媒介的转载、人际间的传播所产生的却难以确切检测的效果。比较地说，隐性效果蕴含着巨大的潜在空间，更加值得重视。

再次，立竿见影和潜移默化。这是评论社会效果的两种看似相互对立，实则可以相互兼容具体表现。新闻评论主要以时事和现实社会生活中人们普遍关注的现象、问题为分析、论述对象，而且具有强烈的时效性，因此直接回应现实需求，争取“言当其时”甚或“先声夺人”的舆论效果，自是理所当然的事情。如果忽视这一面，即使立论宏大深远、论述语重心长，也可能因拉开与现实、与受众需求的距离而削弱其现实社会意义。所以，张季鸾常说，“报纸文章生命极短”，甚至开玩笑说自己的评论文章“明天就可以拿去包花生米”[①]。其实，他追求的就是立竿见影的现实效果。但是，一味强调立竿见影，却又未必经得起社会现实的检验，未必能够“入脑”，更未必能够转化为受众行为的准则、指导社会实践的物质力量。所以，成熟或比较成熟、且富于社会责任感的媒介和评论作者，无不在追求现实效果的同时，以历史的眼光分析新闻事件和现实社会现象、社会问题，力求既为受众解释眼前疑难，也通过对个别事件、现象或问题的分析帮助他们掌握正确认识事物的观点和方法，也就是赋予评论以某种潜移默化的效果。毛泽东为新华社写的批驳美国政府关于“中美关系白皮书”的五篇社论之一《别了，司徒雷登》，堪称兼具立竿见影和潜移默化效果的典型一例。在这篇3000多字的社论中，涉及司徒雷登的文字只占全文的六分之一，除作为“由头”的第一段和末了为了扣题的简短两段外，中间连续14个自然段“再也没提‘司徒雷登’这四个字，而是将矛头直接转向美国政府的对华政策，开始一桩桩、一件件地揭发抗战胜利后美国如何出钱出枪，支持国民党打内战的事实，对艾奇逊致杜鲁门信中的观点展开进一步的批

① 王芝琛：《浅谈张季鸾先生》，《我与大公报》，复旦大学出版社2002年版，第292页。

判，从而教育人们认清美帝国主义的真相，不要再对美国抱有幻想”①。在这14个自然段中，既有理有据揭露和批驳“美国出钱，蒋介石出人，替美国打仗杀中国人”的帝国主义本质，也通过这种揭露和批驳引导评论的主要说服对象——“自由主义者或民主个人主义者”② 适应新现实，自觉学习和接受历史唯物主义的观点和方法。

将上述对新闻评论社会效果的观察和界定联系起来，或许可以概括为这样一句话：从争取整体、隐性、潜移默化的潜在效果着眼，从落实具体、显性、立竿见影的现实效果入手。如果将前者称为战略目标，那么，后者就可视为战术目标了。二者结合起来，是否可以更为有效实现社会效果最大化呢？

• 把握社会效果的客观限度。实现效果最大化，这无疑是一个引人的远大目标。然而“最大化”究竟有没有客观限度，或者说是否可以随意驰骋诸如“只怕想不到，不怕做不到”的“想像力”呢？这是评论实践中时而出现的某些苗头引出的一个值得寻思的问题。略举几种：

——混淆舆论监督与司法、行政监督，结果有的评论越俎代庖，干扰、冲击了司法、行政职能，而且有日渐蔓延的趋势。这当然不是说不能监督司法、行政部门（包括监督它们是否恰当履行自己的监督职能），而是说不能把三种监督混为一谈。三者混淆，乍看像是新闻舆论监督“独大”，实际上埋伏着扭曲、削弱乃至败坏舆论监督的危险。

——不问题材和社会需求，一味要求评论“好读”、“好听”、“好看”，能够愉悦、娱乐受众，以至有的评论或者插科打诨，或者大摆其“龙门阵”，甚至让受访人翻山越岭唱山歌。我国传统政论向来提倡“寓教于乐”，不管将“乐”理解为“音乐”之“乐”还是“快乐”之“乐”，它与所寓之“教”的关系，都是手段与目的的关系。颠倒了这一关系，唯“乐”是求，那就可能得付出削弱说服力和可信赖的代价。

——把评论与经济效益直接挂起钩来，不惜搞“抬轿子”、“打掩护”的“有偿评论”，这简直就是对新闻评论社会效果的彻底背离或“异化”了。

由此可见，实现新闻评论社会效果最大化，固然依靠评论主体的主观努力，但决不能建立在主观臆想的基础上。相反，只有正视社会效果的客观限度，主观努力才能带来预期的结果。这个客观限度的基准可以概括为二个原则：

一是社会效果与社会功能一致的原则。上面说过，新闻评论是一种自觉

① 郝平：《无奈的结局：司徒雷登与中国》，北京大学出版社2002年9月版，引文据2003年6月23日“新浪网·新浪文化”。

② 这两处引文见《别了，司徒雷登》，《毛泽东选集》（合订本），人民出版社1966年版，第1498、1499页。

的、有组织的舆论形态，它的社会功能不论怎样概括，都离不开反映、影响和引导社会舆论这一主导功能。作为舆论形态，它的力量本质上是无形的“软”力量，而不是有形的“硬”力量。借用贺拉斯的比喻[①]说，它是磨刀石而不是刀子，它虽然可以使刀子变得更锋利，但本身却割不动肉，更不要说像庖丁那样直接用来“解牛”了。如果超越由它的社会属性、功能规定的客观限度，恐怕不仅“最大化”成为“泡沫”，还可能走向反面变为耸人听闻、涣散社会舆论的鼓噪。

二是效果最大化与可持续性统一的原则。“最大化”和“可持续性”，本来就是检验评论社会效果的两个不可分割的侧面。可是，在评论实践中，追求“轰动效应”的现象时有所见：2002年的“旗装事件”、2003年的“木子美现象”，在某些都市报、娱乐报和网站评论中，“炒”得何其热闹啊！这种“恶炒”也许可以在一时间吸引不少“眼球”，但究竟带来什么社会效果，却是大可怀疑的。所以，有必要重申效果最大化与可持续性统一的原则，真正把着眼点转移到追求长期社会效益上来。

把握这两个基准，或者说坚持这两个原则，是否比孤立地强调社会效果和效果“最大化”，更有利于赢得良性的、长效的社会效果呢？如果答案是肯定的，那么，看来在新闻评论社会效果问题上，也有必要如有的学者在论及媒介管理方式时所强调的那样来个“转型”[②]。不过，除了开放、搞活对主流媒介评论的管理以外，还包括媒介自身由急功近利、追求一时的“眼球效果”向“风物长宜放眼量”[③]的思路转型。

4. 评论主体：一元？多元？

近些年来，新闻评论领域里屡有主体多元化呼声，甚或断言多元取代一元是必然趋势。其实，这也是一个需要具体分析，而不能一概而论的问题。

新闻评论的具体表现形态多种多样，其主体的构成自然也有所不同。报纸评论向来分为两类：不署名评论和署名评论。评论而不署名，意味着代表编辑部发言，其主体当然是一元的，即用一个声音说话，中外无不如此；署名评论

---

① ［古罗马］贺拉斯（公元前65～8）《诗艺》：“因此，我不如起个磨刀石的作用，能使钢刀锋利，虽然它自己切不动什么。”伍蠡甫主编：《西方文论选》（上卷），上海译文出版社1979年版，第112页。

② 参见喻国明：《中国传媒业的昨天今天与明天》。他在这篇文章有段话激发了我们的联想：“过去‘抓大放小’的管理方式尽管看上去表现代价较低（所谓宏观管住），但是，事实上它是以阻碍社会和传媒的主流化发展的双重效应为代价的。显然，我国社会的现实已经要求传媒在保障社会知情权和舆论监督等主流信息领域做出足够的努力，不然未来的社会的稳定和可持续发展就会因之而停滞并遭遇某种意想不到的变故，……”转引自2003年9月26日“新浪网”。

③ 《毛泽东诗词·和柳亚子先生》。

以个人的名义发表意见，主体自是呈现多元化，因此即使论述同一事物也可能出现多种声音。这两类评论是近代报纸发展的产物，它们的一元和多元主体并存的态势也将伴随当代报纸长期存在下去，而且继续保持互为补充的关系。

况且报纸的署名评论多纳入长期设置的评论专栏，这类专栏一般又按主体的构成分为群众专栏和专栏作家专栏。后一种专栏的主体不仅一元化，而且个人化，比之不署名评论的群体性一元化更为集中。改革开放以来，随着论坛日益活跃，这类个人专栏日渐增多，也从一个侧面证明一元主体和多元主体完全可以并行不悖，互相之间未必有什么优劣、强弱之分。

不过，广播、电视评论性节目的评论主体，究竟是一元还是多元，朝哪个方向发展，却不像报纸评论这么一目了然。这类节目具体表现形式日渐多样，现在比较常见的主要有专题型和谈话型两种；谈话型评论节目，又可分为演播室谈话、现场谈话以及远程交流等播出形式。从理论上说，在上述无论哪种类型的评论节目中，凡是参与者都拥有一定的话语权；这就不免出现这样的问题：他们是否都是评论主体？是否意味着主体多元化？

事实上，参与到评论节目中的人们，不论他们原来的社会身份是什么，在节目中大致分别担任三种角色：一为传播主体，如主持人、现场记者等，他们可能同时也是评论主体，而且以媒介代表的身份出现在听众、观众面前。二是特邀嘉宾，他们的社会身份相当复杂，除相关领域的专家、学者或主管部门负责人外，还可能包括当事人、目击者或其他知情人；他们都拥有话语权，但只有当他们处于节目的主导地位、他们的话语成为支配性话语的时候，在节目中才享有评论主体的地位。三是节目的其他参与者，如置身于演播室观众席上的人们或远程参与者，他们虽然参与交流，但一般不属于评论主体之列。在这三种角色中，最容易引起混淆的是嘉宾。嘉宾中的当事人、目击者和其他知情人，他们的话语通常提供具体事实，在节目中主要起论据作用，其话语的性质决定他们不属于评论主体之列。嘉宾中的专家、学者和部门负责人，他们的话语通常提供对于相关事物的见解，从表面上看这类见解同节目的中心思想或论点可能毫无二致，是否可以因此就认为他们必然是评论主体呢？这也需要结合节目类型和他们在节目中的地位作具体分析。一般地说，在专题性评论节目中，嘉宾的见解通常属于论据，起支持论点的作用，只不过它是以观念形态出现的理论性论据；这类节目的评论主体其实与传播主体是同一的，即媒介或媒介的代表。而在谈话型评论节目中，当嘉宾处于节目主导地位时，他们就是名副其实的评论主体了。所以，广播、电视评论性节目的评论主体，实际上也是一元与多元并存的。

根据上述分析，大致可以引出以下几点认识：

• 评论主体一元、多元并存的格局，势将长期保持下去。

• 二者本身不存在优劣、强弱之分，能否享有各自的优势和强势，取决于媒介的能动驾驭能力。

• 一元主体的能动驾驭能力，主要表现为通过有理、有据、有节、有序的阐述，经过相当时间的累积性影响形成某种舆论权威，同时在任何情况下都自觉排除居高临下、强词夺理的霸权式话语。多元主体无论纳入一个专栏或一个节目，驾驭权其实都属于媒介；而媒介的能动驾驭能力，则主要表现为分析、鉴别来自不同主体的话语的实质，在这个基础上主动引导不同声音相互交流、切磋，争取或相互取长补短、或求同存异舆论效果，但要注意防止此亦一是非、彼亦一是非的无是非、"和稀泥"现象。

• 在多种话语共存的报纸评论栏目或广播、电视评论节目中，媒介及其代表（编辑、主持人或现场记者等）实际上都是评论主体，只不过有的直接面向受众、有的隐身于栏目或节目的背后而已。就是专栏作家的专栏评论，其背后也有媒介的评论宗旨在起作用。而且，媒介也不是绝对自主的，它不能不受受众需求、社会舆论环境、人文因素以及法律、政策等各种因素的有形或无形的制约。把这些许多因素联系起来，是否可以认为评论主体究竟是一元还是多元，并不以人的主观好恶为转移，而是基于如何更好适应诸多因素的自觉选择呢？

5. 善待不同观点

观点正确，向来是新闻评论最基本的要求。然而，把这一要求落实到日常的评论活动中，并收到引导社会舆论、推动社会实践的实际效果，却不像人们想像的那么容易。在评论实践中，不是不时可以见到下列现象吗？有的貌似雄辩的评论，其实却充满了偏见，如某位往来于两岸之间的台湾作家、学者新近之作《为台湾民主辩护》[①]；有的曾经因时机不当而不无混淆视听之嫌的评论，它的论题却可能成为以后舆论的焦点，如某网站就马加爵案设置的"议程"[②]；有的曾经是正确的观点，也可能因时过境迁而为新的观点所取代，如"保护民族工业"转变为"保护民族品牌"；一事当前，诸多媒介各有自己的见解，不同见解之间既可能相互对立，也可能殊途同归……诸如此类现象表明，虽然当代各种媒介主观上都力求自己的评论观点正确，能否真正付诸实践、收到预期舆论效果，实际上涉及不少前提性问题，尤其是以下三个认识问题。

• "观点正确"的标准。迄今为止，新闻评论这种体裁或话语形式，仍然具有强烈的意识形态或价值观念的属性。既然如此，"观点正确"除了如同

① 此文发表于新加坡"早报网·两岸论坛"。

② 参见本书"影响媒介评论观的因素·社会舆论"部分的论述和注。

学术领域那样要求切合事物实际、反映事物固有规律以外，还有基于意识形态或价值观念的抉择。也就是说，新闻评论“观点正确”既有客观的标准，也有主观的标准。面对某些事关国家、民族、阶级、政党利害得失的重大问题，有时主观标准甚至凌驾于客观标准之上。正因为这样，持不同意识形态或价值观念的媒介或作者，评论同一事物往往各是所是、各非所非；尤其在国际问题方面，是非之间时常形同水火、罕有调和的余地。例如，在人权问题上，美国主流媒介一旦有所评论，莫不把他们的人权观强加于其他国家，甚或公然持双重标准；就是像环境保护这类较多共同语言的问题，不也有媒介为美国政府退出“京都协议”的行径辩护吗？当然，这不是说新闻评论的观点正确与否漫无标准，而是说要在正视客观、主观标准的基础上，遵循马克思主义认识论的基本观点，恰当处理主、客观标准之间的关系，真正把主、客观标准的统一起来。评论实践证明，这是“观点正确”唯一可靠的基础；如果无条件地将主观标准凌驾于客观标准之上，背离事物的实际及其发展规律，即使所持的观点能够蒙人于一时，终究经不起质疑，更不要说实践的检验了。

进而言之，主、客观标准其实也不是一成不变的。不仅以意识形态、价值观念为核心的主观标准不时有所调整，就是建立在反映事物实际及其规律基础上的客观标准，也随着事物的发展变化和认识的深化而有所变化。这是一方面；另一方面，新闻评论所论述的都是现实的课题，而现实社会生活中的事物、现象或问题的发展、变化无不受其所处的时间、空间和其他条件的制约。也就是说，观点正确与否，多数同特定时间、空间、条件下的特定事物联系在一起，只能作具体的判断，因此也具有相对性——即关于某一事物的观点在此时、此地、此条件是正确的，在彼时、彼地、彼条件下则可能是错误的，反之亦然。这两方面构成了另一意义上的结合，即主、客观标准的可变性与观点正误的具体性、相对性的结合。强调这层结合除了可以加深对于何谓“观点正确”的理解以外，更重要的还在于这层结合可以提供认识正确观点的多样性和正确看待不同观点、杜绝话语霸权的较为可靠的思路或途径。

• 不同的观点等于对立的观点吗？面对同一事件、现象或问题，不同媒介的评论常有不同或不尽相同的观点，就是同一媒介的不同评论也可能出现类似的现象。这就提出了如何看待这类现象的一系列问题，如不同观点是否就是对立观点？对立的观点是否一定有正确与错误的区别？错误的观点是否有认识论的价值？等等。回答这些问题，看来需要从弄清不同观点形成的原因入手。

一是看问题的视角不同。不同媒介有各自性质、覆盖范围、服务对象的定位，观察、分析事物的角度自然也有所不同。在这种情况下出现的对于同一事物的不同见解，总的说是正常而积极的现象。如关于孙志刚案的评论，有的从公民的权利提出问题，有的质疑原来的收容办法，有的从是否违宪进行分析，角度不同，具体见解自然也不可能一致。这样形成的不同具体观点，不仅不互相对立，而且多数可以互为补充，增进对于有关问题的全方位认识。

另一种是缘于不同的环境或背景。例如，20世纪80年代前期，有两个县广播站先后发表两则论述如何引导农民走致富之路的评论：一为《致富不能“鸡啄米”》①，强调农村基层组织要认真落实党的富民政策，引导农民把眼前利益与长远利益结合起来，“舍得进行基本建设投资，舍得搞开发性生产”，主旨在于倡导加快致富步伐；一为《赞“抱不住西瓜，就拣芝麻”》②，则提倡引导农民量力而行，走积少成多的致富之路。这两种不同的致富主张，显然都是从当地农村经济发展水平出发作出的论断，乍看像是相互对立，实则殊途同归。又如新近有人撰文指出：“面对上个世纪五六十后代中国所经历的许多充满暴力的政治运动，人们就‘回忆还是忘却’的问题一直有着两种不同的观点。”一种认为不能遗忘，“因为只有通过时常的回忆才能使人清醒，才能让人吸取教训”；另一种则认为，只有忘记“才有可能彻底放下包袱，然后再轻松地重新起步”③。这两种不同的观点，或许多少与作者个人的人生际遇或感受有关，是否非求得一致不可，是否都蕴含某种认识价值，是否可以认为“公也有理、婆也有理”呢？

再一种是着眼于创新。改革开放以来，社会生活各个领域的新事物、新情况、新问题纷至沓来。与此相应，拒绝陈陈相因、人云亦云，尽可能为受众提供新见解、认识事物的新思路，也越来越成为成熟的媒介在评论领域里的自觉追求。这种在客观需求和媒介自觉追求两相激发中形成的新见解、新思路，自是相对于既有认识的不同观点，新观点之间也可能各有不同见解（如关于“对日关系新思维”的争论）。这类基于创新而产生的不同观点千姿百态、纷繁复杂，但就常能“言人之所不能言”或“不敢言”这一点而言，对于活跃论坛、提高全社会的认识水平无疑具有积极意义。所以，对于这类不同的观点，虽然也需要具体分析、区别对待，但鉴于新观点、新见解如同幼苗，不仅有一个发育或完善的过程，而且有一个较长的检验过程，更需要审慎对待，留有更大的余地，或为之提供一定的讨论空间。不过，在求新意识日益增强的情况下，也有必要防止诸如“新瓶装旧酒”、生吞活剥“新概念”、打着“新”的旗号兜售腐朽价值观之类的倾向。

---

① 四川新都县广播站1983年播出。

② 河南济源县广播站1984年播出。

③ 作者杨泽文，原载2004年4月28日天津《新晚报》，引文据2004年5月7日上海《报刊文摘》。

综观基于上述原因而形成的不同观点，大致可以认为：出现在新闻评论中的不同观点，多数或大多数具有相互补充、相互启发的认识价值；虽然不排除其中可能包含着相互对立的观点，但如果考虑到真理有时掌握在少数人手里[①]，考虑到“知识的非完美性”[②]，恐怕也得反复问个为什么而不宜简单地是此非彼；即使已经被证明是错误的，是否也可以如同毛泽东所说的那样转化为“正确的先导”[③] 呢？总之，论坛上存在不同观点，既是正常、也是积极的现象，既有利于活跃论坛、也有利于促进社会主义民主生活。“九州生气恃风雷，万马齐喑究可哀”[④]，从这个意义上说，善待不同观点未尝不可以列为当代论坛的指导思想之一。那么，如果出现立场、观点根本对立的不同观点怎么办？也好办，通过揭露、批判、反击，引导社会公众抵制它、反对它，使之变成滋养、提高全社会的分析、辨别能力的“肥料”就是了。

• 认真对待错误观点。错误观点大致可以按其性质分为两类：

一为对抗性的，即上面所说的基于立场、观点根本对立的错误观点。这种错误观点多数来自国外、境外媒介，其中有的是相当难得的“反面教材”，弃之着实可惜。1949 年美国发表的对华关系白皮书，曾经发挥过这种作用；近年来形形色色的“中国威胁论”，不也成为我们形成“和平崛起”战略指导思想的催化剂吗？所以，认真对待对抗性观点，与其简单地封堵，不如将它暴露在阳光下，然后有理、有据、有节地予以批驳；与其寄希望于对方“立地成佛”，不如将剖析的重点放在让社会公众和受其蛊惑的人们看清它的实质，争取既壮大自身、又瓦解对方社会基础的舆论效果。在争取两方面群众方面，批判美国对华关系白皮书的五论[⑤]，尤其是《别了，司徒雷登》仍然值得认真借鉴。

一为非对抗性的，即主要由于认识与实际脱节，如或拿旧观念“套”新实际，或把幻想当实际，或盲目搬用他人的经验，或生吞活剥外来的概念等原因

---

① 毛泽东同志曾说：“历史上常有这样的事实，起初，真理不是在多数人手里，而是在少数人手里。”《在扩大的中央工作会议上的讲话》，《毛泽东著作选读》，人民出版社 1986 年版，第 835 页。

② 皮尔斯、波普尔等西方现代哲学家的观点，参见［美］保罗·莱文森：《思想无羁》，南京大学出版社 2003 年版，第 58～59 页。

③ 毛泽东：“认识的盲目性和自由，总会是不断交替和扩大其领域，永远是错误和正确并存。不然，发展也就会停止了，科学也就会不存在了。要知道，错误往往是正确的先导，盲目的必然性往往是自由的祖宗。人类同时是自然和社会的奴隶，又是它们的主人。这是因为人类对客观物质世界、人类社会、人类本身（即人的身体）都是永远认识不完全的。”《学习马克思主义的认识论和辩证法》，《毛泽东著作选读》，第 846 页。

④ 龚自珍：《已亥杂诗》。

⑤ 即《丢掉幻想，准备斗争》、《别了，司徒雷登》、《为什么要讨论白皮书》、《‘友谊’，还是侵略？》、《唯心历史观的破产》，见《毛泽东选集》（第 4 卷）。

而产生错误观点。从认识过程来说，这类错误观点处理好了，是可以成为正确的先导的。怎样恰当对待这类错误观点？《人民日报》1956年7月1日《致读者》社论提出了“开展自由讨论”的设想，可惜没有得到付诸实践的机会。改革开放前期，《新民晚报·未晚谈》有过一次尝试，也许可资借鉴。兹略述于下——

1985年林放在“未晚谈”专栏上先后发表了题为《漫画与民主》、《再说“漫画与民主”》的短论。前一篇以一个故事为“由头”：“美国有位漫画家把罗斯福画成一个猴子。罗斯福看了不但不生气，反而买了许多本赠给他的朋友，当作一件有趣的事，让大家乐一番。”紧接着说：“老百姓敢于向总统大人幽默一下，而总统也乐于接受老百姓的玩笑，这不就成为‘其乐融融’的老朋友了吗？这就很可以表现罗斯福和美国老百姓的民主气度和幽默感。”最后指出：“引进”这种“漫画名流”的风气，有利于丰富“我们的漫画题材，而且使得我们社会的民主气氛更加活跃”。后一篇借回答朋友读后的反问——“为什么咱们中国却不作兴以名流为题材的漫画呢？”——进一步指出：

> ……我们是在一个古老的封建社会的废墟上建设社会主义。我们反对封建并不彻底。在封建社会，人们看待政治界的名人，特别是各级的长官，不同程度的都是神。他们是不同程度地被神化了的人物。这样的神乎其神，就踏上云端，跟凡人相闻相望却难以相亲了。这样的神，当然只能画神像，只能画“标准像”，怎么可以形诸漫画家的笔墨呢？画而至于“漫”，亵渎了神的神秘与圣光，岂不是大不敬！
>
> 因此，我以为这种禁忌之存在，就社会民主的观点来说是不正常的。这是封建传统对艺术的压制，我们现在是社会主义社会，应当有条件突破这个禁忌。这个突破，有利于把天上的神请回到尘凡来，消除个人迷信，改变人们对神的敬畏情绪为亲密的同志关系；有利于培养新社会的民族感情和宽宏的气度；也有利于在我们的政治生活中增添一些喜剧色彩和人情味，不至于老是那样紧张。要知道，漫画，正是漫画这种以幽默与讽刺为特点的艺术，它是对于神化或造神运动的最好的消毒剂啊。①

这两篇短论的主旨，显然不限于提倡“漫画”名人，而在于借此清除个人迷信的遗风、倡导包括融洽政治领导人与人民群众关系在内的社会民主。不料

① 分别载于1985年8月7、9日《新民晚报·未晚谈》，《赵超构文集》（第6卷），文汇出版社1999年版，第32～34页。

文章发表后，引起了截然不同的反应：反对者认为各国风俗习惯不同，如美国人兴当众接吻而中国人不兴这一套，在中国“漫画”领导人等于“丑化”领导人；支持者则从不同角度反驳反对意见。“未晚谈”随即在同一版面位置，陆续选载了若干篇代表两种意见的文章，无形中变成一次颇有影响的讨论①。林放两篇短论的观点是否无可挑剔另当别论，但这种把不同意见放在同一版面位置发表从而引起讨论，而且收到了有似“无心插柳柳成荫”的颇为积极舆论效果，却是耐人寻味的。

非对抗性的错误观点，不时出现在现实社会生活之中，当然也可能在媒介的评论中反映出来。毛泽东同志所说的“错误往往是正确的先导”，虽然主要指实践中的错误，但从他一向坚持理论与实践统一的主张看，显然也包括对于错误观点与正确观点关系的论断。西方现代哲学家新近的研究和论述也支持了这一看法。波普尔等提出的“知识非完美主义”认为：“错误是朽木、多余的包袱、知识中的杂质，认清并消除错误使我们的知识减少错误；因此犯错误有利……”进化认识论哲学家莱文森在引述这一论断后进一步指出：“错误不是朽木，而是原料，从这个原料中会涌现出有价值（虽然绝非完美）的知识。换言之，不正确或错误的观点对理解相关的现象或环境是朽木，但是这个观点有点像预适应理论，它有助于我们理解另一种现象。对一种现象来说是错误的理论，对另一种现象来说可能就是正确的理论（虽然仍然是不完美）。”他在讲到激进的非完美观认为“不存在什么错误的理论”时又说：“我的观点是事后诸葛亮的、预适应的观点：今天明天或多或少正确的理论来自于昨天和今天的错误的理论。”②

这么说，在新闻评论领域里，以“错误是正确的先导”的观点来看待包括错误观点在内的不同观点，是否比要求“绝对正确”更有利于活跃论坛，更有利于新的正确观点脱颖而出，更有利于通过讨论引导社会舆论走向整体正确呢？答案当是肯定的。

6. 关于评论结构“三段论式”

所谓评论结构“三段论式”，脱胎于毛泽东同志的这段论述：

> 一篇文章或一篇演说，如果是重要的带指导性质的，总得要提出一个什么问题，接着加以分析，然后综合起来，指明问题的性质，给以解决的

① 当年在湖南举行的漫画家年会，有100位漫画家“漫画”自己，也许同这一讨论不无关系。

② 以上西方现代哲学家的引语，均引自莱文森：《思想无羁》第64、65页。其中的“预适应”，指生物“进化的主流趋势之一”：“新能力来自于结构的重组，老结构本来是适应其他目的而起源的；也就是说，多种老结构在新的环境问题上并置之后，就产生新的能力。”（第61页）

办法，这样，就不是形式主义的方法所能济事。[①]

嗣后，有的关于新闻评论的论著据此认为，一则完整的新闻评论包括三个必要的结构成分，即提出问题、分析问题和解决问题，简称“三段论式”。本书的作者之一也曾经引用这一论断，试图从思维的角度阐述新闻评论选题与立论的关系，并指出它们“是相互渗透，不能截然分割的”[②]。“诗无达诂”，文章也如此；从不同角度理解同一论断，作不同的诠释或引伸，这是认识、知识继承和发展的基本途径之一。问题在于引出什么？引申义与原意是否一致，是否切合相关事物——新闻评论的实际？

毛泽东同志的这段话本来是针对“党八股”的第五条罪状“甲乙丙丁，开中药铺”，即“单单按照事物的外部标志，使用一大堆互相没有联系的概念，排列成一篇文章、一篇演说或一个报告”而发的。上面引文本身讲的虽然是表达，但如果同它的上文联系起来，其主旨却是强调坚持思维（认识）与表达统一的原则，坚持“系统的周密的分析过程”。在这段话之前，他不仅说“提出问题也要用分析，不然，对着模糊杂乱的一大堆事物的现象，你就不能知道问题即矛盾的所在”，当然也就不可能实事求是、有的放矢地提出问题；而且指出“问题提出了，但还是不能解决”，“就是因为还没有经过这种系统的周密的分析过程”。[③] 如果将前后文联系起来，也许可以认为毛泽东所强调的其实就是：思维和表达是一个不可分割的“系统的周密的分析过程”。

这样看来，无论是从中剥出新闻评论结构“三段论式”还是借以阐述选题和立论的关系，都有一定的道理，但又都不尽符合原文的主旨，也不尽切合新闻评论的实际。如果说前者之失在于单纯着眼于表达，割裂了思维与表达的固有联系；后者由于偏重于思维而忽略表达，则可能混淆思维和表达过程中分析的差异。这两种各执一端的诠释和引申，缺失虽有所不同，结果都可能抑制新闻评论朝内容丰富多彩、形式生动活泼，更富于说服力和感染力的方向发展。

那么，怎样从通过更新和完善评论观，弥补或消除这种各执一端可能导致的缺失呢？除了防止囫囵吞枣、力求全面且辩证地理解毛泽东的论述以外，更为重要的是与新闻评论的实践结合起来，着重探究以下两个直接关系一则新闻评论从构思到表达全过程的问题。

• 思维与表达中分析的差别。关于这个问题，前面已有所论述[④]，这里

---

① 《反对党八股》，《毛泽东选集》（合订本），人民出版社 1966 年版，第 840 页。
② 王振业、胡平：《新闻评论写作教程》（修订本），中国广播电视出版社 2001 年版，第 364 页。
③ 引文分别见《毛泽东选集》（合订本）第 839、840 页。
④ 王振业、胡平：《新闻评论写作教程》（修订本），中国广播电视出版社 2001 年版，第 364 页。

仅就二者的差别作点说明。

马克思说过："当然，在形式上，叙述方法必须与研究方法不同。"① 这一关于学术领域研究和叙述方法（包括分析这一基本方法）不同的论断，是否也适用于新闻评论领域呢？在学术领域里，研究（思维）的重点在于弄清"未知"，获取"新知"——发现真理或揭示规律，多为长过程、甚至是"皓首穷经"的长过程，如，马克思研究《资本论》；叙述（即表达）则是在"已知"的基础上证明和阐述自己的发现，作者拥有如何阐述的完全主导权。新闻评论旨在及时阐释新闻事件、社会现象或问题，一般不承担发现真理、揭示规律的任务，而且评论作者不拥有从容研究的时间，有时甚至只能"临时抱佛脚"；而表达为适应新闻传播的时效要求则多为"急就章"，如何表达除尽可能严密论证自己的看法以外，还需要顾及受众的接受能力和接受心理。尽管如此，分析作为贯穿于新闻评论生成全过程的基本方法之一，它在评论的构思和表达这两个阶段的预期目标和具体要求、具体方法，却同样存在着不可忽视的差别。

——思维中的分析（下面简称"构思分析"）。思维虽然贯穿于任何一则新闻评论生成的全过程，但主要集中在表达前，即形诸于文字或声音、图像等各种"文本"之前的构思阶段。这一阶段分析的任务，主要是为确定富于现实意义的选题（论题），提炼中肯的立论思想（主题或中心思想）奠定坚实的基础。服从于这一任务，分析除尽可能穷极作为评论对象的特定事物以外，还要求洞察特定事物存在和发展变化的特定条件，以及当前的宏观社会实际。其特点和相应的要求大致可归纳为：

（1）致力于具体事物的分析。这里所说的"具体"，不仅指事物本身，而且包括事物所处的特定环境和背景。如，分析经济领域的宏观调控，在计划经济体制和市场经济体制、发达地区和欠发达地区、发展过热和发展滞缓等不同条件下，就有不同的分析重点、过程和结果；即使面对同一现象，也完全可能引出不同的认知，形成不同的评论选题和立论思想。

（2）联系的而不是孤立的分析，即把特定事物置于事物的联系中的分析。比如，面对能源紧缺，就涉及一系列相关因素，如，国内产业结构、产品耗能比、社会的节能意识，乃至国际政治、经济形势的变化等等，而不光是能源本身的供求；如果孤立地分析能源本身，那就难以找到解决能源问题的钥匙、抓住问题的症结，当然也不可能提炼出能够引人思考的论题和富于创见的见解。

（3）全方位（即多侧面或多角度）的而不是简单（即固执某一侧面或角度）的分析。因为人、事、物具有多面性，它们之间又可以形成各种各样的联

① 《〈资本论〉第二版跋》，《马克思恩克斯全集》（第23卷），第23页。

系。如环境污染，就是诸多因素造成的，如果执着于某一侧面或角度，就很难全面、透彻地认识问题的严重性及其根源，所作的论断也就可能沦于片面性、表面性甚或不着边际的空泛议论。

(4) 历时性的而不局限于现状的分析，即既要周密考察事物的现状，又要顾及它的昨天和明天。比如，人口领域面临的性别比失调、老龄化、独生子女将来的倒“一二四”或倒“二四八”赡养负担等新问题，就需要放在计划生育政策和实际贯彻执行过程中去分析，否则就只能发些“头疼医头，脚痛医脚”或“按下葫芦浮起瓢”式的议论。即使是突发性事件，也有其来龙去脉、前因后果，因此也需要放在一定的过程分析，才能更好地把握其实质及其可能产生的正面或负面影响。

当然，这是理论上的要求，能否付诸于评论实践，在很大程度上取决于是否具备必要的客观、主观条件。客观条件，如，新闻事件刚刚发生、真相还没有完全暴露出来，社会现象处于萌芽状态、发展趋向还难以确切把握，等等；主观条件则包括海德格尔称之为“先结构”的诸多因素，如，理论修养、知识结构、社会阅历、社会经验、思想方法、工作作风等。由于受诸多条件的制约，在评论的构思过程中事实上很难全面地体现上述分析特点和要求。虽然如此，但这毕竟是一个努力的方向。多一分努力，就多一分能动地驾驭评论选题、立论的主动权和创造性，就多一分言人所欲言、言人所不能言的把握，同时也为表达中的有理、有据、有节、有序地分析阐述自己的见解奠定更坚实的基础。

总之，评论生成过程中的构思分析主要是脑海里的运作，或人们常说的“打腹稿”，是一种既属于认知范围、又属于“前表达”的无形的分析。也许可以认为，这是它区别于达中分析的一个基本界限。

——表达中的分析（下面简称“表达分析”）。这是以构思分析为基础、服从于严密体现选题意图和立论思想，并形诸具体“文本”的分析。在这三个因素的共同制约下，表达分析相对于构思分析的特点和相应要求，则大致可以归纳为：

(1) 分析目的的双向性。新闻评论面向受众阐述对于客观事物的看法，体裁本身具有“自为性”（传播评论主体的见解）和“为他性”（为受众解难释疑）双重属性。与此相应，它的表达分析，也可以分为“自为分析”和“为他分析”：前者着眼于通过分析，有理、有据地阐述自己的见解；后者则要求根据受众的接受能力和接受心理，选择更便于受众理解和接受的分析材料和方法。如果说体裁的双重属性和分析的两种目的是统一的，那么，怎样实现这统一呢？且看下面这一片段：

旧金山的一所中学曾组织了一项“体验饥饿”活动。每个学生抽取一张就餐券，要是券上写着“15”，那就意味着他属于占世界总人口15%的富人，可享受到一顿丰盛的午餐和很好的服务；要是券上写着“25”，那就意味着他属于占世界人口25%的“温饱型”，可以吃到分量尚足的米饭、少量鱼和豆子；而要是抽到的就餐券上写有“60”，那么他就代表了占世界人口60%的穷人，那顿午餐就只能吃少许没有放油的土豆。尽管活动是象征性的，但孩子们已意识到世界饥饿人口之多，以及世界仍然充满了不平等。于是，许多孩子不再浪费粮食，甚至还向学校的“粮食银行”捐赠了自己节约下来的食品和零用钱，孩子们在经历了“体验饥饿”的短暂痛苦之后，悟出了很多道理，获得了宝贵的精神财富。

和美国孩子一样，我国绝大多数城市孩子对“吃不饱、穿不暖”的时代已颇感陌生。他们习惯于穿名牌、喝可乐、玩电脑，充分享受着人类创造的现代文明生活。他们不忧“营养不良”，而忧“营养过剩”；不愁“娱乐贫乏”，而愁“娱乐过度”。但是，随着物质生活越来越丰富，他们的精神缺失也越来越明显。有的孩子不知道今天的好日子是怎么来的，对于艰苦卓绝的中国革命史毫无兴趣；有的孩子花钱如流水，吃穿摆阔气，根本不知“一粥一饭”来之不易；有的孩子一味追求个人享乐，对贫弱者缺乏起码的同情……这说明，物质的富裕并不能掩盖精神的“营养不良”，因此，加强对未成年人的“吃苦教育”显得十分紧迫。①

这则主要面向海外华人、华文读者的评论，旨在阐述国内今天倡导长征精神、延安精神、西柏坡精神，“并不是想要倒退到物质贫乏的艰苦年代，而是希望找回一种精神，一种品格”。它的整体论述虽然不见得多么深刻、独到，却具有一定吸引力和说服力。看来这主要得益于它采用了比较分析的方法，配置了易于理解的对比材料，从而不仅收到了支持自己看法的效果，也便于海外华人理解，甚至还可能引发国内读者诸如“发达国家尚且这样教育青少年，何况发展中的我国……”之类的联想。这也许不失为一则颇具“自为”和“为他”分析特点的评论。

遗憾的是时至今日，多数评论作品的表达分析仍然单纯从评论主体出发，耽于以“我”为主、以自圆其说为主要诉求的“自为”分析。其中虽然不乏富于说服力和感染力的作品，但也有不少乍看分析得头头是道，却由于忽视受众

① 白剑峰：《美国孩子为何吃“忆苦饭”?》，2004年6月26日《人民日报·海外版》。

的注意重心和接受能力、接受心理，仿佛同受众隔了一道无形的墙似的，有的甚至沦为“自说自话”或“等因奉此”的“例文”。本来新闻评论作为一种新闻传播体裁，它的“自为性”是通过“为他性”实现的；与之相应的“自为分析”，当然也只有通过“为他分析”才能收到让人既知其然又知其所以然的表达效果。由此看来，真正实现“自为”和“为他”分析的统一，不能停留在“兼顾”或“摆平”，也不能仅在配置分析材料、讲究分析方法上下工夫，而必须把分析的立足点从以评论主体为“本位”转移到以受众为“本位”上来，即把注意重点和精力放在“为他分析”上头。从这个意义上说，转移分析的立足点，坚持以“为他分析”为主的分析目的的双向性，不仅是实现“自为”和“为他”分析统一的关键、表达分析区别于构思分析的特点之一，而且有必要纳入科学评论观的范畴持之以恒地付诸于评论实践。

（2）分析范围的有限性。表达分析是在构思分析的基础上的再分析，分析什么、如何分析，服从于体现选题意图和立论思想和便于受众理解、接受的需要。同以透彻认识评论对象、拓宽视野和开辟多种选题、立论可能性为诉求的构思分析相比较，表达分析的范围明显缩小了，用于分析的材料也力求少而精。如上引例子就限定在如何看待吃“忆苦饭”上，调动的分析材料不过是一个具体事例和一组相关情况的概述。也就是说，表达分析的范围以足以明理（自为分析）、易于理解（为他分析）为原则，使用的分析材料则讲求“一以当十”、重质不重量。分析范围过宽、分析材料过多，不是分散中心思想、干扰受众注意力，便是导致“绝对冗余”，对于传、受双方都是时间和精力的浪费。有一则题为《谁为赤潮“埋单”?》的评论，对赤潮为什么愈演愈烈作了堪称中肯的分析：

> 我们有“谁污染谁治理”的治污机制，但是，遇到空间跨度较大的“污染源”与“受灾地”，往往就难以找到“埋单”者，也没有可资利用的硬约束来加以处置。赤潮的最大受害者与污染源，在空间上分离，在利益上又缺少牵制。渔民损失惨重，也是由国家财政来补偿。“上游”与“下游”没有建立共同的利益机制，又怎么指望心往一处使？
>
> 在以往地方发展的考核体系中，往往只注重“产出”，忽略了“投入”，尤其没有或极少把环境成本、资源能耗、社会成本等计算在经济效益中，这就“驱使”一些地方不惜以牺牲环境与社会成本，来获得一时的经济发展。

可惜，评论几乎用双倍的篇幅讲了一些铺垫性的材料，如海洋学家对赤潮形成原因的解释、列举国家的相关立法等，结果多少把这一精彩的分析淹没了。可见把握分析范围有限性这一特点，适当控制分析范围、精练分析材料，对于新闻评论在有限的篇幅内完善表达分析多么重要！

（3）分析角度的规定性。新闻评论的表达分析，一般都从一个经过慎重选择的角度切入，并贯穿于分析的始终，而避免作多角度或多侧面的分析。这是基于两个方面的抉择。一方面是需要，首先是服从于集中、深入体现选题意图、立论思想和方便受众理解的需要，因为多角度、多侧面的分析既不易驾驭，也容易导致论述松散，不利于受众理解和接受；其次是适应媒介传播条件的需要，如版面空间、节目时间有限，受众多数处于无意接收状态，广播、电视的线性传播方式等等。另一方面是可能：表达分析既然是以构思分析为基础的再分析，意味着作者在表达之前已经“胸有成竹”，只要精心从事，完全有条件从多种可供选择的角度或侧面中，选择、确定更能满足上述需要的角度。至于选择什么角度，选择权固然在评论主体手中，但要取得预期的效果，关键还在于按照“自为”和“为他”分析统一的原则慎选角度或切入点，真正把体现选题意图、立论思想和方便受众理解、接受的需要放在首位。概括地说，所谓“规定性”包括三层含义：①从一个特定角度切入；②将这个角度贯穿于始终；③根据需要与可能确定角度。这三层含义相互联系，忽略哪一层都可能影响表达分析的精确度和说服力。

这里扼要介绍在日常阅读中接触到两则阐述热点问题的评论，供琢磨这一特点参考：

一则是就居民用电调价问题阐述自己见解的评论。它从电力在现阶段仍然是一种“社会公共产品”、“居民生活的必需商品”切入，通过与确定同为必需品的粮食指导价的原则相比较提出如下建议：制定生活用电基本标准，标准内的用电不调高甚至适当降低价格，超标准的部分实行级差价格。[①] 且不说这个建议是否可行，看来引起受众的关心，吸引他们阅读，甚至引发种种议论，大概是不成问题的。它的吸引力，除了问题关系公众切身利益以外，显然得益于选择了一个能够引发公众共鸣的角度。

另一则是阐述“循环经济”的分析性文章，论题本身重大、新颖，的确具有引人的魅力。它从中国工程院院长徐邦迪在钢铁大会上的讲话入题，不仅引用了一系列数据和“循环经济”理论的3R准则，而且推导出一些假设性数据。这些数据和理论虽然有相当说服力，却难为了一般受众，未必会因论题重

① 何向东：《居民用电电价该怎么调?》，原载《人民日报·华东新闻》，引文据2004年5月29日“网易”。

要而受到青睐；且不说“3R准则”不易理解[①]，就是那些数据也很可能让人昏眩。这也许是立足于专家、面向专家的结果吧？平心而论，这篇分析性文章的文字表达比前一则严谨得多，可为什么给人以相反的感受呢？这是否意味着在角度选择上也不能单纯从“自为分析”出发，甚至有必要适当向“为他分析”倾斜，更多地为方便受众理解和接受着想呢？

不过，强调分析角度的规定性，并不绝对排除多角度、多侧面的分析。但在评论实践中，运用多角度、多侧面分析主要出于特殊需要，而且都经过精心谋篇布局，甚或反复讨论、修改。典型的一例就是《回答一个问题——翻两番为什么是能够实现的?》。这则阐述党的十二大精神的《人民日报》社论，分别从三个角度阐述翻两番是经过努力可以实现的这一中心思想，即①通过与国内过去18年的平均增长率和日本、前苏联曾经达到的增长率相比较，证明这种可能性；②从政治的角度分析，强调经过拨乱反正，为实现计划目标提供了正确的政治、思想和组织路线的保证；③从经济角度分析，说明这是在科学经济方法指导下制定的发展目标。在一般情况下，本来①的纵向（国内）、横向（国际）的比较分析就足以证明翻两番的可能性；社论之所以又增加了两个角度的分析，看来主要是基于回应当时社会上存在的诸多疑虑的特殊需要。社论开头的两段引言，或许可以作为这一推断的佐证：

> 但是，有很少数同志提出：翻两番有没有可能？是不是又是“高指标”，是不是又“冒进”了？他们担心，1958年提出“钢铁翻番”，后来发展成“大跃进”，结果造成了三年困难时期；1978年提出在本世纪末石油工业实现“十来个大庆”等一类口号，结果至今也没有得到任何论据，不但没有促进经济的发展，反而给经济调整增添了困难；现在又提出翻两番，会不会重蹈覆辙？
>
> 这些同志提出这种疑问是可以理解的。既然有人（哪怕是很少数）提出这样的问题，我们就有责任把为什么1981～2000年的二十年间工农业总产值有可能争取实现翻两番的根据讲清楚，使他们懂得十二大所提出的奋斗目标是有可能实现的，而1958年和1978年提出的一些口号是不可能实现的。我们提倡认真学习十二大文件，就是要抓住这些重大问题展开讨论，使大家的思想认识得到提高，使学习一步一步深入。这对于统一全党的认识，齐心协力地贯彻十二大精神，实现我们的战略目标，是很有必要的。

① “循环经济”理论的3R准则，即减量使用（Reduce）、多次利用（Reuse）、回收循环（Recycle）。

这个例子从另一方面说明，除非特殊需要，新闻评论的表达分析一般应尽可能体现“角度的规定性”这一特点，避免多角度、多侧面的分析，防止节外生枝的赘述。

(4) 分析方法的选择性。分析方法多种多样，如，演绎分析、归纳分析，因果分析、还原分析，个例解剖、比较分析，事实分析、推理分析；任何一种方法都可以既用于构思分析，也用于表达分析；不同方法之间固然有巧拙之分，但只要用于所当用或不得不用，都可以收到预期的表现效果。常说“大巧若拙”、“弄巧成拙”，就是正反两个方面的证明。所以，方法的选择性这一特点强调的不是要不要选择，而是凭什么标准选择。这些标准同分析范围、角度选择是一致的，不再累赘，但有必要重申列宁在讲到通俗文章时所强调的两点，即“应用人们熟悉的材料”和“简易的推理方法”①。

以上是关于表达分析区别于构思分析的特点和特殊要求的大致概括。不过，与新闻评论观联系最紧密的特点，莫过于“分析目的的双向性”这一特点；而在评论实践中体现这一特点的要求，最重要的则莫过于自觉地把“为他分析”提到谋篇布局的首要地位上来。这不是说其他特点不重要，而是说其他特点既是这一特点派生的，它们能否真正体现的在“文本”之中也取决于是否在表达过程中时时为便于受众理解和接受着想。当然也不是说“自为分析”不重要，而是因为“自为分析”的表达效果，终究是通过受众的理解和接受实现的；如果忽视“为他分析”，“自为分析”再系统周密也未必能够为受众所理解和心悦诚服地接受。所以可以说，抓住、抓好“为他分析”，等于抓住了体现这一特点和其他表达分析的“牛鼻子”。

——构思分析与表达分析的关系。如果说在构思分析中，人们尽可以驰骋各自的思维能力，分析方法和过程也必然因人而异（当然未必都是科学的思维）；这种颇具“个性化”的分析，局外人一般只能通过“还原”，即从“文本”出发、以逆推理的方式，大致揣摩分析者如何获致既有认知、形成相应的选题意图和立论思想的。那么，表达分析作为在构思分析的基础上的再分析，其实就是表现在“文本”中的论证，即以一定的论据证明或说明论点，或围绕论点组织相应的论据；其方法和过程是受众可以直接感知的，其说服力当然也可以由受众来验证。这两种分析的过程、构成、互相之间以及同受众之间的关系，大致如下图：

示意图中的两个“←≈→”符号分别表示构思与表达分析，以及受众感知或感受的差异；虚线表示构思分析和表达分析相互渗透，即构思分析中也部分

① 《列宁全集》(第5卷)，人民出版社1959年版，第278页。

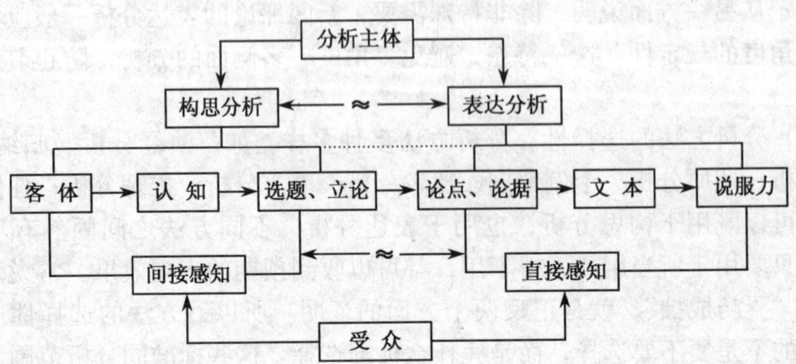

考虑如何提炼论点和选择论据，而表达分析则要时时把如何严谨、有效地体现选题意图和立论放在首要的位置。

• “解决问题”的特殊性。“三段论式”强调，任何一则新闻评论都要落脚于“解决问题”，即指出解决问题的方向、途径或办法。这一说法本身无可置疑。马克思主义向来认为，哲学认识论不仅在于解释世界，更重要的是改造世界，包括改造自然、社会和人的主观世界。哲学如此，以引导社会舆论、指导社会实践为己任的新闻评论，当然更要切切实实地“解决问题”。

不过，新闻评论“解决问题”既不同于哲学的解释世界、改造世界，也不同于行政、司法和社会职能部门。它同哲学的区别，主要是“形而上”和“形而下”的区别，即新闻评论重具体问题具体分析和提供切合实际见解、建议，而哲学则旨在从整体上认识和把握世界；在评论实践中混淆这一界限的现象不多见。而由于评论观和历史、社会方面的原因，混淆与行政、司法和其他职能部门“解决问题”的现象，则是长期存在的，迄今也还没有完全消除。划清后一个界限，对于改善新闻评论的表达分析、增强舆论功能，仍然具有重要现实意义。

新闻评论是新闻机构的一种舆论形式。它只能通过传播“观念信息”（相对于新闻报道的事实信息）——对特定事物的见解、主张、态度等，反映、影响、引导社会舆论，推动、促使社会现实问题获得解决，而不能越俎代庖，取代行政、司法或职能部门直接处理问题，也不可能实际解决任何一个具体问题。也就是说，舆论机构及其评论同行政、司法和职能部门，“解决问题”的方向虽然一致，具体含义和处理方式却是不同的：一则以舆论方式、一则以职能手段组织群众，转化为融会千千万万人民群众智慧和力量的“解决问题”的社会实践。它们之间的差别，其实就是前面所说的“磨刀石”和“刀子”的差别。明确这一界限，把功夫用在提出问题、分析问题、指明解决问题的方向，以及引导人们思考、寻求解决问题的方法和途径，新闻评论才能更有效地推动、促使现实社会问题获得合理的解决。如果像现在有的评论那样充当“刀子”，直接对某个问题应当怎样解决、某个案件应当如何定性和处理指手画脚，不仅无助于社会现实问题的解决，弄不好还可能干扰行政、司法活动，亵渎新闻评论的社会使命。

既然新闻评论是“磨刀石”而不是“刀子”，那么，它究竟怎样更有效地“解决问题”呢？具体方式方法因所阐述的问题、面向的接受对象以及作者思维、表达习惯而异，但从既往的经验和教训看，无论运用什么方式方法，看来在表达分析中都需要着重把握重在启发和力求开放的原则。

——重在启发。在既往的实践中，新闻评论在“解决问题”方面，长期存在着两种方式：

一是“开中药铺”。像医生处方似的列举种种措施，最后再来一个“药中甘草”式的概括：“关键在于加强党的领导”，或“在于一把手”，或“在于抓落实”……这实际上是一种以“自为分析”为主的方式。其中的“药中甘草”式的概括固然讨人嫌，就是所列举的措施即使凿凿有据、行之有效，往好处说也不无代人思考或“灌注”之嫌，弄不好还可能导致“一刀切”，乃至抑制人民群众解决现实问题的主动性和创造力。例如，有一则阐述保护耕地的很有分量的社论，它针对滥用耕地的情况，相当富于说服力地阐述了“保证耕地总量动态平衡的战略目标”，然后列举了一系列措施：

> 我们不仅可以靠开发荒地资源、复垦废弃地增加耕地，更重要的是，可以通过内涵挖潜，从已利用的土地中挖掘再利用土地之源，从自己的脚下寻找土地的新空间。我国城镇和农村居民点用地，已达2.72亿亩，人均用地达153平方米。随着现代化的进程，将人均用地逐步降到100平方米，可以再利用的土地就有9000万亩，这是多么大的潜力！不仅如此，通过土地整理，也可以增加相当数量的耕地。仅江苏省实施村镇规划，计划把28万多个自然村缩并成5万多个较大的村，就可以增加耕地300万亩。这又是多么大的潜力！

如果说这里列举的措施主要在于指明方向、启发人们围绕“总量动态平衡”这一目标发掘土地潜力，那么，江苏并村规划这个个例，称之为画蛇添足的败笔也许并不为过。不妨设想，假如各地都来个类似的规划，将会出现什么景象！就这篇社论说，这不过是瑕不掩瑜之失，“假如……”的后果也未必出现，但从中是否可以引出诸如“代人思考岂止吃力不讨好”一类的鉴戒呢？

另一种就是以启发为主导的“解决问题”的方式。这种方式依据近年来出现的一些实例，也许可以概括为：在“自为分析”和“为他分析”统一的基础上，把主要精力用于“为他分析”，通过剖析问题的实质、探究问题的根源、指明解决问题的方向，引导受众去思考、寻求解决问题的途径和办法。如，前面提及的那则倡导在学校对青少年进行爱的教育的评论[①]，它在全文引用被一个中国留学生枪杀的爱荷华大学副校长安·柯莱瑞的家人写给施害者家人的信并略作分析之后指出：

> 爱应当成为教育的主要线索，成为公民社会最坚固的基石。不懂得爱的人不配称为公民，没有爱心的老师不是一个合格的教育工作者。

评论虽然没有涉及如何实施这种教育的措施，却未尝不可以引发人们的联想，进而去寻求、尝试实施这种教育的途径和办法。又如一则探讨调整人口政策的评论在结论部分指出：

> 人口政策的调整是一项综合工程，牵扯人口素质的提高、社会保障体系的完善、城市与农村人口发展的不平衡等诸多问题。实现由人口数量强制性调节向自觉性调节的转变，应是政策制订者追求的理想状态。[②]

这则评论始终将表达分析的重点放在回顾中国计划生育政策的历史发展过程，以及正面效果和负面影响上头，然后提出适应新形势的调整方向，而丝毫不接触如何调整的具体问题。这种不涉及具体措施的“解决问题”，是不是既为自己保留了回旋的余地、也为受众提供了思考的空间呢？是否更有利于如同作者所说的“与时俱进调整人口政策”呢？

比较这两种“解决问题”的方式，后者无疑更有利于集思广益，集中群众的智慧和力量，当然也可以更有效地解决面临的现实课题。这主要是因为：一、现实问题都与特定条件紧密联系在一起，条件不同，解决的途径和办法也必然有所不同。以中国地域之辽阔、地区间差别之大，试图以一个既定的方案解决不同条件下的同一问题，即使方案多么周密，恐怕都难免顾此失彼；二、智者千虑，难免一失；一己之见，较之群策群力形成解决方案常有一定的局限。况且即使十分周密的设想，最终也还需要转化为人民群众的实践。这样说决非基于推理，而是来自既往新闻评论实践屡验不爽的经验和教训。正因为这

---

① 余杰：《爱的教育》，2004 年 1 月 17 日《南方周末》。

② 张莹：《人口政策也应与时俱进》，引文据 2004 年 6 月 27 日新加坡“早报网”。

样，近年来这种以启发为主的“解决问题”的方式，呈现逐渐取代那种代替受众思考的方式，而成为新闻评论“解决问题”主要方式法的趋势。

——力求开放。即尽可能以开放性的表达分析，有条件地提供“解决问题”见解或方案。这是针对那种封闭性、提供“唯一结论”的论述而强调的原则，也是“重在启发”这一原则的必然延伸。

强调这个原则的客观依据在于：

第一，新闻评论“解决问题”时所面对的“事物”——事实、事件、现象、问题等等，本身都是多面体；同一事物在不同的条件下有不同的表征，与不同的个人或群体也有不同的关系；实际解决问题的途径或办法也是多种多样的，而且一般只有较好的、而不存在最好的途径或办法。

第二，新闻评论所面对的主要是事物的当前状态，而“解决问题”却旨在影响相关事物未来，至少是可见的将来的发展趋向。事物的当前状态与它的未来状态之间，不管发展变化的过程多么短暂、多么简单，本质上是一个受各种客观和人为因素制约的动态过程，而且其中任何一因素的变化都可能程度不同的影响整体的发展趋向。与此相应，新闻评论“解决问题”的过程，当然也应当是一个动态分析过程。

第三，况且根据“测不准原理”①，事物未来的走向是难以绝对把握的。比如，气象预报，曾经在“二战”期间从事军事气象预报、现为美国经济学家的肯尼斯·阿罗说：“预报一个月以后的天气是徒劳的，那无异于碰运气。”②自然科学领域尚且如此，何况同人的活动紧密联系在一起的社会生活领域。例如，国家统计部门对GDP值的统计，它力求以翔实可靠的数字“说话”，应当是准确、权威，可以一锤定音的了吧？可是，美国2003年一季度GDP增长率开始公布的是1．6%，一个半月后公布的是1．9%，再过一个月之后公布的却是1．4%。我国国家统计局局长在新闻发布会上引用这一事例后指出：“大起大落，变化很大，但这似乎并不影响人们对统计部门和官员的看法。”③这种“测不准”当然不能归因于科学家无能，也未必是数据有误，而是关系事物发展变化的诸因素互为作用所使然。既然事物的未来“测不准”，新闻评论“解决问题”又怎能一锤定音，开出绝对化的“处方”呢？

可见，新闻评论“解决问题”之所以非力求开放不可，是由客观事物及其

① “测不准原理”是德国物理学家海森伯20世纪20年代提出的。按照这一原理，一个物体的位置和动量不能同时被精确地测定。对位置的测定会影响该物体的动量，反之亦然。据“新浪网·科技”2003年9月18日曹大镛文。

② 转引自张宇燕：《“科学的历史也就是能者的错误史”》，《读书》2004年第7期第83页。

③ 转引自2003年11月25日《中华工商时报》的报道。

发展变化规律、有关事物与受众的关系诸因素共同决定的。同媒介的定位和评论宗旨、评论作者的表达分析的诉求虽然也有一定关系，却并没有赋予媒介、作者以多大的主导权。也就是说，在这个问题上，媒介和作者其实都处于“不由自主”的地位。当然，这不是限制媒介和作者的话语权，而是说你要有效地行使话语权，就得自觉地接受诸客观因素的制约，就得尽可能开放、更开放些，既给自己的论断留有余地，也为受众提供可以因事、因时、因地制宜作相应选择的空间。否则就难免受到这样那样的“惩罚”，甚至被视武断、不切实际而弃置不顾，这样岂不等于自己糟蹋乃至剥夺自己的话语权？历史的经验屡屡提出这样的告诫：真正戕害新闻评论话语权的，莫过于那种只能接受、不容选择、更不容置疑的“武断话语”或“话语霸权”!

至于如何体现力求开放的原则，虽说没有一定之规，但关键恐怕还在于把握具体问题具体分析这一辩证法的核心。对于新闻评论“解决问题”而言，也就是把作为评论对象的特定事物放在它产生的环境和背景下，同时顾及与之关系密切的主要受众群的关注重点，进行有条件、有针对性的分析，然后在这个基础上或者指出“解决问题”方向，或者提供“解决问题”的或然见解，而把最终选择权交给受众。写到这里，恰恰读到一篇题为《审计署与被点名单位之间的争议与解决之道》的分析性文章，颇受其开放性“解决问题”的特点所吸引，全文抄录于下，供琢磨这个问题参考：

> 国家审计署的审计报告引起媒体和公众的强烈关注。因为那种公开点名、不留情面的做法，在听惯了“有关部门”这样的含糊措辞的今天，确实给官场文化吹进了一股清新气息。
>
> 但是有些被点名的单位坐不住了，纷纷通过各种方式为自己辩解。先是云南大姚地震灾区相关部门否认自己挪用过救灾款物；而锦州交行和法院方面则公开声称，他们搞出的“批量核销”，是“具体工作程序上出的问题，不能说是‘联手作假’”。
>
> 另一些被点名的单位则没有这么客气——国家电力公司是此次被暴露出来问题最严重的部门，他们的相关负责人回敬审计署：“在全体员工紧张工作应对电力短缺的多事之秋，国家审计署披露此事一定程度上影响了国电公司员工的士气。”这位负责人甚至含蓄地指责审计署不该向媒体透露此事。
>
> 长江重要堤防隐蔽工程建设管理局的一位工作人员在接受中央电视台采访时，则干脆怀疑审计署的动机是“表功”。
>
> 这最后一种反应，基本上已经失去理智。这些人士没有认识到审计在

公共资金使用过程中所具有的宪政意义。他们没有认识到，在法治社会中，任何一个人或一个部门，只要使用财政资金，则其支配资金的权力，就必须受到严格的约束。

不过，这么多部门都公开地对审计署的审计报告提出疑义或作出反驳，换一种思维看，也许并不是坏事。传统上，我们的政府部门内部，不管是在制定政策、法律的过程中，还是在日常行政管理活动中，尽管存在权力的纷争和利益的冲突，但官员们似乎都有一个心照不宣的默契：争议应当在内部进行。现在，在审计报告的刺激下，政府部门内部的冲突开始显露出来，打起了媒体战。公众终于能够看到一个更为真实的、存在不同的具体目标和利益之争的政府管理层。

而且，既然冲突已经暴露，就应当寻求解决之道。

有人和稀泥地议论说，不管是审计署发布报告，还是对审计报告提出辩解者，都是为了国家利益。这显然带出一个悖论，究竟谁代表国家利益呢？审计署调查的是违反财政法律或制度的现象；被点名的部门当然有权利、也会急于在媒体上为自己辩解。但假如审计署的报告是可信的，那么，这种辩解恐怕与国家利益无关，反而有可能是完全违背国家利益的。

不过，退一步想，这些辩解本身也提出了一个目前被人们普遍忽视的问题：国家审计署的报告确实是可信的吗？

一个基本事实是：审计署也是一个行政部门，其调查是人进行的，报告也是人写的，因而也是有可能出错的。那么，人们何以宁愿不相信被点名部门的辩解，而坚定地相信审计署的报告呢？在很大程度上，这或许是因为民众对腐败、对政府部门滥用、浪费、挪用财政资金的行为深恶痛绝。

但是，审计署不是司法机关，它的报告是否可信，事实是检验的第一标准，不能是它自己说了算。

因此，严格说来，需要某种程序，让那些被点名的部门能与审计署进行公开讨论，从而让公众知道审计署所描述的问题是否属实。

目前，审计署与被点名单位之间的媒体战，只会让公众糊涂。我们需要一种比较正规的程序来澄清这些问题。也许，全国人大常委会应当召开调查听证会，召集相关部门责任人就其被审计出的问题是否属实，与国家审计署“公堂对簿”。

这样的安排，对于被点名的部门来说，是比较公平的。程序的公平是解决问题的第一步。给被点名的部门为自己辩解的机会之后，审计署也才能够证明自己的报告是公正的、可信的。而如果被点名单位的解释是合理的，也可以借此挽回声誉。

更为重要的是，这种调查听证过程，是一个集中发现问题症结的过程。为什么那么多部门在公共资金使用上会违法乱纪？为什么有的部门可以一而再地出问题？为什么去年引起巨大反响的审计报告，后来问题得到处理、责任人被追究的，大多是地方部门，而被点名的中央部委最后是怎么处理的，迄今为止无人知晓？究竟谁应当为那些触目惊心的违法乱纪行为负责？这些问题的答案，公众并不知道。

一个集中的调查听证会，有助于发现目前财政制度上存在的问题并提供一部分解决之道。否则，每年一度的审计报告即使再激动人心，也只是满足了一下人们的清官心理期待。①

说这篇分析性文章颇具“开放性‘解决问题’的特点”，主要指它的表达分析包含的四个相当显著的特点：一是两面分析；二是多作或然论断（如多处使用“或许”这一词）；三是提出一系列引人思考的问题；四是寓鲜明的倾向性于上述表达分析的手段之中。当然，这是读后的揣摩，未必符合作者原来的构想，姑妄言之罢了。

所谓“三段论式”，本来主要属于评论结构的问题。这里把它纳入评论观，絮絮叨叨说了这么一些，主要基于两方面的考虑。一方面是因为新闻评论主要传播观念形态的信息，是一种兼具“自为性”和“为他性”的新闻体裁或话语形式。在仍然存在着意识形态分野和新闻媒介日益产业化的当代，怎样实现“自为性”和“为他性”的统一，时时面临着种种挑战和艰难抉择；另一方面，新闻评论的生成过程又是思维和表达统一的过程，离开思维固然没有表达，没有恰当、得体的表达思维的成果也不可能转化为改造世界、创造未来的物质力量。而能否实现这两方面的统一，归根到底取决于以什么样的观念驾驭这种旨在“以正确的舆论引导人”的体裁或话语形式。

严格地说，树立科学的新闻评论观，本身就是一个与时俱进、没有最终结论的命题。与此相应，完善科学评论观的路当然也是一条没有终点的道路，一条需要坚持不懈跋涉、持之以恒寻求的道路。从这个意义上说，上面在“完善科学评论观”标题下所接触到的六个问题，不过是个人意识到的若干方面，既未必接触命题的症结，更谈不上寓有什么真知。之所以冒昧说了这么些，主要是鉴于评论观问题亟待探讨。希望大家把它当作引玉之坯看待，不吝赐予批评。

① 原载《新闻周刊》2004年7月12日期，引文据同天“新浪网”。